青少年选材
十大敏感窗口期研究

上海体育科学研究所组织编撰

主编　沈勋章

上海浦江教育出版社

编 委 会

上海体育科学研究所组织编撰

主　　任　李建新
副 主 任　沈勋章　蔡　广
成　　员　崔　燕　裴新贞

主　　编　沈勋章
副 主 编　蔡　广　邱　俊　裴新贞
编　　委　潘其乐　杨若愚　葛　珺　宋　闪
　　　　　　徐　明　周慧康
学术秘书　裴新贞(兼)

编写人员

姓名	单位	职称	学位
沈勋章	上海体育科学研究所	研究员	硕士生导师
蔡　广	上海体育科学研究员	副研究员	硕士
邱　俊	上海体育科学研究所	副研究员	博士
裴新贞	徐汇区体育局	助理研究员	硕士
潘其乐	上海体育科学研究所	研究实习员	硕士
杨若愚	黄浦区体育局	助理研究员	博士
葛　珺	上海体育科学研究所	助理研究员	硕士
宋　闪	上海体育科学研究所	助理研究员	硕士
徐　明	上海体育职业学院体育医院	副主任医师	学士
周慧康	徐汇区体育局	研究实习员	学士

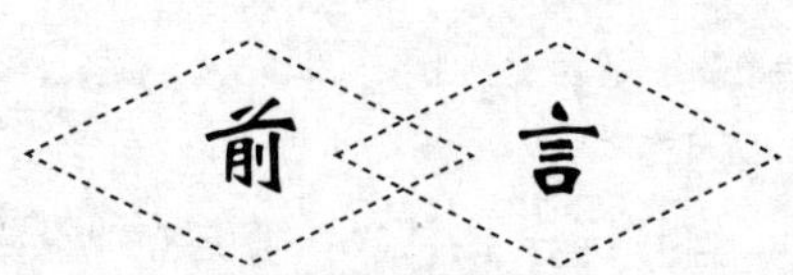

前言

2013年美国学者 Greg Ross 访沪，在上海体育科学研究所讲授了有关青少年身体素质13个窗口期的学术报告，窗口期围绕着高尔夫项目展开，本书主编沈勋章有幸主持了现场学术交流活动并会后与 Ross 博士进行了专业研讨。回顾上世纪70年代，我国在青少年学生体质研究方面亦有一些身体素质敏感期的研究，但是成果不全面且应用性差。此次窗口期讲座无疑给我国的体育研究领域注入了较高的热情和实践期盼。上海体育科学研究所作为运动员选材研究的主要部门，会同技术力量，及时地跟进，组织了专题研讨，诸多与会专家学者认为窗口期理论需要与时俱进，建议采用敏感窗口期（Sensitive Windows Period）来替代敏感期或窗口期，建议拓展研究内容，滤出青少年运动员选材应用性比较多的敏感窗口期来覆盖原有比较局限的身体素质窗口期。同时，在体科所领导的大力支持下，成立了编写领导小组和编委会。针对青少年运动员选材育才工作的需求，编撰计划提出了青少年选材敏感窗口期，包括生长发育速率与类型、身高与预测身高、体型与体格的发展、体脂百分比与体成分、身体速度素质、爆发力素质、身体柔韧素质、智力发育与发展、人体反应能力、身体有氧能力和身体协调能力等高遗传度的选材敏感窗口期内容。编写的敏感窗口期内容力求有文献阐述并辅佐以上海体育科学研究所十多年来的选材研究数据，绘制通俗易懂的统计图表，以求能够成为广大科研人员、选材人员、教练员和管理人员了解、掌握和应用青少年选材敏感窗口期的专业性读本，相信这将有助于提升我国青少年运动员选材育才工作质量,亦将有助于推动我国儿童青少年体育活动科学化水平。

本书由上海体育科学研究所组织编写,李建新所长担任本书编委会主任,沈勋章研究员、蔡广副研究员担任本书编委会副主任,裴新贞任学术秘书。本书由沈勋章担任主编,蔡广、邱俊和裴新贞担任副主编。全书共分十一章:第一章“青少年敏感窗口期研究概述”由裴新贞和沈勋章撰写;第二章“儿童少年生长发育敏感窗口期的研究”由蔡广和徐明撰写;第三章“青少年身高敏感窗口期的研究”由潘其乐撰写;第四章“青少年体型发展敏感窗口期的研究”由裴新贞撰写;第五章“青少年体脂百分比敏感窗口期的研究”由周慧康撰写;第六章“青少年速度素质敏感窗口期的研究”由宋闪、沈勋章撰写;第七章“青少年爆发力素质敏感窗口期的研究”由杨若愚撰写;第八章“青少年柔韧素质敏感窗口期的研究”由杨若愚撰写;第九章“青少年智力发育与发展敏感窗口期的研究”由葛珺撰写;第十章“青少年反应能力敏感窗口期的研究”由蔡广撰写;第十一章“青少年有氧能力敏感窗口期的研究”由邱俊撰写。全书由上海体育科学研究所选材研究中心主任沈勋章研究员策划、组织编写和统筹协调,由潘其乐绘制敏感窗口期的数据图表、由沈勋章和裴新贞统稿,最后由沈勋章研究员审定全书。

鉴于编撰者水平有限,掌握文献资料不全,追踪研究成果较少,文稿描述难免存在错误和不足,恳请读者提出批评指正。

敏感窗口期的研究被列入上海市科委“人类表型跨尺度关联及其遗传机制研究”(16JC1400500 项目)上海体育科学研究所承担了第三分课题“游泳运动员表型组学研究”,沈勋章担任分课题组长。研究内容包含了运动型,表型和基因型三大特征谱,使得青少年运动员生长发育、敏感窗口期以及精准选材更系统全面。

目录

第一章　青少年选材十大敏感窗口期研究概论

第二章　儿童少年生长发育敏感窗口期的研究

第三章 青少年身高敏感窗口期的研究

第四章　青少年体型发展敏感窗口期的研究

第五章　青少年体脂百分比敏感窗口期的研究

第六章　青少年身体速度素质敏感窗口期的研究

第七章　青少年爆发力素质敏感窗口期的研究

第九章　青少年智力发育与发展敏感窗口期的研究

第十章　青少年反应时敏感窗口期的研究

第十一章　青少年有氧能力敏感窗口期的研究

第一章 青少年选材十大敏感窗口期研究概论

提要：

本章讨论了天才与运动才能、敏感窗口期和青少年选材育才三个专题，这源自于敏感窗口期的引子。人的天赋智能、体能、艺术才能等特质具有高遗传度和后天可塑的难度，这些天赋的才能与生俱来，众多的身体结构与功能有着自身的自然增长，个体所具有的某些特质很早就表现出来，有些在生长发育阶段逐渐表现出来，并表现在独特的快速增长高峰阶段。文献佐证，诸多超常的才能绝大多数出现在儿童青少年生长发育期间，且表现具有规律可循。敏感期或窗口期乃至敏感窗口期理论和实践给予体育工作者诸多需求与期盼。事实上，任何特质指标从快速增长开始到结束就与敏感窗口期的启闭相关联。

第一节　天才与运动才能

一、运动天才与潜能

天才一词“Genius”源自于拉丁语,原意是指守护神,随后衍生出创造能力、天赋、才华等意思。天才,顾名思义,是指有天生才能的人。世上并无天生就掌握社会长期发展出的知识、技术的人,但是却有人天生就有某方面或多方面胜过大多数人的学习能力及创新发展能力。《中国百科大辞典》(中国百科大辞典编委会,1990)人才学卷对天才的解释是:具有突出智慧和才能的人。在生理素质基础上,经过自我的或环境的教育和训练并在实践中吸收他人的经验和智慧,逐渐发展起来的。前联邦德国出版的《体育科学百科全书》(竺义功,1985)对天才的解释是体现在某一方面的、超出正常水平的、尚未完全发展的才能,具备对上述这种发展可能性的专门才能的人,称之为天才。也就是说天才,就是具有在一个方面的(智能、体能、艺术才能等)超出正常人水平的,有发展可能性的专门才能的人。综合对天才的解释,运动天才则是指在体能、心智等能够反映不同运动项目重要特征要素的某个或某些方面超出正常人水平,有发展成优秀运动员的专门才能的人。

前联邦德国出版的《竞技体育》(1982)中“运动天才与运动才能”一文认为运动天才主要受八大因素影响:一是体型条件,包括身高、体重、肌肉和脂肪的比例关系、身体重心、身体各部分的比例关系等;二是身体素质,包括有氧耐力、无氧耐力、动作和反应速度、速度耐力、静态力量、动态力量、柔韧性、协调性等;三是技术运动能力,包括平衡能力、空间感、距离感、速度感、控球能力、音乐感、表达能力、节奏能力、滑行能力等；四是学习能力，包括理解观察和分析的能力、学习速度等；五是竞技态度，包括训练努力程度、身体耐苦能力、毅力、对失败的忍受力等；六是对认识的控制能力，包括一般智力、运动智力、创造性、注意力集中能力、战术能力等；七是情绪因素，包括心理稳定性、克服应激的能力、比赛态度等；八是社会条件，包括在训练组和运动队中的作用和地位等。除此之外，还将运动才能分为一般运动才能和专项运动才能。一般运动才能体现在优异的运动学习能力上，例如掌握动作比较容易、牢靠，也比较快；能掌握花色较多、差别较大的动作；视觉和思维反应能力比较好，并能和优异的协调能力相结合；此外，还具有不畏艰险、不怕失败等心理特点。这种一般天才很早(4～6 岁)就能通过下列三方面形式体现出来：一是耐力、速度和力量的先天优越性比较明显；二是神经肌肉协调性和柔韧性较好；三是对运动和游戏比较感兴趣，这方面的学习兴趣也比较大。而专项运动才能首先取决于专项体型、生理和身体素质等前提条件。

陈筑(1992)在《谈运动员的选才与预测》中认为运动天才主要体现在三个方面：一是形态和生理机能，指生理形态特征和生理机能从小就能在遗传的范围内和环境的影响下发展，它可通过人体测量和机能测试来确定；二是训练的可塑性，一般训练的可塑性在训练过程中能体现出来，例如对运动负荷的适应能力、心理的稳定性、掌握运动技术的能力、意志品质等，经过一段时间的训练和比赛可以准确地确定；三是训练动机，就是指运动员对训练的兴趣、勤奋精神、主观能动性、动机受社会环境、家庭、学校和朋友之间的影响等。从影响因素看，陈筑认为运动天才与遗传因素(内在因素)和环境因素(外在因素)有关，运动天才是体现内在和外在因素的综合，也就是说内在因素(遗传因素)只能在外在因素(环境因素)的促进下才能得到积极的发展；相反，不具备内在因素，外在因素再充分也不能培养出高水平的运动员。两者之间关系密切，相互制约，不容忽视。

匈牙利的拉多里在《如何寻找运动天才》(邹顺河译,1984)中认为运动天才通常具有高于平均水平的全面身体素质和心理素质或对运动具有特殊的爱好。但是,在各个不同项目中,运动天才这个概念是由不同的因素构成的。例如周期性运动项目的主要因素是耐久力,体操和击剑的主要因素是协调性,举重和摔跤的主要因素是力量,在集体项目中需要有预见形势变化和采取果断决定的能力等。

可见,运动天才虽然在某一方面或多方面拥有较好的先天遗传,有成为优秀运动员的运动潜能,但真正凭借自然发展成才的却很少,绝大多数运动天才只有与"伯乐"相遇,并通过后天适宜的诱导发展,才能充分发挥先天运动潜能而成长为一名优秀运动员。如此看来,天赋要表现出来的窗口期就显得格外重要了。

二、不容错失的窗口期及其表现

在生长发育各阶段,机体对外部环境刺激因素的影响都会有比较敏感的阶段性时期,在这样的时期,对运动员开展针对性的诱导训练,就像为他们的视野打开一扇窗口,可以看到全新世界一样,运动才能可有效开发与提高。相反,如错过这些窗口期,想要试图通过训练弥补回来,运动能力的提高将变得无比困难或运动潜能无法充分发挥,甚至完全发挥不出来,运动天才亦不例外。何方生(1992)从运动才能萌发规律出发,指出在少儿时期,存在着运动素质发展敏感期,在这个时期,选材必须结合科学系统的训练,才能使其运动潜力得以充分发挥,错过这一时期,训练所起的效果将减弱甚至消失,从而为下一阶段的选材带来困难。

从运动长期整体发展模式看,一名运动员的成长主要经历七个阶段(见表1-1),具体表现为:一是体育启蒙阶段(1~6岁),此阶段着重对孩子基本运动能力进行培养;二是基础发展阶段

(男孩6～9岁,女孩6～8岁),此阶段主要养成孩子运动习惯,培养运动兴趣及反应能力;三是学习训练阶段(男孩9～12岁,女孩8～11岁),此阶段训练内容以游戏为主,加入部分专项练习;四是训练阶段(男孩12～16岁,女孩11～15岁),此阶段训练内容逐渐增加;五是竞赛训练阶段(男孩16～23岁,女孩15～21岁),此阶段男女都逐渐步入成年,接受专项训练程度提高;六是获胜训练阶段(男孩19岁以上,女孩18岁以上),此阶段训练高度专项化,强度接近或达到最大强度;七是终身体育,作为一个持续终身的内容,即使运动员退役后也要保持良好的运动习惯和爱好,注意体能锻炼。

表1－1　运动员成长阶段

<table>
<tr><td rowspan="3">男孩</td><td colspan="23">终身体育</td></tr>
<tr><td colspan="5" rowspan="2">体育启蒙阶段</td><td colspan="4" rowspan="2">基础发展阶段</td><td colspan="3" rowspan="2">学习训练阶段</td><td colspan="4" rowspan="2">训练阶段</td><td colspan="7">竞赛训练阶段</td></tr>
<tr><td colspan="2"></td><td colspan="5">获胜训练阶段</td></tr>
<tr><td>年龄</td><td>1</td><td>2</td><td>3</td><td>4</td><td>5</td><td>6</td><td>7</td><td>8</td><td>9</td><td>10</td><td>11</td><td>12</td><td>13</td><td>14</td><td>15</td><td>16</td><td>17</td><td>18</td><td>19</td><td>20</td><td>21</td><td>22</td><td>23+</td></tr>
<tr><td rowspan="3">女孩</td><td colspan="5" rowspan="2">体育启蒙阶段</td><td colspan="3" rowspan="2">基础发展阶段</td><td colspan="3" rowspan="2">学习训练阶段</td><td colspan="4" rowspan="2">训练阶段</td><td colspan="8">获胜训练阶段</td></tr>
<tr><td colspan="6">竞赛训练阶段</td><td></td><td></td></tr>
<tr><td colspan="23">终身体育</td></tr>
</table>

每个孩子的生长发育过程中都存在对某种技能的敏感期,即不容错失的窗口期,在这个时期学习这种技能或素质就会表现出更快的进步速度,这对教练员来说就是机会的窗口。虽然从运动员长期整体发展模式看需要经历上述七个共同阶段,但不同的运动技能或素质存在不同的敏感窗口期,而不同研究视角也会产生不同的研究结果(见图1－1、图1－2、图1－3),这也是本书后几章内容重点研究和探讨的内容。

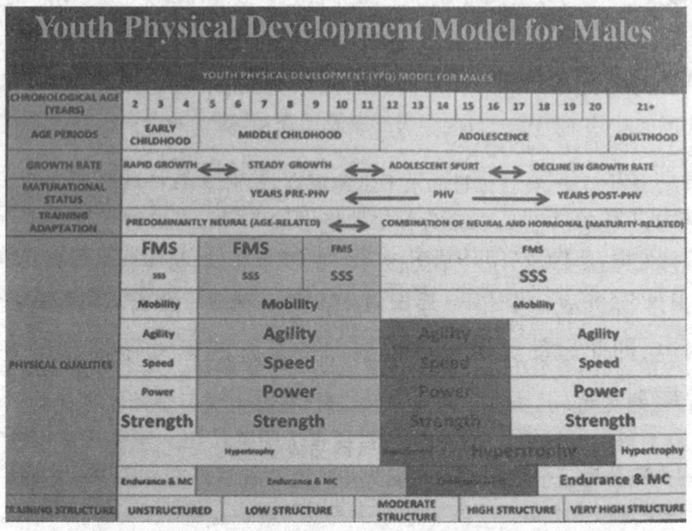

图1-1　男子儿童青少年不同阶段生长发育模型图

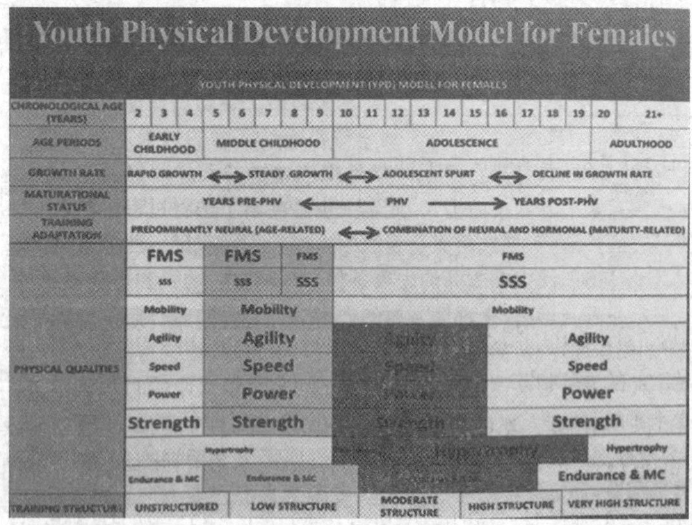

图1-2　女子儿童青少年不同阶段生长发育模型图

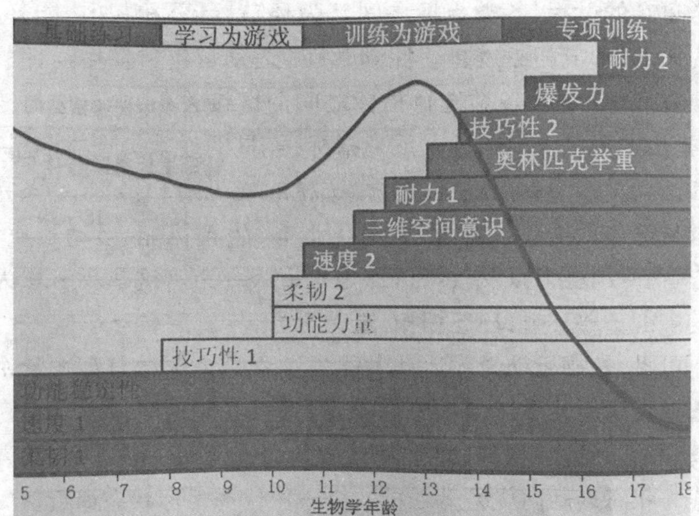

图 1－3　青少年运动员身体素质发展模型

三、潜能的预估

寻找和挑选运动天才的过程就是对天才运动员运动潜能预估的过程，即通常所说的运动员选材。因多数运动天才在较小年龄就表现出高于一般人的运动天赋，所以运动员选材主要针对人群为儿童青少年，因而运动员选材又称为青少年选材。

从国内外文献资料对运动员选材或青少年选材的定义和总结看，不同专家对运动员选材定义的归纳表述不尽相同，但共同点是运动员选材的对象都是儿童青少年，选材的目的都是选出具有运动天赋的青少年，选材的核心问题是预测未来的潜力。

从运动员选材的阶段看，主要通过初选、复选和精选三个阶段，每个阶段性选材都会通过一些指标的测量与评价对运动员现有和未来潜能进行预估，但每个阶段性指标各有侧重，且不同阶段不同指标的权重大小亦有差异。运动训练和成才因素是一个非常复杂的过程，各类指标之间互为环节，环环相扣，功能互补，互为影响，形成相关链接。沈勋章在《运动员选材模型与评价标准》(2015)中结合各类选材指标之间的链接关系，提出选材链概念，指出选材链主要通过一系列指标、连贯的运动员选材测量、评估和运动员能力和水平，称之为“选材链”(见图1-4)。一条完整的选材链包括生长发育评估、身体形态、生理机能、运动素质、心理心智、专项能力以及教练员评定等七大环节。这些环节均为选材链中的重要环节，环环相扣，缺一不可。

可见，挖掘运动天才运动潜能的过程是个选材与育才紧密结合选拔青少年儿童运动人才的动态过程，必须通过科学选材育才反复预估、筛选和培养，才能使运动天才从某个或某些自然素质的优秀状态逐渐向优秀运动员的全方位优秀目标状态逼近。

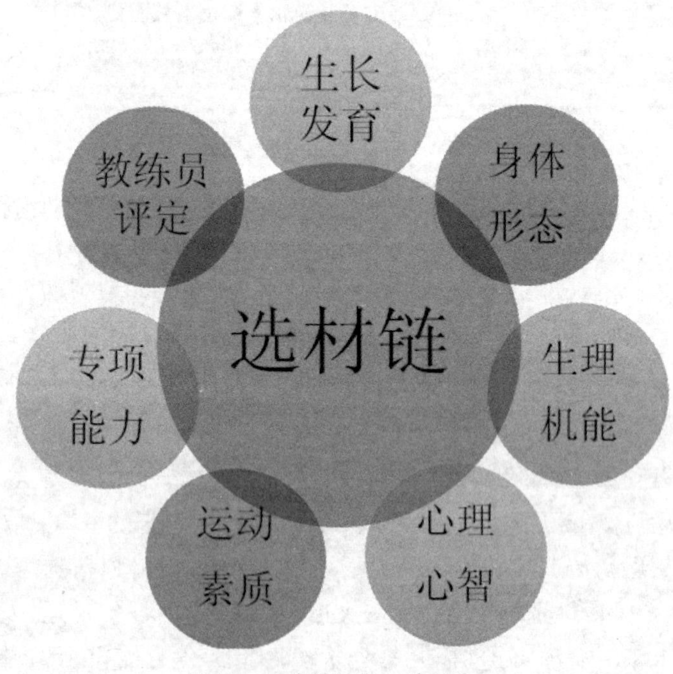

图1-4　选材链各环节示意图

第二节　敏感窗口期

一、敏感期与窗口期

人的生长发育并非是一条直线，而是一个渐进的曲线过程，先天的遗传因素与后天的环境因素所起的作用大小也是随着年龄的增长而发生变化，特别是在生长发育的每个阶段都不能忽视机体对外部环境刺激的诱导作用，这给运动员选拔与培养带来机会。在生长发育各阶段，机体对外部环境刺激因素的影响都会有比较敏感的阶段性时期，这就是体育业界内所称的敏感期，指特定能力和行为发展的最佳时期。研究发现，人体或组成运动能力的各因素在敏感期内的遗传作用显著，在相对缓慢期内遗传因素作用则不明显。进一步研究发现，组成运动能力的各因素发展敏感期大多集中在少年儿童时期，如果错过了相应的敏感期，则所对应的运动能力将很难达到理想水平，因此，敏感期问题越来越受到广大教练员和选材科研人员的重视。

"敏感期"一词是荷兰生物学家德·弗里在19世纪研究动物成长时首先使用的名称。后来，蒙台梭利在长期与儿童的相处中发现儿童的成长也会产生同样的现象，因而提出了敏感期的原理，并将它运用在幼儿教育上，通过对婴幼儿敏感期的观察与研究，归纳出下列九种：语言敏感期（0～6岁）、秩序敏感期（2～4岁）、感官敏感期（0～6岁）、对细微事物感兴趣的敏感期（1.5～4岁）、动作敏感期（0～6岁）、社会规范敏感期（2.5～6岁）、书写敏感期（3.5～5.5岁）、阅读敏感期（4.5～5.5岁）和文化敏感期（6～9岁）。

随着体育运动的蓬勃发展，敏感期逐渐与少年身体素质的发展训练联系到一起。前苏联学者将敏感期称之为"sensitive

period"或"critical period"(关键期),并将青少年在生长发育中身体素质发展快速的阶段定义为身体素质发展敏感期。欧美等国家将敏感期称为某项素质的"加速适应窗口"(window of accelerated adaptation to),即在这个年龄段青少年的生长速度是最快的,这是敏感期常见的称谓,也有一部分学者将其称为"机会之窗"(windows of opportunity)。

在国内可查询的文献中,杨汀南(1980)第一次提出"敏感期"一词并将其定义为:"在身体素质的增长阶段里,增长速度是不均等的,我们把增长阶段中增长速度特别快的年龄时期叫身体素质增长的敏感期,而其他时期则叫非敏感期。"国内体育院校《运动生理学》通用教材将敏感期定义为:"在不同的年龄段,各项素质增长的速度不同。把身体素质增长快的年龄阶段叫做增长敏感期。"邓树勋等所著《运动生理学》教材则将其称为快速增长期或敏感期。陈明达、于道中等(1993)在《实用体质学》就有身体素质敏感期方面论述。敏感期是指特定能力和行为发展的最佳时期。研究表明,身体素质都有各自发展的敏感期,在这段时期人体所对应的素质能力发展相对迅速,增长幅度相对较大。材料显示身体素质发展的敏感期大多集中在儿童少年时期,如果错过了相应的敏感期年龄,则所对应的身体素质发展将很难再达到理想水平。

窗口期,从医学上来讲,指的是在从感染 HIV 起到所有感染者可被现有医学方法检测出来之间的时期,一般指一个区间而非一个节点。美国著名高尔夫运动专家 Greg Rose 博士将青少年各项运动能力发展的敏感期形象的描述为窗口,指出人体的各运动能力敏感期主要开启与闭合发生在青少年时期,特别是青春期前后,并提出 13 个窗口理论,包括功能稳定性窗口、功能力量窗口、奥林匹克举重力量窗口、爆发力窗口、速度窗口、耐力窗口、柔韧(灵活)窗口、技巧窗口、三维空间意识窗口,其中速度、耐力、柔韧(灵活)、技巧四个能力因素各有 1 和 2 两个窗口期(见表 1-2)。从国外其他研究看,Baiyi 和 Way 在 2005 年提出了 5 个有合适窗口期的素质，即力量、速度、耐力、技术和柔韧（灵活），之后的研究中还发现另外两个窗口“爆发力”和“三维感”。

表1－2　青少年各项运动能力发展的13个窗口期

指标	发展窗口期	
	男	女
功能稳定性窗口期	5～8岁	4～7岁
功能力量窗口期	9岁～结束生长速度高峰6个月	8岁～结束生长速度高峰或出现月经初潮
奥林匹克举重力量窗口期	结束生长速度高峰6～12个月之间	结束生长速度高峰之后立即开始或在月经初期开始的时候
爆发力窗口期	16～22岁	15～21岁
速度窗口期1	5～8岁	4～7岁
速度窗口期2	12～14岁	11～13岁
耐力窗口期1	12～14岁	11～13岁
耐力窗口期2	17～22岁	16～21岁
柔韧（灵活）窗口期1	5～8岁	4～7岁
柔韧（灵活）窗口期2	12～14岁	11～13岁
技巧性窗口期1	9～12岁	7～10岁
技巧性窗口期2	14～18岁	12～16岁
三维空间意识窗口期	12～14岁	11～13岁

体育训练学领域，国外窗口期概念的引入，进一步将国内敏感期概念形象化，在各项运动能力发展敏感期对运动员开展有针对性的训练，可有效增强他们相对应的素质能力，就像为他们的视野打开一扇窗口，可以看到全新世界一样。无论是敏感期或是窗口期（Greg Ross）均指人的某种能力发展得较快，而外界良性刺激效果更好的专门时间窗口。为更好地帮助教练员了解掌握运动员各项运

动能力的发展敏感阶段，选拔出有潜能的优秀运动员，本书特整合国内敏感期和国外窗口期概念，结合潜能预估的选材链环节，提出敏感窗口期概念，即在儿童青少年生长发育过程中，选材链各环节与代表性指标的变化速率最快的年龄阶段。沈勋章等人通过对上海优秀体育苗子库的追踪研究，结合敏感期理论将其归纳为敏感窗口期(Sensitive Windows Period)，进一步清晰地描绘出敏感窗口期的结构和功能。对广大儿童青少年而言，不仅仅各项身体素质存在着敏感窗口期，各项生长发育指标也存在着敏感窗口期，心理心智也存在着敏感窗口期等，各项指标在其敏感窗口期发展对日后的身体技能学习都将打下坚实的基础。敏感窗口期在某一段或多段时间里，就像打开的窗户，通过本书优选介绍十个重点指标的敏感窗口期为教练员打开"伯乐相马"的机会窗口。

二、理论与实践应用

从国内的研究文献看，窗口概念较少提及，但从训练角度各类身体素质如力量、速度、耐力、柔韧、灵敏等运动素质训练敏感期，一直在被广泛研究和关注，不同的研究还对相同素质进行了细致的敏感期划分，如力量分为最大力量、速度力量和力量耐力不同敏感期，速度分为反应速度、动作速度、动作频率和移动速度四个不同敏感期，耐力分为无氧耐力和有氧耐力两个不同敏感期(见表1－3)。

伴随着敏感期一词的出现，一些结论应运而生。例如有前苏联学者提出：在青少年身体素质发展的敏感期进行相应素质训练会使这些素质得到最大效果的提高。在欧美等国家也有学者持有类似的观点，他们认为如果在敏感期之外的时间段对运动员进行训练干预的话将不会取得好的效果，并且会对运动员未来的发展带来不利，或者说如果运动员错过了在素质敏感期阶段的身体训练，他们就不会激发出身体所有的潜能。在国内，杨汀南在提

表1-3 各项运动素质开始和加强训练的时期

运动素质	年龄							
	5~8岁	8~10岁	10~12岁	12~14岁	14~16岁	16~18岁	18~20岁	20岁以上
最大力量	—	—	AA′	AB′	BB′	BC′	CC′	→
速度力量	—	—	AA′	BB′	BB′	BC′	CC′	→
力量耐力	—	—	—	AB′	BB′	CC′	→	→
反应速度	—	AA′	BB′	BB′	CC′	→	→	→
动作速度	—	AA′	BB′	BB′	CC′	→	→	→
动作频率	—	AA′	AA′	BB′	BB′	CC′	→	→
移动速度	—	AA′	AA′	AB′	BB′	BB′	CC′	→
有氧耐力	—	AA′	AA′	BB′	BB′	CC′	→	→
无氧耐力	—	—	—	A′	AB′	BC′	CC′	→
柔韧性	BB′	BB′	BB′	CC′	→	→	→	→
灵敏性	AA′	BB′	BB′	CC′	→	→	→	→

注：男子A、B、C，女子A′、B′、C′。A、A′——谨慎训练，B、B′——提高训练，C，C′——高水平训练，→——继续发展训练。

出敏感期概念的时候就提出了与前苏联学者类似的观点，在此之后，国内学者和有关生理学教材也都沿用这一具有经验性的观点，认为在青少年身体素质发展的敏感期内进行相应素质的针对性训练，能有效增强他们对应的运动能力，而如果错过这些敏感期，想要试图通过训练弥补本应属于运动员的提高将变得无比困难，甚至再无可能。

从对敏感期的理论研究内容看，虽然多数围绕身体素质敏感期开展研究，但不同专家学者对敏感期所持的观点众说纷纭。王伟杰(2015)在《儿童青少年身体素质敏感期的变化特点》中阐述，有学者认为所谓敏感期只是一个统计学的归纳，是指某项运动素质在某个或几个年龄段增长显著；也有学者通过骨龄标准来判断发育类型，了解不同发育程度个体运动素质的特征、发展的敏感期；也有一些研究引用了如青春发育突增期、快速增长期等概念，通过确定青春发育突增期，来研究形态、机能发育与身体素质发展的关系和年龄特征。而青春发育突增期在不同研究中有不同确定的方法,如有研究采用骨龄来确定青春发育突增期的,也有研究采用身高增长速度最快的3个相邻年龄组为快速生长期(突增期)。史可红(2008)将"敏感期"称为"快速增长期",并将其定义为测试年龄区间岁增长值达到最大值的年龄段。"快速增长期"这一概念在大量体质研究中被广泛运用,包括了形态、机能、身体素质快速增长期等。

从对敏感期的理论研究结果看,由于研究对象、研究方法的差异亦呈现众多不同的研究结果。杨汀南(1980)在对湖北省青少年儿童身体素质发展情况的调查分析中提出由于身体素质发展的最早敏感期大多7岁即开始,因此建议对儿童少年进行系统运动训练的年龄还可提早一点,即可在7岁或7岁前开始。

1979~1980年,"中国青少儿体质研究组"对全国十六省市183 414名大、中、小学生采用男、女生五项素质指标进行测试(一分钟仰卧起坐、60米跑、屈臂悬垂、立定跳远、50米×8往返跑),认为在身体素质发展的过程中,不仅存在着一个连续的、增长速度较快的快速增长阶段,而且存在着增长速度特别快的、连续的年龄段或年龄点,称其为身体素质发展的敏感期(见表1-4)。

表1-4 儿童青少年敏感期年龄计算结果(1980年)

身体素质指标	男生	女生
仰卧起坐	7~10岁,12~13岁	7~9岁
50米×8往返跑	7~11岁,13~14岁	7~11岁
60米跑	7~10岁,14~15岁	7~10岁
屈臂悬垂	7~10岁,13~14岁	7~8岁,17~19岁
立定跳远	7~10岁,13~14岁	7~11岁

陈明达(1981)的研究认为身体素质各项指标,男子19岁前、女子11~14岁前随年龄的增长而提高。男子各项指标发展的高峰均在19~20岁,23岁后缓慢下降,呈单峰型;女子在11~14岁出现第

一个波峰,14～17岁趋于停滞或有所下降,18岁后到19～25岁出现第二次波峰,呈双峰型。7～25岁各年龄组指标均为男子高于女子,但是12岁前差别较小,13～17岁差别又迅速地加大,18岁后更大并趋于稳定。文中建议用年增长率的算术平均数加半个标准差作为临界值来确定速度素质的敏感期和非敏感期。敏感期可能是某一年龄持续的时间段,也可能是某几个分散的年龄点。

邓华源(1982)在对儿童青少年速度素质敏感期的研究中表明速度素质最好成绩,男生在17岁,女生在14岁,女生在进入青春期后速度素质增长变慢。在速度素质的自然增长时期内,其增长速度是不均等的。而下肢力量的发展敏感期贯穿了整个学龄前阶段,儿童平衡能力的发展敏感期在5～6岁时,男童平衡能力的发展优势更优于女童。李永和(1993)指出下肢爆发力(立定跳远)与50米跑成绩呈中度相关,并可建立直线回归方程,说明二者存在直线线性关系。苟波(2002)的研究也表明下肢爆发力在青春前期随身体形态的增长发育呈自然提高趋势,两者之间为正相关关系。

宋启灿(1994)在《儿童、少年柔初素质发展规律初探》中发现柔韧素质随年龄发展过程出现两个较大的波峰。第一个波峰,男子是从8岁到11岁,女生是从8岁到10岁左右。第二次波峰,男子是从13岁到16岁左右,女子是从13岁到15岁。杨丽敏(2013)在《基于坐位体前屈的中小学生柔初素质的年龄特征研究》中亦发现柔韧素质随着年龄的增长出现双降双升现象,男女均出现两个敏感期阶段。

王辑在《身体素质"敏感发育期"和运动》中提出速度素质的敏感期为10～13岁,女子14～15岁,男子16～17岁就能达到成人的水平,耐力素质在16～18岁,男子在25～30岁达到最高水平,力量素质敏感期为13～17岁;协调、灵敏、柔韧性在10～12岁,反应速度、模仿能力在9～12岁,体型(包括身高、四肢长、肩宽等)发育最快的时期为11、13和17岁,女子从11岁起每年出现一个发育高峰；背部和腿部肌肉女孩在 9～15 岁，男孩在 9～17 岁增长最快，臀部肌肉增长到 15 岁即停止。

王金灿（2005）在《运动选材原理与方法》一书中归纳了 10 项青少年身体素质发展敏感期（见表 1－5）。

表 1－5　青少年身体素质发展敏感期

身体素质	敏感期（岁）	身体素质	敏感期（岁）
平衡能力	6～8	灵敏性	10～12
柔韧性	6～12	节奏性	10～12
反应速度	7～12	速度	7～14
力量	13～17	耐力	16～18
模仿能力	7～12	协调性	10～12

邓树勋（2006）在《高级运动生理学——理论与应用》一书中对青少年身体素质发展的最佳年龄和发展最高峰年龄段进行了总结（见表 1－6）。

表 1－6　青少年身体素质发展最佳期

运动素质	发展的最佳年龄	发展最高峰
灵敏性	10～12 岁	
协调性	10～13 岁	
速度	11～13 岁	16～17 岁
有氧耐力	9～11 岁	15～18 岁
速度力量	9～10 岁	14～17 岁
绝对力量	14～17 岁	18～22 岁
速度耐力	15～17 岁	18～22 岁

沈勋章（2015）在《青少年选材育才研究》中归纳了各项运动能力发展敏感期（见表 1－7）。

表1－7　各项运动能力发展的敏感期

内容	男	女
肌肉力量	14～17岁	14～17岁
腿部弹跳力	10～13岁	10～13岁
速度素质	7～14岁	7～12岁
动作频率	9～12岁	9～12岁
动作反应速度	5～7岁	5～7岁
灵敏素质	7～12岁	7～12岁
柔韧素质	儿童期	儿童期

综上可见，从敏感窗口期的理论应用看，虽然大家对在儿童青少年身体素质敏感窗口期进行有针对性的区别训练可有效提高身体素质发展水平已达成共识，但在对不同身体素质发展敏感窗口期的具体年龄段方面的研究结果还不够统一，在除身体素质外的选材链的其他方面敏感窗口期的研究也还不多，因此还需围绕青少年选材敏感窗口期开展更多更广泛和系统的研究。

三、敏感窗口期的预期

在各项身体素质或运动能力的敏感窗口期开展有针对性的系统训练，可有效增强相对应素质或能力的收益，起到开源节流、事半功倍的效果。学习敏感窗口期不仅仅要让众多的基层教练员了解、掌握儿童青少年敏感窗口期的新知识，科学地把握住运动训练学、生长发育两大规律，还要学会运用敏感窗口期去制订项目教学训练计划，完成教学训练任务。譬如在速度素质方面，易妍（2012）的研究结果显示，敏感期年龄男女都集中在7～10岁，这一期间男女生短距离快速运动能力呈现快速增长趋势，女生年增长总值为2.25秒，男生年增长总值为3.93秒。男生速度素质增长总值高出女生 1.7 秒,但增长速度女生快于男生。男女生之间逐年增长差异,女生速度素质增长速度在青春期发育前(约 10 岁前)比男生快,性别差异明显。学生爆发力发展敏感期为男生 12 ~ 15 岁,女生 9 ~ 11 岁,男生爆发力素质年增长总值为 88.17 cm,女生爆发力素质年增长总值为 37.76 cm。男生年增长总值高于女生 50.41 cm。有氧耐力方面,沈勋章(2015)的研究结果显示,女孩 9 ~ 12 岁时有氧耐力指标有较大幅度增长;男孩 10 ~ 13 岁时耐力指标大幅度提高,出现第一个增长高峰,16 ~ 17 岁时有更大幅度提高,出现第二个高峰期,特别是 16 岁时,60% 强度的有氧耐力指标增长幅度超过 40%。绝对力量方面,女孩在 10 ~ 13 岁时力量增长最快,特别是屈肌,绝对力量可提高 46%,而男孩的绝对力量在 12 ~ 16 岁的敏感期平均可增长 57.5%。可见,对敏感窗口期的了解和掌握不仅有助于选拔优秀的运动天才,还有助于在系统训练过程充分发展能适应专项需要或能直接为专项服务的运动素质,为创造优异运动成绩奠定基础。因此,科学选材、科学训练和科学管理,学习掌握好敏感窗口期,抓好了敏感窗口期各项指标的测量与评估,将对项目人才培养做好预期。

第三节　青少年选材育才

一、青少年选材与育才

青少年运动员选材是随着奥林匹克运动发展起来以儿童青少年为研究对象,以选拔出具有优秀运动天赋儿童青少年为目的的一门学科,主要根据不同运动项目的特点和要求,用现代科学手段和方法辅助,通过客观指标的测试,把一些运动能力通过量化的数据表达出来,再进行全面综合评价和预测,把先天条件优越、适合从事某项运动的人才从小选拔出来，进行系统的培养，并且不断地监测其发展趋势的一个过程，先后经历了自然选材、经验选材和综合选材等不同阶段。

随着国内外竞技体育水平和综合研究能力的不断提升，青少年运动员选材研究也不断深化，越来越多的管理人员、教练员、科研人员逐渐将青少年运动员选材与育才紧密结合，提出运动员选材不只是一次或若干次静态的测试，也不只是横断面的指标筛选和选材标准制定，它是一个纵向的、连续的、长期的过程，尽管在此过程中的不同阶段选材内容有所侧重，但选材始终是与育才（特别是训练）密切相联的一个动态过程。

从运动员的整个成长过程来看，“通过选材发现的苗子，还要经过系统的科学训练方能成才。”“选材为成功的训练准备了重要的前提条件，但如果没有科学的训练，再好的人才也不可能成为优秀的选手”（运动训练学编写组，2001）。可见，如果从运动训练的整个过程来相对独立地看待选材与育才，运动员成才的前提条件是科学选材加上科学育才（见图1－5）。如果选材不准，再科学的训练也造就不出运动天才；如果没有科学育才，再有运动天赋的苗子也可能会因此而功败垂成。科学选材和科学育才就成了运动员成才的充分必要条件。

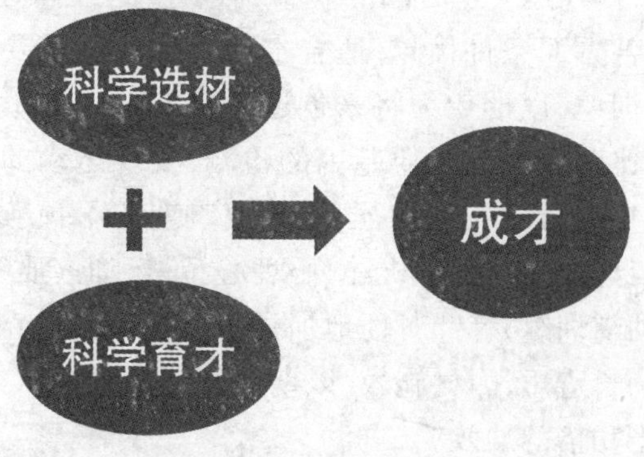

图1－5　青少年选材育才与成才关系图

二、理论与实践应用

(一) 遗传与表现

遗传学认为,所谓遗传就是指通过基因的传递,使后代获得亲代的特征。而人体性状由基因决定的程度则反映在遗传度上,遗传度一般用百分比(%)表示。人体任何生长发育指标都有遗传度,这些指标的遗传度源自孪生子的研究。文献指出,人体的遗传度指标均存在着先天的遗传和后天的可塑,只不过存在百分比的大小高低而已,它们具有年龄、性别和阶段性的表现和差异,有着规律与特征。遗传度高的指标后天环境的可塑性较小,遗传度低的指标后天可塑性较大,从运动训练学角度讲,后天可塑性大说明儿童青少年训练与培养的潜力就大,通过运动训练发挥少年儿童的先天潜在的遗传优势,抓住指标发展的年龄阶段敏感窗口期,后天的运动员选材就是要发展遗传度高的指标,通过这些反映项目特征的指标,把具有运动天赋的儿童青少年筛选出来,进行系统训练;后天的科学训练与培养就是要让儿童青少年的先天优势得到最大潜力的发挥,诱导表现越充分,潜质越能得到淋漓尽致的挖掘。选材是根据项目的特点和要求,以科学方法进行测试与预测,并经过一定时间的观察,从众多的选择对象中,准确地选拔那些各方面条件优越,适合本项目运动所需要的人才,从小进行系统训练,以期望为将来创造良好的运动成绩打下基础。通过遗传度比对和运动素质基因的检测,发现运动的天赋才能,对儿童青少年进行阶段性特征、敏感窗口期的干预,这样就能大大促进他们身体形态、生理机能、心理心智、运动素质等指标的开发,结合运动与训练,有针对性地加强一些体育教学、业余训练的干预策略,扬长避短,因材施教,以期达到儿童青少年充分发挥先天优势,事半功倍的功效。

沈勋章在《青少年选材育才研究》中提出,人体的遗传度研究主要集中在体型特征、生理生化、心理心智和运动素质四个方面(见表1-8)。其中体型特征主要由身体长度指标、宽度指标、围度指标和体成分指标组成,生理生化机能主要包括心功能指标、肺功能指标、血液成分指标和肌肉成分指标等,心理心智方面主要包括与大脑结构和功能有关的个性心理特征,运动素质则主要包括与运动项目相关的各项运动能力。

表1-8　人体各类型指标遗传度一览

类别	指标	遗传度(%)	类别	指标	遗传度(%)
体型特征	身高	83.5 (男75,女92)	体型特征	腿围	62.5 (男60,女65)
	坐高	85 (男85,女85)		体重	54.5 (男68,女42)
	臂长	83.5 (男80,女87)		去脂体重	82.5 (男87,女78)
	腿长	84.5 (男77,女92)		心脏形态	82 (男82,女82)
	足长	82 (男82,女82)		肺面积	52 (男52,女52)
	头宽	85.5 (男95,女76)		胸廓形态	90 (男90,女90)
	肩宽	73.5 (男77,女70)		膈肌面积	83 (男83,女83)
	腰宽	71 (男79,女63)	心理心智	基本情绪	75
	骨盆宽	80 (男75,女85)		柔顺性	91
	头围	81 (男90,女72)		性格活力	79
	胸围	54.5 (男54,女55)		思考能力	72
	臂围	62.5 (男65,女60)		心理状态	60

（续表）

类别	指标	遗传度(%)	类别	指标	遗传度(%)
心理心智	记忆力	62	生理生化	乳酸脱氢酶活性	65～87
	运动冲动	90		红白肌纤维比例	80
	好奇心	87		血清睾酮含量	男78，女91
	运动速度	93		月经初潮	99
	智力	66		中枢神经系统活动（强度、灵活）	90
	反应潜伏时	96	运动素质	反应速度	75
	反应速度	75		动作速度	50
	运动协调	96		位移速度	30
	运动制约	65		反应时	86
生理生化	安静心率	33		最大肌肉力量	35
	最大心率	85.9		相对肌肉力量	64
	肺通气量	73		无氧耐力	85
	血压	42		有氧耐力	70
	最大摄氧量	89～93.6		柔韧性	70
	神经系统功能	90		50米快跑	78
	无氧阈	50		立定跳远	61
	CP、ATP含量	67～89		背肌力	49
	线粒体数量	70～92	心理心智	判断的果断性	96
	肌红蛋白含量	60～85		对反对的抵抗	95
	血红蛋白含量	81～99		意志韧性	93
	血乳酸最大浓度	60～81		对矛盾的反应	80

摘自：沈勋章.青少年选材育才研究。

运动遗传学指出,运动能力的遗传具有发展变化的时间规律和阶段特征。人体生长发育并非一条直线,而是一个曲线的过程,遗传因素和环境因素所起到的作用大小也是随着年龄的增长而发生变化,在生长发育的每个阶段都不要忽视机体对外界环境刺激的诱导作用,要根据生长发育规律有目的地进行发掘和培养。

(二)基因型、表型与运动能力

丹麦遗传学家 W·L·约翰森于 1911 年提出两个遗传学名词:基因型(genotype)与表型(phenotype)。生命体遗传后染色体自由重组会产生新的基因型,但不同的基因型不一定都有不同的表现,而生物体外在表现出来的就是所谓表型,因此表型又称性状,是个体形态、功能等各方面的表现,如身高、肤色、血型、酶活力、药物耐受力乃至性格等,它们是基因型和环境共同作用的结果,泛指个体外表行为表现和具有的行为模式,如果涉及身高等可测量形态指标和心肺功能等机能指标以及身体素质等运动能力指标即为表型指标。表型指标与人体基因的关系密不可分。研究发现青少年主要遗传父母的十三项显性特征:寿命、身高、胖瘦、肤色、头发、眼睛、鼻子、耳朵、下颚、血型、声音、智力和父母天赋。许多遗传指标都存在阶段性表现特征,也就是在生长发育不同的敏感窗口期逐渐地有效地表现出来,如果在敏感窗口期适当地进行开发与诱导就可以促使孩子在这些方面具有更好的发展时间和空间。

文献资料显示,运动能力 70% 靠遗传基因,而决定人类运动能力的基因即为运动基因。人类遗传学和分子生物学等相关研究表明,人类运动基因 99% 是相同的,只有 1% 不同,而正是这 1% 造成了不同种族在运动能力方面的差异。目前科学家已经发现了 200 多种与运动能力有关的基因,它们有的与骨密度和握力有关,有的与控制肌肉的供氧能力有关,有的与腿部垂直起跳能力有关,还有的则与大腿肌肉力量产生联系。如目前研究最热门的与运动能力有关的基因之一 ACTN3(α 辅肌动蛋白 3),主要功能就是辅助肌动蛋白收缩,从而使得肌肉更好地完成收缩功能,产生巨大的肌肉力量,与肌肉的收缩、爆发力密切相关,是许多世界冠军拥有的基因,因此又被体育界誉为"速度基因""爆发力基因"和"金牌基因"。还有许多基因与运动天分有关,如 ACE 基因、ADRB2 基因、CRP 基因、GSTP1 基因等(见表 1-9)。

表 1-9　常见运动基因与运动能力关系表

基因名称	运动能力	相关运动项目
ACTN3 基因	运动爆发力	短跑、跨栏、跳远、三级跳远、铁饼、铅球、标枪、短距离游泳、举重、场地自行车、击剑、拳击、速度滑冰等
CNTF 基因	肌肉力量发展	田径、游泳、水上运动、举重、摔跤、柔道、跆拳道、足球、橄榄球、自行车等
ADRB2 基因	运动摄氧量	中长跑、马拉松、竞走、中长距离游泳、公开水域运动、赛艇、皮划艇、铁人三项、足球、篮球、排球、水球、手球、现代五项、公路自行车、柔道、摔跤、拳击、冬季项目等
CRP 基因	运动持久力	中长跑、马拉松、竞走、中长距离游泳、公开水域、赛艇、皮划艇、铁人三项、足球、现代五项、公路自行车、冬季项目等
ACE 基因	耐力运动	中长跑、马拉松、竞走、中长距离游泳、公开水域、赛艇、皮划艇、铁人三项、足球、现代五项、公路自行车、冬季冰雪项目等
GSTP1 基因	运动疲劳恢复	田径、游泳、体操、水上、大球类、小球类、铁人三项、现代五项、体能类、自行车、冬季项目等
IL6 基因	运动损伤修复	体能类项目、技能类项目等
CRP 基因	运动营养需求	体能类项目、技能类项目等
COMT 基因	运动认知学习能力	射击、射箭、击剑、跳水、花样游泳、体操、艺术体操、蹦床、技巧、帆板帆船、技能类项目等

（续表）

基因名称	运动能力	相关运动项目
5HT2AR 基因	快速记忆能力	棋类、斯诺克、射击、射箭、跳水、花样游泳、体操、艺术体操、蹦床、技巧、竞走、花样滑冰、冰壶等
BDNF 基因	长程记忆能力	棋类、斯诺克、射击、射箭、跳水、花样游泳、体操、艺术体操、蹦床、技巧、竞走、花样滑冰、冰壶等
APOE 基因	情节记忆能力	棋类、斯诺克、射击、射箭、跳水、花样游泳、体操、艺术体操、蹦床、技巧、竞走、花样滑冰、冰壶等
KIBRA 基因	情景记忆能力	棋类、斯诺克、射击、射箭、跳水、花样游泳、体操、艺术体操、蹦床、技巧、竞走、马术、花样滑冰、冰壶等
FOXP2 基因	个体语言能力	足球、篮球、排球、手球、水球、棒垒球、曲棍球、冰壶等
FADS2 基因	操作能力智商	短距离跑、跨栏、撑杆跳、竞走、射击、射箭、击剑、大球类、小球类、跳水、花样游泳、体操、艺术体操、蹦床、技巧、帆板帆船、马术、花样滑冰、冰壶、棋类、斯诺克等
CHRM2 基因	操作能力智商	短距离跑、跨栏、撑杆跳、射击、射箭、击剑、大球类、小球类、跳水、花样游泳、体操、艺术体操、蹦床、技巧、帆板帆船、马术、花样滑冰、冰壶、棋类、斯诺克等
COMT 基因	情绪控制能力	中长跑、竞走、马拉松、田径全能、田径田赛项目、跳水、中长距离游泳、公开水域、水上项目、大球类、小球类、难美表演类、举重、铁人三项、现代五项、柔道、摔跤、跆拳道、拳击、橄榄球、冰雪项目、短道速滑等
BDNF 基因	神经系统发育与功能维持	田径、游泳、体操、球类、射击、射箭、击剑、乒羽项目、难美表演类、体能类、马术、冰壶、短道速滑、花样滑冰等

（续表）

基因名称	运动能力	相关运动项目
GABRB3 基因	神经系统发育与功能维持	短距离跑、跨栏、跳远、撑杆跳、田径田赛项目、射击、射箭、击剑、大球类、小球类、跳水、花样游泳、体操、艺术体操、蹦床、技巧、重竞技项目、场地自行车、马术、花样滑冰、冰壶、棋类、斯诺克等
SLC25A12 基因	与发生孤独自闭症风险相关	集体性项目、难美表演类、球类项目等

（三）选材育才模型与指标

随着运动训练的发展，越来越多的科学技术和方法运用到运动员选材领域中，通过先进的仪器设备、特质量表对人体各类指标进行测试，以此来客观全面地评估运动员形态、机能、素质、心理、专项等方面的优劣与否，预测运动员未来发展的潜能。不同的选材模型研究构建了不同的选材指标体系。

前民主德国的哈雷选材模型采用了现有成绩水平、成绩提高幅度、成绩的稳定性和提高能力三个基本指标预测运动员的未来成绩；国内刘献武的理论三角选材模型针对遗传、环境和生长发育三方面因素选取体型、生理、生化、心理、身体素质、运动机能、运动项群七个方面指标体系，根据项目要求结合指标权重进行基础、初级、中级、高级四个层面的综合选材；曾凡辉等人的综合评价选材模型则根据家系情况、体格检查以及发育程度与青春期发育高潮持续时间长短等选取形态、机能、素质、心理、专项成绩、教练员评定等几大类指标对运动员进行综合评定；钟添发、田麦久等人的竞技能力结构选材模型则主要围绕初级和中级两个层次，以优秀运动员竞技能力结构特征为选材目标导向，选取形态、机能、素质、协调、技术、战术、智力和心理八个因素指标，结合不同项目项群专业特点对不同指标的权重比例要求开展科学选材;沈勋章等人的春芽行动计划选材模型则将科学选材与教练员经验选材相结合,构建了含评价指标、参考指标和健康指标三大类为一体的新指标测量评价体系(见图1-6),并在此基础上于2015年在以“三大球”为主的《运动员选材模型与评价标准》一书中提出选材链(见图1-3)和选材指标大小池概念,指出一条完整的选材链应该包括生长发育、身体形态、生理机能、心理心智、运动素质、专项能力和教练员评定7大环节,而选材指标大池主要指各运动项目共用、通用的指标,小池则是反映项目特征的经典的、核心的指标,结合不同运动项目构建了不同的选材指标体系。

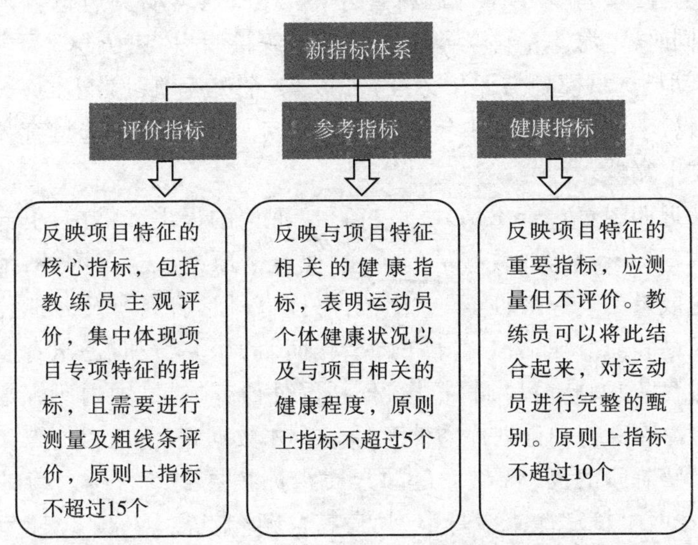

图1-6　上海春芽行动计划选材模式新指标体系各部分组成图

三、青少年选材育才新课题

纵观国内青少年运动员选材育才工作,自20世纪80年代以来,呈现出波浪式发展。20 世纪 90 年代初期出现以曾凡辉、王路德、邢文华等主编的《运动员科学选材》红皮书,后期上海市体育局组织撰写《上海市一二三线运动员科学选材标准》《上海市运动员科学选材工作指导手册》;进入 21 世纪,上海体育科学研究所在编著《运动员科学选材》基础上,通过课题立项研究形式,完成了"春芽行动计划——上海市二、三线运动员科学选材模式的研究",进一步对田径、游泳、击剑等15 个项目 23 个分项的运动员选材指标体系和标准模型进行了修订和完善;近几年,随着中国从体育大国向体育强国迈进目标的提出,国家体育总局部署了"三大球"战略,为配合战略实施,上海市体育局启动"雏鹰计划",并成立上海市青少年体育选材育才中心,加强运动员选材育才研究;同时,上海体育科学研究所先后组织撰写以"三大球"为主的《运动员选材模型与评价标准》和以 51 个奥运项目为主的《奥运项目教学训练大纲青少年选材育才研究》,将青少年选材育才再次推上巅峰。

近期随着 Greg Rose 博士"窗口"理论的提出和推广,引起众多体育专家、学者、教练员的关注,但鉴于原型取材于国外,为使理论成果更具针对性、本土化,上海体育科学研究所及时抓住热点问题和前沿理论,结合国内"敏感期"的研究,及时提出青少年选材育才"敏感窗口期"概念,依托国外研究成果、国内研究数据和上海春芽行动计划优秀体育后备人才数据库,将窗口的点拓展到敏感阶段的面,将单一运动素质指标拓展到综合选材育才指标,选取生长发育速率与类型、身高与预测身高、体型、体脂百分比、速度素质、爆发力素质、柔韧素质、智力发育与发展、反应能力、有氧能力十大选材育才指标作为敏感窗口期研究范围,通过各项指标数据的百分位数图、离差率变化图等分析判断不同选材育才指标的敏感窗口期,这是开展青少年运动选材育才工作,拓展儿童青少年体育活动科学化水平的新课题,以期供广大教练员、选材人员参考借鉴。

建议阅读文献

1. 卓金源，米靖，苏士强.“敏感期”是否对训练敏感：不同年龄段青少年力量训练效果的实验研究[J]. 北京体育大学学报,2015,38(10)：139－145.
2. 沈勋章. 奥运项目教学训练大纲青少年选材育才研究[M]. 上海：上海浦江教育出版社,2015：1－136.
3. Loko，T. Sik kut. Sensitive periods in physical development[D]. Estonia：University of Tartu，1994.
4. Balyi I，Hamilton A. Long-term athlete development：trainability in childhood and adolescence[J]. Olympic Coach，2004,16(1)：4－9.
5. 杨汀南. 对湖北省青少年和儿童身体素质发展情况的调查分析[J]. 武汉体育学院学报,1980：9－18.
6. 王瑞元. 运动生理学[M]. 北京：人民体育出版社,2002.
7. 邓树勋，洪泰田，曹志发. 运动生理学[M]. 北京：高等教育出版社,1999：444－445.
8. Collin-Saltin，A. S. Skeletal muscle development in the human foetus and during childhood. In K. Berg，& B. Eriksson(Eds)，Children and exercise，1980：217－218.
9. 曹志发. 运动生理学[M]. 苏州：苏州大学出版社,1997：217－218.
10. 杨锡让. 实用运动生理学[M]. 北京：北京体育大学出版社,2007：267－268.
11. 卢昌亚，李浩. 运动生理学[M]. 桂林：广西师范大学出版社,2008：172－173.
12. Ford P，De Ste Croix M，Lloyd R，et al. The long-termathlete development model：Physiological evidence and application [J]. Journal of Sports Sciences，2011,29(4)：389－402.
13. Bailey R，Collins D，Ford P，et al. Participant development in sport：An academic review[J]. Sports CoachUK，2010,4：1－134.
14. 于可红. 中国青少年儿童体质特征及发展趋势研究[M]. 浙江大学出版社,2008.
15. 陈明达. 关于中国青少年儿童身体形态、机能、素质研究的概述[J]. 体育科学,1981,1：1.

16. 邓华源.少年儿童速度素质的增长敏感期[J].武汉体育学院学报,1982,2:51.
17. 苟波.9~19岁男性青少年身体形态与下肢爆发力发育特征研究[C].2002年全国运动医学学术会议论文摘要汇编,137.
18. 李永和.影响短距离身体位移速度的某些生物学因素[J].首都师范大学学报:自然科学版,1993,14(2):104.
19. 王辑.身体素质"敏感发育期"和运动.安徽体育科技[J].1992,4:60.
20. 易妍.吉林省青少年学生身体素质发展敏感期的研究[D].东北师范大学,2012.
21. 梁美富.我国青少年力量敏感期训练特征的理论研究[J].青少年体育,2014,20(12):61-62.
22. 王伟杰.儿童青少年身体素质敏感期的变化特点[D].北京体育大学,2015.

第二章　儿童少年生长发育敏感窗口期的研究

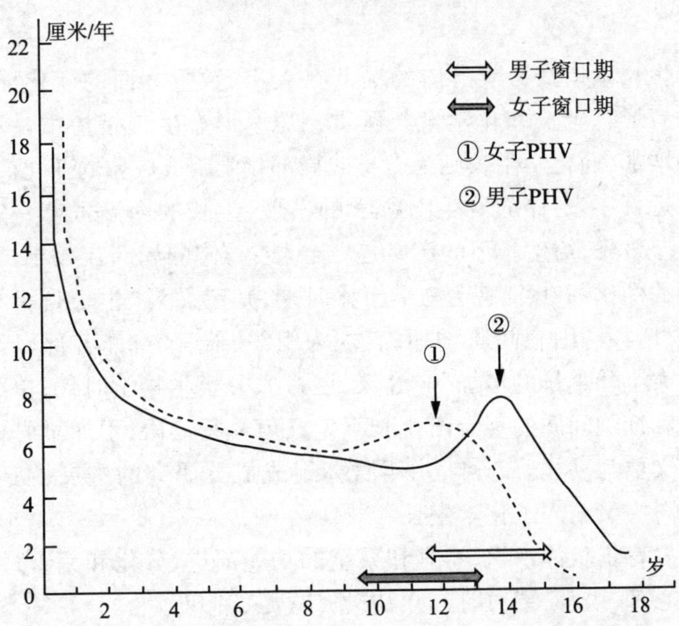

提要:

本章在讨论了人体生长发育定义的基础上,着重阐述了青少年生长发育规律及青春发育期,引经据典介绍了青春期窗口代表生长速度的 PHV 和 PHA 指标。通过青少年生长发育状况、男女第二性征分期、骨发育成熟度鉴定、青春期启动和持续时间长短,来确定青少年生长水平和发育类型以及敏感窗口期。以国内外大量的研究成果和文献资料以及上海体育科学研究所选材研究中心对优秀体育后备人才的追踪数据绘制的对应图表,可供广大教练员和科研人员教学训练参考。体育运动实践证明,了解青少年生长发育水平和速率、知晓敏感窗口期、掌握发育类型以及预估运动能力,对指导项目系统训练以及开展运动员选材有着积极的意义。

第一节　生长发育的定义

生长系指全身或身体的局部在大小、数量方面的变化而言。生长有形态生长和化学生长两重意思。形态生长是指重量和大小的增加，而化学生长则为全身或局部化学组成成分的变化。

近百年来，伴随着生物科学的发展，生长的内涵也有一定的改变。早先，给生长下的定义是“全身或身体的局部在大小、数量方面的变化”；在细胞生物学昌盛时期，则定义为“生长是指细胞繁殖、增大和细胞间质增加，表现为组织、器官、身体各部以至全身的大小和重量的增加”。今天，已进入分子生物学时代，单纯从细胞和细胞间质的观点给生长下定义就显得局限，不如早先概括的定义更为妥当。近年，由于身体组成成分研究的进展，在生长的概念中又纳入了化学生长。

发育指身体组织、器官和系统的功能演进、分化和完善过程，包括心理、语言、智力、行为的成熟，属质变范畴。

生长发育是生长和发育的总称。两者实际上是密不可分的，相互依存。在英语中常可相互代替使用。在汉语中，常用“发育”一词代替“生长”，如身高发育、体重发育等，而少用“生长”代替“发育”；同时，“发育”又是“生长发育”的简称。

正如形态与功能的关系一样，生长是发育的物质基础，发育寓于生长之中，细胞、组织和器官在形态变化时，必然伴随功能的分化和增强，通常并述为“生长发育”。在特定的场合，生长和发育仍须严格区分开来。例如，化学生长就不应称为“化学发育”。又如“心理发育”更不能叫做“心理生长”。此外，还有人借用哲学的概念把生长发育解释为：生长是量的变化，发育是质的变化；而不以形态和功能作为区分生长和发育的基础。我们认为这种解释是不完全贴切的。他们的立足点在于：从一个质态发展为另一个质态，尽管主要是形态的变化，一般都称为“发育”，而不称为“生长”。如牙齿的萌出、骨骺的干骺端愈合、第二性征的出现等，这些新质态的形成过程分别称为牙齿发育、骨骼发育、性发育……但有如心理发育、智力发育等长期复杂的变化，按他们的逻辑，岂不成了只有“质变”而无“量变”的过程？实际上，生长或发育都有量的变化和质的变化。

成熟指生长和发育达到一个相对完备的阶段，标志着个体在形态、生理功能、运动能力和心理—行为等方面达到成人水平，具备独立生活和生养下一代的能力。成熟度，指某指标在某一时点达到的相对于成人水平的百分比，如汉族城、乡男生 6 岁的平均身高，分别为成人(18 岁为标志)平均身高的 70.2% 和 69.2%；10 岁时分别为 82.1% 和 80.9%，14 岁时分别为 96.5% 和 95.0%。

第二节 生长发育研究内容和意义

根据临床医学、预防医学、体育科学、心理学、教育学等学科发展的实际需要，人们对儿童少年生长发育的研究已经形成许多分支，总体可分成两大门类：身体发育和心理发育。

身体发育主要包含有：①整体上，包括体格、体型、体能(生理功能和运动素质)；②器官、系统水平上，包括呼吸系统、循环系统、视听器官、性器官和第二性征等形态、功能变化；③组织学水平上，重点是上皮、结缔、肌肉、神经等组织的形态、功能变化；④细胞水平上，包括细胞生长、分裂、分化、更新等生命过程；⑤体成分水平上，包括骨骼(含骨矿盐)、肌肉、体脂肪的分布及其相对比例变化；⑥分子水平上，包括生长功能基因团的作用、调控及其在靶细胞的表达。

心理发育主要包含有：①心理认知，如感知、记忆、注意、思维、想象等认知活动。②情绪：指感知、认识外界事物后产生的体验和反应。从婴儿期简单的生理需要满足后的微笑，到青春期复杂的社会情感过程，贯穿整个发育期。③个性心理倾向和特征：不同个体有先天禀赋和后天获得的不同气质、个性和性格，自我意识形成。④伴随性发育出现的一系列心理、情绪、行为变化。⑤行为包含心理活动的外在表现及其内化性活动。社会化过程促进儿童社会行为的发育，逐步具备人际交流技能，遵守社会规范，适应社会，成为独立的社会人。

生长发育研究是儿童少年卫生学的核心内容，其重要意义如下：

第一，是生长发育评价：个体从受精卵开始至成年，始终处于生长发育动态变化中。个体遵循生长发育一般规律，又有自身的鲜明特点，可从发育水平、速度、身体匀称度等方面评价。这些评价方法在多个相关学科领域应用广泛。如：儿科、临床内分泌科利用各年龄生长发育正常值，判断个体的发育等级、发展趋势和离散程度，诊治生长障碍性疾病。生长发育是体质学的学科基础，为早期选拔运动人才、衡量训练水平提供依据。社会学研究常把不同群体儿童的生长水平，结合患病率、死亡率等，组成评价社会公平性的指标体系。

第二，生长发育影响因素：生长发育受诸多遗传、环境因素的综合影响，复杂多变。分析这些因素，有助于了解各种有利或不利生长发育的因素，据此制定干预策略措施，促进健康成长。

第三，制定学校教育和卫生政策：儿童少年对不良学习、生活环境的反应比成人敏感。教室采光、照明不良可导致近视；不适宜课桌椅可引发脊柱侧弯；噪声对身心发育有不良影响；环境铅污染剂量只要达到成人1/10可导致儿童铅中毒。因此，可根据不同年龄儿童的生长发育水平，制订相应的学校卫生标准，为学校卫生监督提供依据。不同发育水平的儿童，心理活动（认知、情绪和意志)、心理特性(人格或个性)、自我意识、行为、社会化进程都有鲜明特征。学校的课程设置、教学内容、生活制度,健康教育等应充分考虑其发育水平,激发他们的学习兴趣,争取良好的教学效果。

第四,生长发育机制研究：近年来,生长发育作为生命科学的重要部分,已从单纯生物学研究跨入细胞、分子生物学水平。以体成分变化为主的“化学生长”备受重视;研究深入到生长动力学领域。对青春期启动和神经—内分泌调控机制的探讨,引导学者们开始从微观角度来研究细胞的生长、分化、更新、凋亡等生命过程。“青春发动时相”成为研究热点。该时相提前,预示青少年的性成熟更早,但其社会功能的成熟不一定提前。人类发展的 2 万年历史长河,就是身体发育与社会成熟的适配过程,也是探讨促进儿童社会成熟干预措施的理论基础。

第三节　生长发育的几大规律

一、生长发育规律国内外研究综述

前面已经介绍生长发育与运动能力有密切的联系,因此作为运动员选材科研人员和青少年训练的教练员都必须学习和了解儿童青少年的生长发育的一般规律。在当前医学儿童少年卫生学中,以及 20 世纪 80 年的运动员选材学中,都谈到了儿童青少年生长发育的一般规律。但体育学中生长发育规律一般都是引用医学,因此为了更好地了解青少生长发育规律,有必要根据国内外研究成果进行总结。

生长发育是一个长期的过程,包括许多复杂现象,用有限的篇幅、简短的语言,准确、全面地描述其一般规律还确实是一件相

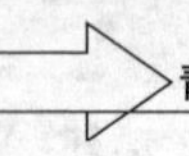

当困难的事。在已有的儿童生长发育书籍中,不同作者,由于他们所从事的专业学科不同或见解不同,对人类生长发育一般规律的概括描述也不完全一样。

叶恭绍教授在《儿童少年卫生学》教材中,把生长发育一般规律归纳为六条:第一是生长发育是由量变到质变;第二是儿童的生长发育是有一定程序的,既有连续性又有阶段性;第三是生长发育的速度是波浪式的;第四是儿童身体各系统的发育是不平衡的,但又是统一协调的;第五是生长发育包括生理和心理两方面,它们是密切联系的;第六是每个孩子的生长发育有他自己的规律。

林琬生、李宝文在《中国医学百科全书:儿童少年卫生学》中,在上述六条基础上,归纳成为四条:第一是儿童生长发育是由量变到质变的复杂过程;第二是个体间生长发育总趋势一致;第三是个体间身体各部增长比例和发育顺序相同;第四是个体儿童的发育等级在各发育阶段相对稳定。

李效基教授执笔的教材中的这部分内容,与前者比较大同小异,分为以下四条:第一是生长发育是有阶段性的有程序性的连续过程;第二是生长发育速度呈波浪式,身体各部的生长速度亦不均等;第三是各系统的生长发育不平衡,但统一协调;第四是生长发育有个体差异,一般符合正态分布。

美国 Isabelle vaiadian 和 Douglas Porter 在《从胎生到成熟的身体生长发育》一书中,共列出五项原则:第一是人类生长过程有一个共同的模式:所有健康的个体其生长过程都是类似的,并表现于整个发育时期;第二是在任何的时间年龄,健康的个体之间,在身体特征和发育速度上有很大变异;第三是一个个体的生长模式常趋向相对稳定,在发育完成期也是如此,在任何时间年龄上的各种特征也是这样;第四是儿童生长发育的可能性基本上取决于内在因素;第五是一个个体可能达到的发育水平,很大程度上取决于环境因素或外界因素。

G. H. Lowrey 在《儿童生长发育》第 7 版,概括论述了以下内容：生长发育的概念、人类生长发育与一般动物生长发育的比较、在遗传因素中 RNA 及内分泌激素的化学控制、环境因素的影响、生长发育的个体性、生长发育的分期及性别差异等。在论述这些问题时也涉及心理发育。

日本中山健太郎在《小儿科学》一书中用五条概括了“生长发育的一些原则”。①第一是生长发育一般都是按正常的秩序、按一定的顺序进行的。出生前，胎儿的身体和器官发育按同样的顺序、同样的胎生时间进行。出生后，早期运动功能的发育也是有一定模式的，所有的儿童“站立前先会坐，会说话前先会说片语，会画四边形前，先会画圆”。②第二是生长发育是连续的，但不是以同一速度进行的，各种器官也不是以同一步调发育的。在青春期有身高、体重、生殖器官的急剧突增，在幼儿期有语汇的急剧增加。③第三是器官发育和功能发育都有决定性的时期。若在该期内正常的发育受到干扰，则可能残留永久性缺陷或永久性功能障碍。胎生 3 个月以前，胎芽、胎儿的障碍可成为终生畸型。婴幼儿失去母爱可成为心理迟行、社会不适应的原因。再有，运动及学习也要在一定时期学会，若错过时期再学是困难的。英国遗传学家发现，单基因病变的遗传原因一直主要由表现型驱动，但是可能有遗传原因的严重发育疾病的全部儿童中近一半仍没有得到遗传诊断。来自“解密发育疾病”研究项目的这篇论文，发布了对全英国范围内 1 133 名患严重的、未诊断出的发育疾病的儿童和他们父母所做的一项系统性遗传分析。外显子组测序和对染色体重排所做的基于阵列的检测，显示了 12 个以前不知道的发育疾病基因，并将有可能被诊断出的儿童所占比例提高了 10%。④第四是生长发育有几个基本的方向。如头尾方向，胎生期的身体，近头部位比上下肢先发育。出生后神经肌肉的发育，既按头尾方向，又按正侧方向，身体的中心部分比末梢部分先发育，功能发育一般是按粗大动作向精细动作的方向。婴儿期身体的粗大肌肉的粗大动作逐渐变成细致的、分化的、正确有目的的动作。

⑤第五是随着生长发育的进行,个体特性和个人的变异越来越明显。这些变异,“天生的”到什么程度,“教育的”(环境或学习)到什么程度,是难于确定的。

英国 J. M. Tanner《从胎儿到成熟的身体生长》专著中,讨论了生长发育的几个基本原则:生长管道和追赶性生长。生长和分化有它自己稳定的途径,一定的方向,有恢复既定目标的能力;细胞和组织的分化都有一定的适应期,错过时期则难于实现。如猫出生后第 4 周是视觉发育适应期的例子,此时使之闭目 3 天或 4 天与 8 周内闭眼 1 个月发生视觉障碍的效果相同;从适应期又延伸出敏感期或叫临界期的概念,也叫特别易受损伤时期;不协调发育和期外发生。眼晶状体的生长与光线焦点在视网膜上的不协调,以致有些人成为远视或近视。上、下颚生长不协调则发生咬合异常。身体一部分的发育速度与其他部分的发育速度,使之协调的控制不一定成功。结构和功能的发育速度的异常变动(期外发生)是多数人身体结构个体差别的基础,例如,男人比女人以及美国人比欧洲人的下肢较长;生长成熟度的倾斜。儿童少年足长、小腿长、大腿长占成人的百分比,各年龄都是足长优先,小腿长次之,大腿长更次之。同样,上肢是按手长、前臂长、上臂长的顺序成熟;发育过程的阶段问题。儿童发育过程是连续的,是否划分阶段,在解剖学上、生理学上、心理学上部找不出充分的论据。爬行和行走的运动能力的发育是逐渐的,骨发育、牙齿发育、身体生长突增、智力发育等发育过程既各有各的特征,又在时间上相互重叠,形成镶嵌形式。

迄今为止,由于基因研究的进展和遗传密码的发现,人们对遗传因素的理解,已经前进一步;在内分泌激素的化学控制和脑、神经系统的调节作用方面也有了许多认识。但是,对生长发育本质的认识,应该说,尚未完全清楚。目前所说的生长发育一般规律主要是指生物学现象的规律性而言。

唐锡麟《儿童少年生长发育》中对以上国内外学者各专著中

所谈到的各类生长发育的一般规律（或原则），又加以总结和概括：

生长发育的可能性和现实性。生长发育是机体发展变化逐渐达到成熟的过程，机体的遗传因素决定生长发育的可能性。发育中的机体在外界环境支持下，同化作用大于异化作用，外界环境在一定程度上决定生长发育的现实性。

生长发育的共同性和个体性。正常的生长发育有它共同的模式，从孕卵开始，出生后，经过儿童期、青春期达到成熟，但每个儿童又有他个体发育过程的特点。个体儿童身高的发育似有一定的追求目标。在发育过程中虽有波动，但只波动在一定幅度内，一般不超过一个等级（约为 ±1 个标准差），见不到超越一个等级的现象，这种现象叫做生长管道现象。上下体比例、坐高等形态发育和某些功能发育也有类似现象。由于生活条件恶化而使儿童少年身高、体重等发育暂时落后，但当生活条件改善后，随即加快发育速度又赶上了应有的发育水平，这种现象叫做追赶性生长。例如，双生儿、早产儿、急性传染病愈后等可见到此现象，群体儿童在战争、饥荒之后几年内的生长发育亦属此类。生长管道和追赶性生长这些受遗传因素约束又受环境因素影响的现象反映在个体发育上，也反映在群体发育上。一个群体的各项发育指标发育水平，其构成的众多个体呈正态分布或接近正态分布。生长发育指标的种族差别和男女差别亦可视为不同的生长管道现象。

生长发育的程序性和时间性。这是由遗传因素所制约的现象。例如，如前所述的头尾律和正侧律、生长成熟度的倾斜、一定的敏感期，还有第二性征和青春期其他体征的出现等等都有一定的次序和时间。

人类生长发育不同于动物的特殊性。发育中的机体是一个整体，各系统紧密联系在一起，但不同系统又有它自己的生长模式。神经系统的生长速度在早期有一个高峰，生殖系统在青春期有一个高峰，而骨骼、肌肉、呼吸、心血管、身高、体重等则两个高峰兼而有之，在中间还有一个缓慢期。这是人类身体发育过程的特点，而一般哺乳动物这两个高峰是连在一起的。人类的身体发育为心理发育提供物质基础。与之适应，人类生长发育时间约占一生的四分之一到三分之一；未成年为成年的准备时间相对较长，并发展语言，接受教育。这也是一般哺乳动物所没有的。

人群生长发育的自然性和社会性。人群发育除因种族、民族、性别、年龄等由遗传因素所决定的差别外，还有地区差别、城乡差别及社会不同人群的差别，还有年代变化的规律，即生长长期趋势等，这些主要是由外界自然因素和社会因素的影响所造成的。

二、生长发育的几大规律

1. 生长发育的连续性　各组织、器官、系统不同时期有不同的生长速度，但整体上都朝向共同的目标——成熟。该动态、连续的过程称“生长轨迹”，指在外环境无特殊变化情况下，个体发育过程通常稳定，呈鲜明的轨迹性。中枢神经系统内有影响该轨迹的复杂调控系统，受遗传基因控制。它尽力使生长中的个体在群体中保持一定幅度的上下波动。一旦出现疾病、内分泌障碍、营养不良等不良影响，会出现明显的生长迟滞；一旦这些阻碍因素被克服，儿童会立即表现出向原有轨道回归的强烈倾向，即出现赶上生长。换言之，遗传决定人的最大生长潜力，但个体能否实现、能在多大程度上实现该潜力，取决于生活环境。

2. 生长发育的阶段性和程序性　生长发育是有阶段性的，每一个阶段有它独有的特点来区别于其他阶段，并且，每个阶段与它的前后阶段彼此很有规律地交替着，衔接着。前一阶段为后一阶段的发育打下必要的基础。各阶段顺序衔接，使生长发育表现出鲜明的程序性。任何一个阶段的发育受到阻碍都会对后一阶段的发育起着不良影响。如儿童少年心脏的重量，具有连续性增长但是也有明显阶段性增长。随着年龄的增加心脏逐渐增大，9岁时心脏的重量约为出生时(20～25 克)的 6 倍。青春期后增长到出生时的 12～14 倍，达到成人水平，又显示出不同年龄阶段心脏发育的特征。其 9 岁时心脏的发育程度，既是在这以前逐渐进发育的结果，又影响在这以后的继续的发育。

受精卵结合以后，便是个体生长发育的开始，一直到生长发育的基本完成，共约 25 年，在这过程中，人们为了方便研究，便于在卫生保健，体育和教育等方面采用相应的措施，就将生长发育划分为若干个年龄期，各年龄期是连续的，当中没有一条固定的明显的界限。体育学中一般采用以下的划分方式(见表 2－1)。

表 2－1　生长发育的 8 个阶段划分

分期	描述	分期	描述
胎儿期	出生前	青春期	11～12 岁到 16～17 岁
婴儿期	出生后到 1 岁	青年期	17～18 岁到 23～25 岁
幼儿期	1 岁到 6、7 岁	成年期	25 岁以后到更年期
童年期	6、7 岁到 11～12 岁	老年期	更年期以后

摘自：曾凡辉. 运动员科学选材。

3. 胎—婴幼儿的头尾律　从生长速度看，胎儿其头颅生长最快，婴儿期躯干增长最快，2～6 岁期间下肢增幅超过头颅和躯干，使儿童身体比例不断变化(见图 2－1)，由胎儿 2 个月时特大的头颅(占全身 1/2)、较长的躯干(3/8)和短小的下肢(1/8)发展到 6 岁时较匀称的比例(头占 1/8 强，躯干占 1/2 弱，下肢占 3/8)。头颅发育早于躯干，躯干早于四肢，以保证神经系统优先发展，言语、动作加快发育。粗大运动也遵循该规律，按抬头、翻身、坐、爬、站、走、跑、跳的程序进行。

4. 动作发育的近侧律　近躯干的肩部肌肉先发育，进而发展

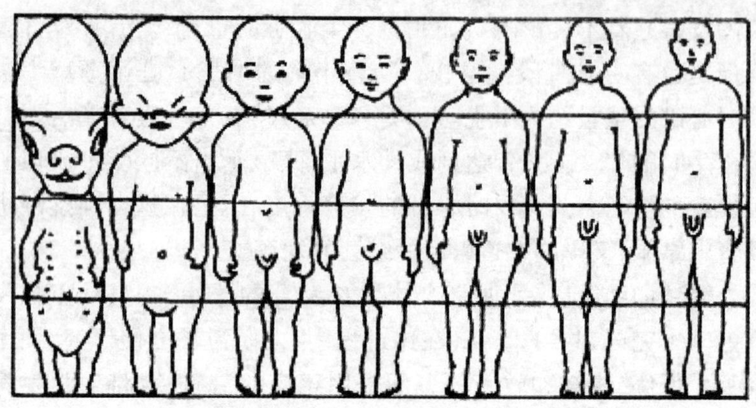

图2－1　从胎儿到成年身体发育比例

到上臂、前臂、手腕和手指远端的细小肌肉(见图2－2)。4个月婴儿见到妈妈,会高兴地挥动上肢,但取物不用指,而是一把抓;8个月时能用拇指、食指抓物,但握住不会松手,12个月左右才会用拇指和其余的指尖拿捏小物体,握放自如。2岁后手的动作更准确,会用勺子吃饭,但需在手腕的协调、配合下进行;写字、画图等则要到5～6岁才能实现。这个规律对我们选材训练的启示是,早期动作训练也应该遵循近侧规律,像体操运动员、游泳启蒙阶段训练其动作发展从近到远,动作姿势由粗大式过渡到精细阶段。

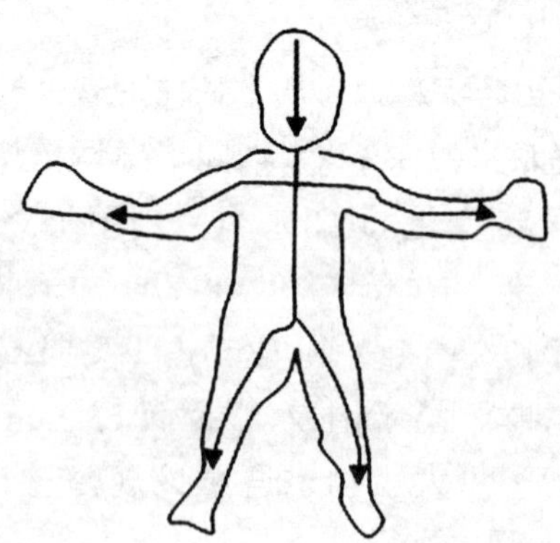

图2－2　动作发育的近侧发育规律

5. *身体形态发育的向心律*　身体各部形态发育顺序是：下肢先于上肢，四肢早于躯干，呈自下而上，自肢体远端向中心躯干的规律性变化。足最早开始突增，也最早停止生长；小腿接着开始突增，其后是大腿、骨盆宽、胸宽、肩宽、躯干高、最后是胸壁厚。上肢突增的顺序依次为手、前臂和上臂；手的骨骺愈合也由远及近，顺序为指骨末端、中端、近端、掌骨、腕骨、桡尺骨近端。这些规律对于青少年运动身体形态规律预测尤其重要。

6. *生长速度的波浪式发展*　整个生长期内，个体生长速度是非均衡的，时快时慢，使生长曲线呈波浪式，从胎儿到成人先后有两次生长突增（见图 2 - 3）。第一次突增自胎儿 4 个月开始，持续到生后第一年。身长在胎儿 4 ~ 6 个月增长约 27.5 cm，占新生儿身长的一半，是一生中增长最快的阶段。体重在胎儿 7 ~ 9 个月增长约 2.3 kg，占新生儿平均体重的 2/3 以上，也是一生中增长最快的阶段。出生后增长速度有所减慢，但第一年身长增幅仍达到 20 ~ 25 cm，约为出生时身长的 40% ~ 50%，体重增长 6 ~ 7 kg，为出生时的 2 倍，也是出生后生长最快的一年。出生后第 2 年，身长增长约 10 cm，体重增长约 2 ~ 3 kg。2 岁后生长速度减慢并保持稳定，身高年均增长 4 ~ 5 cm，体重增长 1.5 ~ 2 kg，直到青春期前期。第 2 次突增发生在青春早期，女孩比男孩早 1 ~ 2 年，生长速度再次加快，身高一般年增长 5 ~ 7 cm，处于身高突增高峰时一年即达 10 ~ 12 cm，男孩增高幅度更大。体重年增长值一般为 4 ~ 5 kg，高峰时可达 8 ~ 10 kg。突增后身高生长速度再次减慢，女 16 ~ 17 岁，男 18 ~ 20 岁左右停止增长（见图 2 - 4）。男孩突增幅度大，持续时间长，成年时绝大多数形态指标值高于女孩。

由于身体各部分增幅不同，故出生后的整个生长过程中，身体各部分的增长比例大致是：头颅增 1 倍，躯干增 2 倍，上肢增 3 倍，下肢增 4 倍（见图 2 - 5），最终形成以较小的头颅、较短的躯干和较长的下肢为特征的成人体态。

7. *系统发育的非均衡与协调性应用*　人体生长发育中，几大

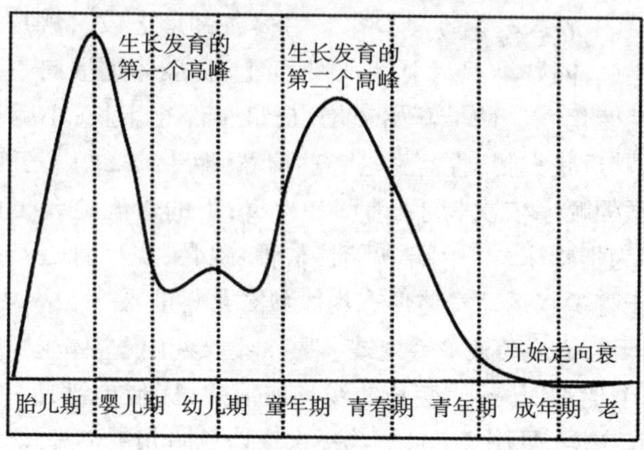

图 2－3　人类生长发育的两次高潮

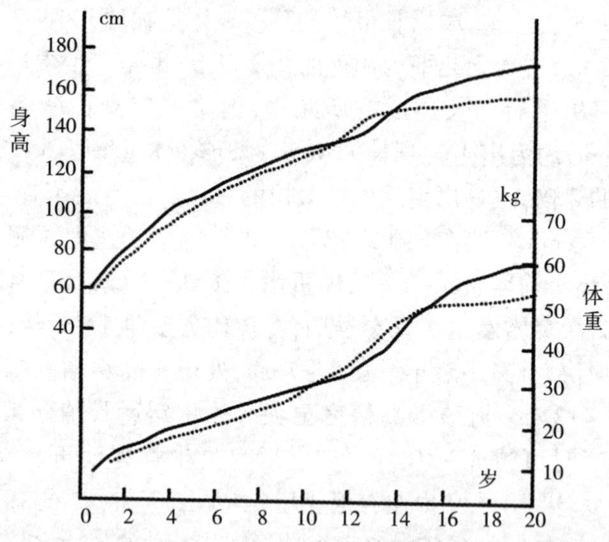

图 2－4　男女儿童少年身高、体重增长速度曲线

系统包括一般型（身高、体重、心血管系统、呼吸系统、消化系统、肌肉系统、骨骼系统等），神经系统、淋巴系统、生殖系统型，这些系统所包含的器官，其生长模式在时间进程上各有鲜明特征（见图 2－6），可以大致归纳为：

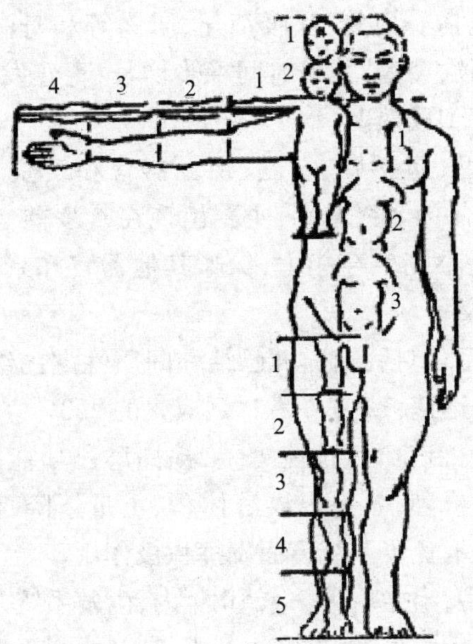

图2-5 婴儿至成人身体各部分发育比例

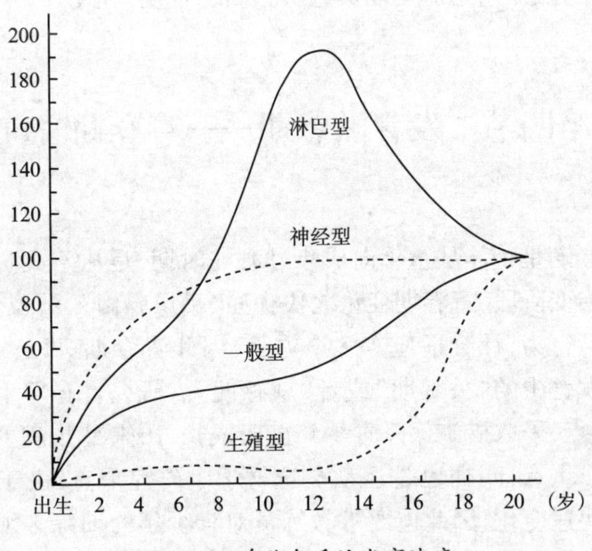

图2-6 身体各系统发育速度

一般型,包括心血管、呼吸消化、肌肉等和身高、体重发育规律一样,出现两次突增,其余时间稳步增长;青春发育后期增长幅度逐渐减慢,真到成熟。

神经系统型,包括脑、脊髓、视觉器官和反映头颅大小的头围、头径等,只有一个突增期,主要出现在6岁前。这一“优先发育”模式对提高小儿生存能力、保障其他器官和系统有序与全面发育有特殊意义。

淋巴系统型,包括胸腺、淋巴结和间质性淋巴组织等,在出生后头10年生长迅速,12岁左右达到成人的200%。原因是孩子事情身体尚未发育健全,抵抗能力差,提高淋巴功能就能加强防御能力,随着发育成熟,各淋巴器官体积、重量下降,但继续在健全机体的细胞、体液免疫系统方面发挥积极作用。

生殖系统型,出生后第一个10年内,生殖系统几乎没有发展;青春期突增开始后迅速生长,短短几年内外观形状达到成人水平。在这个时期家长和教练要注意和孩子多交流,让他们懂得青春期的变化过程,这对运动员选材和训练有很大帮助。

第四节 发育敏感期——青春期窗口

青春期是个体从童年向成年过渡的时期,是从不成熟到成熟的关键转变阶段,青春期变化之快犹如“暴风骤雨”,涉及体格、生理、心理、行为、社会适应等多个方面,因此青春期可以认为是整个生长发育中的“关键期”或者“敏感期”。研究青春期生长发育规律、特点,采取措施保障青少年健康成长,历来是儿童少年卫生学的工作重点,同样也是运动员选材学中研究重点,由于在此时期人体快速变化,因此也要求教练员对青少年的训练必须遵从青春期的发育规律,从而达到科学训练的目的。

一、青春期的概念

青春发育期简称青春期，在《中国医学百科全书》中定义为："青春期是由儿童发育到成年人的过渡时期。"即从第二性征出现至身体发育停止的时期，约占人类生长发育过程的一半时间，大体相当于学龄中、晚期。表现为一系列的形态、生理、生化、内分泌以及心理、智力、行为的突变，在身体各系统的发育中，最为明显的是生殖系统迅速发育、成熟。所以青春期是生长发育的最后阶段，也是性成熟阶段，是决定人一生身心发育的关键时期。

欧美广泛使用的语汇是"puberty"及"adolescence"，是按各种征象出现划定的一个时期。而 adolescence 的语源为 grow up，系指生长发育过程中的一个时期。但是各国对两词的解释是各种各样的。第一种解释如英国牛津字典以及 Dorland 医学解释字典中，对 puberty 解释为"具有生殖能力的状态"或"第二性征出现、性功能开始活动的时期"，相当于青春期前期或初期出现前的时期；而 adolescence 为"从儿童期到成人期之间的过渡时期"或"从第二性征出现至身体发育停止的时期"，即整个青春期。所以英国规定 puberty 的法定年龄，女子 12 岁，男子 14 岁。adolescence 的法定年龄女子 12 ~ 21 岁，男子 14 ~ 25 岁。第二种认为 puberty 为青春期前期，adolescence 为青春期后期，如美国 Random House 语言字典的解释就是这样。另外还有把从乳房发育开始至生长突增，即阴毛出现前的时期称为"prepuberty"，把阴毛和初潮出现的时期称为 puberty，以后时期称为 adolescence。也有一些教科书中把青春期称为 puberty。

日本的医学界，诸如小儿科、妇产科以及学校保健等不同学科广泛使用"思春期"一词，但也有少数学者使用"青春期"或"青年期"。日本认为"思春期 = 春机发动期 = 青春期"，解释为男女儿童身体构造，特别是生殖器官迅速发育以及精神上自我意识显著发展变化的时期，年龄范围“从14，15岁至18，19岁”。日本产科妇科学会的小儿思春期专题委员会确定的青春期定义是从性功能出现开始，经过初期、第二性征发育完成至月经周期正常的期间。

总之，puberty系指获得生殖能力的时候，时间范围窄。而adolescence系指整个青春期或puberty以后的时期，时间范围宽。而我国使用的青春期一词与日本的青春期一致，都与adolescence相适应。

二、青春期窗口——PHV、PHA、性发育、内分泌

在青春期，个体的形态、生理功能、心理—行为等都发生巨大变化，有以下发育特点：①体格生长加速，以身高、体重为代表的形态指标出现第二次生长突增；②各内脏器官体积增大、重量增加，功能日趋完善；③内分泌功能活跃，生长发育相关激素分泌明显增加；④生殖系统发育迅速走向成熟，逐步具备繁殖后代的能力；⑤外生殖器、第二性征、体态出现显著的性别差异；⑥运动能力、耐力明显提高；⑦伴随迅猛的性发育变化，独立性加快形成，产生青春期特有的心理—情绪变化，可能出现一些心理—行为问题。

青春期发育可分为早、中、晚三个阶段。早期主要表现为生长突增，出现以身高为代表的突增高峰，性器官和第二性征开始发育，持续2~3年；中期以性器官、第二性征发育为主要特征，出现月经初潮（女）和首次遗精（男），持续2~3年；后期体格生长速度逐步减慢，直至骨骺完全融合，性器官、第二性征发育达到成人水平，社会—心理发展加速，持续3~4年。

1. 青春期窗口生长速度——PHV和PHA　进入青春期后，最引人注目的形态变化是生长突增，以身高、体重为代表，生长速度在童年期较平稳基础上出现快速增长，1~2年后达到高峰，称

“身高速度高峰（Peak height velocity，PHV）”和“体重速度高峰（peak weight velocity，PWV）”；PHV、PWV 发生年龄分别称为“身高速度高峰年龄（age at peak height，PHA）”和“体重速度高峰年龄（age at weight velocity，PWA）”。突增开始的早晚和突增幅度有很大的个体差异；同龄少年有的高大，有的矮小，其暂时性的体格生长水平差异远大于儿童期。

女孩通常 10 岁左右开始突增，持续约 3 年；男孩约晚 2 年开始突增，结束也相应推迟。男、女孩突增开始时的身高一般为成年身高的 80%，PHV 时达到 90%；突增期后身高增长减慢。女孩突增和月经初潮关系密切；突增高峰出现在初潮前 12 个月；初潮前 6 个月时增速开始减慢，初潮后更慢。女孩骨龄 17 岁、男孩骨龄 18 岁时，身高停止增长。

以身高为代表的“生长速度”是生长发育评价的重点，指标为 0~18 岁期间的年增长率（见图 2－4）。不过这类来自横向资料的速度对其他身高增长较平稳的年龄（青春期前、后）是适用的，但对个体差异很大的青春期会造成较大误差。以 13 岁男孩为例，早熟者已过突增高峰，晚熟者高峰还没来到；早熟者高峰后速度下降早，晚熟者则相反。这样计算的均值所反映的峰值被人为削低；换言之，不同类型个体真实的都偏低。因此，针对某些特殊专业需要（如选拔运动员、判断性发育疾病的临床疗效等）而应精确计算某些时段（年龄）的生长速度时，可在个体纵向生长资料基础上，采取下列修正措施：①确定个人身高突增的开始年龄（TOA）和此时的增长速度（当年前一年身高之差，TOV）；②确定个人身高突增结束年龄（EA）及其增长速度（EV）；③确定个人在该两阶段间期（TOA 和 PHA 和 PHA－EA，合称 PA）及其增长速度（PA）；④合计 TOA、EA 和 PA，得生长突增全程（岁）；合计 TOV、EV 和 PV，得突增幅度（cm）；⑤将这些个体值向前（和青春期前）、向后（和青春期后）的群体年增长值衔接，可提高对个体生长速度的评价准确性。

就个体儿童而言，其青春期发育过程中身体各部分的生长，青春期突增的开始和增长速度都不同，导致身体各部比例不断变化。青春早期上、下肢增长早于躯干，下肢增长稍早于上肢，顺序大致是足长、小腿长、下肢长、手长、上肢长。下肢增长早，故青春早期坐高指数[（坐高/身高）×100]逐渐下降，中期降至最低。7岁男为55.2和女为55.0，13岁时男降为52.9，女降为53.4，青少年出现长臂、长腿、不协调的体态。小腿增长达顶峰后4个月，盆宽、胸宽开始增长，11个月后肩宽开始增长。青春中后期躯干增长速度加快，坐高指数再度上升，达到成年时男54.2，女54.3的水平。可根据青少年足长最先突增又最先停止生长的特点，用足长来预测成年身高。

2. 青春期窗口男性性发育

(1) 生殖器官　男性生殖器官分内、外两部分，前者包括睾丸、输精管、前列腺等附腺，后者包括阴囊和阴茎。尽管个体差异大，但各指征出现顺序相似：睾丸最先发育，其后是阴茎，与此同时身高出现突增。青春期前睾丸单侧容积仅1～2 ml，稍大于婴儿期。睾丸开始增大年龄平均为11.5(9.5～13.5)岁，比女性乳房开始发育年龄晚0.5～1岁；其后体积迅速增大，15岁时容积达13.5 ml；18～20岁达15～25 ml。阴茎开始增大年龄比睾丸迟0.5～1年，平均12.5岁开始突增，2～3年内从青春期前的5 cm增至后期的12～13 cm。这些指标可用来评价生殖器的发育状况。

(2) 性功能　伴随睾丸逐渐成熟，性功能出现。首次遗精是男性生殖功能开始成熟的重要标志，发生于12～18岁，约比女性初潮年龄晚2年。多数发生在夏季，初期精液主要是前列腺液，成熟精子不多；随睾丸、附睾的逐步发育成熟，精液成分逐步达到成人水平。

(3) 第二性征　主要指标有阴毛、腋毛、胡须、变声、喉结等。阴毛11～12岁出现，1～2年后出现腋毛，再1年左右胡须萌出；

额部发际后移,脸形从童年型向成年型演变。随雄激素水平增高,喉结增大,声带变长变厚,一般13岁后变声。多数男孩18岁前完成所有第二性征发育。约2/3男孩会有乳房一过性发育,单侧或双侧,乳晕下出现小硬块,轻度隆起,有触痛感,半年左右消退。持续数年不消退者应进一步检查。

3. 青春期窗口女性性发育

(1) 生殖器官　女性生殖器官分内外两部分。前者包括阴道、子宫、输卵管、卵巢;后者包括阴阜、大小阴唇、阴蒂、前庭和会阴。进入青春期后生殖器官迅速发育。卵巢从8~10岁起发育加速,重量逐步从6~10岁的1.9 g增至11~15岁的4 g,18~20岁时的8.3 g。初潮来临时卵巢仍未成熟,重量仅为成人30%。随着卵巢的发育,功能日臻完善,开始排卵;排卵后的卵巢表面变得凹凸不平。青春期子宫重量、长度增长迅速。外生殖器也出现明显变化:阴阜因脂肪堆积而隆起;小阴唇变大,色素沉着,大阴唇变厚;大量阴道分泌物出现,由碱性变为酸性。

(2) 性功能　最重要的指标是月经初潮,称性发育的"里程碑"。初潮后形成月经:子宫内膜在性激素影响下,每28天发生一次周期性坏死、脱落,伴出血。初潮多发生在夏天,发生年龄波动于11~17岁(90%发生于12~14岁)人群体初潮年龄的早晚与经济水平、营养状况密切相关。从群体角度看,初潮出现后身高的生长潜力不大;但就个体而言,早初潮女孩其后的身高增幅往往较大。据上海市1985年追踪调查,来潮早的各年龄组女孩即时身高仅相当于成年身高的93%,初潮后平均增幅达8~10 cm;相反,来潮晚女孩即时平均身高可达成年身高的98%,初潮后增幅平均仅2 cm。

(3) 第二性征　主要有乳房、阴毛、腋毛等。乳房发育最早出现,平均开始于11(8~13岁)岁。从乳房Ⅱ度到Ⅴ度历时约4年。乳房开始发育后0.5~1年出现阴毛,再1年出现腋毛。身高生长突增几乎与乳房发育同时开始。

4. 青春期窗口的内分泌变化　胎儿、新生儿、婴幼儿、儿童期的下丘脑、腺垂体、性腺其实都具备与成人相近的激素分泌能力。丘脑-垂体-性腺轴（HPG）变化在胎儿中期、出生时都曾经出现过；其后伴随 HPG 轴的成熟并加强了对下丘脑促垂体释放素（GnRH）释放的控制而受到抑制，由于 HPG 轴的抑制作用（对外周激素的负反馈敏感性是成人的 10～15 倍），使它们处于静息期。体内到底存在哪些中枢性、非类固醇性因素在对 HPG 发挥抑制作用，阻碍其合成 GnRH；青春期临近时它们的作用如何被解除，使机体内环境发生哪些变化，成为目前探索青春期启动机制的焦点。

（1）肾上腺功能初现　在青春期形态变化出现前约 2 年，男女孩体内肾上腺皮质分泌的雄激素（如脱氢表雄酮、雄烷二酮等）同时增多。对男孩来说，这些雄激素的作用比睾酮弱，不能发挥作用，但对女孩的作用却非常明显，导致女孩比男孩早 2 年出现“肾上腺功能初现”，表现为：内外生殖器开始发育，生长突增起动，第二性征开始出现。

（2）性腺功能初现　GnRH 分泌脉冲频率与幅度逐步增加，通过垂体-门脉系统下行作用于腺垂体，使卵泡刺激素（FSH）和黄体生成素（LH）分泌增加，进而促进下游性激素（睾酮、雌激素和孕激素）分泌，各激素间相互作用增强，引发一系列性发育现象，即“性腺功能初现”。LH 刺激男孩睾酮分泌，FSH 维持其精子成熟；LH 和 FSH 同时刺激女孩卵巢分泌雌激素、黄体酮。因此，性腺功能初现就定义而言，比“肾上腺功能初现”局限，以第二性征发育为核心表现。女孩主要表现为乳房发育，男孩主要表现为睾丸体积增大。

（3）HPG 轴变化分四阶段：①青春期即将开始时，HPG 轴表现空前活跃，由 GnRH 脉冲式释放引发，加之垂体对其敏感性增高，导致分泌大量增加。夜间睡眠时阵发性增高，但频率和幅度都不大，未形成 24 小时周期性变化。②青春期开始后，HPG 轴活动继续增强,夜间分泌出现周期性,其脉冲式分泌甚至在白天也出现。③青春发育中期后,LH 呈成人式分泌,基础水平高,且不论昼夜,每 2 小时就出现一次脉冲分泌。LH、FSH 的分泌有明显性别差异。男孩 FSH 整个青春期持续上升,LH 则在阴毛出现后才开始上升,但速度很快;女孩 FSH 水平在青春早期即迅速、持续上升,青春期结束时达到成人水平;LH 则青春中、后期才增高。在 FSH、LH 作用下,性腺迅速发育成熟并分泌大量性激素,生殖系统逐步成熟。

第五节　青春期窗口与运动能力关系

青春期最重要的变化特征是内分泌功能活跃,生长发育相关激素分泌明显增加;最终导致生殖系统发育迅速走向成熟,逐步具备繁殖后代的能力;性成熟的同时又引起机能、形态、心理等一系列的变化,如第二性征特征的出现都是由性腺分泌的类固醇所激发,确保了人类生殖繁衍能力。性激素刺激生长激素分泌,生长激素又是青少年生长发育突增所必须的。性激素促进了肌肉组织的发育,睾酮直接促进肌原纤维蛋白的合成。雌激素对睾酮合成敏感性作用增强。因此,性腺成熟是青春期中最关键的因素,如果不考虑性成熟与运动能力之间的关系,运动能力的提高方案将是很大缺陷。

最容易接受的性成熟评估方法是测试性激素水平。Falgairette 等的研究显示男孩子 5~16 岁唾液睾酮水平与最大无氧能力是相关的。同样,渐进运动过程中,青春快速发育期男孩血液水平睾酮与最大输出功率、无氧功率、Wingate 运动后血乳酸、最大力量(Mero)是相关的。这些结果支持这样的观点:青春期,睾酮刺激肌肉快速收缩,这已经在动物实验中被证实(Dux et al.,

Krotkiewski et al.)。同样 Mero 发现 11 ~ 12 岁男孩,睾酮水平与肌肉快速收缩面积以及 15 s 全力运动后乳酸量产生有明显相关性。

在男孩中,睾酮基础水平是摄氧量峰值相关的(Fahey et al.)。然而后续研究发现 19 位青年运动员,年龄在 11.6 ~ 13.6 岁之间,他们血液睾酮水平与峰值摄氧量没有关联(Mero et al. ,)。Welsman et al. 也反驳睾酮与峰值摄氧量,或者与亚级量水平下的血乳酸的相关性,其研究对象为 12 ~ 16 岁男孩。

可以通过观察第二性征特征来评估性发育成熟进程(Tanner)。在众多的特点当中,女子乳房发育和男孩生殖发育可以区分为五个发育阶段,这五个阶段的特征可优先考虑作为性发育评估标志,用这些标志评估性成熟阶段与性激素评估性成熟阶段有很好的一致性(Preece)。很少有研究关注运动能力发展和性成熟阶段之间的关系。Pilicz 研究显示肌肉力量和下肢输出功率(纵跳测试方法)增长最快是发生在阶段 2 到阶段 4,速度是从阶段 3 到阶段 5,耐力是从阶段 4 到阶段 5。澳大利亚的跟踪研究结果显示肌肉力量和耐力(通过 PWC170 方式测试)增长最快一直持续到阶段 5。阶段 3,4 肌肉力量明显存在差异,阶段 4 和 5 之间也是一样,但是在阶段 1 和 2 之间或者 2 和 3 之间均为出现这样的差异。阶段 3 和阶段 4,阶段 4 和阶段 5,PWC170 存在明显差异。如果计算单位体重 PWC170 值,这些差异消失。因此,男性青少年,性成熟 2~4 阶段是与肌肉爆发力提高相关,阶段 3~5 是与速度和肌肉力量增长相关,而肌肉力量提高最快阶段 5 可能与睾酮有关,睾酮促进肌肉增长。肌肉耐力提高可能出现在阶段 3~4 或者阶段 4~5 中一个阶段。

女性,肌肉力量提高最快是发生在性成熟最后两个阶段(Bloomfield et al.)。从纵跳测试来看,肌肉爆发力差异只发生在阶段 2 和阶段 3(Volver and Viru)。速度增加最快发生在阶段 3(Volver and Viru)或者阶段 4(Szczesny and Coudert),柔韧性出现在阶段3(Volver and Viru)。关于耐力研究结果不一致。澳大利亚北部的结果显示：PWC170提高最快阶段发生在性成熟最后两个阶段(Bloomfield et al.)。其他研究显示Cooper 12分钟跑,在阶段2、3、4无差异(Szczesny and Coudert).研究对象为爱沙尼亚人结果显示,女孩Cooper12分钟跑在阶段4是下降,可能与体脂增加有关(Volver and Vim)。当Cooper12分钟结果以单位体重表示,在阶段2过渡到阶段3,以及阶段4过渡到阶段5,都与运动能力下降有关(Szczesny and Coudert)。当PWC170结果以单位体重表示,性成熟与耐力改变无关(Bloomfield et al.)。

有研究对年龄、性成熟、生长对提高运动能力相互影响进行分析,对象为77名女孩,年龄在11~14岁(Volver et al.)。4×9米往返跑、立定跳远、体前屈成绩与生活年龄、性成熟(Tanner)、体型明显相关。多因素方差统计显示性成熟是主要影响因素(Wilks' lambda =0.63, F =3.73,P <0.001),而不是年龄(Wilks' lambda =0.79,F =1.86,P =0.062)。

几个研究已经证实峰值摄氧量与性成熟相关。成熟男女青年明显有更高的绝对摄氧量峰值(l/min)(Armstrong et al, Falgairette et al., Krahenbuhl etal.,Laaneots et al.)。男孩单位体重摄氧量峰值是与性成熟无关(Armstrong et al., Falgairette et al., Krahenbuhl et al.,)。虽然常规分析显示在性成熟过程中,单位体重摄氧量峰值一直是稳定不变,但是通过标准回归分析发现年龄更大或者更加成熟男孩单位体重摄氧量峰值还是比年龄小或者未成熟男孩高(Williams et al., 1992)。女孩单位体重摄氧量峰值在性成熟最后阶段下降,可能与同时期的脂肪组织增加有关。女孩到达乳房发育阶段4,脂肪组织还未增加,此时单位体重摄氧量仍然恒定不变(Laaneots et al.)。

Baxter-Jones et al.通过多水平回归模型对各种预测变量进行了独立影响分析,研究对象为年轻运动员。当年龄、体型和体重三因素被控制,男青少年摄氧量峰值明显随着青春期状态而增长。女青少年表现出同样的模式，只是在性成熟最后一个阶段未观察到同男青少年一样的情况。另外一个纵向研究显示在男孩3年青春期中，瘦体重增加和左心室的质量增加（超声测试）对摄氧量峰值(L/min)影响起到了51%的作用。对于女孩，瘦体重增加和体型的增长在提高摄氧量峰值中起到26%的作用(Janz and Mahoney)。

青春期突增是性成熟特征性表现，一些证据表明，青春期身高突增高峰与青春期运动能力突增是相关的。纵向研究表明77%的男孩和49%的女孩力量突增高峰发生在身高突增高峰之后，11%男女是与身高突增高峰同时发生；12%男孩和40%的女孩是发生在身高突增高峰之前（Faust，Stolz）。对比利时558名男孩进行了6年跟踪研究，内容是几个健康指标指数每年最高增长率与身高突增高峰期关系，结果如下：力量和爆发力（划臂、曲臂悬吊、纵跳）发生在PHV之后0.5~1年，柔韧性（坐位体前屈）在PHV之前0.5年；速度和灵敏（往返跑、圆盘敲击）发生在PHV之前1.5年（Beunen etal.）。荷兰研究数据证实男孩和女孩每年力量增长高峰出现PHV之后的1年（Kemper and Verschuur），相似的研究结论出现在加拿大（Carron and Bailey）。加拿大男孩的立定跳远每年最大增长值出现在PHV期间（Ellis etal.）。荷兰男孩摄氧量峰值增长最大是在PHV出现到PHV之后的1年（Kemper and Verschuur）。比利时男孩摄氧量高峰期增长在PHV前后0.5年，氧脉搏最快增长发现是在PHV后1年。Rutenfranz et al.等发现男青少年摄氧量最高峰值出现在PHV后的1~2年，女青少年出现在PHV后的1年。加拿大男孩和女孩摄氧量峰值最高增长是出现在PHV阶段。然而女孩相对摄氧量峰值在PHV前1年开始减少（Mirwald and Bailey）。对日本男孩纵向研究显示从9.7~12.7岁摄氧量峰值小幅增长，此后从12.7~14.7岁每年增长2~3倍，这些男孩PHV开始的年龄是13.3岁。相对摄氧量峰值从13岁45 ml/kg. min增长到17岁的52 ml/kg. min，例如：在PHV后的2~3年内（Kobayashi et al.）。Sjodin and Svedenhag研究显示摄氧量峰值在 PHV 之前 1.5 年到 PHV 后的 2 年明显增长。在 PHV 期间，有氧能力绝对值增长峰值是明显的。不过，进行耐力训练的研究对象相对摄氧量峰值下降的现象并未出现。然而，当相对摄氧量以 0.78 体重计算时，下降的现象也消失，这个研究结果说明体重对未训练的男孩的摄氧量平均影响为 0.78。为了测试成熟对运动效率的影响，Sjodin and Svedenhag 对以 15km/h 跑步时摄氧量进行纵向观察研究，未训练的男孩在 PHV 后的 3 年内，相对摄氧量很明显持续下降。最大摄氧量通气阈增长比 PHV 早 1 年(Paterson et al.)。

以上是国外对青春期前后各项运动能力变化进行的研究结果，从这些结果可见青春期前后力量、耐力、速度、灵敏、各种功率峰值均发生较大的变化，与青春期发育密切相关。因此青春期阶段是青少年训练的关键阶段，在此阶段教练员应根据青春期个体特征制定与生长发育相符合的训练计划。这一方面要求教练员必须了解儿童青少年发育特征，另外一方面也要求科研人员总结各种运动能力在青春期变化群体特征和个体特征的判断方法，然而在此方面我国研究资料较少，需要科研人员的共同努力来探索青春期儿童运动能力发育规律。

第六节　青春期时间窗口、判别及选材育才实践应用

一、青春期时间窗口

青春期开始与成熟时间有着很大的个体差异，其群体的开始与结束年龄也因种族、性别、社会生活条件及自然地理环境不同而异。特别是青春期开始年龄随着生长发育的长期加速而提前。

因此,给青春期划定年龄范围带来一定困难,但划定一个大致范围是必要的。世界卫生组织(WHO)专家建议的年龄范围为,10岁至20岁为青春期。这与《医学百科全书》及《儿童少年卫生学》中的划定是一致的。而日本妇产科多数学者认为:女子青春期开始年龄应为9岁(乳房Ⅱ达到70%以上),结束年龄为18岁。但有的学者认为,18岁为时尚早,大部分女孩月经周期不正常,即或正常周期也不伴有排卵或黄体功能不全居多,应以20岁或以上为宜。也有些学者主张青春期应从8岁至20岁。这与我国近年来各地学校卫生工作者调查结果比较接近,提出的年龄范围为:女子10岁至18岁,男子12岁至20岁等。

为了便于研究,学者常常把青春期窗口划分为几个时期。由于划分的根据不同,分期也各异。至今,各国学者尚未取得一致意见。目前,基本上是两种分期:一种是分为两期,即前期从10岁至14岁是发育加速阶段,后期从15岁至20岁为发育逐渐缓慢、停止阶段;另一种分为三期,即前期、中期、后期。据上海等地报告,依据身体形态、功能发育及第二性征、性功能出现划分。前期:生长加速,第二性征出现,历经2~3年,即女子9~11岁,男子11~13岁。中期:生长开始减速,第二性征全部出现,初潮、首次遗精来临,历经3~4年,即女子11~16岁,男子13~18岁。后期:生长发育停止,第二性征发育完成,历经3~4年,即女子17~21岁,男子19~24岁。另外,还有人根据手腕骨骨化程度结合身高增长速度,把青春期分为:生长加速期、生长高峰期以及生长减速期。

二、青春期窗口启动年龄

曾凡辉等(1992)认为:男性一般在12~14岁开始进入青春突增阶段,出现生长发育的高潮。女性要比男性早1~2年,一般在11~12岁间出现,这与医学分期基本一致。另外由于遗传、营养、疾病等因素的影响,在青春期开始的年龄早晚上存在着明显的个体差异,但开始发育时男性骨龄为13岁,女性为11岁,并同时出现拇指种籽骨骨化中心,乳房开始发育并第一次出现乳节(虽然男性是一过性的,但出现率仍在70%~80%以上),这些标志的出现可作为即将进入青春发育期高潮阶段的信号。根据这些信号出现的早晚,可将开始进入发育期时间分为3种情况:

凡是男性在10~11岁,女性在8~9岁开始出现以上标志(或更早)一般认为是提早开始发育。

凡是男性在13~14岁,女性在11~12岁开始出现上述标志,一般认为是正常时间开始发育。

凡是男性在15~16岁,女性在13~14岁才开始出现上述标志(或更晚),一般认为是推迟开始发育。

曾凡辉等以上结果均是基于上世纪80年代的研究资料得出。近些年有文献报道,当前由于生活水平的提高,中国儿童骨发育表现出加速的长期趋势,张绍岩等以1988年、2005年骨发育调查样本为对象,结果显示与1964年的儿童相比,1988年儿童手腕骨化中心出现年龄和融合年龄均提前;而与1988年样本比较,2005年男女儿童掌指骨骨化中心出现年龄均提前0.5岁~1.0岁,掌指骨骺干融合年龄分别提前1.0岁和1.0~1.5岁;2005年不同年龄组男女儿童的CHN骨龄分别提前0.3岁~1.1岁和0.2岁~1.0岁。

因此对于当代儿童青少年,特别是青少年运动员来说青春期发育启动年龄确定,应该需要根据现在研究资料相应提前。根据张绍岩的研究结果,发育启动年龄以及发育状态的(早发、晚发、正常)应该在曾凡辉提出的基础上提前0.5岁,更加合适和科学。

三、青春期窗口持续时间

从以上青春期时间窗口划分来看,春青发育期开始加速到发育趋于稳定,无论哪种方法,一般历时4年左右,由于遗传差异或环境差异,有的可能会更长或更短,而每个人之间均有所不同,这种差异可以通过骨发育的变化来判断。

曾凡辉等《运动员科学选材》中采用美国 G－P 骨龄标准来评价青少年运动员，其发育期加速期持续时间长短也同样出现三种情况：

3 个生活年龄中跨过 4 个骨龄年，这是发育期加速期持续时间正常的表现。

2 个或更少的生活年龄中跨过 4 个骨龄年，这是发育期加速期持续时间缩短的表现。

4 个生活年中跨过 4 个骨龄年或更少的骨龄年，这是发育期加速期持续时间延长的表现。

我国儿童少年青春期加速期持续时间，在正常情况下比 G－P 标准短一年。而达到 G－P 标准者则延长一年，这与 Tanner 研究报道相一致。G－P 标准是以美国上层社会样本量制定的图谱标准，已经沿用大半世纪，当今是否使用于中国儿童青少年，是一个值得商榷的问题，已有一些研究显示 G－P 标准不适用于当代儿童的评估，因此以上原理可以继续应用，但是标准还是需要应用国家最新发布的骨龄评判标准"中华 05"。

除了可以用骨龄标准来确定青春期加速期持续时间，还可以用第二性征出现顺序的变化（见图 2－7），来区别青春发育期加速期持续时间的长短。任何第二性征的提早出现，均意味着青春发育期加速期持续时间将会缩短。任何第二性征出现时间的推迟，都意味着青春发育期加速期持续时间的延长或发育的推迟。第二性征的出现能按正常时间进行，这说明发育加速期持续时间正常。

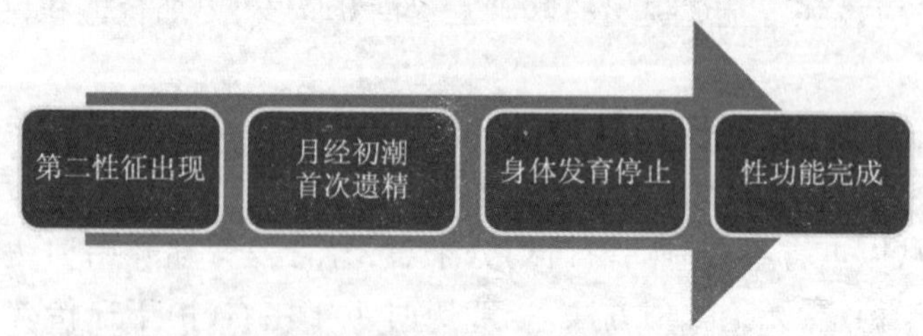

图 2－7　青春期各个征象发育顺序

四、青春期窗口与骨发育关系

在体育学中，为探讨生长发育的潜力常用骨发育标志预测儿童成年时的身高；在青春发育加速期，用骨龄等一些标志出现来判断青春加速期启动的开始，以及发育加速期持续的时间，采用骨龄及骨发育标志预测女孩的月经初潮，这与运动训练和身高预测潜力相关；将骨龄、月经初潮（或首次遗精）、身高、体重及第二性征等发育资料综合起来，评价青少年运动员营养及性发育状况，青春发育期所处的阶段，以便教练员合理安排体育锻炼及劳动负荷等。本章将对这些发育标志在运动员选材和育才中的应用进行一定的总结。

1. 青春期窗口发育指征出现年龄与拇指内收肌籽骨关系　第一掌骨远端的籽骨（拇指内收肌籽骨）出现是一个典型，实用简单的发育指征指标，一般来说，拇指内收肌其发育等级可以划分为3个等级（见图2-8），其中等级1是出现籽骨钙化点，出现年龄：男11.9岁；女10.0岁；等级2是骨化中心成骨结，有平滑连续的缘，此时年龄：男12.6岁；女10.8岁；等级3是与拇指掌骨头相邻的缘变平，明显增大，此时年龄一般：男14.6岁；女12.8岁。中国儿童身高突增高峰年龄男子一般在12~13岁，女孩一般在10~11岁，因此籽骨等级1一般对应是青春发育前期，籽骨等级2一般对应青春发育加速期，籽骨等级3一般对应青春发育后期。

在青春发育期，由于内分泌功能的变化，性征也开始出现快速的变化，最先发生变化时男孩睾丸，其体积达4 ml，表明青春期启动，此时年龄一般在10.55岁（95%置信区间：10.27~10.79岁）；男孩开始出现首次遗精，其年龄一般在：14.05岁（95%置信区间：13.80~14.32岁）。女孩的乳房开始发育，表明青春期启动，其年龄在9.2岁（95%置信区间：9.06~9.32岁）；初潮年龄

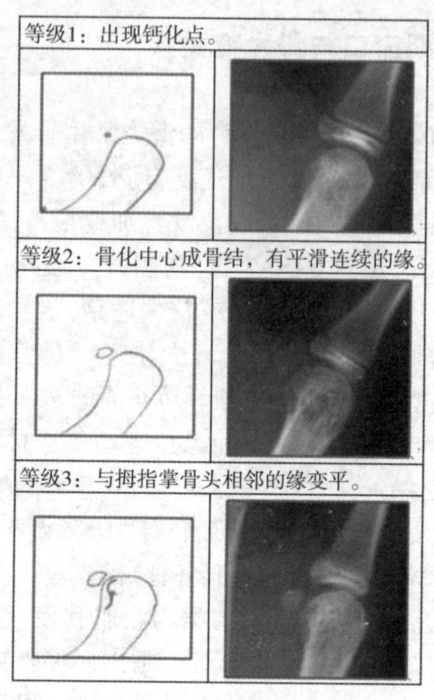

图2-8　拇指内收肌籽骨发育等级图示

出现在12.27岁(95%置信区间：12.16～12.39岁)。睾丸体积采用Prader测量计测量；第二性征采用Tanner方法评价。在拍摄条件不够的情况下，第二性征是简单实用的发育评估方法，在上海市三线测试中普遍使用，这些简单的标志可以很方便应用在实践中。

2. 青春期窗口启动、加速、高峰、减速、结束与手腕骨发育特定指征关系　手、腕部骨包括桡骨远端、尺骨远端等共29块骨，这其中有些骨与生长发育整体相关联是因为发现其与青春期生长突增有明显关联性，依据最新的研究资料“中华05”课题组，当代儿童青春期生长开始突增年龄，男子一般是10.9岁，女子8.8岁，此时手腕骨发育指标中中节指骨III骨骺与骨干等宽，这规律反过来也成立,也就是当中节指骨 III 骨骺与骨干等宽时,是青春期生长突增的开始。当中节指骨 III 骨骺呈方形,拇指内收肌籽骨出现时,是生长发育开始加速,此时男子 11.9 岁,女子一般 10 岁左右。中节指骨 III 一侧开始覆盖骨干时,拇指内收肌籽骨呈结节,此时生长速度达到高峰期,此时一般在 12.7 岁左右,女子在 10.8 岁。桡骨骨骺和骨干开始融合,拇指内收肌籽骨发育成熟,此时年龄男子一般 14.5 岁左右,女子 12.5 岁左右,生长速度开始减速。中节指骨 III 融合,桡骨骺干融合二分之一时男子 15.5 岁左右,女子 14 岁左右,生长突增结束。桡骨干骺全部融合,男子 17.6 岁,女子 16.7 岁,生长结束(见表 2－2)。

表 2－2　手腕骨发育特定指征与青春期生长突增

手腕骨发育指征	平均年龄	青春期生长突增
中节指骨Ⅲ骺干等宽	男:10.9 岁;女:8.8 岁	开始生长突增
中节指骨Ⅲ骺呈方形 拇内收肌籽骨出现	男:11.9 岁;女:9.8 岁 男:11.9 岁;女:10.0 岁	生长加速期
中节指骨Ⅲ一侧覆盖骨干 拇内收肌籽骨呈骨结	男:12.8 岁;女:10.7 岁 男:12.6 岁;女:10.8 岁	生长速度高峰期
桡骨骺干开始融合 内收肌籽骨发育成熟	男:14.3 岁;女:12.4 岁 男:14.6 岁;女:12.8 岁	生长减速期
中节指骨Ⅲ骺干融合 桡骨骺干融合 1/2	男:15.1 岁;女:13.6 岁 男:15.7 岁;女:14.3 岁	生长突增结束
桡骨骺干完全融合	男:17.6 岁;女:16.7 岁	生长终止

摘自:张绍岩"中华 05 课题组"。

五、青春期窗口与 PHV 和 PHA 关系

身高的变化过程不仅是连续的,而且具有阶段性。在不同阶段,身高的增长表现出不同的特征,身高的增长特点在青春期窗

口判别中有着重要的实践意义，特别是在基层教练员训练中，由于科研保障的不足，很难通过拍骨龄来评估青少年运动员当前所处的发育阶段，身高连续的观察作为一项生长发育重要并且有效的监测手段，与青春期窗口判断有密切的关系。

在不同的阶段，身高的变化表现有不同的特征。对大量个体的纵向生长研究表明，人类身高变化一般为一条曲线，叫做身高的变化曲线（见图2-9）。身高生长变化曲线显示了男女身高随年龄而增长的运动轨迹，即从出生起，男孩略高于女孩。女少年在青春期开始后，高于男少年；男少年在青春期开始后，又领先于女少年，并一直保持下去。

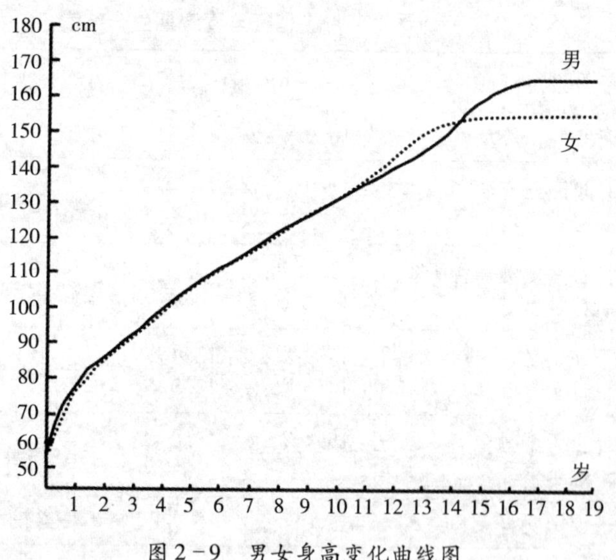

图2-9　男女身高变化曲线图

人的增高速度变化曲线（见图2-10），显示了增高速度随着年龄的变化，更清楚反映了增高规律，即增高速度在人出生后迅速减慢，大约到4~5岁以后，逐渐减慢，到6~8岁时，可有轻度增加，称之为中途身高突增，以后又逐渐减慢，到达最低点，直到青春期开始，显著增加，称之为青春期生长激增期。

从图中可见男女 PHV 与 PHA 存在着明显的性别差异。一般来说男 PHV 较女童的高约 1～2 cm；女童 PHA 早于男童，约早 1.5～2 岁。PHV 与 PHA 的性别差异，导致在男女身高水平曲线上出现了两次交叉的现象（见图 2－9）。即在童年期男童身高稍高于女童的基础上，由于女童 PHA 早于男童，PHA 首先发生，因而女童身高超过男童发生第一次交叉；随后，由于男童 PHA 来临和 PHA 较大，因而出现第二次交叉，此后男童身高一直高于女童。

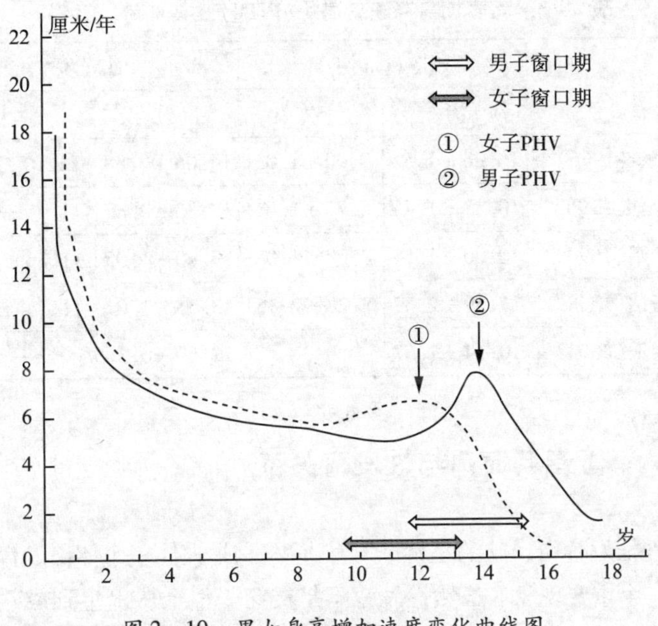

图 2－10　男女身高增加速度变化曲线图

身高与青春期窗口关系，一般须通过对个体生长的纵向观察加以确定，青春期窗口身高突增的整个时间相同，一般为 5 年左右。但是该阶段的具体年龄和具体身高增长量在男、女是不同的。例如欧洲和北美的纵向生长研究表明，窗口启动年龄，达到高峰年龄和窗口结束年龄女比男早 2 岁左右，高峰点年龄女为 10～14 岁，平均 12 岁，男为 12～16 岁，平均 14 岁，高峰前期时间男比女略久，高峰后期时间女比男略久，5 年期间按年份的生长增长值在男孩依次为 7 cm、9（7～12）cm、7 cm、3 cm、2 cm，共 26～31 cm，在女孩依次为 6 cm、8（6～11）cm、6 cm、2 cm、1 cm，共 25～30 cm，日本和国内的研究结果见表 2－3。因此通过个体追踪观察，依据每年的增长量基本可以确定出每个个体青春期窗口。对教练员来说，监测每个青少运动员的身高相对来说简单，操作性强，因此是一个非常好的生长发育窗口观察工具。

表 2－3　青春期身高速度高峰（PHV）及其年龄（PHA）

作者	PHV（cm/年）		PHA（岁）	
	男	女	男	女
Tanner（1966）	10.30 ±1.54	9.00 ±1.03	14.06 ±0.88	12.10 ±0.92
高石昌弘（1968）	10.85 ±1.45	8.77 ±1.05	13.36 ±0.85	11.45 ±0.94
李静娟（1990）	10.00 ±1.58	8.09 ±1.05	13.60 ±1.05	11.86 ±1.09
徐济达（1998）	11.59 ±2.37	8.28 ±2.15	13.55 ±1.02	11.74 ±1.24
白春玉（2004）	10.14 ±1.57	—	12.59 ±0.86	—

六、青春期窗口与性发育关系

性征发育所反映的是性征发育进程，它是人体整个体格发育进程中的一个重要现象。虽然性发育不是贯穿于整个从出生到成熟整个过程，但是性发育正好贯穿整个青春期窗口期，与青春期窗口完全同步，因此性发育各项特征正好对应于青春期窗口的各项特征，可以利用男女性征各期发育的形态变化特征来判断青春期窗口。

男性性征的发育顺序：在青春期，男性性征的发育顺序及出现年龄较有规律（见表 2－4）。一般最早的征象是在垂体促性腺激素作用下引起的睾丸增大，阴囊亦增大，继而在睾丸和肾上腺的雄激素作用下引起的阴茎、前列腺精囊开始增大，然后体毛、皮肤、喉部发生变化。

简言之,生殖器的发育一般先于阴毛、腋毛、面毛的发育。

女性性征的发育顺序：在青春期,女性各性征的发育顺序(见表2－4),首先是卵巢增大,可从尿中出现雌激素得到提示,首先表现于体表的是乳房增大,大约同时有子宫和阴道的发育加速,继而阴毛出现,阴道上皮增厚,表层上皮细胞糖原聚积,阴道菌落改变,使局部环境呈酸性。大约在乳房开始增大后4年之内,平均约2.5年,月经初潮出现,之后身高增长速度迅速减慢。女性各性征发育的顺序和速度,个体差异亦较大,性征发育提早者,不一定成熟也早。

表2－4　青春期性征发育的大致顺序

进程	男	女
开始时	睾丸增大.输精管形成管道,初级精母细胞出现,阴毛出现	卵巢增大,乳房增大,阴毛出现
1年左右后	次级精母细胞出现,阴茎增大,阴毛增多	乳晕着色,阴毛增多
1年左右后	喉结相对增大,首次射精	骨盆直径相对增大,初潮出现
1年左右后	成熟精子出现,腋毛长出,汗腺和皮脂腺很活跃	生殖能力成熟,腋毛长出,汗腺和皮脂腺很活跃

摘自：叶义言.中国儿童骨龄评分方法。

男青少年阴毛分度标准根据阴毛分布情况共分四级,具体如下(见表2－5)：

表2－5　男青少年阴毛分度

0°	Ⅰ°	Ⅱ°	Ⅲ°
阴部无毛	阴毛开始出现在阴茎根部,毛稀少而短	阴毛长到耻骨联合处,稍密而长,部位比较集中,初步有呈倒三角形趋势	阴毛分布范围广,毛密而长,已成明显倒三角形,并有向下肢鼠蹊部、脐部伸延,毛发重者有向菱形发展的趋势

男青少年睾丸分度标准根据睾丸长径共分四级，具体见表2－6。

表2－6 男青少年睾丸分度

Ⅰ°	Ⅰ°－Ⅱ°	Ⅱ°	Ⅱ°－Ⅲ°	Ⅲ°	Ⅲ°－Ⅳ°	Ⅳ°
长径为1 cm	长径为1.5 cm	长径为2 cm	长径为2.5 cm	长径为3 cm	长径为3.5 cm	长径为4 cm以上

女青少年阴毛分度标准根据开始生长阴毛分布与疏密程度分为四个等级，具体见表2－7。

表2－7 女青少年阴毛分度

0°	Ⅰ°	Ⅱ°	Ⅲ°
阴部无毛	阴毛开始在大阴唇出现，稀少而短	阴毛长到耻骨联合处，稍密而长，部位比较集中	阴毛分布达耻骨联合上缘，呈“倒三角形”

女青少年乳房分度标准根据乳头、乳晕和乳腺在不同发育阶段和乳节出现时间与大小分为以下几个等级见表2－8。

表2－8 女青少年乳房分度

0°	Ⅰ°		Ⅱ°		Ⅲ°
	$Ⅰ°_1$	$Ⅰ°_2$	$Ⅱ°_1$	$Ⅱ°_2$	
乳部未发育，乳部平坦	乳头、乳晕呈芽孢状突起，尚无乳节块出现	有乳节块出现，有触痛，其他情况与$Ⅰ°_1$相同	乳头、乳晕呈芽孢状突起，乳节硬块大于乳晕，乳腺稍鼓起	乳腺鼓起较大，乳节硬块不易摸到，其他情况与$Ⅱ°_1$相同	乳头突起，乳晕突起消失，乳腺鼓起显著，呈成熟状乳房

男女性征发育特征与青春期窗口对应关系如下表2－9与表2－10。通过查表教练员就可比较简便地知晓运动员所处的青春

期窗口期，还可以知道所对应的骨龄值。

表 2－9　性征发育特征分期与青春期窗口对应关系（男）

阴毛分度	睾丸分度	对应骨龄值（岁）	对应青春期窗口
0°	Ⅰ°8	青春期前期	
0°	Ⅰ°－Ⅱ°	9	青春期前期
0°	Ⅱ°	10	青春期前期
0°	Ⅱ°－Ⅲ°	11	青春期启动期
0°	Ⅲ°	12	青春期加速期
0°－Ⅰ°	Ⅲ°－Ⅳ°	13	青春期高峰期
Ⅰ°－Ⅱ°	Ⅳ°	14	青春期减速期
Ⅱ°－Ⅲ°	Ⅳ°－Ⅴ°	15	青春期突增期结束
Ⅲ°	Ⅳ°－Ⅴ°	16	青春期突增期结束

表 2－10　性征发育特征分期与青春期窗口对应关系（女）

阴毛分度	乳房分度	对应骨龄值（岁）	对应青春期窗口
0°	0°	8	青春期前期
0°	0°－Ⅰ°$_1$	9	青春期开始突增
0°	Ⅰ°$_1$－Ⅰ°$_2$	10	青春期加速期
0°－Ⅰ°	Ⅰ°$_2$－Ⅱ°$_1$	11	青春期高峰期
Ⅱ°－Ⅲ°	Ⅱ°$_1$－Ⅱ°$_2$	12	青春期减速期
Ⅲ°	Ⅱ°$_2$	13	青春期突增结束

七、青春期加速期窗口持续时间判别及选材中的应用

在青春期阶段，运动能力的自然增长能得到表现，青春期加速窗口持续时间越长，运动能力的自然增长也就表现得越充分。

只有那些靠自然增长将自已的运动能力在发育期高潮中推向更高点的少年，经过科学训练的诱发与促进，才能充分表现自己的全部优势，最终创造优秀的运动成绩。也就是说，在选材时，必须对发育程度进行鉴别，测试形态、机能、素质、成绩基本信息，进一步评估青春期加速窗口可能持续的时间，最终才能进一步估计与预测运动员的未来。因此评估青春加速期窗口持续的时间，成为预测未来的关键。判断青春加速期窗口持续时间的长短，要在进入青春发育期后1~2年的时间内，通过骨发育的变化情况或第二性征变化情况，身高年增长百分比等来分析确定。

1. *用骨龄来判别*　在进入青春发育期后（女性骨龄为10.5岁，男性为骨龄12.5岁），骨发育在2个生活年中跨过4个“中华05”标准年或更多者，是青春加速期窗口缩短的表现；骨发育在3个生活年中跨过4个“中华05”标准年的，是青春加速期窗口持续时间正常的表现；骨发育在4个生活年中跨过4个“中华05”标准年或更少者，是青春加速期窗口延长的表现。

2. *用第二性征推导发育程度来判别*　进入青春发育期后第2年的少年，即已表现出第4年发育程度的标志，则是青春加速期窗口缩短的表现。进入青春发育期后，其发育程度各阶段的标志能按表中顺序出现，则是青春加速期窗口持续时间正常的表现。进入青春发育期后，其发育程度的标志推迟1年以上再出现，则是青春加速期窗口持续时间延长的表现。

3. *用进入发育期后每年身高增长值的百分比来鉴别*　将进入青春发育期第一年身高增长值作为100%，连续观察第2年，第3年身高增长值与第1年增长值之比。当第2年身高增长值明显下降，只有第1年增长值的30%以下时，在一般情况下，表示青春加速期窗口持续时间将缩短，发育将要加速完成。如果第2年身高增长值仍在第1年增长值的70%以上，则是青春加速期窗口持续时间正常。如果第2年身高增长值在第1年身高增长值的90%以上（甚至超过第1年），第3年仍能增长第1年的70%，则是青春加速期窗口延长。在无条件拍摄骨龄的情况下，运用第二性征推导发育程度与进入发育期后每年身高增长值的百分比相结合来鉴别，也能取得较准确的结果。

第七节　青春发育窗口期小结

青春期是由儿童发育到成人的过渡时期。它从体格生长突增开始，到骨骼完全愈合、躯体停止生长、性发育成熟而结束。这一时期人体在形态、性征、功能、内分泌及心理等方面都发生着巨大变化，这一时期生长发育特点以及时间窗口是教练员在青少年训练过程中应该要掌握的，只有掌握了其特点，才能正确地，有针对性地开展训练。

1. *青春发育窗口期特点*　青春发育窗口期的主要表现有以下几点：①全身骨骼、肌肉及多数器官，在童年期生长减缓的基础上，出现了第二次加速生长；②性器官开始发育并迅速发育；③肌肉、脂肪等身体成分在体内的数量和分布发生明显变化；④由于循环、呼吸系统和肌肉发育，导致各种功能发生显著改变；⑤智力发展和社会适应力加强。

随着生长突增、性器官发育及第二性征出现，男女儿童发生了各自的特异性变化，最后形成了显著的性的区别。青春期是人体生长发育的最后阶段，也是决定个体体格、体质和智力水平的时期，因此，应该给予足够的重视。

2. *青春发育窗口期划分*　首先，青春发育窗口的年龄很难划分，因为每一个体在青春期的开始年龄、结束年龄、发育速度和发育过程都有很大的差异，几乎可以说，没有两个个体具有完全相同的发育过程，青春期的年龄范围一般定为10~20岁。女童青春期开始和结束年龄一般比男孩早。其次，青春突增窗口期启动年龄和持续时间不一。男青少年青春突增窗口期一般发生在12.5~13岁,持续时间2~2.5年;女青少年青春突增窗口期一般发生在10.5~11.0岁,持续时间2~2.5年。其次,不同地域的青少年进入青春突增窗口期存在着南北地区差异,地域纬度越高青春突增窗口期发生得相对较晚,反之就越早。

青春发育窗口期可以分为前、后两期,但大多数人倾向分为早、中、晚三期。青春发育窗口期早期主要表现为生长突增开始、突增高峰,性器官第二性征开始发育,一般持续2年;青春窗口中期以性器官及第二性征发育为主要特征,出现月经初潮或首次遗精,身高生长速度下降,通常持续2~3年;青春后期体格生长很少,直到骨骼完全愈合、第二性征缓慢发育达成人水平,一般约2~3年。当然,这样的分期也是人为的、相对的,事实上春青窗口期分期没有绝对清楚的界限。

3. 青春发育窗口期长期趋势　19世纪以来,西方学者根据对儿童生长发育资料的长期观察,发现了儿童生长速度加快,生长水平提高及性发育的提前等一系列的现象,因此称之为生长的长期趋势。20年来,数次中国学生体质与健康调查揭示了我国学生身高、体重明显加速生长的长期趋势。张绍岩等骨发育研究也显示骨发育成熟加速与身高、体重生长加速趋势的一致性,与各年龄组身高、体重变化的长期趋势一样。

青春发育窗口期同样表现出了加速的趋势,主要表现在身体形态上,其突增的时间等出现提前的趋势,但是其突增的时间、幅度存在明显的个体差异。从最近的调查显示从上世纪90年代到21世纪初,突增高峰年龄提前0.5岁左右,突增高峰速度也有所增大,但是这种长期趋势随着生活水平的提高,城乡一体化的进程加快,其提前的速度也渐渐减缓。

4. 青春发育窗口期判断　青春窗口期人体在形态、性征、功能、内分泌及心理等方面都发生着巨大变化,因此在实际训练过程中,教练员可以根据以上各个方面的变化特征来确定青春发育窗口期,但是从教练员的实践操作性来看，形态和性征两方面是最方便，最具有操作性的。形态方面，可以通过追踪身高的变化幅度来判断青少年运动员所处的青春发育窗口期阶段。性征不同的变化特征同样也对应不同的青春发育窗口期。在条件成熟的情况下，骨发育是最精准的和最经典的青春发育窗口期判断方法。

总之，青少年生长发育处在人体重大的塑形时期，数量和质量、结构和功能都将发生重大的变动。评定生长发育敏感窗口期有青春期时间长短、发育类型、身高突增、体型发育与发展、第二性征对照以及性激素的激增与稳定等指标，注意学会观察和应用。

建议阅读文献

1. Robert M. Malina. Claude Bouchard Odedbar-or. Growth Maturation, and Physical Activity second edition[M]. Human Kinetics, 2003: 21 - 36.
2. 季成叶，李勇.1985—2000 年中国青少年青春期生长长期变化趋势[J].中国生育健康杂志，2003，14：271 - 75.
3. SHI L, REMER T, BUYKEN AE, et al. Prepubertal urinary estrogen excretionand its relationship with pubertal timing[J]. Am J Physiol Endocrinol Metab, 2010,299(6): 990 - 997.
4. PB E, JM T. Worldwide variation in human growth[M]. Cambridge, NY: CambridgeUniversity Press, 1990: 53 - 62.
5. SANDHU J, BEN-SHLOMO Y, COLE T, et al. The impact of childhood bodymass index on timing of puberty, adult stature and obesity: a follow-up study based onadolescent anthropometry recorded at Christ's hospital (1936—1964)[J]. Int J Obes, 2006,30(1): 14 - 22.
6. 王金灿.运动选材原理与方法[M].北京：人民体育出版社，2005：77 - 83.
7. 季成叶.现代儿童少年卫生学[M].北京：人民卫生出版社，2010：54 - 62.
8. 曾凡辉，王路德，邢文华.运动员科学选材[M].北京：人民体育出版社，1992：160 - 182.
9. CHAN NP, SUNG RY, NELSON EA, et al. Measurement of pubertal status witha Chinese self-report pubertal development scale[J]. Matern Child Health

J, 2010,14(3): 466-473.

10. LYNNE-LANDSMAN SD, GRABER JA, ANDREWSJA. Do drajectories of household risk in childhood moderate pubertal timing effects on substance initiationin middle school? [J]. Dev Psychol, 2010,46(4): 853-868.

11. RUDOLPH KD, TROOP-GORDON W. Personal-accentuation andcontextual-amplification models of pubertal timing: Predicting youth depression[J]. DevPsychopathol, 2010,22(2): 433-451.

12. CHAN NP, SUNG RY, NELSON ES, et al. Measurement of pubertal status witha Chinese self-report pubertal development scale[J]. Matern Child Health J, 2010,14(3): 466-473.

13. Castellino N, Bellone S, Rapa A, et al. Puberty onset in Northern Italy: a randomsample of 3597 Italian children[J]. J Endocrinol Invest, 2005,28(7): 589-594.

14. Me H, Ej S, Rc W, et al. Secondary sexual characteristics and menses in younggirls seen in office practice: a study from the Pediatric Research in Office Settingsnetwoik[J]. Pediatrics, 1997,99(4): 505-512.

15. 叶义言.中国儿童骨龄评分方法[M].北京：人民卫生出版社,2005：21-30.

16. 唐锡麟.儿童少年生长发育[M].北京：人民卫生出版社.1991：9-15.

17. 刘宝林.骨骼发育的研究及应用[M].北京：北京医科大学、中国协和医科大学联合出版社,1995：152-190.

18. 李静娟.儿童青春期身高生长速度规律的研究[J].中国学校卫生,1994,15(2)：85-87.

19. 徐济达,敖淑清.青春期身高的追踪观察[J].中国学校卫生,1998,19(3)：201-202.

20. 白春玉,陈容.男孩青春期生长发育规律的追踪研究[J].中国校医,2004,18(4)：299-301.

21. 沈勋章.奥运项目教学训练大纲青少年选材育才研究[M].上海：上海浦江教育出版社,2015：415-436.

第三章　青少年身高敏感窗口期的研究

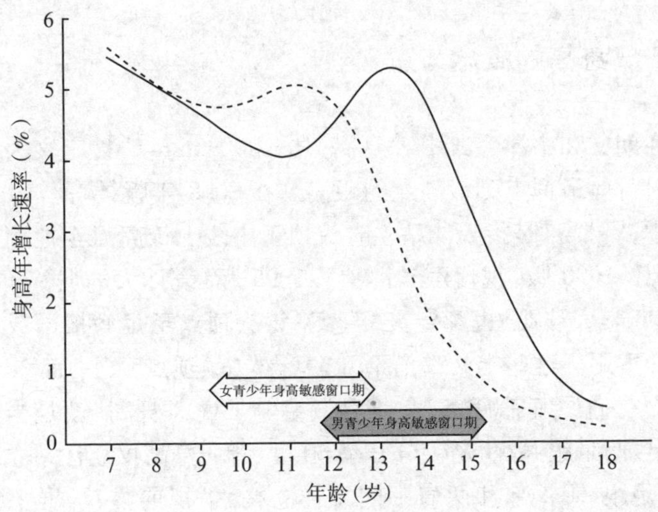

提要：

身高是一项高遗传度、多影响因素的形体指标，拥有众多派生指标，被视为一项重要的选材指标。本章从运动员选材的视角讨论了身高和预测身高的意义，通过对英国、美国、日本和中国数据的对照研究，发现身高具有鲜明的敏感窗口期，书本在研究这一窗口期的基础上，形成各国人群的身高年龄等级评定标准。上海体育科学研究所选材研究中心对优秀体育后备人才的追踪数据研究结果表明，青少年身高存在敏感窗口期，男女青少年存在差异，在敏感窗口期前后阶段，现有身高、身高年增长值和年增长率是监控身高和预测成人身高的主要代表性指标。

第一节　身高与预测身高

一、身高的概念与意义

在朗文和牛津字典中，“身高（Height/Stature）”被定义为人在直立时身体最低点到最高点的距离。在2008年版《大辞海》的体育卷中，“身高”是指人体站立时头顶正中线上最高点至地面的垂直距离。1990版《现代医学辞典》、1995版《统计大辞典》和2004版《诊断学大辞典》也都定义“身高”为头顶点至足底根部或足底平面的垂距。这些定义都离不开“一点”（颅顶点）、“一面”（足底面）和“一直”（垂直距离）。结合测量学来说，“身高”就是当受试者赤足、两足跟并拢、足尖分开呈60度、背向身高仪立柱站立在底板上，足跟、骶骨部和两肩胛间靠拢立柱，平视前方，耳屏上缘与眼眶下缘最低点齐平，水平压板与头顶适度接触时测量出来的人体高度（曾凡辉、王路德、邢文华等，1992）。

对于一些在立位测量不易准确的人来说，例如2岁以内的婴幼儿和体长的残疾人，身高就是指他们仰卧在测量板上，头部的耳眼平面与板面垂直、双下肢并拢伸直时头顶到足底的身长（Recumbent Length）。但如此测量出来的结果通常比人体在站立情况下要长，当然两者结果是高度相关的，Gray, D. S. 等（1985）还建立了转换公式：身高 $= 13.98 \pm 0.09 \times$ 身长。

人体的高度是由骨骼的骨架所决定的，它作为一个体现儿童少年生长发育水平的重要形态指标，其增长程度反映了人体的骨骼发育状况以及纵向的发育水平变化。人体的椎骨与下肢长骨对身高起着非常重要的作用，分别是青春中期和早期的身高增长代表部位。最新2014年版《儿科学》给身高（长）下的定义直接就是头部、脊柱与下肢长度的总和(王卫平、毛萌、李廷玉等,2014)。

24 块椎骨从出生到成年增长了 3 倍,与骶骨和尾骨逐渐形成有着颈、胸、腰、骶 4 个生理性弯曲的脊柱,但其生长的高峰时间与停止时间存在有性别与个体差异。有 2/3 女孩在 Risser 4 ~ 5 级(从髂前上棘到髂后上棘有超过 3/4 长度出现骨骺至骨骺完全融合)且初潮 2 年后停止生长,而 61% 的男生则在其髂骨与骨骺完全融合后才停止生长(孙永健、余斌、王钢等,2012;邱勇、王渭君、郑欣等,2012)。占据脊柱全长 1/4 的椎间盘,在人体站立时会受到活动和身体重力的压迫,从而造成身高值的昼夜变化:晨起时最高,之后逐渐随着人体的呈直立姿势减少有 1 cm 或更多。而躺倒在水平面上约半小时就可恢复至一天中的身高最大值(Malina, R. M. , Bouchard, C. and Bar-Or, O. , 2004)。

下肢长骨分为一体两端,骨干与两端的骺之间在幼年时保留着骺软骨,会随年龄的增长而不断地分裂骨化,使得长骨不断地加长,身高也就不断地增长。人的一生中下肢骨至完全成熟足足增长了 4 倍。虽然人体的骨骼发育存在着"向心律",即远端骨先于近端生长,但对于下肢骨骼的纵向生长,有着其自己区域内的"离心律",即股骨、胫骨与腓骨靠近膝关节一端的生长速率高于远离膝关节的一端(孙永健、余斌、王钢等,2012)。

身高的变化在整个生长阶段既不是恒定也不是连续的,是由一连串增长片段与停滞片段交替组合而成(Episodic Growth),这可能是不同长骨在不同时期长长引起身高变化的缘故(Malina, R. M. , Bouchard, C. and Bar-Or, O. , 2004),但随年龄增大的身高增长模式对所有儿童青少年都是相类似的。主要有两个生长高潮期,也就是本书所提出的"敏感窗口期"理论和研究,分别是:0 ~ 3 岁,之后逐渐减缓;女 10 ~ 13 岁和男 12 ~ 15 岁的青春期,出现身高增速的峰值后逐渐减慢,在随后的 2.5 ~ 3 年内达到最终身高(孙永健、余斌、王钢等,2012;沈勋章等,2015)。

但也有部分儿童,男孩的可能性高于女孩,在青春突增期开始之前、6~9 岁之间(女生较男生早)会经历一个较小的、由肾上腺皮质发育诱发的生长突增期,叫做"成长中突增"(Midgrowth Spurt),这种小幅度突增同样能在其他身体尺寸的变化上被观测到(Tanner, J. M. and Cameron, N., 1980; Berkey, C. S., Reed, R. B. and Valadian, I., 1983; Malina, R. M., Bouchard, C. and Bar-Or, O., 2004)。

这种个体差异,主要表现为某个特殊年龄段身高的获得值和身高敏感窗口期的发动时机与节律上,是儿童身高向自身基因所决定方向发展的体现。因此,及时的身高评价对把握儿童身高发展的敏感窗口期,最终达到理想身高来说是非常重要的。一般情况下,通过历年孩子的身高值变化和,特别是在青春前期每半年一次的身高测试,能判断出一个孩子、一个运动员生长突增期的起始,评估其生长发育期的长短,从而推断其运动能力的开发潜力。

二、预测身高的概念与意义

除了经常性观察与测量孩子现阶段的身高值外,"预测身高"也是身高评价的重要组成部分,更是教练员与研究人员在各个级别,特别是初级选材过程中的重点关注指标,根据某一运动项目的特点和要求筛选出符合该项目身高需求的运动员。身高的预测就是利用儿童少年生长发育的规律,兼顾遗传和环境因素的影响,通过大样本调查、测量及统计,制定出能估测儿童成年身高的各种公式并加以应用。

预测的方法繁多,但常用方法按其原理大体可分为三类:一是根据父母身高预测儿女的成年身高,例如捷克斯洛伐克的哈弗利采克总结的公式(儿子成年身高=(父身高+母身高)×1.08/2;女儿身高=(父身高×0.923+母身高)/2),此类公式诸多,但忽视了身高隔代遗传的可能性以及环境对后代身高的影响,仅能作为家庭内部的身高初步预估;二是以儿童少年当前身高来预测其未来身高,例如英国现行的 UK - WHO 生长图表中的成人身高预测表,但该方法忽略了少年儿童在生长发育中可能存在的个体差异问题,对正常发育的青少年较为准确,但对早发育者和推迟发育者存在误差;三是利用身体各环节的发育程度来预测儿童少年的成年身高,例如足长、手长预测法,但此类方法本身的统计方法缺陷使其在使用过程中有着较大误差(田文秀,2001)。

目前最准确、实用的是骨龄预测法,特别是通过手腕部骨骼年龄的预测:观察儿童非优势手手部、腕部的正位 X 线片,评定指骨、掌骨、腕骨和尺桡骨远端的发育程度,确定骨龄以推导其未来身高,同时了解儿童的发育类型,为身高增长的提前介入提供依据。为弥补不同种族及地区间存在的骨骼成熟度标准偏差问题,各个国家纷纷制定出符合本民族地区儿童生长发育实际的本阶段骨发育标准,英国有 TW3 骨龄评分法,美国有 GP 图谱法,我国也有中华 05 骨发育标准。

无论是哪种身高预测方法,虽然其反映的发展趋势没错,但都存在不可避免的误差。这种误差会随着儿童生长发育的进行出现波动,也就是说身高的预测是有其最佳时间段的。Bayley, N. 和 Pinneau, S. R. (1952)发现仅根据在女 12 岁、男 14 岁前的单次骨龄测试和身高预测,大约三分之二孩子的预测身高与其成年身高会有 2.5 cm 或更多的偏差,在这岁数之后的测量则只有少于半英寸(0.75 cm)的偏差。

Tanner, J. M. 和 Whitehouse, R. H. 在 1982 年的 Harpenden Growth Study 中计算出儿童在成年前各个阶段的身体形态指标与其成年定型指标之间的系数(Malina, R. M., Bouchard, C. and Bar-Or, O., 2004)。对于身高(见图 3 - 1),在出生后一段时间内,与成年身高的相关性较低,2 ~ 3 岁系数迅速增长,然后保持一个平稳的中高度相关水平接近青春期,在青春期阶段该系数下降,至后期上涨逐渐趋向 1.0(即身高接近成年定值)。更准确一些,在儿童 2 ~ 3 岁、女孩 7 ~ 8 岁、男孩 8 ~ 11 岁、青少年 16 岁左右时的身高值与最终身高的系数较高，意味着在这些年龄段内进行身高预测会较为准确。潘宪民和黄运体(2001)提出了相似的儿童成长阶段身高与其成年身高的相关系数变化规律，身高突增开始时已从之前较为平稳的0.80增至男孩0.84女孩0.81，之后系数下降，至青春后期接近停止生长时方逐渐增加，同样认为青春期前的一段时间是预测身高的较好时机。

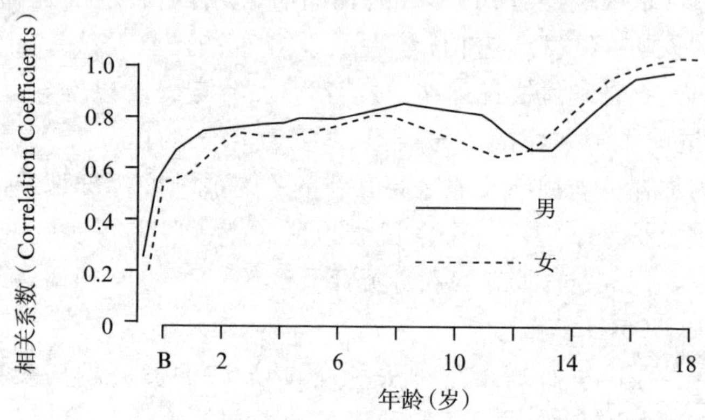

图3－1　儿童青少年预测身高与成年身高的相关系数变化图

数据来源：Malina, R. M., Bouchard, C. and Bar-Or, O. (2004). Growth, maturation, and physical activity, 2nd Edition. Human Kinetics。

Malina, R. M., Bouchard, C. 和 Bar-Or, O. (2004)从对儿童身高(长)值的长期跟踪(出生～19岁)，与生长参考曲线(Reference Data/Growth Charts)上各百分位数曲线的比较后发现，3岁前儿童身高落点位置变化很大，常跨越多条百分位数线(Decanalization)，而3岁后、青春期前就基本稳定或在某一百分位数周围，说明身高的变化在3岁时是相对稳定的，在此时进行身高的预测也相对准确。沈勋章、张斌、邹大华等(2005)认为，3岁、8～10岁和15～16岁是三个身高预测精度较高的时间段。

考虑到青春期发育对身高预测精度的影响，以及近年来儿童，特别是女生青春期提前的现状，同时15、16岁时较少的预测意义，在2～3岁、青春期前1～2年内预测的身高是更具有参考意义的。Bayley, N. 和 Pinneau, S. R.（1952）同样提出在实际操作中，对一个孩子进行身高预测的准确性能通过在一段时间内的多次骨龄预测获得大大提升。因此，要想对儿童青少年的成年身高估摸得准，就要在最佳预测时间段内进行定期、多次数的身高预测。

第二节　身高的分类

身高将人分高矮个头，摘头去尾后是中等，理所当然中等身材的居多。之前有马尔丁身高分类标准，那是将身材隔成8个身高段，Ⅰ～Ⅷ段分别对应甚矮、矮、亚中等、中等、超中等、高、甚高、特高（见表3－1），但该分类标准只适用于身高基本定型的青少年及成年人。

表3－1　马尔丁法身高分类标准

身高段	男子身高范围（cm）	女子身高范围（cm）
Ⅰ段（甚矮）	<150.0	<140.0
Ⅱ段（矮）	150.0～159.9	140.0～148.9
Ⅲ段（亚中等）	160.0～163.9	149.0～152.9
Ⅳ段（中等）	164.0～166.9	153.0～155.9
Ⅴ段（超中等）	167.0～169.9	156.0～158.9
Ⅵ段（高）	170.0～179.9	159.0～167.9
Ⅶ段（甚高）	180.0～184.9	168.0～171.9
Ⅷ段（特高）	≥185.0	≥172.0

数据来源：季成叶（1996），中国矮身材青少年的地域分布及体质健康现状分析。

如今惯用的身高高矮划分方法是根据身高的百分位数参照值。季成叶(2000)在对中国高身材青少年的地域分布特点研究时,将高于各年龄身高百分位数90的划分为高身材。国外研究者将儿童在某一性别、某一年龄的立位身高平均值±两个标准差(Mean±2SD)范围定义为正常身高,大于2SD或者高于百分位数97的定为高身材,小于2SD或低于百分位数3的定为矮身材,即生长迟缓(Stunting)(Cohen, P., et al., 2008; Kumar, S., 2013; Cheetham, T. and Davies, J. H., 2014; Davies, J. H. and Cheetham, T., 2014)。

与此同时,身高百分位数参照值也能被用来判断儿童青少年的发育类型,以便及时地采取运动或科学训练的方式,诱发并促进身高的开发。特别是在敏感窗口期,身高对外界环境因素的变化较为敏感,其遗传因素作用也较为显著,这也是在该阶段进行运动员选材与身体训练促使改变身高自然增长率的重要依据。当女生8~12岁、男生10~14岁,身高百分位数的增高说明这些孩子属于早熟,而百分位数减少则说明他们属于晚熟;反过来,在女生12岁、男生14岁之后,晚熟的孩子身高百分位数增高,而早熟的孩子百分位数是减小的(Malina, R. M., Bouchard, C. and Bar-Or, O., 2004)。

一、身高与运动项目

不同的运动项目基于自身的项目特点,对从事该项目的运动员身材高矮有着特殊的要求。例如,技能类主导同场对抗类项群——篮球、排球、足球、水球等,都需要身材高大、躯短肢长的运动员。如此,方能在场上有更广阔的视野,更易占据有利地形,并在传、接球的过程中占据优势。如今世界篮球职业运动员的平均身高逐渐稳定在男200~205 cm和女183~185 cm(徐军艳,2004)。优秀专业足球运动员的身高均值在180~185 cm(GIL,

S. M., et al., 2007)。优秀男子水球运动员的身高范围为184.2~193 cm,而女子则在174~179 cm范围(沈勋章、蔡广,2007;杨晓迪,2007;沈勋章等,2015)。

要注意的是,对于这类集体项目,不同的场上站位也有着对身高不同的需求。无论是美国职业篮球联赛(NBA)还是中国篮球协会(CBA),不同位置运动员的身高排序均为中锋>前锋>后卫(彭杰,2012)。GIL, S. M. 等(2007)在对足球运动员分析后发现守门员(Goalkeepers)高于后卫(Defenders),而中场球员(Midfielders)最矮。在赛季结束后的选材过程中,更为高大的球员更有可能被留下继续为球队效力,特别是中场球员,俱乐部选择他们有七成可以归结于其身高与灵敏素质。男子水球的后卫(Back)和中锋(Center)最高,之后分别是守门员(Goalkeeper)、外围(Outer forward)和边锋(Winger)(Lozovina, M., Durović, N. and Katić, R., 2009;沈勋章、蔡广,2007)。国外优秀女子水球运动员同样表现出中锋高于守门员,后卫稍矮的身高分布,而我国女子水球则是守门员高于后卫与中锋(杨晓迪,2007),这种形态学上的差异可能是为了弥补我国女子水球在防守阵地进攻方面质量差的劣势(潘政彬、刘钦龙、范德举等,2009)。

对于表现难美类项群——体操、跳水、武术等,需要从事这些项目的运动员个子小、体重轻、肢体匀称。这也是由该类项目技艺复杂,腾空、空翻动作繁复,更注重形态美、韵动美的特点所决定的。我国高水平体操运动员的平均身高较低,在同龄一般青少年中处于中下或矮小水平(冯张昌、崔鸣周、田赐福等,1984),其理想身高分别为男165~166 cm和女150~155 cm(薄云霄、崔绍梁,1992)。跳水运动员身高多“适中”,女子跳水的身高平均值为158 cm(郭秀文、田麦久,2014),其理想身高范围是155~165 cm,而男子健将级跳水运动员的平均身高为167 cm。无论国别与性别,他们的身高和同龄青少年相比都是处于中等略偏下的水平(王荣辉,2003)。全国优秀武术套路运动员的平均身高仅为男

167.2 cm 和女 157.5 cm,上海市优秀运动员中男的与之相近(167 cm),女的则稍高(160 cm)(周正贵,2010)。同时,在全国范围内男子武英级运动员在身高上显著大于一级运动员(刘同为、崔永胜、柯小剑,2004)。而在上海地区,两者却相反,周正贵(2010)还提出身高—指距派生指数对武术运动员最后成绩的指向性更佳。

对于速度力量类项群——短距离跑、游泳等,需要高身材运动员,但更需要符合其项目需求身材比例的运动员。虽然通常情况下,身材高大意味着下肢较长,下肢较长则有利于加大步幅,但也可能会影响到下肢的肌肉力量、反应速度和爆发力。因此同样是短距离跑,100 m、200 m 运动员的身高要求就相对灵活,我国运动员的平均身高在 178 cm,而国外的身高平均值在 180 cm。另一方面,400 m 运动员的身高值在选材中就占较大比重,国内外运动员的平均身高分别为 181 cm 和 185 cm(薛山、龙家勇,2015)。

游泳运动员躯干较长,以身高的增加来降低水的迎面阻力、每分钟每千克体重氧耗量及补偿代谢效率,从而提高出发和到碰池壁的竞争能力。Moura, T. 等(2014)在对 9 到 17 岁男性游泳运动员做研究时发现,即使不考虑运动员本身的发育程度,身高与体脂百分比都能较好地预测运动员的手臂推动力量,且与该力量之间存在具有统计学意义的关联系数。阳萍(2012)统计发现,运动员身高与游泳距离呈反比,即游距越短,身高越高,且不同泳姿之间也存在差别。自由泳运动员平均身高最高,100 m 自由泳运动员的平均身高值有 196.3 cm,之后分别是蝶泳、仰泳、蛙泳、个人混合泳。廖桃玲(2009)则肯定了短距离自由泳(187.1 cm)和蛙泳(176.8 cm)在身高方面的显著性差异,但提出了不同泳姿的身高差异规律(高 > 低):混合泳、短距离自由泳、仰泳、长距离自由泳、蝶泳、蛙泳。

很显然,对于身高这个形态指标,不同项目的要求不尽相同,而且同一项目的不同专项也有所不同,甚至同一项目同一专项的运动员之间差异也较大,因此必须结合各项目运动员的实际情况，综合考虑其他重要的身体形态、素质、心理指标，科学分析运动员的发育类型，仔细论证其运动潜力，切勿一刀切、一言断。

二、影响身高的因素

身高如同其他人体表型指标一样，都是由先天的遗传与后天的环境共同决定的。

1. 遗传—先天因素　身高一直被认为是一项高遗传度的身体形态指标，即儿童少年的成年身高大多是由其本身基因所决定的，这也是参照父母身高来预测儿女身高的理论依据。对于将身高作为主要选材因素的运动项目，例如篮球、排球、水球等，选材时必须从严挑选，训练中顺应生长发育规律，抓住敏感窗口期，着重抢先诱导和发展，使其充分表现。

不同种族间存在着身高的遗传差异，在一个较大的范围内波动，这可能是种族内共享基因的缘故，也有可能是不同种族所处环境不同所造成的。Malina, R. M. , Bouchard, C. and Bar-Or, O. (2004)在1976年通过对亲代平均身高—子代身高的回归分析后，估算出的身高遗传度分别为白人0.49和黑人0.39。相似的估算方法，朱冠栴(1983)以同时期上海地区的青少年为测试对象，所得到的身高遗传力为0.67。Roberts, D. F. , Billewicz, W. Z. 和McGregor, I. A. (1978)对西非黑人部落分析后，提出亲代平均身高与子代的遗传力在0.67。以双生子为检测对象，日本学者水野忠文和李小燕、唐久来、吴德等(2008)提出影响身高的遗传因素分别占75%和71%，但赵钟鸣、沈建华、胡梅影等(2007)研究所得的身高遗传度仅为0.49。

身高遗传力的地域间差异也较为明显。Sliventoinen, K. 等(2000)发现英美研究所得的身高遗传力在0.80左右，而芬兰的研究所得结论值却较小(0.58)。Luke, A. 等(2001)在对不同地区的黑人身高遗传度比较后发现美国籍黑人受遗传影响较高

(87%),牙买加籍次之(74%),而尼日利亚籍较低(62%)。

身高的遗传力会随着时代进程而发生变化。Sliventoinen, K. 等(2000)就发现随着双生子身高在一个世纪内的增加,其遗传度也逐渐增长,从1929年前出生的男0.76、女0.66,到二战后趋于平坦(1947年出生的男0.81、女0.82)。他们也提出了男女性别不同所造成的身高遗传力差异:男性为0.77,而女性为0.76。他们认为,相比于遗传因素,环境更能影响女性的生长发育,这与普遍认为的女性更能抵御环境变化是相反的。如今普遍认为身高的遗传度男子为0.75,女子为0.92(沈勋章等,2015)。

身高属于多基因遗传的数量性状。早期认为身高受到三对基因的控制,每个效应基因(A、B、C)的作用是可以相互累加的,不同的作用强度使得身高从高到矮被分为7个等级,各自发生的频率为1、6、15、20、15、6、1,这解释了身高的正态分布(王江民,1986)。随着近年来分子生物学与分子遗传学技术的发展,对身高的遗传学研究更为深入,被发现并报道的身高控制基因逐渐增加到几十个,将其纳入现有的运动员选材方法体系,有望提高运动员选材的科学性与有效性。既可以利用全基因组关联分析法(Genome-Wide Association Study, GWAS)扫描定位身高性状的相关基因区域,也可采用候选基因法(Candidate Gene Study)研究某些区域内与身高变异有关的激素控制基因或影响骨代谢的基因,两种方法相互补充应用,深入了解基因与人体身高发育及变化规律的关系(杨若愚、沈勋章、蔡广,2013)。

Allen, H. L. 等(2010)总结了至少180个影响成年身高的基因位点,这些位点上的基因与多条作用身高变异的生物途径及骨骼发育缺陷有关。Wood, A. R. 等(2014)辨认了能解释20%身高遗传度的位于423个基因位点上的697项身高变异。常见的身高相关基因包括生长激素基因(GH1 Gene)、多巴胺D2受体基因(DRD2 Gene)、胰岛素样生长因子1基因(IGF1 Gene)、维生素D受体基因(VDR)、PTH/PTHrP受体基因(PTHR1 Gene)、雌激素受体基因(ESR1)、芳香化酶基因(CYP19)等,分别对应着影响身高表现的生长激素、胰岛素样生长因子Ⅰ、维生素D3及其受体、甲状旁腺相关激素及其受体、性激素等(肖园、王伟,2006;Dahlgren,A.,et al.,2008;杨若愚、沈勋章、蔡广,2013)。

除上述以外,被称为"身高基因"的高迁移率蛋白A2基因(High-mobility Group A2 Gene, HMGA2)已成为身高研究的热门基因之一。Hendriks, A. E. J.等(2011)发现HMGA2基因上的单核苷酸多态性(SNP)与高身材有着显著的相关性,携带HMGA2的等位基因C能明显增加成为高个子的可能性。Haruo, T.等(2011)补充表示HMGA2基因上的不同SNP(rs1042725、rs7968682、rs7968902)可能解释不同人种(高加索人群、非洲人群、亚洲人群)间的身高遗传特性。此外,近期报道的与身高变异有关的基因与通路还有JAZF1基因(Johansson, A., et al., 2009)、成纤维细胞生长因子的信息传导、WNT/β-连环蛋白、硫酸软骨素类基因(Wood, A. R., et al., 2014)等。

2. 环境-后天因素　正如遗传流行病学专家、英国最大的双胞胎研究中心创始人Tim Spector在2016年谈家桢遗传学国际论坛暨首届国际人类表型组研讨会上所说:"高遗传度并不代表环境不重要,环境是非常重要的。"除受遗传物质控制外,身高还受到许多环境因素的影响。身高百分数位也可能会随着外界环境的变化而发生波动。依Sinclair, D.的理论(季成叶、袁捷、温大英,1992),可分为生物因素(地理气候、睡眠、营养和锻炼等)和非生物因素(社会经济状况、家庭生活水平等)。有些影响在孩子仍处于母体内就已经开始了,通过母亲作用到后代的身上,甚至可能一代接一代地传承下去(Lanham, S. A., et al., 2011)。

地理自然环境可能是通过年日照时数和年气温差来影响骨骼发育,从而影响身高的。我国幅员辽阔,南北纵跨49个纬度,东西横跃62个经度,海拔变化9千米,地理与气候的差异是造成我国青少年儿童身高地域性分布的主要原因。以我国南北地理气候分界带"秦岭—淮河"为界,各性别北方均比南方高,且随着个体的生长发育成熟这个差距更为明显(陈明达、黄宗诚、王云德等,1981;秦毅妮,2013)。处于高纬度的北方有着较长的日照时间,使得皮肤中的7—脱氢醛固醇转化成维生素D,增强钙磷吸收从而促进骨骼生长;同样较大的年气温差,促进骨质生长。相反的,较高的年平均气温、年平均降水量、月平均总云量和全年无霜期都对生活在南方炎热多雨地区的青少年群体产生不利的影响,特别是全年无霜期对南方女孩身高增长的负面影响(季成叶、袁捷、温大英,1992;金晓峰、吴晅晔、陈志强等,2006)。

大众普遍认可睡眠对儿童少年身高发育的重要性。大量的文献也证明身高与睡眠时间是呈正相关的,并提出8~10小时是最有利于幼儿生长发育的睡眠时长。特别是在生命早期,所需睡眠时间较长,吴至凤、赵聪敏、赵雪晴等(2009)通过比较发现,被判断为有睡眠问题的5~30个月婴幼儿相比于无问题同龄婴幼儿,他们的身长显著性较低。然而,如今对睡眠剥夺(sleep deprivation)的研究发现,短期和长期不完全的睡眠剥夺并不会影响慢波睡眠的时间,也就不会影响生长激素的分泌,理论上不会造成对身高增长的影响,但仍不能排除睡眠剥夺对内分泌进而对身高增长的影响,这仍需要长期的睡眠监测进行论证(寇妍,2011)。睡眠时长可以缩短,但质量必须保证,Ghigo, E.等(1999)提出生长激素分泌最旺盛的时间段在晚上11点到凌晨,在这之前进入深度睡眠对幼儿儿童的体格发育就显得格外重要。

营养是至关重要的。在母体的孕育阶段,孕妇在孕期的各个阶段需要有针对性地为孩子的骨骼发育补充充足的钙、镁、维生素A、维生素D、维生素K、蛋白质等。虽然在营养良好的人群中母体孕期的营养水平对后代身高的贡献有限,但在营养相对不良的地区,母亲在孕期内的合理科学饮食对孩子日后的身高起着不可忽视的作用,饮食不合理甚至可能会导致后代的骨质疏松(Leary, S., et al., 2005)。

出生后同样要通过平衡合理的膳食促进人体的骨骼发育，Lanham，S. A. 等(2011)总结发现不同时段的营养缺乏会对骨骼发育产生不同的负面作用效果，并提出产后、断奶之前是一个针对骨发育的敏感期。可以从牛奶和奶制品中获取钙与蛋白质，在提高胰岛 IGF－1 水平促进骨细胞增殖骨质沉积的同时，抑制破骨细胞介导的骨吸收过程，使得尽量在成年前累积更多的骨量，亦减慢绝经后期的骨质流失速度(New，S. A.，2001)。充足的碱性食物例如水果、蔬菜的摄入，不仅调节体内的酸碱平衡，且能提高钙的经济利用(New，S. A.，et al.，2000)。

营养水平的改善在一定程度上反映出生活水准(the Standard of Living)的提升，在我国主要表现为青少年儿童身高地域性分布中的城乡差异和同一地区不同社会经济群体间的差异。换句话讲，身高的发育水平能够评价一个国家的社会经济水平及医疗状况等生存条件。《中国学生体质与健康调研》课题组、张一民、邢文华(2008)与秦毅妮(2013)在对 1985 年至 2010 年、五年一次的中国学生体质数据统计时发现，城市男女学生的身高普遍高于处在同一地区的乡村学生。以高身材为例，在城市青少年(男 4.5%、女 4.3%)中的所占比例就显著高于乡村(男 1.6%、女 1.8%)(季成叶，2000)。尽管在这身高增幅逐渐缩小的二十几年里，乡村学生的身高增幅在整个儿童与青春期都是高于城市学生的，但城市学生在青春后期表现出了更大的增长潜力，这也可能是造成城乡学生身高差距逐渐缩小但仍然存在的原因。

当然，即使在同省市区，不同的社会经济群体之间也有明显的身高差距，生长在良好社会经济环境中的青少年，高身材者更多，且呈现年龄越小高身材比率越高的现象(季成叶，2000)。然而，这些社会经济发展状况和家庭生活水平影响更多的是青少年的发育速度和早晚，其影响效应尚不能与地理气候等的长期作用相抗衡(季成叶、袁捷、温大英，1992；季成叶，2000；季成叶，2003)。

第三节 身高与身高相关的派生指数

身高除了自身数值以外，常与其他身体形态指标组成派生指标(Index/Ratio)，给予人体形态与比例方面的信息，从多维度推断身体各组织的发育程度与整体的健康水平(见表3－2、表3－3、表3－4)。郭秀文和田麦久(2014)做过对夏季奥运会难美项群女子运动员身高与其他身体形态指标间的相关性分析，发现其间的高度相关性，换句话说，身高变化是导致身体形态其他指标变化的根本原因。

表3－2 身高与体重组成的常见派生指数

派生指标	指标意义
BMI指数 (身体质量指数，Body Mass Index) ＝体重(kg)÷身高(m)^2	衡量人体的胖瘦程度以及健康水平。对于中国人，正常值18.5～23.9，超重≥24(24～27.9为偏胖，≥28为肥胖)，会导致相关疾病的发病可能性逐渐增加。 局限：该指数在婴幼儿研究领域的应用仍存争议，且应用人群为青春期男性时有所限制
罗勒指数 (体质充实指数，Rohrer's Index) ＝体重(g)×100÷身长(cm)^3	反映肌肉、骨骼、内脏器官及组织的发育状态，用来评价人体的营养状态和胖瘦程度。中国人肥胖的临界值：24 kg/m^2，大于该值许多相关疾病的危险性将会大大提升。 优势：将人体设定为三维模型，将人体的围度指标纳入考虑，理论上减少BMI指数在儿童青少年、不同性别人种中的使用偏离，常被用来针对新生儿的身体发育程度评价
克托莱指数 (体重身高指数) ＝体重(kg)÷身高(cm)×1 000	反映青少年在发育过程中体重与身高的合理比例关系，评价人体形态发育水平和匀称度，间接反映力量素质，而力量又是速度的基础。 就田径项目而言，力量型项目(投掷)该指数最高，速度力量型项目(短跑、跨栏、除跳高外的全部跳跃项目)次之，耐力性项目最低(曾凡辉、王路德、邢文华等，1992)。潘政彬、刘钦龙、范德举等(2009)也发现该指标与水球运动的成绩呈现中等程度的正相关

（续表）

派生指标	指标意义
瘦体重/身高指数 =去脂体重（kg）÷身高（cm）	邢文华（1984）在对14～15岁学生的测试中发现瘦体重/身高指数与某些身体机能（心肺功能与肌肉力量）和基本运动能力（跑、跳、投等）呈现具有显著性意义的正相关。 优势：与某些身体机能和运动能力的相关程度更高

表3－3　身高与长度指标组成的常见派生指数

派生指标	指标意义
坐高指数 =（坐高÷身高）×100	表现身体躯干与下肢的比例。 变化曲线为“V”字形：婴儿时期最高，在儿童少年时期由于下肢生长快于躯干而逐渐下降，女孩10～12岁、男孩12～14岁时低至最小值，然后平稳并小幅上涨直至成年，此时下肢生长已趋向停止。一直到青春期前，男女的躯干下肢比例都是相似的，但10～11岁后男性的坐高/身高指数逐渐略低于女性，即相同身高情况下女性的下肢相对较短。 不同的运动项目对该指标有不同的要求，例如艺术体操需要较小的指数值，下肢长、重心高；而举重要求较大的指数值，下肢短、重心较低
指距－身高指数 =指距（cm）－身高（cm）	反映人体上肢长短和肩部宽窄的重要指标，指数越大，上肢越长。 与许多竞技体育项目的成绩与技术直接相关，例如体操男子鞍马支撑的高低，铁饼投掷臂摆动做功的半径大小，撑杆跳的握杆点，铅球出手点的高低，排球的拦网，篮球的防护范围，游泳划水时的速度、有效推进力等
下肢长A/身高×100指数 =下肢长A（cm）÷身高（cm）×100	反映人体下肢长短。 指数55%为身材等长，56%为下肢较长，57%为下肢明显长。但指数大于58%，需检查运动员的素质和内分泌，排除因内分泌紊乱导致的“无力型”和发育不良表现出的“长脚”
下肢长B/身高×100指数 =下肢长B（cm）÷身高（cm）×100	反映人体下肢与身高比例关系的指标，影响体操运动员的运动能力和形态美、羽毛球运动员的步法等

表3-4 身高与宽度、围度指标组成的常见派生指数

派生指标	指标意义
体型指数 =(肩宽-髂宽)÷髂宽×身高	反映人体体型。指数越小,体型趋向桶形;指数越大,体型趋向三角形,即"宽肩窄髂",是游泳项目的理想体型,较好的流线型且阻力小。
胸围/身高指数 =胸围(cm)÷身高(cm)×100	反映胸围大小,间接反映内脏器官的功能与躯干力量的大小。 对躯干、上肢、肩带力量有要求的项目,例如游泳中的短距离自由泳、蝶泳,田径中的投掷,以及男子体操等,该指数都较大。
腰围身高比 =腰围(cm)÷身高(cm)	判断人体的肥胖状况,预测健康危险,特别是对儿童心血管疾病风险的预测(Gonçalves, R., 2015)

基于同样的假设(Dimensionality Theory),即身体各部位的比例在人生各个阶段是保持合理稳定的,身高值还能和一些运动表现与生理指标组合成相关系数,排除由身高引起的个体差异后能更加精准、直观地评价一个运动员的运动能力与表现。例如力量,肌肉的力量与肌肉的横截面积成比,可推力量应与身高的平方成比(kg/cm^2)。比如摄氧量(Oxygen Uptake,ml/min)中的时间与身高成比,可推最大摄氧量值也与身高的平方成比。

第四节 身高的国内外研究结果

一、英国研究数据

英国皇家儿童医院(Royal College of Paediatrics and Child Health, RCPCH)整合世界卫生组织(World Health Organisation, WHO)的儿童身高标准和英国1990发育标准(UK 1990 Growth

References)，推出了最新的 RCPCH 2～18 岁生长发育图表。

以下 4 幅图（图 3－2）的上半部分分别为：（a）2～9 岁男孩的身高发育曲线百分位数图；（b）9～18 岁男青少年的身高发育曲线百分位数图；（c）2～8 岁女孩的身高发育曲线百分位数图；（d）8～18 岁女青少年的身高发育曲线百分位数图。这些曲线分别含有 0.4th、2nd、9th、25th、50th、75th、91st、98th、99.6th 共 9 条百分位数曲线，其中 50th 百分位数用红线加粗标出。

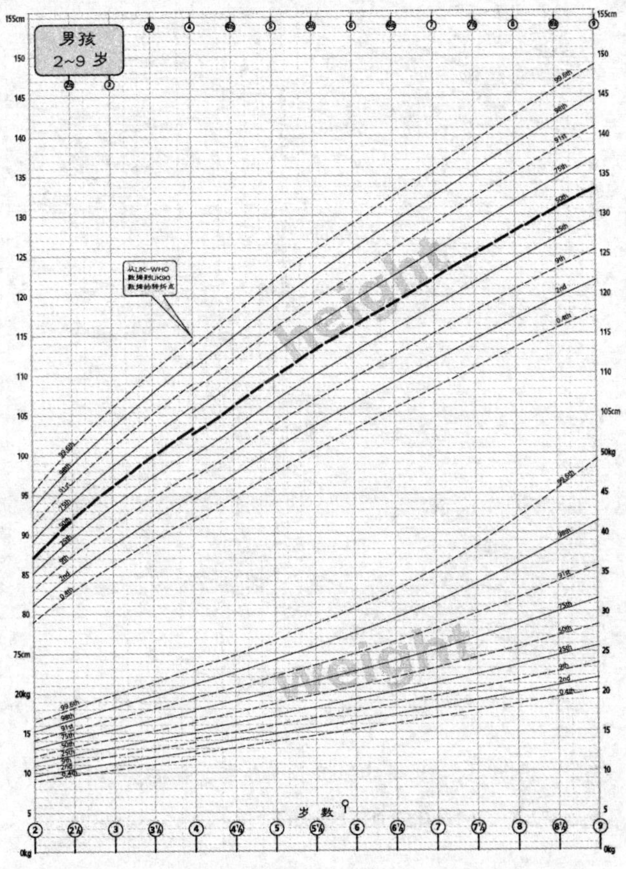

图 3－2（a）　2～9 岁英国男孩的身高百分位数曲线

数据来源：RCPCH 官方网站（http://www.rcpch.ac.uk/）。

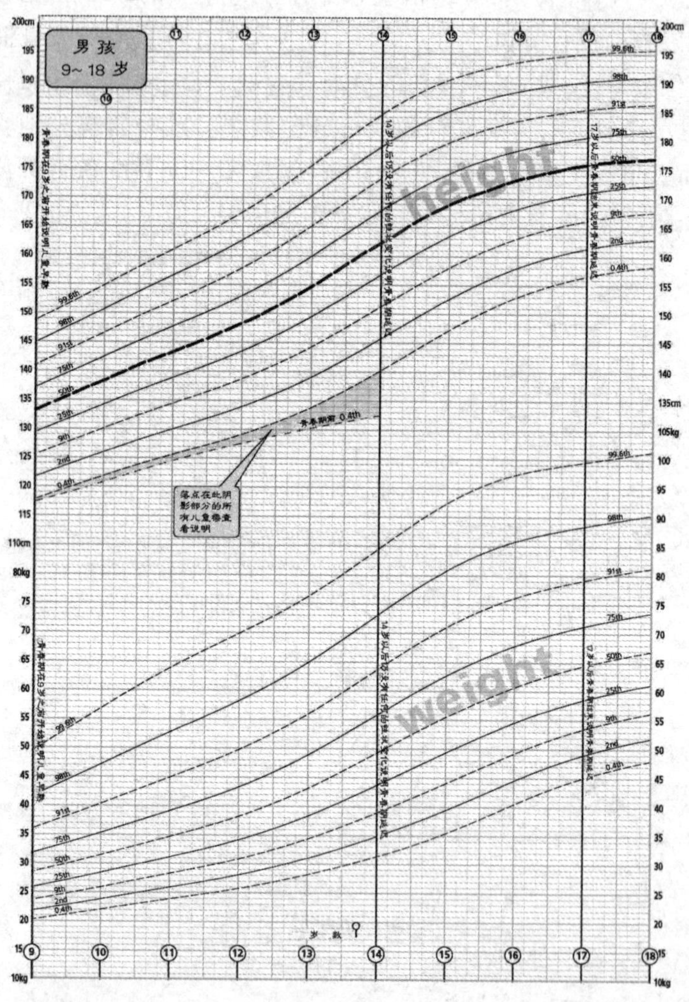

图 3-2(b)　9~18 岁英国男青少年的身高百分位数曲线

数据来源：RCPCH 官方网站(http：//www.rcpch.ac.uk/)。

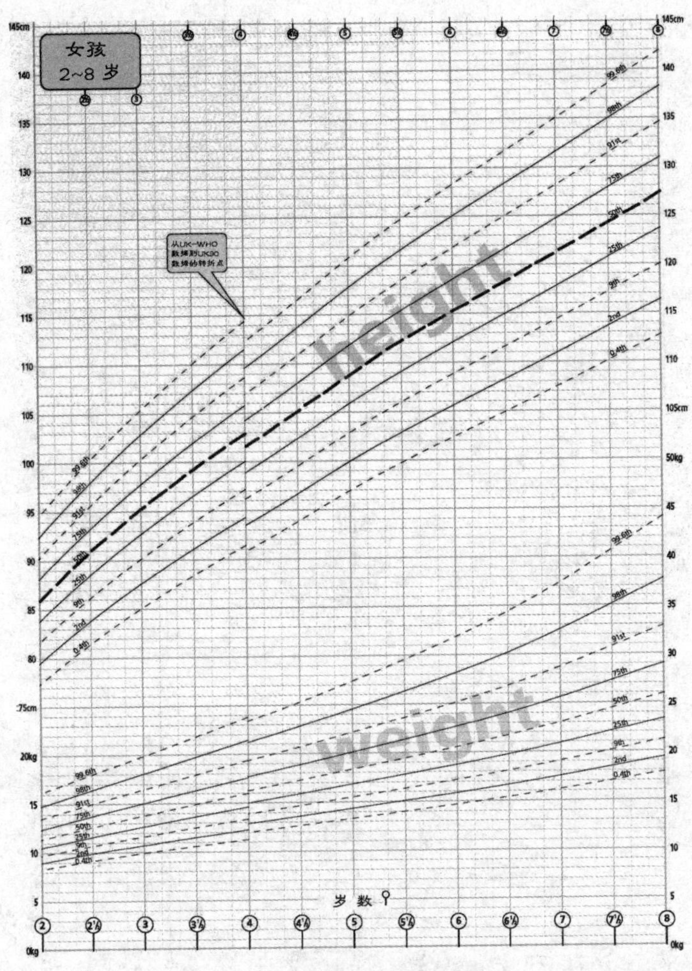

图 3-2(c)　2~8 岁英国女孩的身高百分位数曲线

数据来源：RCPCH 官方网站(http://www.rcpch.ac.uk/)。

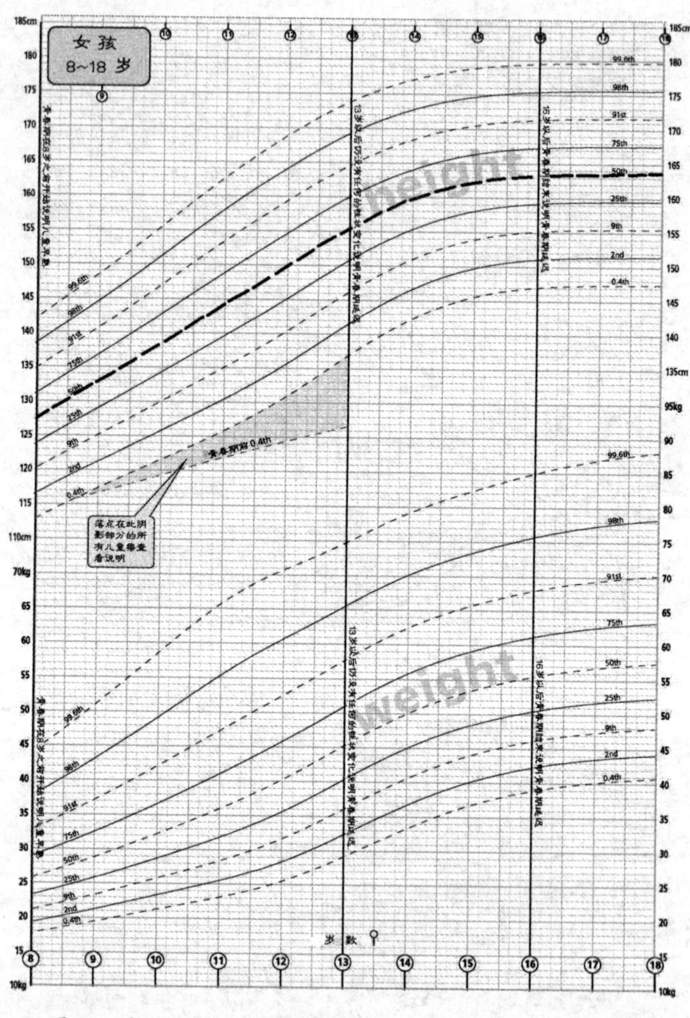

图 3－2(d)　8～18 岁英国女青少年的身高百分位数曲线

数据来源：RCPCH 官方网站(http：//www. rcpch. ac. uk/)。

4 岁是数据来源的一个界限，形成 2 ~ 4 岁曲线的 UK - WHO 数据来自于 6 个国家母乳喂养、生活条件良好的儿童，旨在体现"孩子应该如何成长"而不是"如今孩子是怎么成长的"；形成 4 ~ 18 岁曲线的 UK90 数据则来自于 1978 至 1990 年间，7 大数据研究（the Human Measurements Anthropometry and Growth（HUMAG）Research Group's children's growth studies and adult body dimensions studies，the Tayside Growth Study，the National Study of Health and Growth（NSHG），the Department of Health survey of the statures and weights of British adults，the Cambridge Infant Growth Study，the Whittington birth data study）对英国本国儿童的测量统计（Freeman，J. V.，Cole，T. J. and Chinn，S.，1995）。

这些身高发展标准曲线（'Distance' Standards），能被用来较为直观地评价一个儿童青少年的身高是否处于与其同一年龄、相同性别、同一人种和相同社会经济群体的正常范围内。总体观察发现：在 4 岁之后、青春期之前的时间段内，身高的曲线是逐渐变缓的，年增长逐渐减少，至稳定在男 5 cm/年、女 5.5 cm/年的水平；当进入男 12 ~ 15 岁、女 10 ~ 12 岁的时间段，身高变化突增，即该年龄段就是英国青少年身高的敏感窗口期；此后，身高变化逐渐平稳，女青少年更是在 16 岁左右便出现了身高的生长平台。

绝大部分儿童青少年的身高，在青春期外的生长时间里是几乎处于同一百分位数曲线上的，且会在青春期后、生长发育完成时回归至这一百分位数水平。但在青春期，其身高会偏离他之前所在的百分位数位置。以（b）图为例，若在 9 岁之前，发现男孩的身高（女孩在 8 岁之前）移至更高的百分位数水平，说明这个男孩可能早熟。在 9 ~ 14 岁之间，大部分男孩（女孩在 8 ~ 13 岁）会处于青春期前（Pre-puberty）或青春期（In Puberty），若发现男孩的身高落至较低的百分位数水平，说明该男孩可能晚熟。也就是说，身高的百分位数曲线图中也包含了根据身高变化来判断儿童青少年发育程度的信息，能加以利用，做好对孩子生长发育的及时干预。

要注意的是,以下三种情况:①处于8~13岁的青春期(后)女孩或处于9~14岁的青春期(后)男孩,其身高值落在0.4th百分位数以下,即曲线图中的阴影部分;②13岁以后的女青少年或14岁以后的男青少年,仍没有出现任何的第二性征;③16岁以后的女青少年或17岁之后的男青少年,其第二性征的Tanner等级仍未达到4~5级,即呈成人型,都需要进行进一步的青春期检查。

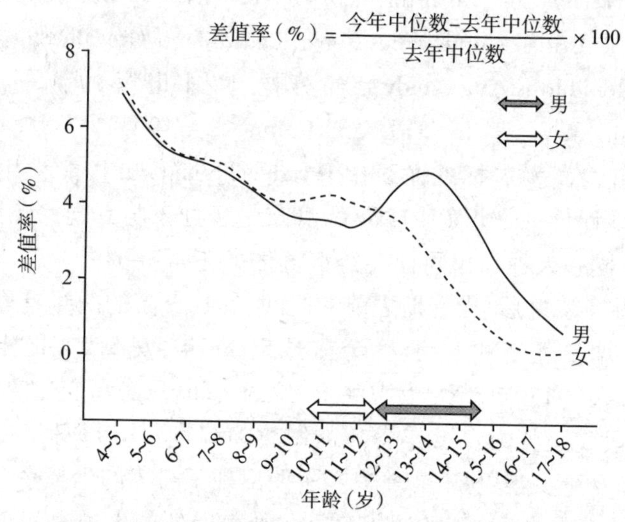

图3-3 4~18岁英国儿童青少年身高的离差率变化图

数据来源:RCPCH官方网站(http://www.rcpch.ac.uk/)。

相比起使用距离曲线(Distance Curve)来表现儿童青少年从出生到成熟的身高变化趋势,体现身高在"过去"变化的积累过程,速度曲线(Velocity Curve)能更加清楚、灵敏地呈现身高"现在"的变化,发现在生长发育过程中的身高敏感窗口期(Argyle, J., 2002)。如图3-3,身高离差率是根据每年的身高中位数计算所得,计算公式已在图中标出,各性别的身高敏感窗口期年龄段也由双箭头标示在年龄坐标之上。可以较为明显地看出,男孩的身高年增长率逐年下降,9~12 岁出现平台且稳定在 3.5% 上下,紧接着急剧上升至 5%,身高增长速度高峰(Peak Height Velocity,PHV)出现在 13.5 岁,之后迅速下降,到 18 岁时仍保有 1% 的年增长率。然而,女孩的身高年增长率却较难在图中发现一个可辨别的高峰,整体呈现下降的趋势,但仍可以观察到在 10~12 岁出现了一个些许突出的生长平台。因此,同样能得出以下结论：英国儿童青少年的身高敏感窗口期分别在 10~12 岁(女)和 12~15 岁(男)。

二、美国研究数据

美国儿童青少年的生长发育情况是由美国疾病控制与预防中心(Centers for Disease Control and Prevention's National Center for Health Statistics, NCHS)组织实施的全美营养与健康调查数据(the National Health and Nutrition Examination Survey, the NHANES)收集、分析并公布的。该研究计划起始于上世纪 60 年代,由原先的全美健康调查数据(the National Health Examination Survey, NHES) Ⅰ、Ⅱ和Ⅲ(1959—1970)到 NHANES Ⅰ、Ⅱ和Ⅲ(1971—1994),逐渐发展至 1999 年成为涵盖多年龄层次(0~80+)、多民族(非拉丁裔 Non-Hispanic：非裔 African American、白人 European American、亚洲裔 Asian American、其他;拉丁裔美国人 Hispanic：墨西哥裔美国人 Mexican American、其他),以满足新兴健康与营养需求的长期调查项目并运作至今。

以下三幅图(图 3-4)的数据来自于全美儿童与成人人体测量的 2003—2006 年参考数据,直接采用其文献中提供的百分位数值(10th、15th、25th、50th、75th、85th、90th),使用 Sigmaplot 软件(version 12.5)制作出来的身高发展趋势图和身高变化速率曲线图,其中 50th 百分位数已用红线加粗标出。仔细观察百分位数图,可以发现：身高的增长是由一个个小的增长片段积累起来的,这符合 Malina, R.M., Bouchard, C. 和 Bar-Or, O.(2004)提及的片段式增长(Episodic Growth)观点。男孩的身高在2～5岁增长加快,5～7岁变缓,从7岁开始到15岁一直呈现波浪式变化地增长模式,之后便迅速出现平台。而女孩的2～6岁身高增长都是减缓的,6～12岁同样以波浪式增长进行身高积累,此后逐渐变缓至出现平台。

如此的身高变化模式能在变化速率曲线中更加清晰地看出:相比于女青少年,男青少年迟了约2年,即7岁,才进入身高的波动增长阶段。波动的持续时间从7岁到15岁,比女青少年延长了2年左右。此外,男青少年在最后一个身高增长小高峰后紧跟着一个增长速率约4%的增长平台,并持续1～2年。这也是在通常情况下,男青少年的最终身高比女青少年高的原因。

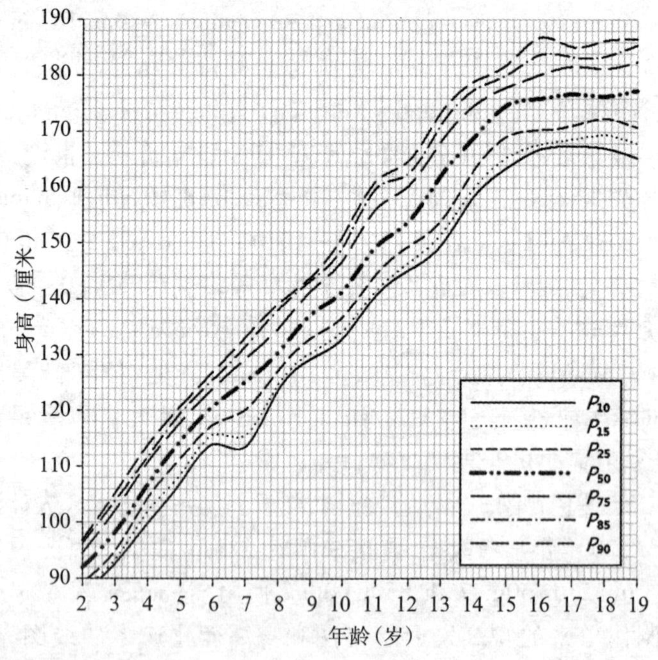

图3-4(a) 2～19岁美国男青少年的身高百分位数曲线

数据来源:McDowell, M. A., et al., 2008. Anthropometric Reference Data for Children and Adults: United States, 2003～2006。

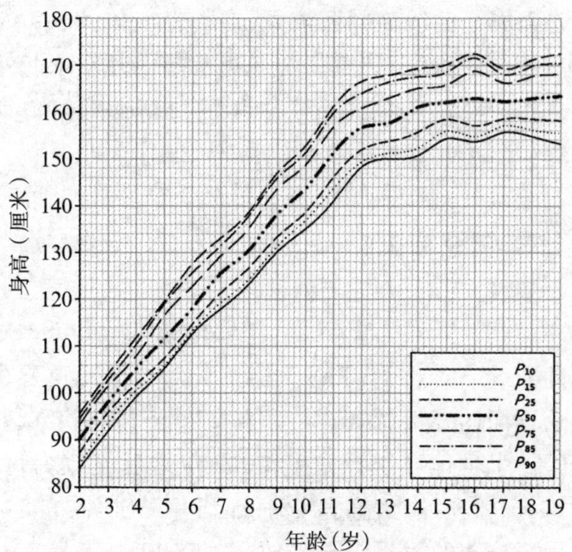

图 3-4(b)　2~19 岁美国女青少年的身高百分位数曲线

数据来源：McDowell, M. A., et al., 2008. Anthropometric Reference Data for Children and Adults: United States, 2003~2006。

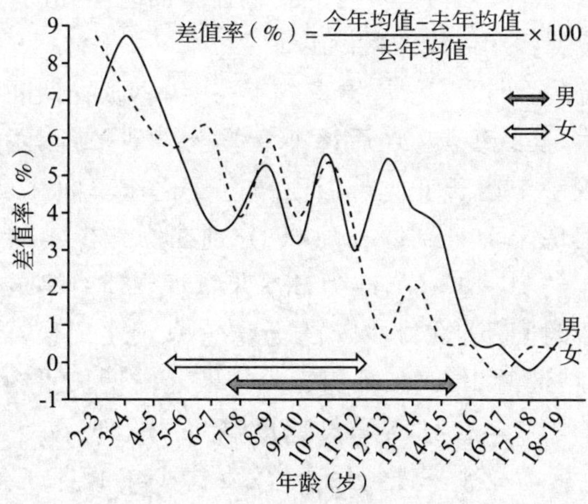

图 3-4(c)　2~19 岁美国青少年身高的离差率变化图

数据来源：McDowell, M. A., et al., 2008. Anthropometric Reference Data for Children and Adults: United States, 2003~2006。

无论是以哪个曲线为判断依据,在女青少年的 5 ~ 12 岁和男青少年的 7 ~ 15 岁阶段,其身高的变化都是由几个增长小高峰积累前进的,也就是说,美国儿童青少年的身高敏感窗口期就是在这个时间段。

三、日本研究数据

日本文部科学省(Ministry of Education, Culture, Sports, Science and Technology, MEXT)全权负责对本国儿童青少年身体发育与健康方面的统计调查。从昭和 23 年(1948 年)起,每五年一次的全国性学生体质统计调查,2010 年之后便改为每年一次,在每年的 4 ~ 6 月进行,涵盖了从幼稚园到高等学校的 5 ~ 17 岁少年儿童。最新公布的数据来自平成 27 年(2015 年),直接采用其政府统计的综合窗口(e-Stat)中提供的百分位数值(3rd、10th、25th、50th、75th、90th、97th),使用 Sigmaplot 软件(version 12.5)制作出来的身高发展趋势图和身高变化速率曲线图如图 3 - 5,其中 50th 百分位数已用红线加粗标出。

从百分位数曲线上看,男青少年在 10 ~ 13 岁期间的增长幅度明显增大,曲线变陡,之后逐渐变缓至出现平台,而女青少年却较难发现一个增长变化。因而通过变化速率曲线观察,就能很显著地发现两个身高增长高峰,分别在女青少年的 8 ~ 11 岁和男青少年的 10 ~ 13 岁,即为日本儿童青少年身高的敏感窗口期。在这段时间里,女青少年的增长速率较之前仅增长了 0.3 个百分点,持续约 2.5 年,而男青少年较之前增长了约 1.3 个百分点,持续了 3 年。身高增长速度高峰则出现在女 9 岁和男 11.5 岁,之后增长速率便持续下降,女青少年的身高在 14 岁之后便已基本稳定。

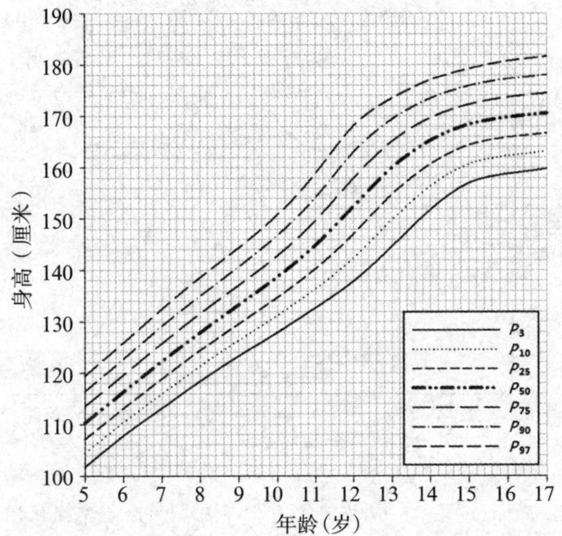

图 3－5(a)　5～17 岁日本男青少年的身高百分位数曲线

数据来源：学校保健統計調査による身体発育値及び発育曲線(LMS 法による)(平成 27 年度)，学校保健統計調查，MEXT 官方网站(www.mext.go.jp)。
注：该身体发育值及发育曲线已经过 LMS 法平滑处理。

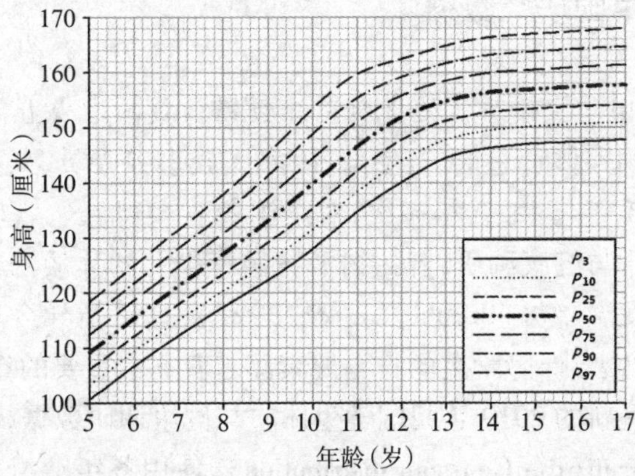

图 3－5(b)　5～17 岁日本女青少年的身高百分位数曲线

数据来源：学校保健統計調査による身体発育値及び発育曲線(LMS 法による)(平成 27 年度)，学校保健統計調查，MEXT 官方网站(www.mext.go.jp)。
注：该身体发育值及发育曲线已经过 LMS 法平滑处理。

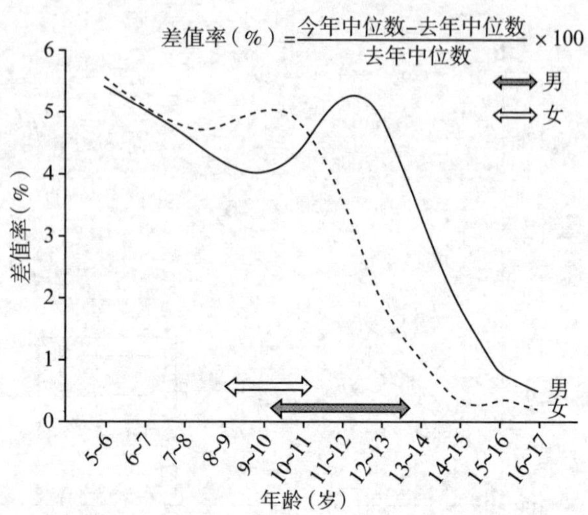

图 3－5(c)　5～17 岁日本青少年身高的离差率变化图

数据来源：学校保健統計調査による身体発育値及び発育曲線（LMS 法による）（平成 27 年度），学校保健統計調査，MEXT 官方网站（www. mext. go. jp）。

注：该身体发育值及发育曲线已经过 LMS 法平滑处理。

四、中国研究数据

1. 中国学生体质与健康研究组数据　我国中央五部委（局）（教育部、国家体育总局、卫生部、国家民族事务委员会、科学技术部）自 1985 年起，每五年一次，对全国各省、自治区、直辖市的学生进行体质与健康调研，旨在揭示我国青少儿的体质与健康状况及其长期发展趋势（Secular Growth Trend），这对指导今后体育卫生事业的发展、保障学生的身心健康都起着非常重要的作用。

采用最新的 2010 年我国学生体质与健康调研数据，假设身高服从正态分布（the Gaussian distribution），使用各年龄组的平均数和标准差（SD）计算所得百分位数，作图如图 3－6（a）和（b）。50th 百分位数即为平均数，已加粗标出，3rd 和 97th 百分位数为平均数 ±1. 881 SDs，10th 和 90th 百分位数为平均数 ±1. 282 SDs，

25th 和 75th 百分位数则为平均数 ±0.675 SDs。可以发现：男青少年的身高变化在 11 岁之前近乎一条直线，之后稍许变陡，约 14 岁之后逐渐变缓，至约 16 岁出现平台；女青少年 11 岁之前的身高增速变化几乎难以察觉，之后倒是可以看出增速在逐渐减慢，约 14 岁身高便已基本定型。

图 3－6(c)为使用各年龄组平均数计算绘制所得的身高变化速率曲线，计算公式见图。无论男女，身高增长小高峰都较为明显：男青少年从 9.5 岁时的增长拐点开始，虽紧跟着约一年的增长平台，维持在年增长速率 4% 上下，但之后便迅速增长至 5%，身高增长速度高峰出现在 12.5 岁左右，此后平稳下降；女青少年的增长速率一直在缓慢升高，约 10 岁出现增长速度高峰后则分两个阶段，10～12 岁和 12～14 岁，逐渐下落。因此，中国儿童青少年的身高敏感窗口期为 8～11 岁(女)和 10～14 岁(男)。

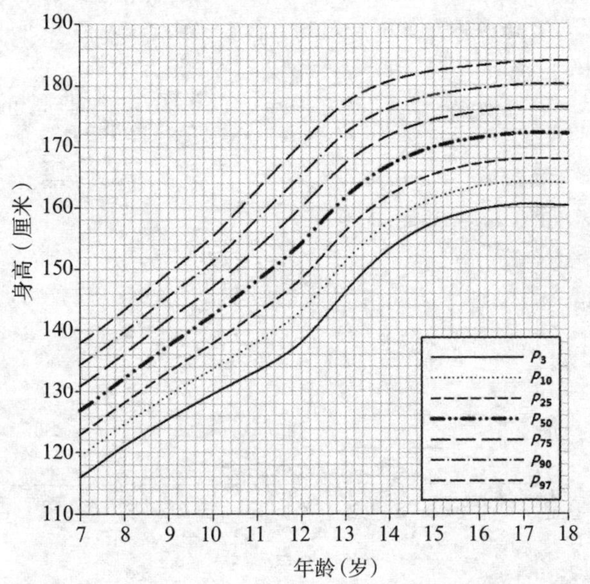

图 3－6(a)　7～18 岁中国男青少年的身高百分位数曲线

数据来源：2010 年中国学生体质与健康调研报告。

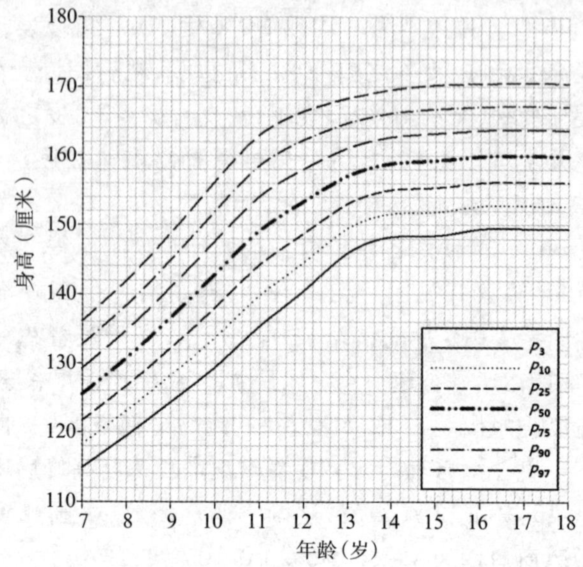

图 3-6(b)　7~18 岁中国女青少年的身高百分位数曲线

数据来源：2010 年中国学生体质与健康调研报告。

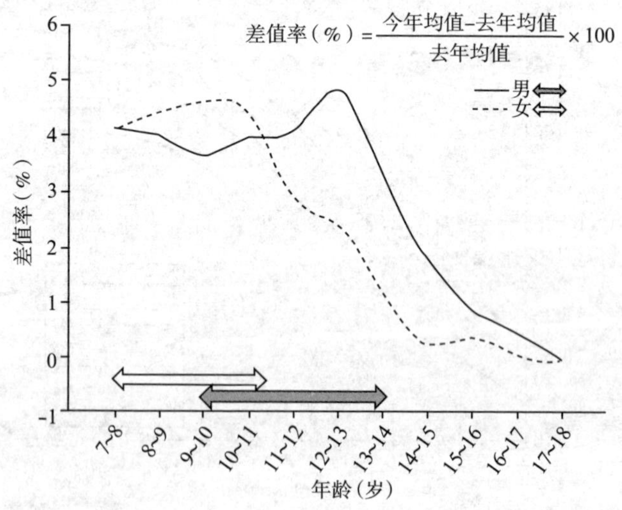

图 3-6(c)　7~18 岁中国青少年身高的离差率变化图

数据来源：2010 年中国学生体质与健康调研报告。

2. 上海体育科学研究所研究数据 上海体育科学研究所选材研究中心常年对上海地区的二、三线运动员进行每年两次的身体形态测试,积累了大量的原始数据。现选取近年的三线运动员身高原始数据,使用 LMSchartmaker Light 软件(Version 2.54)进行曲线平滑,绘制出身高的百分位数曲线图,再选取各年龄段的中位数绘制出离差率变化图,见图 3-7。数据以 2011 年的测试结果为主,2008~2010 年的为辅,选取 5~17 岁的儿童青少年运动员共 4 785 人(男 2 724 人,女 2 061 人),涵盖了包括田径、击剑、自行车、球类、射击类和水上项目等在内的 28 项运动项目。

从身高百分位数曲线(a)和(b)上观察,男青少年运动员在 7 岁之前增长较快,之后逐渐减缓,直至 10~11 岁时才有所加速,但仍比不上其 7 岁前的增速,13 岁之后的身高增速再一次缓慢减少。女青少年运动员在 8 岁之前的身高增长速率都较为客观,之

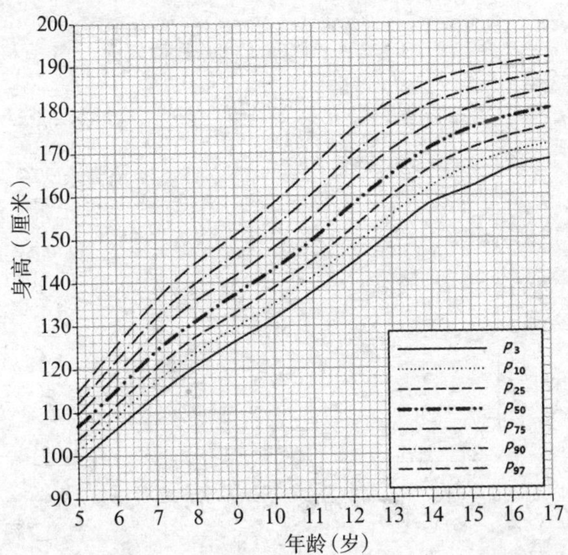

图 3-7(a) 5~17 岁中国上海男青少年运动员的身高百分位数曲线

数据来源:上海体育科学研究所选材育才中心。

注:该身体发育曲线已经过 LMS 法平滑处理。

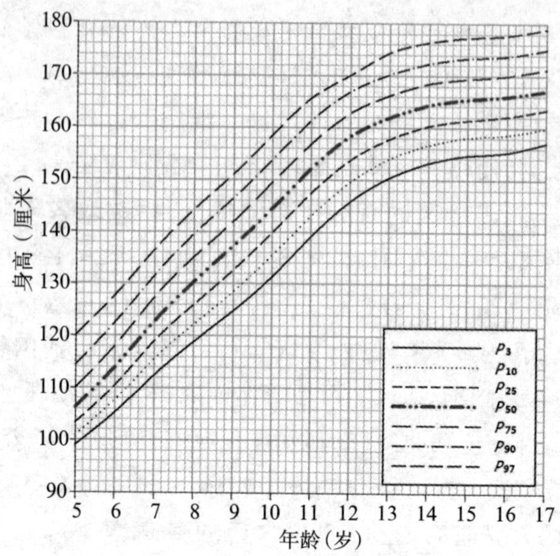

图 3-7(b)　5~17 岁中国上海女青少年运动员的身高百分位数曲线

数据来源：上海体育科学研究所选材育才中心。

注：该身体发育曲线已经过 LMS 法平滑处理。

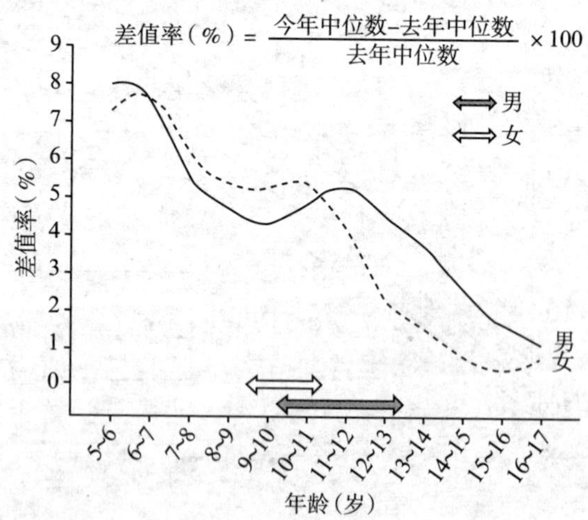

图 3-7(c)　5~17 岁中国上海青少年运动员身高的离差率变化图

数据来源：上海体育科学研究所选材育才中心。

注：该身体发育曲线已经过 LMS 法平滑处理。

后便较为平稳地减缓增长。而从身高变化速率曲线(c)上看,男青少年运动员从开始时8%左右的高年增长率迅速下降,至9.5岁时到达低谷,下降了约3.7个百分点,之后出现一个增长小高峰,在11.2岁左右达到身高增长速度高峰后便缓慢回落。女青少年运动员的身高增速在最初的一年内稍许增速后便迅速减缓,仅在9~11岁出现一个微凸起的增长高峰。相比较于男青少年运动员,女运动员早1年多到达其身高的增长速度高峰,但高峰值相差不大,且速率变缓较快,高峰后2.5年内回落的增长速率就相当于男运动员近4年减缓的程度。对于中国上海的青少年运动员来说,他们身高的敏感窗口期位于9~11岁(女)和10~13岁(男)。

第五节　分析各国的身高敏感窗口期

很显然,美、英、日、中的数据都肯定了在儿童青少年的生长发育过程中,其身高增长会出现一个或多个突增的时间段,我们将这段突增时期称之为身高的敏感窗口期。这些敏感窗口期的长短和开始时间会根据性别不同而有所区别,而且相同性别间也存在着个体差异,同时还存在着地域差异。现将结论统计如下表3-5,可以发现,男青少年身高的敏感窗口期普遍比女青少年的发生要迟2年左右,持续时间也较长。

表3-5　各国儿童青少年的身高敏感窗口期汇总表

国家	女(岁)	男(岁)
英国(UK-WHO)	10~12	12~15
美国(NHANE)	5~12	7~15
日本(文部科学省)	8~11	10~13
中国(学生体质与健康)	8~11	10~14

一、英国儿童的身高敏感窗口期

英国儿童的身高敏感窗口期结论与如今普遍认可的观点相符,即在女孩的10~13岁、男孩的12~15岁,他们的身高增长会出现高峰。Tanner, J. M., Whitehouse, R. H. 和 Takaishi, M. (1966)是较早、较系统地对本国儿童青少年从出生到成熟的身高、体重等身体形态指标的变化趋势进行深入探讨的研究人员。在一定程度上,凡是对儿童青少年生长发育感兴趣的研究者们,都视他们的成果为一个参照的"模板",一个如何进行研究、数据处理的"蓝本"。

通过观察图3-8(a)身高获得曲线(Height-attained Curves)和(b)身高增长速度曲线(Velocity Curves),可以发现:在婴儿和儿童时期,身高增长速率持续下降,孩子的身高变化极为相似,女孩身高略低于同龄男孩;10岁左右,女生比男生提前了约2年开始加速增长,与男生的身高曲线出现交叉后便高于同龄的男青少年。而在女青少年13.5岁时,男女的身高曲线再次出现了交叉。此时,女生的身高已逐渐趋于稳定,而男青少年的身高突增正将进入高潮,身高斜率变陡,直到15岁左右才逐渐变缓,至17岁出现平台。

身高的敏感窗口期从青春突增期起始前的最低点,即速率开始增长的拐点算起(女10岁、男12岁),达到身高增长速度高峰后回落至与增长前相同为止(女13岁、男15岁),为期3年左右。从该曲线也能得出男性的成年身高高于女性的原因:一是在青春期内较高的PHV,高约2 cm;二是保持5厘米/年的增长速率在青春期前多停留了2年,相对于女生多了平均10 cm的生长基础。

尽管英国儿童青少年的身高敏感窗口期时间段在此后的30年里并没有太大变化,但UK90数据中所得的身高最大增长年龄(Maximum Increment of Age, MIA)分别为男13.5岁和女10.5岁,

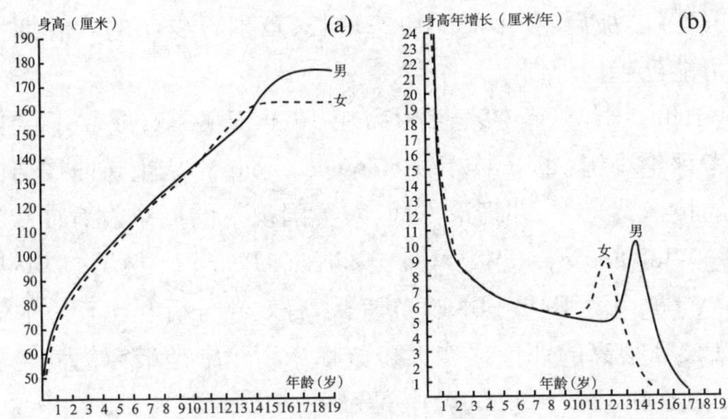

图 3－8　出生～19 岁英国儿童青少年的身高变化趋势图

数据来源：Tanner，J. M.，Whitehouse，R. H. 和 Takaishi，M.（1966），Standards from birth to maturity for height，weight，height velocity，and weight velocity：British Children，1965 Ⅰ。

与上世纪 60 年代相比提前了 1 年左右，这反映出少年儿童青春早期的提前趋势。那么，距离于上世纪 80 年代末采集、获得数据的 UK90 身高发育曲线已有近 25 年时间的今天，当时的身高变化趋势结论还能否较为准确的表现当代英国儿童的生长发育状况呢？这一点令人怀疑。Tanner 等人也认为：身高发展曲线（Height-for-age Standards）必须每 10～15 年修订一次，直至儿童青少年的生长发育提前现象和成人体型变化趋势终止。官方说明上也比较明确地表示 UK90 曲线的使用期限截止至 2009 年，也就是说 2009 年至今，英国在儿童生长发育的参考图表方面是一个空白。

而在尚需采用该身高发育曲线来评价英国儿童生长发育的现状下，UK90 能否较为准确地反映出一个儿童青少年的生长程度是儿科医生、家长等最为关心的内容。Rudolf，M. C. J. 等（2000）以 694 名 7～10 岁的小学生为受试样本，做了一个连续三年、每年一次的验证实验，他们发现：这些儿童的身高增长趋势与 UK90 的曲线是相符的，平均标准差（mean SD score）仅为 0. 12。他们推荐这个发育曲线作为儿童少年身高的长期监测手段。这说明，经过二战后40多年的快速增长，英国青少年的青春期提前变化可能已趋向停滞。

Wright, C. M. 等专家(2002)由RCPCH召集，成立了生长发育参考评论小组(the Growth Reference Group)，从生长曲线结构与评价的技术背景上，即理论方面，对英国现行的四个发育曲线(the Tanner-Whitehouse, TW; the Gairdner-Pearson, GP; Buckler-Tanner, BT; UK 1990, UK90)进行了有效性分析和比较。他们给予了UK90很高的评价："在大多数临床用途中是最为优良的参考曲线，甚至在某些测量试验中是唯一有效的参考曲线"。总之，UK90，或者说是UK－WHO(4岁以后部分)能基本得到儿科专家等相关人士的肯定与推荐。

二、美国儿童的身高敏感窗口期

美国儿童的身高变化趋势曲线看上去显得格外粗糙、参差不齐，它可能是本篇中唯一一份并没有经过LMS(λ—中位数—变异系数)法进行曲线平滑的数据，仅由NHANE数据库自带的数据加权(the NHANES examination sample)法进行处理，没有排除年龄等因素的干扰，导致各条百分位数线之间的距离变化较大，并随着年龄的增长，第10百分位数到第90百分位数之间的差距也变化极大。

结合中位数曲线和增长速率曲线，能发现身高的年增长变化呈现出三个小高峰(锯齿状)，其中男生的后两个小高峰的峰值较第一个高，若经过平滑，估计会在7岁时先上升至一个小平台，10岁左右身高增速再次增加，出现一个大高峰后逐渐平缓。而女生的三个小高峰峰值是逐渐下降的，若经过平滑，可能会像英国女生的身高速率变化那样，难以发现一个可辨识的高峰。但可以肯定的是，女青少年的敏感窗口期的启动时间明显较男青少年提前了一个"锯齿"，即2年左右，且在其13岁上下身高就基本定型。

到目前为止,在没有更好的数据处理方法情况下,只能给出一个较为宽泛的身高敏感窗口期年龄范围,在女生的 5 ~ 12 岁和男生的 7 ~ 15 岁。它包括了英国儿童青少年的女 10 ~ 12 岁和男 12 ~ 15 岁的年龄范围,且都在该时间段之前多了 5 年。

三、日本儿童的身高敏感窗口期

日本政府对学生体质进行的长期监测统计是值得推崇和借鉴的。在 MEXT 的官网上,可以轻松查阅到从昭和 23 年(1948 年)起,每年学生保健统计调查的数据,且从平成 24 年(2013 年)起还提供了经过 LMS 法平滑的学生身体发育值及身体发育曲线。从数据中看,日本儿童的身高敏感窗口期较早开始,比一般认为的女 10 岁、男 12 岁要提早 2 年左右,且持续时间并没有显示出明显的性别差异。

若将 1955 年至 2015 年,每隔 10 年共 7 次的身高年增长速率变化作纵向比较,见图 3 - 9(a)和(b),不难发现日本青少年在这 60 年中较为明显的生长发育提前现象,以及清晰可见的成年身高变化,男青少年的 17 岁身高从 1955 年的 163.4 厘米到 2015 年的 170.7 厘米,女青少年则从 153.2 厘米(1955 年)增至 157.9 厘米(2015 年)。从整体来看,5 ~6 岁时儿童的年增长速率逐渐提高,跨度 1.5 个百分点,身高增长变化的波动次数也逐渐减少,从早期的 3 ~4 个波峰逐渐稳定至 1 ~2 个,呈现出清晰的身高敏感窗口期。

女生的身高敏感窗口期从 1955 年的 10 ~ 12 岁逐渐提前,在最近的十年时间里基本稳定在 8 ~ 11 岁年龄范围内,而且身高增长速率峰值也有所提升,增高了约 0.5 个百分点。上世纪五六十年代的女青少年,尚可见一个生长高峰期后 14 ~ 15 岁时的身高增长小平台,如今该平台也已消失,在高峰后增长量便迅速回落,最终身高的确定约提前了 1 年。同样的,男生的身高敏感窗口期也在这 60 年间逐渐提前,稳定在 10 ~ 13 年龄段,年身高增速量也

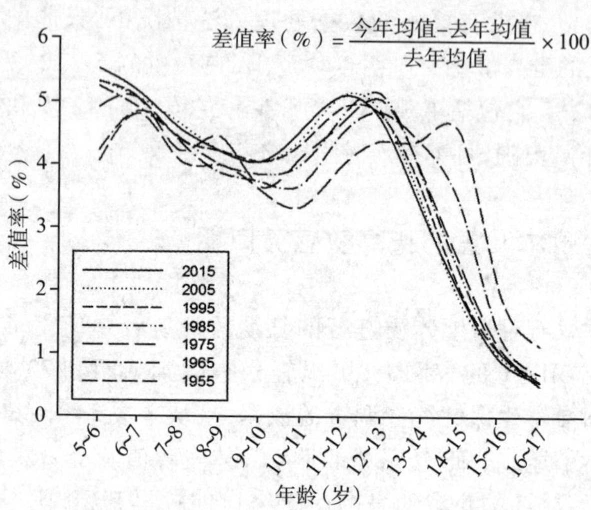

图 3-9(a)　1955 年到 2015 年 5~17 岁日本男青少年身高的离差率变化图

数据来源：学校保健統計調査による身体発育値及び発育曲線，学校保健統計調査，MEXT 官方网站（www. mext. go. jp）。

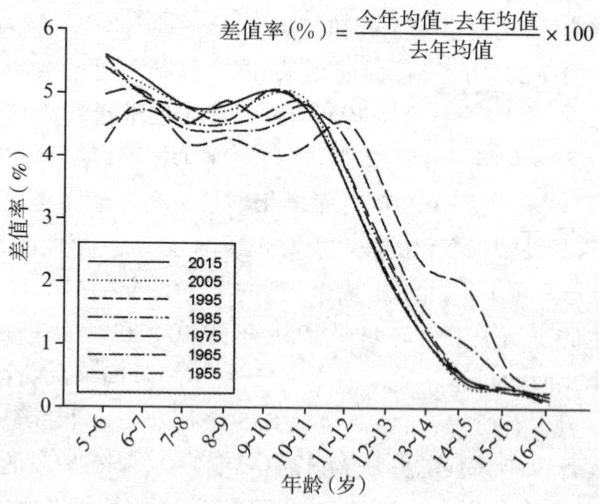

图 3-9(b)　1955 年到 2015 年 5~17 岁日本女青少年身高的离差率变化图

数据来源：学校保健統計調査による身体発育値及び発育曲線，学校保健統計調査，MEXT 官方网站（www. mext. go. jp）。

逐渐提高并稳定。这表示，日本青少年的生长发育提前现象在消失，除非有意外的全国性社会、生活方面的改变，此后日本成年人身高的变化幅度可能也不会太大。此外，可以发现男青少年的身高敏感窗口期在持续时间上反而缩短了，从 1955 年的 10～15 岁缩短至如今的 3 年，但较高的青春期前身高增长速率和身高增长高峰值，仍能使得近几十年来日本青少年儿童的身高逐年增长。

四、中国儿童的身高敏感窗口期

1. 中国学生体质与健康研究组数据　通过中国普通学生的身高变化分析，所得的身高敏感窗口期与日本儿童青少年的结论相一致，在女生的 8～11 岁和男生的 10～14 岁，比普遍认为的身高敏感窗口期时间段提前了约 2 年，持续时间也较长，这是否说明了我国儿童青少年仍有较大的身高增长潜力，以及整体身体体质和运动能力发展提高的可能性？通过图 3－10(a)和(b)的比较，发现在近十年里，我国儿童青少年的身高增长并没有太大的变化，甚至男青少年的身高增长速率高峰值还有稍许下降，且在增长高峰后，无论男女，他们的速率下降都比十年前要快。在成年身高上看，女生 18 岁时的身高基本稳定，男生至多长高了 0.5 厘米。

和英国儿童青少年相比，青春高峰期的身高增长峰值相差不大，约为 5%，但区别在于 9 岁之前的身高增长速率，我国儿童在青春突增期前的身高增长速率基本稳定在 4% 上下，而英国儿童是从 4 岁时的 7% 逐渐下降至 9 岁时的 4%，也就是说，他们在 4～9 岁阶段打下了更好的生长基础。同时，英国男生花了近 4 年时间、女生 5 年才从高峰时的 4% 增长速率降至 1%，而相同的下落程度，我国青少年仅花了近 3 年，换句话说，我国青少年的增长持续后劲不够充足。与美国儿童青少年的比较，同样反映出我国学生青春发育前期的身高增长基础不扎实，和青春后期身高发育后劲不足的劣势。

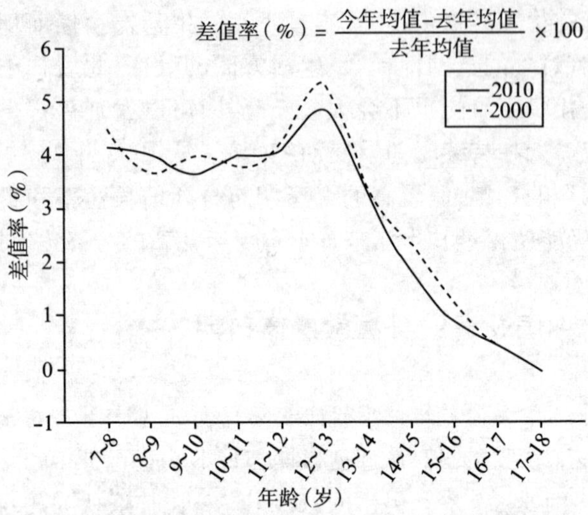

图 3-10(a) 2000 年到 2010 年 5~18 岁中国男青少年身高的离差率变化图

数据来源：2000 年中国学生体质与健康调研报告;2010 年中国学生体质与健康调研报告。

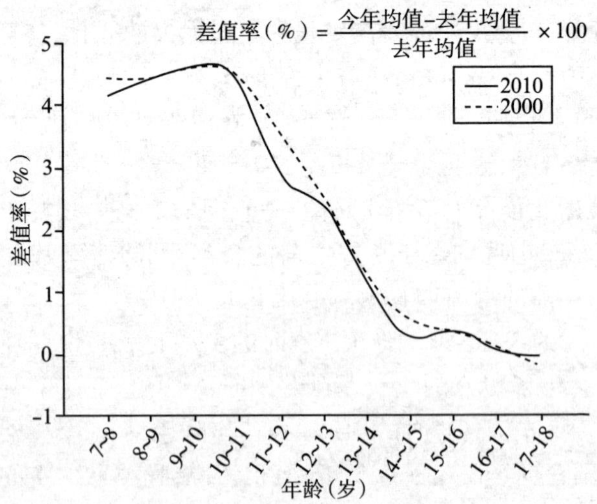

图 3-10(b) 2000 年到 2010 年 5~18 岁中国女青少年身高的离差率变化图

数据来源：2000 年中国学生体质与健康调研报告;2010 年中国学生体质与健康调研报告。

日本儿童青少年的身高增长变化趋势倒是和我国的相差不大，但其青春期前身高增率和青春期增长峰值都比我国同龄的儿童青少年要高一些，这也许是提高今后的我国儿童青少年成年身高的一个努力方向。同时，要吸取日本青少年过早进入身高增长突增期，在相比较短的时间内提前达到成年身高的教训，及时采取手段，减缓当今国内儿童青少年生长发育提前的步伐。

尽管如今我国儿童青少年生长发育趋势的现状令人担忧，但不可否认在新中国建国以来的近几十年里，举国上下为儿童青少年的健康成长发育所做的努力卓有成效。Count, E. W. (1943) 通过对中国 0～21 岁儿童青少年的体形研究，绘制出了身高发展趋势图与速率曲线图，见图 3－11(a) 和(b)：从出生到成年，身高的变化分为 3 个区段。A 段(A－CURVE)为 0～6 岁，身高增长速率是始终下降的。B 段(B－CURVE)大致在 6～11 岁，在约 1 年的速率小幅增长后回落、平缓直至女 11 岁、男 12 岁开始进入 C 段。AH 段(AH－CURVE)则在 11 岁以后，速率增大至最大值 PHV 后减小，身高值到达平台，即成年身高。很显然，他发现的身高敏感

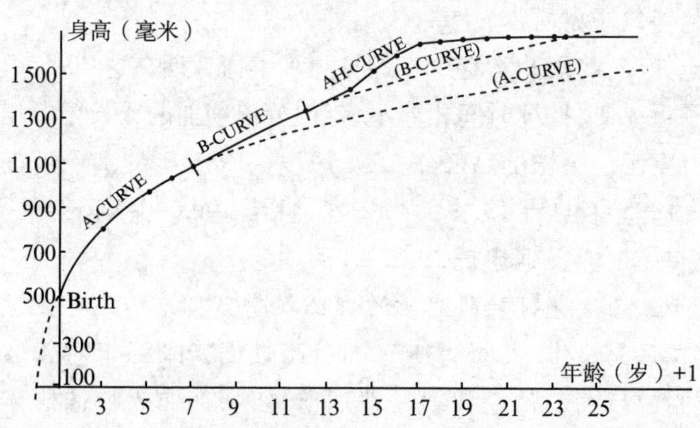

图 3－11(a)　20 世纪 40 年代中国儿童青少年的身高发展趋势

数据来源：Count, E. W., 1943. Growth patterns of the human physique: an approach to kinetic anthropometry。

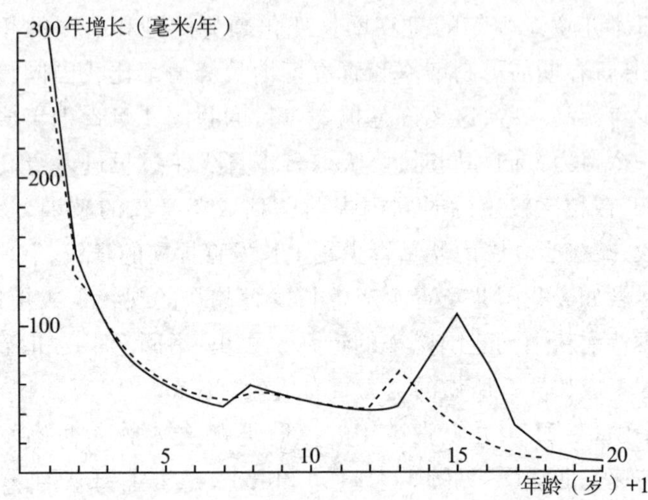

图 3－11(b)　20 世纪 40 年代中国儿童青少年的身高增长变化

数据来源：Count, E. W., 1943. Growth patterns of the human physique: an approach to kinetic anthropometry。

窗口期在女 11～13 岁，男 12～16 岁，同时在 6～8 岁之间出现一个成长中突增。这是上世纪 40 年代对中国一般儿童青少年身高发育趋势的观察所得。

至如今，我国儿童青少年的身高敏感窗口期在这 70 年里足足提前了近 3 年，持续时间相差不多，但青春期前的成长中突增现象却难以察觉。突增的高峰年龄从 1979～1985 年的 14 岁，提前到 1985～1995 年的男 13 岁、女 12 岁，直至 1995～2005 年的 11 岁（季成叶、胡佩瑾、何忠虎，2007）。

2. 上海体育科学研究所的身高敏感窗口期研究　无论是英国、美国还是日本，儿童青少年的身高数据皆来源于对普通学生的随机抽样调查，他们代表了普通群体，那么作为特殊群体的运动员，他们的身高敏感窗口期与一般学生相比是否有所不同，或者说运动训练对这些运动员的身高发育会产生怎样的影响？为减少地域差异，另补充了同样是 2010 年中国上海地区的学生体质

健康调研数据,所得身高敏感窗口期的年龄段统计如下表 3－6:

表 3－6　学生和运动员的身高敏感窗口期汇总表

组别	女(岁)	男(岁)
中国全国学生	8～11	10～14
中国上海学生	8～11	10～14
中国上海运动员	9～11	10～13

上海地区儿童青少年的身高敏感窗口期与全国学生的相同,但也有所区别,见图 3－6(c)和图 3－12。上海男生的身高增长高峰出现在这一时期的前半段,为 11 岁上下,而全国男生则是出现在后半段,为 12.5 岁;上海男生从增长速率高峰的 5% 降至 1% 花了将近 5 年的时间,而全国男生仅花了 3 年,这可能就是上海男生的身高普遍高于全国同龄男青少年的原因所在。上海女生的身高同样高于全国的同龄女青少年,她们的身高增长变化在青春期前、中期并

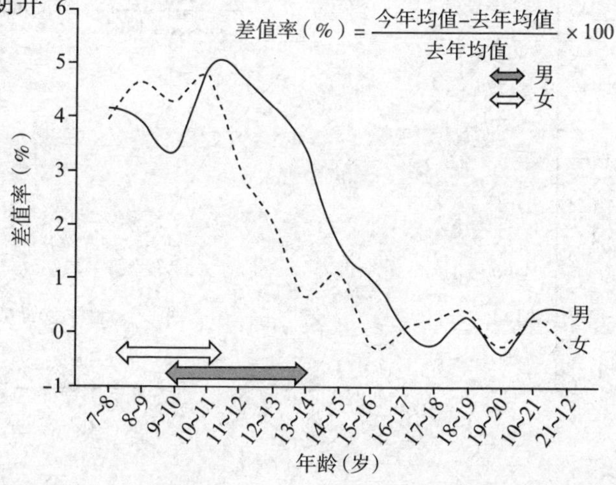

图 3－12　7～22 岁中国上海儿童青少年身高的离差率变化图

数据来源:上海市学生体质健康检测中心,2010 年全国学生体质健康调研上海地区成果汇编。

没太大区别,但在青春后期,上海女生在 14 ~ 16 岁尚有一个身高增速的小高峰,于 16 岁左右身高才基本稳定,而全国女生早在 14.5 岁上下便已达到最终身高。

上海地区青少年运动员的身高增长高峰同样出现在敏感窗口期的前半段。因此,比较同为上海地区的普通青少年和三线运动员的身高变化,可能反映出运动训练对儿童青少年身高变化的影响。在敏感窗口期的开始时间和持续时间上看,运动员较晚开始突增,所用时间缩短。在身高增长速率变化的幅度上看,见图 3 - 13(a)和(b),男性两者的增速峰值相差不大,运动员略高,女运动员的峰值比一般女学生高约 1 个百分点。但在到达峰值之前,运动员的身高速率明显高于其同龄的一般学生:男运动员的身高速率普遍在 5%,最低也有约 4.3%,而一般男学生的身高速率在 4% 上下波动,最低接近 3%;女运动员约 5.5%,而一般女学生在 4.5% 左右。换句话说,在青春期发育突增之前,运动员有较好的身高基础。

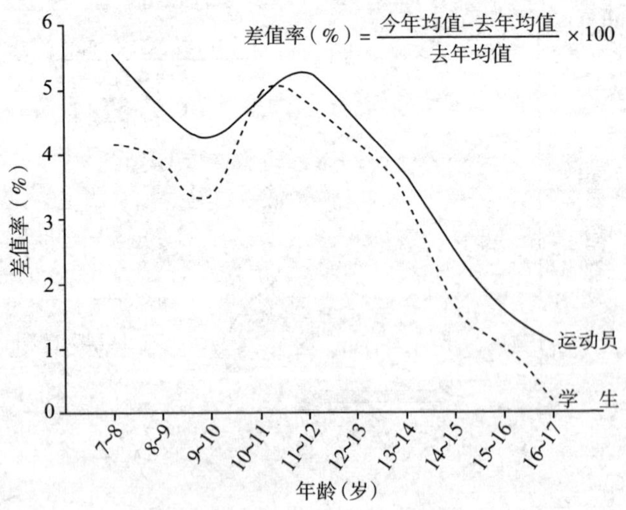

图 3 - 13(a) 7 ~ 17 岁中国上海男学生 VS 男运动员身高的离差率变化图

数据来源:上海市学生体质健康检测中心,2010 年全国学生体质健康调研上海地区成果汇编;上海体育科学研究所选材育才中心。

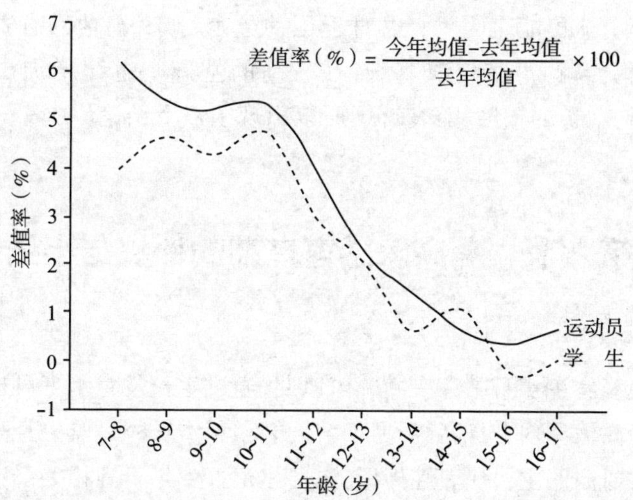

图 3－13(b)　7～17 岁中国上海女学生 VS 女运动员身高的离差率变化图

数据来源：上海市学生体质健康检测中心，2010 年全国学生体质健康调研上海地区成果汇编；上海体育科学研究所选材育才中心。

这可能是由于：①成为运动员需要经过选材，这批样本在进入运动队时已经过一次或一次以上的人为筛选；②在样本所含的年龄段中，有大批需要高身材的运动项目例如田径、篮球、排球等的运动员，而需要较矮身材的例如体操的运动员多为 4～8 岁，仅占据该曲线小年龄组的一小部分；③本次摘取的数据以 2011 年测试的为主，所含运动员在此之前可能有好几年的运动经历，而运动锻炼对身高的影响毋庸置疑。

在身高增长峰值达到之后，运动员的身高速率也普遍在一般学生之上，这说明在相同时间里运动员的身高能增长更多。相比一般学生，那么为什么运动员身高的敏感窗口期时间反而更短呢？这就引出了下面一个问题：如何进行身高敏感窗口期的判断？本篇一直采用的是以速率增加的拐点为敏感窗口期的起始，下落至开始前的相同速率时为敏感窗口期的停止，如此方法可能导致运动员的身高敏感窗口期反而短于一般学生，这与普遍的认

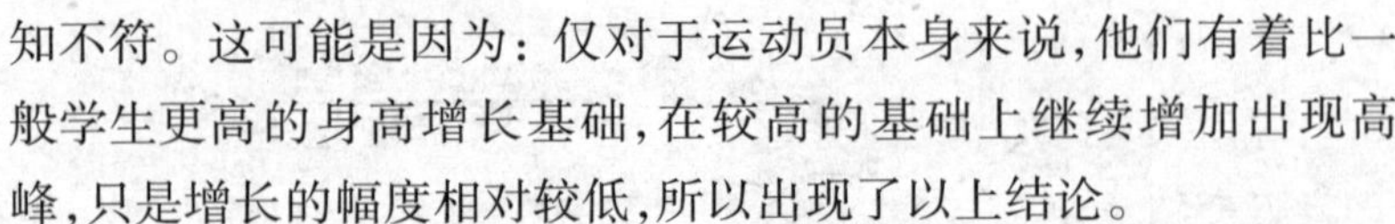

知不符。这可能是因为：仅对于运动员本身来说，他们有着比一般学生更高的身高增长基础，在较高的基础上继续增加出现高峰，只是增长的幅度相对较低，所以出现了以上结论。

第六节　身高敏感窗口期的评议与小结

儿童青少年身高存在敏感窗口期，通过生长发育水平可进一步预测身高值。现有身高、身高年增长值和年增长率是监控身高和预测成人身高的主要代表性指标，详见儿童青少年身高相关系数评价图 3－1，一般儿童青少年身高评价详见图 3－6、图 3－12，儿童青少年运动员身高评价详见图 3－7。

1．身高作为一项反映人体生长发育水平，尤其是骨骼发育状况的重要身体指标，遗传对其起着决定性作用，但不能因此而忽略环境对身高发育的影响，均衡营养，保持睡眠，坚持锻炼等良好的生活作息习惯能使身高达到其遗传所能决定的最大限度。

2．每个儿童青少年的身高发育都存在一个敏感窗口期，国内外的研究成果均证实了这一重要年龄阶段。敏感窗口期女孩是在 10～12 岁，男孩是在 12～15 岁，而中国儿童青少年较之有所提前，女孩为 9～11 岁和男孩为 11～14 岁。女孩早于男孩，与性别发育的两次交叉有关；中国儿童青少年早于国外同龄孩子，与生长的长期趋势有关。无论是孩子、家长还是教练，都应该了解在人的一生中重要的敏感窗口期，抓紧这个身高的敏感窗口期，确保并促进儿童青少年身高的正常或超长发展。

3．运动员作为一个特殊人群，其身高增长的趋势与一般的儿童青少年不同，在选材、训练时要根据项目特点需求，着重选择，针对培养。

建议阅读文献

1. 曾凡辉,王路德,邢文华.运动员科学选材[M].北京:人民体育出版社,1992:590－591.
2. GRAY, D. S. Accuracy of recumbent height measurement [J]. Journal of Parenteral and Enteral Nutrition, 1985,9(6):712－715.
3. 王卫平,毛萌,李廷玉,等.儿科学[M].北京:人民卫生出版社,2014:9－14.
4. 孙永健,余斌,王钢,等.儿童骨科测量与评估[M].北京:人民军医出版社,2012:1－10.
5. 邱勇,王渭君,郑欣,等.不同Risser征定义对女性青少年特发性脊柱侧凸生长潜能评估的比较[J].中华骨科杂志,2012,32(1):7－12.
6. MALINA, R. M., BOUCHARD, C., and BAR－OR, O. Growth, Maturation, and Physical Activity, 2nd Edition. Lllinois: Human Kinetics Pabli Shing House. 2004.
7. 沈勋章.奥运项目教学训练大纲青少年选材育才研究[M].上海:上海浦江教育出版社,2015.
8. TANNER, J. M. and CAMERON, N. Investigation of the mid-growth spurt in height, weight and limb circumferences in single-year velocity data from the London 1966－67 growth survey[J]. Annals of Human Biology, 1980,7(6):565－577.
9. BERKEY, C. S., REED, R. B. and VALADIAN, I. 1983. Midgrowth spurt in height of Boston children[J]. Annals of Human Biology, 1983,10(1):25－30.
10. 田文秀.儿童少年身高预测研究[J].山东体育科技,2001,23(1):5－6,9.
11. BAYLEY, N. and PINNEAU, S. R. Tables for predicting adult height from skeletal age: revised for use with the Greulich-Pyle Hand Standards[J]. The Journal of Pediatrics, 1952,40(4):423－441.
12. 潘宪民,黄运体.身高预测方法的分类及实用性分析[J].浙江体育科学,2001,23(1):40－42.
13. 沈勋章,张斌,邹大华,等.身高的奥秘[M].上海:上海中医药大学出版社,2005.
14. 季成叶.中国矮身材青少年的地域分布及体质健康现状分析[J].中国学

校卫生,1996,17(1):7-9.

15. 季成叶.中国高身材青少年的地域分布特点[J].体育科学,2000,20(1):89-92.

16. COHEN, P. Consensus Statement on the Diagnosis and Treatment of Children with Idiopathic Short Stature: a Summary of the Growth Hormone Research Society, the Lawson Wilkins Pediatric Endocrine Society, and the European Society for Paediatric Endocrinology Workshop [J]. Journal of Clinical Endocrinology and Metabolism, 2008,93(11):4210-4217.

17. KUMAR, S. Tall stature in children: differential diagnosis and management [J]. International Journal of Pediatric Endocrinology, 2013, suppl 1: 53.

18. CHEETHAM, T. and DAVIES, J. H., Investigation and management of short stature[J]. Archives of Disease in Childhood, 2014,99(8):767-771.

19. DAVIES, J. H. and CHEETHAM, T., Investigation and management of tall stature[J]. Archives of Disease in Childhood, 2014,99(8):772-777.

20. 徐军艳.中美优秀篮球运动员身高、体重、年龄的比较研究[D].苏州:苏州大学,2004.

21. GIL, S. M. Physiological and anthropometric characteristics of young soccer players according to their playing position: relevance for the selection process [J]. Journal of Strength and Conditioning Research, 2007,21(2):438-445.

22. 沈勋章,蔡广.优秀男子水球运动员身体形态和生理机能特点分析[J].中国运动医学杂志,2007,26(5):596-598.

23. 杨晓迪.女子水球运动员身体形态及某些训练监控指标变化的研究[D].北京:北京体育大学,2007.

24. 彭杰.中美职业篮球运动员年龄及身体形态特征的而对比分析[D].武汉:华中师范大学,2012.

25. LOZOVINA, M., DUROVIĆ, N., and KATIĆ, R. Position specific morphological characteristics of elite water polo players [J]. Collegium Antropologicum, 2009,33(3):781-789.

26. 潘政彬,刘钦龙,范德举,等.北京奥运会女子水球竞技特征分析[J].中国体育科技,2009,45(1):94-97.

27. 冯张昌,崔鸣周,田赐福,等.我国少年体操运动员的身高和体重问题初探[J].江苏体育科技,1984,1:35-37,10.
28. 薄云霄,崔绍梁,等.世界优秀体操运动员年龄、身高、体重的变化与运动成绩的关系[J].北京体育学院学报,1992,15(1):43-48.
29. 郭秀文,田麦久.难美项群女子运动员身体形态学分类及不同竞技能力发展模式研究——以体操、蹦床、跳水、艺术体操为例[J].中国体育科技,2014,50(1):29-42.
30. 王荣辉.我国跳水项目优秀运动员竞技能力结构与选材研究[D].北京:北京体育大学,2003.
31. 周正贵.上海市优秀武术套路运动员体质特征的研究[D].上海:上海师范大学,2010.
32. 刘同为,崔永胜,柯小剑.不同水平武术套路运动员身体形态的比较研究[J].体育科研,2004,25(1):53-55.
33. 薛山,龙家勇.中外优秀男子短跑运动员年龄和身高指数特征分析[J].当代体育科技,2015,5(33):217-218.
34. MOURA, T. Height and body composition determine arm propulsive force in youth swimmers independent of a maturation stage[J]. Journal of Human Kinetics, 2014,42(1):277-280.
35. 阳萍.伦敦奥运会游泳决赛运动员年龄、身高、体重统计与分析[J].游泳季刊,2012,3:6-7,10.
36. 廖桃玲.我国优秀游泳运动员身体形态的专项化特征研究[D].武汉:华中师范大学,2009.
37. 朱冠枏.人体身高的遗传度[J].遗传,1983,5(1):29-30.
38. ROBERTS, D. F., BILLEWICZ, W. Z. and McGREGOR, I. A. Heritability of stature in a West African population[J]. Annals of Human Genetics, 1978,42:15-24.
39. 李小燕,唐久来,吴德,等.双生子法探讨儿童身高、体质量和头围的遗传度研究[J].实用儿科临床杂志,2008,23(11):841-843.
40. 赵钟鸣,沈建华,胡梅影,等.双生子的身高等形态指标的遗传度及身高的影响因素和预测的分析[J].中国优生与遗传杂志,2007,15(11):110-113.

41. SILVENTOINEN, K. Relative effect of genetic and environmental factors on body height: differences across birth cohorts among Finnish men and women[J]. American Journal of Public Health, 2000,90: 627-630.

42. LUKE, A. Heritability of obesity-related traits among Nigerians, Jamaicans and US black people[J]. International Journal of Obesity, 2001,25: 1034-1041.

43. 王江民.身高的遗传原理与环境对其影响[J].青海师范大学学报:自然科学版,1986(1,2): 73-76.

44. 杨若愚,沈勋章,蔡广.身高遗传学研究与运动员科学选材[J].体育科研,2013,34(6): 69-73,86.

45. ALLEN, H. L. Hundreds of variants clustered in genomic loci and biological pathways affect human height[J]. Nature, 2010,467: 832-838.

46. WOOD, A. R., Defining the role of common variation in the genomic and biological architecture of adult human height[J]. Nature Genetics, 2014,46(11): 1173-1186.

47. 肖园,王伟.控制正常人身高的主要基因多态性研究现状[J].国际遗传学杂志,2006,29(4): 281-285.

48. DAHLGREN, A. Association of the Estrogen Receptor 1 (ESR1) Gene with body height in adult males from two Swedish population cohorts[J]. 2008,3(3): e1807.

49. HENDRIKS, A. E. J. Genetic variation in candidate genes like the HMGA2 gene in the extremely tall[J]. Hormone Research in Paediatrics, 2011,76: 307-313.

50. HARUO, T. Confirmation that SNPs in the high mobility group-A2 gene (HMGA2) are associated with adult height in the Japanese population; wide-ranging population survey of height-related SNPs in HMGA2 [J]. Electrophoresis, 2011,32(14): 1844-1851.

51. JOHANSSON, A. Common variants in the VAZF1 gene associated with height identified by linkage and genome-wide association analysis[J]. Human Molecular Genetics, 2009,18(2): 373-380.

52. 季成叶,袁捷,温大英.中国农村青少年生长发育地区差异的环境影响因素浅析[J].体育科学,1992(1):38-46.

53. LANHAM, S. A. Animal models of maternal nutrition and altered offspring bone structure-bone development across the lifecourse[J]. European Cells and Materials, 2011,22:321-332.

54. 陈明达,黄宗成,王云德,等.关于中国青少年儿童身体形态、机能、素质研究的概述[J].体育科学,1981(1):5-16.

55. 秦毅妮.国民体质监测中青少年各指标的地域性分析[D].南京:南京师范大学体育科学学院,2013.

56. TANNER, J. H. WHITEHOUSE, R. H., and TAKAISHI, M. Standards from birth to maturity for height, weight, height velocity, and weight velocity, British children, 1965, Part Ⅰ[J]. Archives of Disease in Childhood, 1966,41:454-471.

57. 金晓峰,吴眴晔,陈志强,等.气候因素对中国城市汉族男生身高生长发育的相关性研究[A].见:体制研究与健康促进论文集[C],2006.

58. 吴至凤,赵聪敏,赵雪晴,等.婴幼儿睡眠质量与体格发育的关系[J].重庆医学,2009,38(22):2806-2808.

59. 寇妍.儿童睡眠时间与体格发育关系的系统评价[D].重庆:重庆医科大学,2011.

60. GHIGO, E. Growth hormone secretagogues: basic findings and clinical implications, Elsevier. 1999.

61. LEARY, S. Maternal diet in pregnancy and offspring height, sitting height, and leg length[J]. Journal of Epidemiology & Community Health, 2005,59:467-472.

62. NEW, S. A. Clinical metabolism and nutrition group symposium on 'nutritional aspects of bone metabolism from molecules to organisms'-exercise, bone and nutrition[J]. Proceedings of the Nutrition Society, 2001,60:265-274.

63. NEW, S. A. Dietary influences on bone mass and bone metabolism: further evidence of a positive link between fruit and vegetable consumption and bone health[J]. The American Journal of Clinical Nutrition, 2000,71:142-151.

64. 张一民,邢文华.1985—2005年中国汉族学生身体形态特征的动态变化

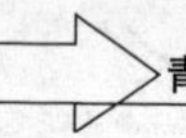

规律[J]. 体育科研,2008,29(3):5-16.

65. 季成叶. 中国青少儿生长发育现状及趋势和干预建议[J]. 中国学校卫生,2003,24(1):1-4.

66. FREEMAN, J. V., COLE, T. J. and CHINN, S. Cross sectional stature and weight reference curves for the UK [J]. Archives of Disease in Childhood, 1995,73(1):17-24.

67. ARGYLE, J. Statistical analysis of child growth data [D]. Durham: University of Durham, 2002.

68. MCDOWELL, M. A., FRYAR, C. D. Anthropometric reference data for children and adults: United States, 2003—2006 [J]. National Health Statistics Reports, 2008,10:31.

69. RUDOLF, M. C. J., COLE, F. J. Growth of primary school children: a validation of the 1990 references and their use in growth[J]. Archives of Disease in Childhood, 2000,83:298-301.

70. WRIGHT, C. M., BOOTH, I. W., BUCKLER et al., Growth reference charts for use in the United Kingdom[J]. Archives of Disease in Childhood, 2002,86:11-14.

71. COUNT, E. W.. Growth patterns of the human physique: an approach to kinetic anthropometry[J]. Human Biology, 1943,15:1-32.

72. 季成叶,胡佩瑾,何忠虎. 中国儿童青少年生长长期趋势及其公共卫生意义[J]. 北京大学学报:医学版,2007,39(2):126-131.

73. 上海市学生体质健康监测中心. 2010 年全国学生体质健康调研上海地区成果汇编[M]. 上海:上海教育出版社,2012.

第四章　青少年体型发展敏感窗口期的研究

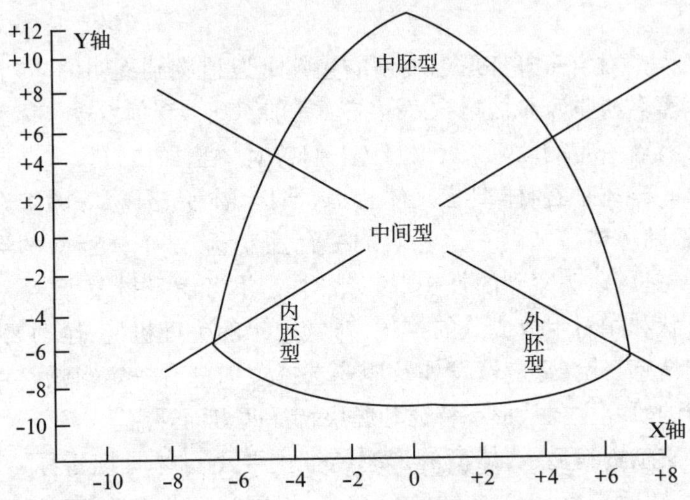

提要：

本章讨论了体型发展、分类和应用。体型是人体骨骼、肌肉、体脂、身材等的综合体现，分为形态特征和胚层特征两方面。从形态特征看，主要由身体长度指标、宽度指标、围度指标和体成分指标组成；从胚层特征看，主要采用 Heath-Carter 法将体型分为反映身体脂肪、骨骼与肌肉和瘦高程度的内胚层、中胚层和外胚层三方面。就生理与功能而言，男女生体型存在较大性别差异和年龄差异，不同发育类型存在差异，不同训练项目差异则更大。运动教学训练可以根据青少年生长发育形体指标、身体成分以及发育成熟度，来评价青少年体型胚层类型以及预测敏感窗口期的发展。本章还提供了大量的国内外研究成果和文献资料，可供广大教练员和科研人员参考。体型既可作为营养评价的辅助手段，又是构成运动能力的主要因素之一，不同的运动项目有各自的体型形态特征，在运动员选材中可利用体型形态特征指标进行初步筛选。

第一节 体型的概念与遗传度

人类对自身外部形态类型的兴趣可以追溯到文明的初期,古希腊著名科学家希波格拉底早在公元前400多年就发现了体型同体质有着一定的联系。历史上,人们曾对体型做出过许多不同的划分。整体来看,体型是人体骨骼、肌肉、体脂、身材等的综合反映,反映体格特征的一个有效的综合性变量,是个体当前的形态表型,是可以观察到的外在形态结构,它不考虑身材大小,是对身体形状和相对组成成分的描述,对青少年的生理机能、运动素质、心理情感、社会适应性发展及职业选择意向都有一定影响。目前体型的研究主要从形态特征和胚层特征两方面开展。

文献资料显示,体型的形态特征主要由身体长度指标、宽度指标、围度指标和体成分指标组成,长度代表性指标有身高、坐高、臂长、腿长等;宽度的代表性指标有头宽、肩宽、腰宽、髋宽等;围度的代表性指标有头围、颈围、胸围、臂围、腿围等;体成分的代表性指标有身体充实度、体脂百分比等。从表4-1可见,体型的主要形态特征受遗传因素影响,程度略有不等,身体长度指标的遗传度在82%~84.5%之间,身体宽度指标的遗传度在71%~85.5%之间,身体围度指标的遗传度在54.5%~81%之间,身体成分指标的遗传度在52%~90%之间。这表明身体形态的长度指标以及长度指标派生的指标遗传度大,身体形态的宽度和厚度指标以及与宽度、厚度相派生的指标遗传度次之,而身体形态的围度指标以及与围度相派生的指标遗传度较低。由于遗传度越高的指标在运动训练中通过后天的训练其能力提高幅度越小、项目可塑性越小,因此,选材要重视体型中的长度指标,挑选遗传度高的长度指标;育才要重视围度指标,监控围度指标的训练效果。

表4-1　人体体型的主要特征指标的遗传度(单位:%)

人体体型的主要特征指标	男子	女子	合并遗传度
身　高	75	92	83.5
坐　高	85	85	85.0
臂　长	80	87	83.5
腿　长	77	92	84.5
足　长	82	82	82.0
头　宽	95	76	85.5
肩　宽	77	70	73.5
腰　宽	79	63	71.0
骨盆宽	75	85	80.0
头　围	90	72	81.0
胸　围	54	55	54.5
臂　围	65	60	62.5
腿　围	60	65	62.5
体　重	68	42	54.5
去脂体重	87	78	82.5
胸廓形态	90	90	90.0

摘自:沈勋章.奥运项目教学训练大纲青少年选材育才研究。

第二节　体型的分类与应用

一、体型的主要分类

早期的一些著名医学家、人类学家发现人的体型与体质健康有一定的关系，他们根据体格的外形观察，结合少量的测量特征，将人体体型定性地分为二至四类，如希腊医生 Hip-pocrates 的二分法、意大利医生 Viola 的三分法、德国精神病医生 Kretschmer 的四分法。这些体型分类方法简单定性地描述了各类体型特征，如力量型、肥胖型、纤弱型等，但并不令人满意，事实上还存在大量的中间类型，很难将之归入某一类体型。

美国学者 Sheldon(1940)首次建立了一个连续的体型分类系统，他借用胚胎学术语内胚层成分、中胚层成分、外胚层成分来表示构成体型的三个基本部分。通过对人体体型中三种成分量的评价，得到由三个数字代表的个体体型。Sheldon 这种连续定量的体型方法是一大突破，这种理论为客观和实用的体型测定方法的发展奠定了基础，被后来的学者广泛地采纳。但它仍存在一定的局限性和不合理的地方，如体型评价的主观性、体型概念的非科学性等。

Heath 和 Carter 在 Sheldon 三角形图法的基础上进一步发展和完善了体型测定方法。Heath-Carter 法用内因子、中因子及外因子值来表示身体中三种成分的相对关系，并用连接号把内因子、中因子及外因子值连在一起用以评定个体或群体的体型。一般第一成分内胚型成分表示身体中脂肪的相对含量；第二成分中胚型成分表示机体骨骼肌肉系统的相对发达程度；第三成分外胚型成分表示身体的相对瘦高程度，亦即线性度。根据体型三成分值的相对大小关系，可将体型分为 13 种类型：偏外胚型的内胚型、均衡的内胚型、偏中胚型的内胚型、内胚——中胚均衡型、偏内胚型的中胚型、均衡的中胚型、偏外胚型的中胚型、中胚——外胚均衡型、偏中胚型的外胚型、均衡的外胚型、偏内胚的外胚型、外胚——内胚均衡型、三胚中间型。该体型分类法自上世纪 70 年代应用于欧美许多国家，自上世纪 90 年代开始应用于我国，后逐步与生理学、营养学及体育运动科学等相结合，在分析个体或群体的体型特征，研究体型与生理功能、心理感情的关系，诊断肥胖和某些发育障碍以及预测青少年儿童的运动潜力等方面均有一定的作用，在实际应用中又有客观、准确、简便易行的优点，已成为目前最有影响的评价体型的方法之一，并原则上适用于所有人群，被“国际生物发展规划”推荐使用。

二、体型的主要应用

从体型与生理学相结合的应用看，季成叶等(1992)围绕青春期，以男、女孩生长突增前后各形态指标、指数的发育变化情况为重点，剖析年龄、性别对体型的影响，分析表明，生长突增早、中期身高的迅速增长、女孩皮褶厚度的持续增加以及男女孩的肱骨远端宽、修正上臂围等指标的稳步增长是造成个体或群体体型随年龄增大而变化的主要原因。青春发育的进程，使两性形态方面的性别差异越来越明显：男孩生长期长，骨骼、肌肉增长幅度大，所以在身材、骨宽和肌肉量方面逐步展开优势，皮褶厚度则自突增开始即呈停滞下降状；女孩生长期短，突增高峰后体重的增加有相当部分来自皮下脂肪，而骨骼、肌肉不但增幅小而且较早出现停滞。其结果必然是女孩在内因子(反映体脂程度)方面占优势，而男孩的中因子(反映骨骼、肌肉强健程度)和外因子(反映身材瘦削程度)值较高，男、女三因子的变化趋势，不同年龄的各类体型的分布频数以及体型上个体的分散状况都充分反映了这些关系。

从体型与营养学相结合的应用看，体型可作为营养评价的辅助手段。虽然全国学生体质健康研究为青少年建立了身高标准体重营养评价标准，但因青少年个体差异大，仅凭身高标准体重，在营养状况评价方面具有一定局限性。季成叶等(1997)利用体型作为营养评价的辅助手段对男青少年营养状况研究分析显示，对于相当部分低体重甚至营养不良的青少年，可能由于身高突增早于体重，属于青春发育阶段中的过渡现象；而部分超重少年，通过体型分析显示,较高的体重主要是骨骼肌肉发育良好的反映,是身体健康的表现,不应归入具有肥胖倾向的减肥对象;即使正常体重少年,也应视其体型图表现作具体分析,那些明显偏向内胚型方向的,往往具有身材偏矮、体脂较多的体格特征,尽管其目前体重并不超标,但应注意其身高增长稳定后体型趋向肥胖的可能性。

从体型与体育运动科学相结合的应用看,体育运动对体型有一定的影响,使体型的第二成分增强,第一成分下降,男性前者表现明显,女性后者表现明显。体育可改变体型,而体型对于运动竞技水平而言又是一个选择性因素。体型构成了运动能力的主要因素之一,譬如:篮排球、游泳、跨栏、跳高、跳远项目需要身材高大、四肢修长、体重适中的体型特征,而体操、举重等项目需要身高中下、肩宽、细腰、小骨盆的体型特征,铅球、铁饼项目需要高身材、大体围、肌肉发达、体型粗壮、尤其是去脂体重大的体型特征,花样游泳、跳水项目需要体长中等、身体各部分比例匀称的体型特征。不同体型者在形态、机能发育方面确有较大差别。内胚型者体块大、体重重、骨盆宽、皮下脂肪多、青春发育出现也早,但在机能方面并不体现优势(或者说,这仅仅是因其发育较早而表现出的暂时优势);中胚型者肩膀宽、骨胳粗、肌肉健壮,在背肌力、握力等方面占相当优势,外胚型者身材瘦削、下肢长、体块小、肩膀窄,在机能(尤其肌力)方面表现较差。当然,这些描述是一般性的,对不同群体或个体还应作具体分析。季成叶(1990)研究表明,中胚型男孩在仰卧起坐、投球、斜身引体向上等素质上占优势,而外胚型者在垂直跳、10×2 米往返跑等方面领先。表明中胚型适合以力量和肌耐力为主的运动,外胚型在平衡性、柔韧性和纤巧性为主的项目上见长,而内胚型中除少数偏向中胚型者较适合于举重、投掷项目外,运动素质一般较差。

可见,运用 Heath-Carter 的三因子多维结构特点,综合分析人体线性长度、骨骼、肌肉和脂肪的相互关系,避免了分析单项指标所带来的片面性。它的实际意义首先表现为针对各专项运动的特殊体型要求,提高选材的科学性,减少人力物力的浪费;其次,对教练员根据“理想体型”的要求,合理配置队员的场上位置,充分发挥其特长和潜力,以及为运动员及早选好运动、赛项和级别,有效延长训练年限,都能提供重要的科学依据。体型特征作为预测人体最大运动潜力的重要因素之一,其作用不可低估。它与运动员的速度、力量、弹跳、柔韧、灵敏、协调、心理适应性等方面综合考虑,能得出较准确而全面的判断。

第三节　体型常用测试指标与评价方法

一、体型的形态特征指标与评价

体型的形态特征主要由身体长度指标、宽度指标、围度指标和体成分指标组成,长度代表性指标有身高、坐高、臂长、腿长等;宽度代表性指标有头宽、肩宽、腰宽、髋宽等;围度代表性指标有头围、颈围、胸围、臂围、腿围等;体成分代表性指标有身体充实度、体脂百分比等。不同指标均可通过各类测量尺及仪器进行测量和评价。研究成果显示,不同项目对体型的形态特征有不同的要求(见表4-2)。

表4-2　不同项目运动员体型形态特征一览表

运动项目分类			体型形态特征
体能主导	快速力量	举重	肩宽,髂窄,呈倒三角体型,手长,手面积大,拇指长,体格健壮,骨骼粗大
		田径跳高	身材高,体重轻,下肢长,身体围度和宽度较小

（续表）

运动项目分类			体型形态特征
体能主导	速度	游泳	身材高,手臂长,流线型体型,髂宽较窄,体型指数[(肩宽 - 髂宽)/髂宽 × 身高]较高,躯干形态呈倒三角形
		自行车	身材匀称,偏瘦体健,髋窄,跟腱长,踝围细,足部力量较好
		田径短跑	身材匀称,中等以上身高,下肢较长,大小腿长度比值小,骨盆较窄,跟腱较长
	耐力	皮划艇赛艇	身材高大,臂长,上肢发达,躯干粗壮
		帆船	身材高大,四肢较长,重心较高,体重适中,舵手比缭手身材矮、体重轻
		帆板	修长匀称的身体形态,较轻的体重,较大的瘦体重比
		田径中长跑	身材中等,四肢匀称,体形稍瘦,重心高,髋窄,跟腱长,踝围细
		田径竞走	身材中等,四肢匀称,踝关节屈伸幅度大,髋关节灵活性好,膝关节能自然伸直
技能主导	难美	跳水	身高中等,四肢匀称,手臂长,躯干短,腿长且直,大小腿长度比值小,肩宽,骨盆较窄
		体操	身高体重偏小,上肢长,指距长于身高,肩宽髋窄,下肢骨长且直,大小腿等长或小腿稍长,跟腱较长
		蹦床	身高适中偏低,体态匀称
		花样游泳	头型较小,脖子细长,五官端正,面容较秀气,身体比例匀称,肩膀略宽,骨盆较窄,手、脚面积大,身高中等偏上,膝盖相对较小且直,不能有 O 型或 X 型腿,双腿并拢无空隙,双手肘关节的角度小,不能有鸡胸或胸廓畸形
		艺术体操	身材高挑苗条,面容姣好,头小,颈部细、略长,四肢修长,腿长,腿型好,髋稍窄,膝、踝关节稍细

（续表）

运动项目分类			体型形态特征
技心能主导	准确	射击	身高适中,体型匀称,中胚型为佳;步枪项目髋骨高,指距比长,颈长适中;手枪项目手长,手指细巧
		射箭	身材较高,手臂较长,指距比较大,上肢与前臂长之比略小,手偏大,食指、中指、无名指的长度差偏小
技战能主导	同场对抗	曲棍球	去脂体重大,肌肉线条清楚,身材匀称,肩宽,胸廓大,手臂长,肩关节灵活,髋关节窄,膝关节细,臀部小且上翘,跟腱长,踝围细,足弓高
		棒垒球	身材高大匀称,体型健壮,四肢长,掌长,指长,肩宽,手宽,围度大
		水球	身材高大,肩宽臂长,髂宽踝细,手脚宽大
		篮球	身材高大,手臂长,腿长
		手球	体型匀称,身材较为高大,手大,臂长,臀部上翘,脊柱生理弯曲正常,足弓较高,肩、肘、腕、髋、膝、踝等关节灵活
		羽毛球	身材中等偏高,体型修长,四肢匀称,上肢较长,肩平腰直,臀线高翘,跟腱细长,关节围度小
		网球	身材匀称,身体结实,身材有高大趋势,瘦长型
		乒乓球	身材匀称结实,有高大趋势,上臂紧张放松围度差大
		排球 沙滩排球	身材高大,体型匀称,手臂长,指距比大,腿长(特别是小腿长),手大,五指长且能分得开,手掌宽厚,跟腱清晰,足弓高,肩宽,腰短,臀部不下垂,关节灵活柔韧性好,肌肉线条清楚,皮下脂肪少,克托莱指数大,踝细,髋展幅度大

（续表）

运动项目分类			体型形态特征
技战能主导	格斗对抗	柔道	指距长，躯干和下肢比例适宜且躯干长，肩宽胸阔，手大，脚大
		摔跤	发育匀称，身材偏高，身体重心偏低，指距长，上肢相对长度长，肩宽体阔
		跆拳道	身材较高，身体匀称，下肢较长，骨骼细长，胸肩部扁平，肢体围度小，臀部窄小且向上收，骨盆小，跟腱清晰且较长，足弓明显
		拳击	身高，肩宽，胸厚，颈粗，四肢长，围度大，身体结实匀称
		击剑	身材较高，四肢修长，身体匀称，手臂及腿长而直，小腿长，大腿相对短，指间距大于身高，跟腱长而清晰有力，足弓高

二、体型的胚层特征指标与评价

Heath-Carter 体型法是“国际生物发展规划”推荐使用的体型综合评价方法，主要从胚层角度对体型进行测量与评价，是目前研究和应用最广泛的体型评测方法。它一般用连接号把 3 个通过测量和计算得出的数值连在一起，以评价个体或群体的体型，这 3 个数值分别称为内、中、外因子。内因子值表示体内脂肪的相对含量；中因子值表示骨骼和肌肉的发达程度；外因子值反映身材的相对消瘦程度，即身材的线性度。

（一）Heath-Carter 体型法测试指标与方法

Heath-Carter 体型法的测量指标共 10 项：身高、体重、肱三头肌皮褶厚、肩胛下皮褶厚、腹侧皮褶厚、小腿后皮褶厚、肱骨远端宽、股骨远端宽、上臂紧张围、小腿围等共 10 项（Carter，1980）。

三头肌位皮褶：肩胛点与尺骨鹰嘴点连线中线点处，皮褶方向与上臂的长轴方向平行。

肩胛下位皮褶：紧接肩胛下角正下端，皮褶方向向下偏外45度。

髂前上棘位皮褶：髂前上棘内上方12厘米处，皮褶方向向下偏内45度。

小腿腓位皮褶：小腿最大水平围的内侧处，平行于小腿长轴方向。

肱骨内外髁径：上臂弯曲与前臂成直角，用直脚规测量肱骨内外髁间最大距离。

股骨内外髁径：膝部成直角，测量股骨内外髁间最大距离。

（二）Heath-Carter 体型法计算方法

第一成分内因子（Endomorphy）主要反映个体的相对肥胖度，由三头肌位、肩胛下位、髂前上棘位三处皮褶厚度（mm）之和 T（mm）与身高 H（cm）校正计算而得。

$$Endomorphy = -0.7128 + 0.1451X - 0.00068X^2 + 0.0000014X^3$$

$$X = T \times 170.18/H$$

第二成分中因子（Mesomorphy）主要反映个体的肌肉骨骼发达程度，涉及以下几个变量（cm）：A = 上臂最大收缩围（cm）－三头肌位皮褶（mm）/10；B = 小腿围（cm）－小腿腓位皮褶（mm）/10；C = 肱骨内外髁径（cm）；D = 股骨内外髁径（cm）；H = 身高：

$$Mesomorphy = 0.188A + 0.161B + 0.858C + 0.601D - 0.131H + 4.50$$

第三成分外因子（Ectomorphy）通过身高 H（cm）、体重 W（kg）比率 R 以反映个体体格的苗条程度，亦即线性度：

当 $HWR \geqslant 40.75$ 时，$Ectomorphy = HWR \times 0.732 - 28.58$

$HWR = 身高/体重^{1/3}$

如果 $HWR \leqslant 38.25$，$Ectomorphy = (HWR \times 0.732 - 28.58) + 0.1$

38.25 < HWR < 40.75，Ectomorphy = HWR × 0.463 − 17.63

根据目前所得的经验资料，各成分的取值域分别为：Endomorphy：0.5～16；Mesomorphy：0.5～12；Ectomorphy：0.5～9。

（三）Heath-Carter 体型图

体型由三个有序数字排列在一起来表示，因此，每个个体的体型也可用三维空间里的一个点来表示，两个体型的差异大小可用两点间的距离 SAD（Somatotype Attitudinal Distance）来表示，用 SAM（Somatotype Attitudinal Mean）表示样本的所有体型点到平均体型点的平均距离，它可以反映样本体型分布的分散程度。

将三维空间的体型点投影到二维平面上，就得到平面体型图（Somatochart），它可以更加形象直观地反映体型特点和分布规律（见图 4－1）。

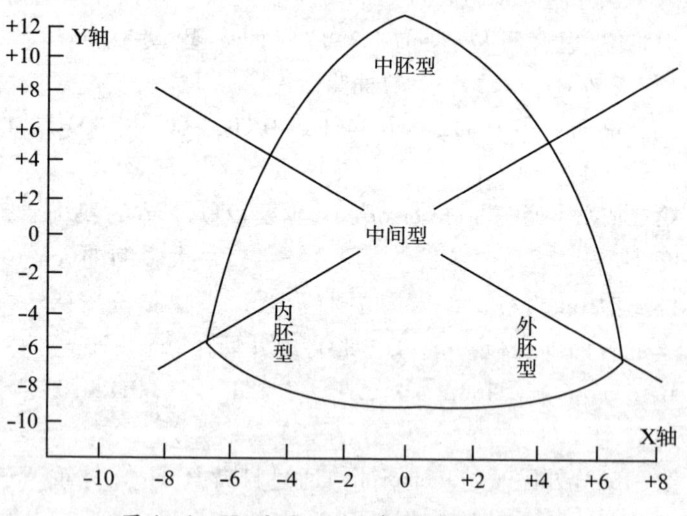

图 4－1　Heath-Carter 三角体型图法示意图

体型在体型图上的位置由平面直角坐标（X，Y）决定：

X = 第三成分（Endomorphy）－第一成分（Ectomorphy）

Y = 2 × 第二成分（Mesomorphy）－（第一成分 + 第三成分）（Ectomorphy + Endomorphy）

且 X 与 Y 的单位长度比为 $3^{1/2}$: 1

平分平面的三个轴分别代表体型的三个基本成分，根据体型点与三个轴的相对位置关系可知体型的特点。

第四节　体型的相关研究结果与分析

一、不同年龄不同体型形态特征的研究结果与分析

邹大华（1980）等在对青少年体型的研究中，选择能反映体型特点和身体发展规律的坐高/身高、上肢长/身高、（小腿 + 足高）/身高、肩宽/身高、盆宽/身高等五项指数，抽取 7 岁、10 岁、13 岁、16 岁四个年龄组及 18 ~ 25 岁的合并材料，在同一坐标系上绘制成五角形的体型图（见图 4 - 2、图 4 - 3）。以 18 ~ 25 岁生长发育处于稳定的体态作为基本体型，并将男女的五项指数制成等边五边形体型图，结果显示：坐高/身高值，男女都是 7 岁最大，其次是 18、25 岁，13 岁最小；（小腿 + 足高）/身高，男女都是 7 岁最小，其次是 18、25 岁，13 岁最大。这是因为发育开始时长骨先生长，所以坐高/身高指数相对较小，上肢长/身高、（小腿 + 足高）/身高的指数相对大些。由于发育期长高的原因，男女 10 岁、13 岁肩宽/身高和盆宽/身高的比值相对也小些。7 岁尚未发育，18 ~ 25 岁发育已趋向稳定，因此坐高/身高指数和肩宽/身高、盆宽/身高指数相对也大些。从五项指数来看，发育突增期先长肢、后长腰，再长肩和骨盆，这和形态的发育指标是一致的。

体重/身高、体重 + 胸围/身高和上臂围紧松差/身高，三项指数都随着年龄增长而增大。胸围/身高和体重/身高^3 × 10^7

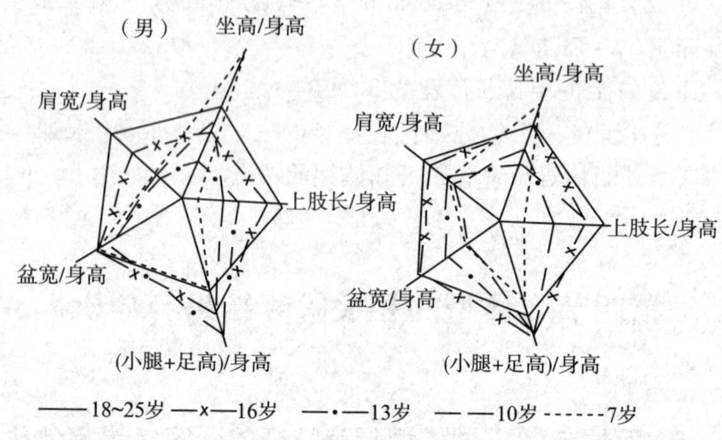

图 4-2　不同年龄男女生五项指数生长发育图(1)(邹大华,1980)

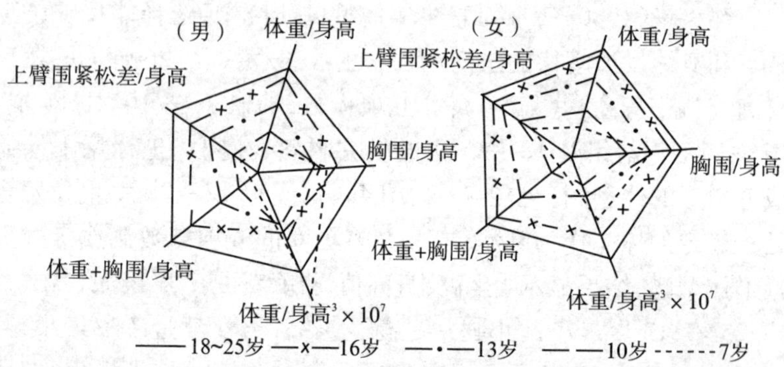

图 4-3　不同年龄男女生五项指数生长发育图(2)(邹大华,1980)

(劳雷尔指数)男性 13 岁最小,女性 10 岁最小;胸围/身高指数,男女性都是 18 ~25 岁最大(见图 4 -4);劳雷尔指数,男性 7 岁最大,女性 18 ~25 岁最大。胸围指数出现男女两次交叉(见图 4 -4),劳雷尔指数出现一次交叉(见图 4 -5)。从两个指数曲线图看,随着年龄的发展,男、女都出现了一个波谷,而女性出现的波谷比同龄男性早。

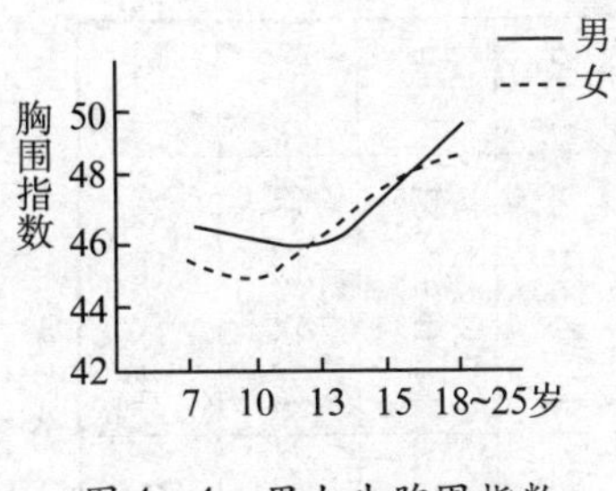

图4-4　男女生胸围指数生长发育趋势图

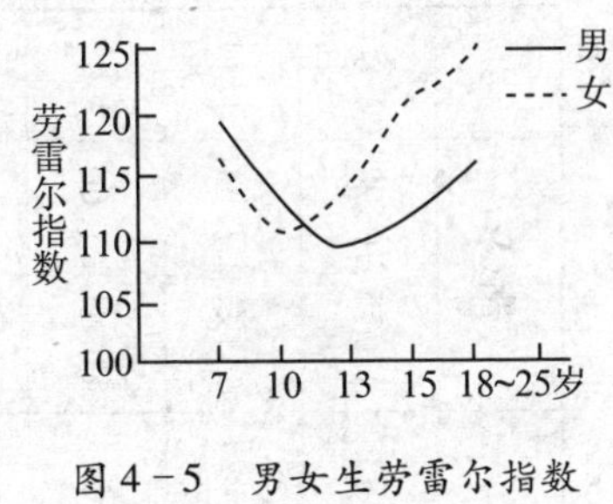

图4-5　男女生劳雷尔指数生长发育趋势图

二、我国不同地域汉族青年体型形态特征的研究结果与分析

唐东辉(1995)在对中国汉族青年体型特征的聚类分析研究中发现,不同地域的汉族青年体型特征有一定的群体差异。与全国平均相比较,上海和江苏的青年体型以骨盆宽比肩宽小很多为特征;黑龙江以肩宽比身高较小和骨盆宽比肩宽较大为特征;浙江、河南、甘肃、新疆、福建和山西以胸围比身高较小为特征。对于女性青年,天津和黑龙江以肩宽比身高和肩宽比胸围都较小为特征;上海、江苏和陕西以骨盆宽比胸围小很多为特征;浙江、山东、新疆、吉林和福建以肩宽比胸围较大为特征。无论男女,坐高与身高各类间差异极小。

三、我国不同年龄性别人群体型胚层特征的研究结果与分析

(一) 3~6岁幼儿的Heath-Carter体型法研究结果与分析

李玲等(2003)的研究结果显示:3~6岁的男女幼儿均为中因子最大,内因子次之,外因子最小。内因子和中因子随年龄的增长而缓慢下降,而外因子则随年龄的增长较快上升(见表4-3)。

表 4-3　3～6 岁男女幼儿与体型有关的数据

性别	年龄	人数	身高(cm)	体重(kg)	体型均值	HWR	X	Y	体脂(%)	SAM
男	3	16	102.53 ±3.79	15.66 ±1.34	3.4 −5.4 −1.5 0.4 0.7 0.5	41.01 ±0.84	−1.91	5.83	11.75 ±0.90	0.80
	4	79	107.71 ±4.59	17.41 ±2.03	3.3 −5.1 −1.9 0.6 0.7 0.9	41.63 ±1.28	−1.39	5.02	11.71 ±1.34	1.11
	5	77	114.26 ±5.00	19.19 ±2.60	3.2 −4.6 −2.7 0.7 0.8 0.9	42.92 ±1.25	−0.43	3.34	11.81 ±1.66	1.17
	6	50	120.67 ±5.60	22.23 ±3.74	3.1 −4.3 −3.0 1.0 0.7 1.1	43.08 ±1.64	−0.13	2.59	12.03 ±2.42	1.31
女	3	19	101.82 ±3.87	15.58 ±2.71	3.8 −5.2 −1.5 0.7 0.6 0.7	40.93 ±1.09	−2.33	5.15	14.01 ±1.61	0.96
	4	78	106.42 ±4.61	16.64 ±2.35	3.7 −5.1 −2.1 0.7 1.7 0.9	41.79 ±1.25	−1.65	4.50	14.18 ±1.81	1.30
	5	62	113.51 ±4.54	18.98 ±2.91	3.8 −4.5 −2.7 0.9 0.8 1.0	42.69 ±1.49	−1.10	2.42	14.92 ±2.58	1.41
	6	60	119.84 ±5.00	21.24 ±3.73	3.5 −4.2 −3.2 1.0 0.8 0.9	43.27 ±1.28	−0.28	1.59	14.62 ±2.86	1.28

摘自：李玲.3～6 岁幼儿的 Heath-Carter 体型法研究。

男女三因子的比较见图 4-6。内因子女孩一直大于男孩；而中因子则男孩稍大于女孩；外因子 3 岁和 5 岁时男孩略大于女孩，而 4 岁和 6 岁时女孩又稍大于男孩，曲线经过几次交叉。从曲线的陡度看，男女内、中因子下降很慢，而外因子上升稍快。这表明在幼儿发育过程中，体型的性别特征区别不大，体内脂肪的相对含量以及肌肉、骨骼的发育随年龄的增长变化并不十分明显，但随着年龄的增长身体的相对瘦高程度则较快提高，即线性度迅速上升，如 6 岁组幼儿的外因子值(男 2.98，女 3.22)为 3 岁组外因子值(男 1.50，女 1.46)的 2 倍左右，可见瘦高程度的变化十分显著。

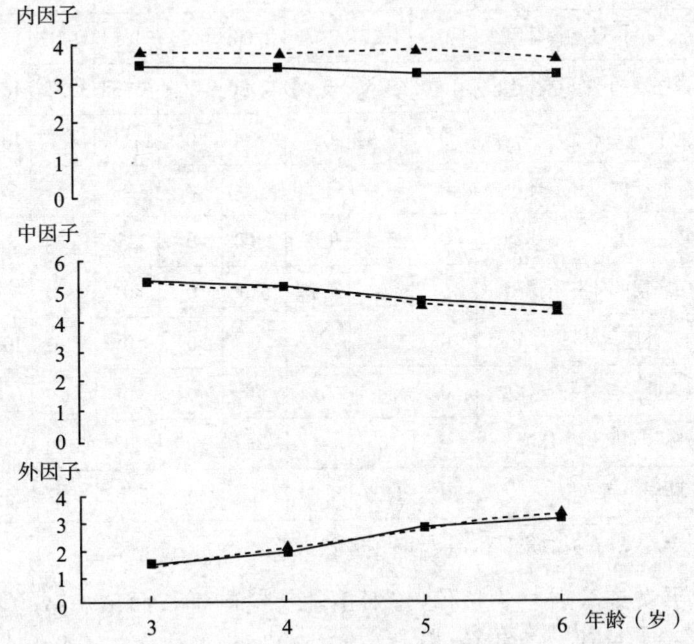

图 4-6　不同性别三因子值随年龄的变化规律(■—男孩；▲—女孩)

从 13 种体型分布可见(见表 4-4)，3～5 岁男女孩偏内胚型的中胚型出现频率很高，随着年龄的增长其他类型的有所增加。

3 岁男女幼儿均以偏内胚型的中胚型占绝对优势,男孩 4 岁以后均衡的中胚型逐渐增多,6 岁时达 24%;女孩 5 岁以后内胚——中胚均衡型和三胚中间型亦增多,6 岁时三胚中间型达 25%。这表明幼儿期低龄段体型分布集中趋于某种体型种类。

表 4-4　汉族 3~6 岁幼儿体型分布(单位:%)

体型	男,年龄				女,年龄			
	3	4	5	6	3	4	5	6
1 偏外胚层的内胚层体型	0	0	0	0	0	0	0	0
2 均衡内胚层体型	0	0	0	0	0	0	0	0
3 偏中胚层的内胚层体型	0	0	0	6.00	0	0	6.45	5.00
4 内胚——中胚均衡体型	0	1.27	3.90	2.00	5.26	11.54	16.13	13.33
5 偏内胚层的中胚层体型	100	69.62	40.26	22.00	94.74	65.38	32.26	16.67
6 均衡中胚层体型	0	18.99	20.78	24.00	0	14.10	16.13	10.00
7 偏外胚层的中胚层体型	0	6.3	11.69	16.00	0	3.85	0	3.33
8 中胚——外胚均衡体型	0	2.5	9.09	8.00	0	2.56	4.84	8.33
9 偏中胚层的外胚层体型	0	0	5.19	16.00	0	0	4.84	8.33
10 均衡外胚层体型	0	0	0	0	0	0	1.61	10.00
11 偏内胚层的外胚层体型	0	0	0	0	0	0	0	0
12 外胚—内胚均衡体型	0	0	0	0	0	0	3.23	0
13 三胚层中间体型	0	1.27	9.09	6.00	0	2.56	14.52	25.00

摘自:李玲.3~6 岁幼儿的 Heath-Carter 体型法研究。

男女孩 X 轴均为负值,绝对值随年龄的增长而依次减少(见表 4-3);Y 轴均为正值,其数值亦依次减少。这决定了所有各年龄平均体型点均位于 X 轴上方,Y 轴的左侧。男女孩在体型图上的坐标点(见图 4-7)。随着年龄的增长,体型均值坐标点逐渐由图形的左上方移向中央,且男女同年龄组的移动基本上同步,坐标点都是从偏内胚层的中胚层一侧向右、向下移动，与前面分析中内、中、外因子值的变化趋势一致。在同年龄组的不同性别间，女孩坐标点较男孩偏左偏下，即内因子值偏大，中因子值偏小。这表明自幼儿期，女孩体内的脂肪含量就相对丰富，骨骼和肌肉的发达水平则不及男孩。这与男女体脂的百分数含量是一致的。

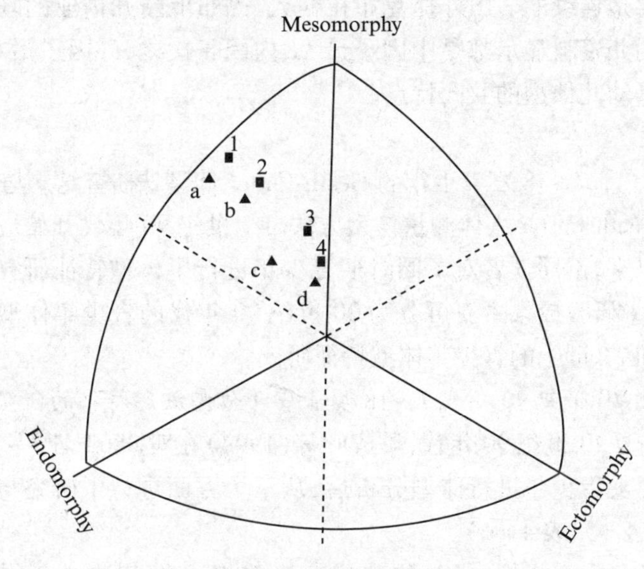

图 4－7　分年龄组体型分布

（■ 1、2、3、4 依次代表男孩 3～6 岁各年龄组；
▲ a、b、c、d 依次代表女孩 3～6 岁各年龄组）

3～6 岁幼儿不同性别体型比较显示男女孩 5 岁组差异显著，其余年龄组则无显著差异。3～6 岁健康幼儿中因子和内因子随着年龄的增长略有下降，但下降幅度不大，外因子逐步上升，变化较快；3～5 岁男女幼儿均以偏内胚层的中胚层体型为主，6 岁时体型逐渐分散；男孩均衡的中胚型、女孩三胚层中间型增多。同时研究表明幼儿期身高、体重、长骨远端宽、围度等迅速增长，女孩皮下脂肪增加较男孩多，是造成个体和群体体型随年龄而变化的主要原因。研究中未发现均衡的内胚层体型，而均衡的外胚层亦只有5、6岁女孩少量出现。平均体型点均在中胚层一侧偏左上方。6岁时男女平均体型点均在图形中部,7岁男女体型点分别在6岁的右下方,8~9岁依次向右下方移动,10岁后男性向外胚型移动,而女性向内胚层移动,显示幼儿和青少年的体型随年龄的增长而变化,只是变化的轨迹有差异,说明从幼儿到青少年的体型变化是连续的。国外捷克布拉格人、巴布亚新几内亚的马努斯人的幼儿资料显示都是中因子最大,内因子次之,外因子最小,这可能是幼儿体型的共同特点。

（二）7~18岁青少年的Heath-Carter体型法研究结果与分析

Heath-Carter人体测量体型方法自上世纪90年代开始应用于我国以来,不同学者对不同时期青少年进行了体型特征研究与分析,其中研究成果主要可分为20世纪90年代的青少年体型特征研究和21世纪的青少年体型特征研究。

1. 20世纪90年代7~18岁青少年体型胚胎特征的研究结果与分析　20世纪90年代,季成叶等(1992)在对3802名7~18岁健康男女青少年进行体型分析后,从三个方面进行了研究与总结(见表4-5、表4-6)。

从各形态指标、指数的变化趋势看,7~18岁青少年男女身高、体重年增长值的生长突增高峰分别出现在10~11岁(女)和12~13岁(男);不过女孩9~10岁期间的增长量也较大,提示有相当部分女孩的突增高峰发生在此阶段。女孩到16岁时多数指标增长停滞而男孩持续到18岁;男孩的肱骨远端宽、股骨远端宽(反映骨发育)、修正上臂围、修正小腿围(反映肌肉发育)等指标均值高于女孩,男孩突增高峰后该差距持续扩大。其中肱骨远端宽的男女差值大于股骨远端宽,修正上臂围差值大于修正小腿围;皮下脂肪量方面的性别差异更大,男孩11岁后即停止增长甚至下降,女孩则持续稳定上升,以致18岁时,其皮下脂肪量平均高出同龄男孩70%以上。与此同时,尽管男孩的体重增长也很快,

表 4－5　各年龄男女孩身高等四指标的比较

年龄（岁）	组人数		身高(cm)		体重(kg)		HWR 指数		皮下脂肪量(mm)	
	男	女	男	女	男	女	男	女	男	女
7～	174	148	125.0▲	123.3	24.6▲	23.3	43.2	43.4▲	21.3▲	23.0
8～	156	163	129.3	129.7	27.1	26.2	43.3	43.9	22.8	23.6
9～	155	143	134.6	135.2	30.2	29.0	43.5	44.2	24.4	24.8
10～	136	134	140.5	141.3	33.9	33.4	43.7	44.1	27.8	28.4
11～	154	136	145.3▲	147.9	36.6▲	38.5	44.1	44.1	27.5▲▲	32.2
12～	136	144	152.0	152.1	41.5	41.7	44.3	44.2	27.3▲▲	34.5
13～	170	165	160.0▲▲	156.9	48.4▲	46.7	44.3	43.8	27.6▲▲▲	39.9
14～	166	168	165.6▲▲▲	158.8	53.2▲▲▲	47.9	44.4	43.9	28.2▲▲▲	40.8
15～	169	169	168.9▲▲▲	159.2	56.2▲▲▲	49.6	44.4▲	43.5	25.7▲▲▲	43.3
16～	177	165	171.3▲▲▲	160.3	56.8▲▲▲	51.0	44.7▲	43.4	24.7▲▲▲	44.9
17～	168	138	172.5▲▲▲	160.2	60.0▲▲▲	50.7	44.2▲	43.4	25.4▲▲▲	43.2
18～	140	128	172.8▲▲▲	159.6	61.7▲▲▲	51.3	43.9▲	43.1	26.3▲▲▲	44.9

注：▲$P<0.05$，▲▲$P<0.01$，▲▲▲$P<0.001$。

摘自：季成叶．3 802 名中国城市青少年体型分析。

表 4－6　各年龄男女孩肱骨远端宽等四指标的比较(单位：cm)

年龄(岁)	组人数		肱骨远端宽(cm)		股骨远端宽(kg)		修正上臂围(cm)		修正小腿围(mm)	
	男	女	男	女	男	女	男	女	男	女
7—	174	148	4.79	4.56	7.54▲	7.12	17.3	16.8	25.2	24.7
8—	156	163	5.00▲▲	4.75	7.80▲	7.40	18.0	17.5	26.2	25.9
9—	155	143	5.14▲▲	4.96	7.99▲	7.68	18.7	17.8	26.9	26.6
10—	136	134	5.35▲▲	5.15	8.28▲	7.94	19.5	18.9	28.4	28.4
11—	154	136	5.52▲	5.31	8.53▲	8.23	20.2	20.1	29.4	29.6
12—	136	144	5.80▲▲▲	5.46	8.91▲▲	8.38	21.4	20.6	30.6	30.9
13—	170	165	6.14▲▲▲	5.59	9.25▲▲▲	8.61	23.2	21.5	32.2	31.9
14—	166	168	6.31▲▲▲	5.65	9.34▲▲▲	8.64	24.6▲▲	21.8	33.5	32.3
15—	169	169	6.46▲▲▲	5.68	9.39▲▲▲	8.67	25.8▲▲	22.4	34.3▲	32.9
16—	177	165	6.39▲▲▲	5.59	9.27▲▲▲	8.70	26.2▲▲▲	22.8	34.5	33.5
17—	168	138	6.39▲▲▲	5.56	9.36▲▲▲	8.68	27.1▲▲▲	22.7	35.0▲	33.3
18—	140	128	6.48▲▲▲	5.59	9.34▲▲▲	8.75	27.5▲▲▲	23.0	35.5▲	33.5

注：▲$P<0.05$，▲▲$P<0.01$，▲▲▲$P<0.001$。

摘自：季成叶.3802 名中国城市青少年体型分析。

但其 HWR 指数 11～16 岁期间持续上升（该指数越高，身材越趋细长），女孩则仅在生长突增高峰前后 HWR 指数较高，13 岁后大体上呈逐步下降趋势。这些随年龄的变化趋势和两性差异，必然影响到各年龄阶段的体型分布。

从三因子的变化趋势看（见图 4－8），男女孩在内因子方面自 11 岁起差距逐步扩大，表现趋势与他们在皮下脂肪方面的差异相似，16 岁时两者的内因子均值分别为 2.27 和 4.45，女孩几乎是男孩的两倍；男女中因子均值随年龄的变动趋势都较小，9 岁后男孩波动在 3.80～3.90 间，女孩波动在 3.05～3.30 间，男孩在各年龄

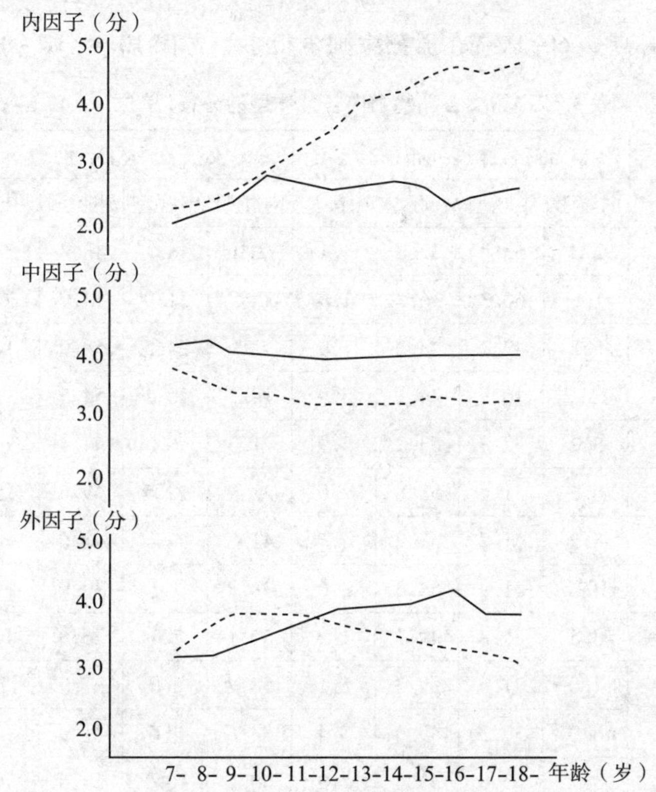

图 4－8　男女体型三因子随年龄的变动趋势（—男孩　…女孩）

组都显著高于女孩；由于女孩较早出现以身高线性生长为主的青春期生长突增，其外因子均值在8～10岁期间高于男孩，但11岁后即被男孩超过，以后差距逐步拉大，以致到16岁时，两者（男4.16，女3.18）差值达0.98。

从各类体型的分布状况及年龄特点看（见表4－7），中胚型在男孩中占相当优势，7～9岁期间占半数或半数以上；10岁后比率虽有下降，但基本上维持在30%～40%之间。相比之下女孩中胚型比率较小，尤其10岁以后。无论男女，外胚型所占比率均有先上升后下降的趋势。不同的是，女孩该转折点发生在9～10岁，而男孩迟至12～13岁。内胚型所占比率在女孩中随年龄持续上升，18岁时高达60.1%；在男孩中则少得多。男孩10岁、13～15岁

表4－7　男女各年龄组内各种体型的分布（单位：%）

年龄（岁）	男孩各体型分布（%）				女孩各体型分布（%）			
	内胚型	中胚型	外胚型	中间型	内胚型	中胚型	外胚型	中间型
7—	2.3	63.8	32.8	1.1	2.0	48.7	43.2	6.1
8—	1.3	60.3	36.5	1.9	7.4	31.9	54.0	6.7
9—	5.2	49.7	43.2	1.9	6.3	24.5	58.0	11.2
10—	13.2	36.8	44.1	5.9	14.2	20.1	54.5	11.2
11—	5.2	37.7	53.2	3.9	21.3	8.1	54.4	16.2
12—	6.6	31.6	58.8	3.0	22.9	12.5	49.3	15.3
13—	8.2	31.2	55.9	4.7	41.2	4.2	40.0	14.6
14—	10.2	31.9	54.3	3.6	38.7	7.1	39.9	14.3
15—	8.3	40.8	49.7	1.2	52.1	7.1	26.6	14.2
16—	4.0	31.6	59.3	5.1	58.2	6.0	27.9	7.9
17—	6.0	39.3	49.3	5.4	53.6	3.6	31.9	10.9
18—	5.7	45.0	41.4	7.9	60.2	10.1	18.8	10.9

摘自：季成叶.3802名中国城市青少年体型分析。

期间较高的内胚型比率主要与较高的肥胖发生率有关。至于中间型,女孩所占比率在各年龄组全都高于男孩,差异显著。

图4－9至图4－14分别展现男女8、13、18岁各组的个体(随机抽取半数)体型分布。该分布不仅随年龄而变,且有明显性别差异。以男孩为例,13岁时分在中胚型者比8岁时大大减少而外胚型者明显增加;18岁时这一趋势又逆转过来,有更多男孩被分在中胚型。将13岁男女孩(见图4－11、图4－12)作比较时可见,分在中胚型的女孩少于男孩而分在内胚型者多得多。即便同属外胚型,男女个体在位置上也很不同:前者多居右上方而后者偏重左下,原因显然与男孩的外、中因子值高于女孩而内因子值明显较低有关。

图4－11、图4－14内带有"。"标记者,系根据身高标准体重(中国学生体质与健康调研组,1987)检出的肥胖青少年。他(她)们在体型图上的位置相当特殊。

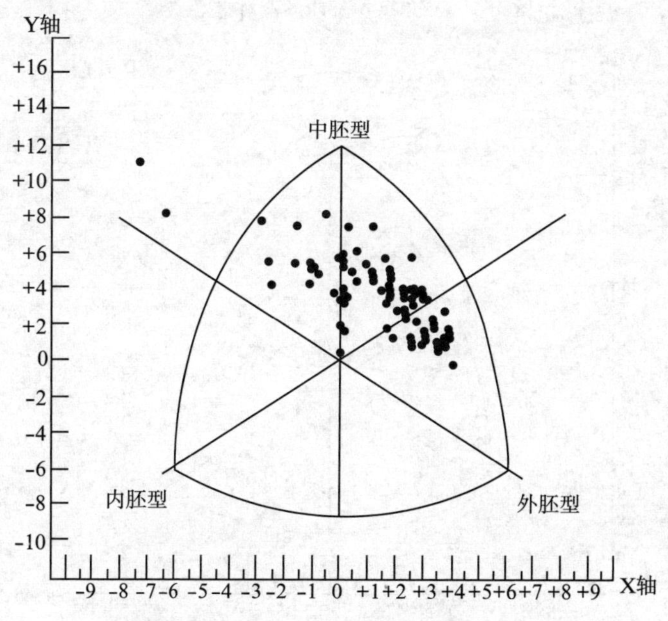

图4－9　男孩8岁组的个体体型分布

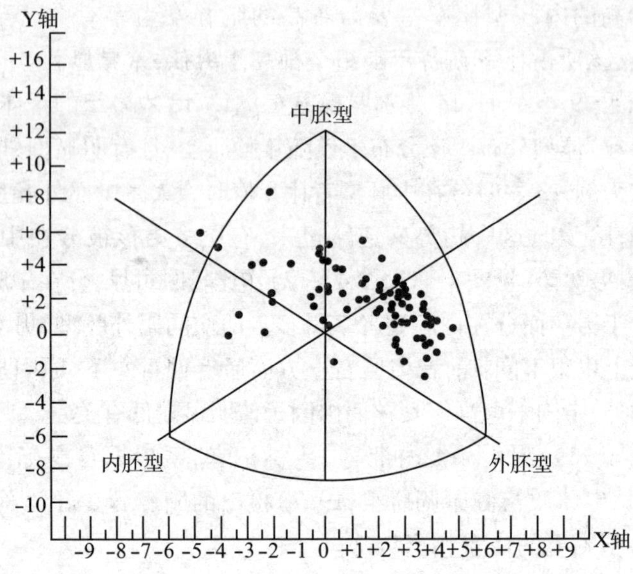

图 4－10　女孩 8 岁组的个体体型分布

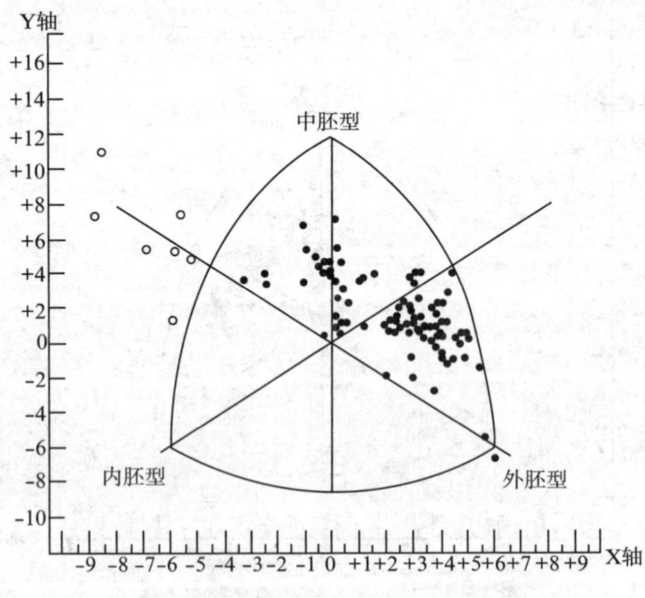

图 4－11　男孩 13 岁组的个体体型分布

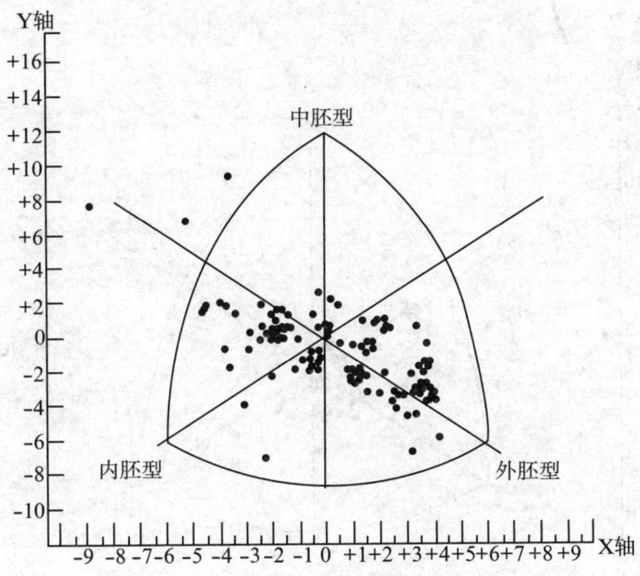

图 4－12　女孩 13 岁组的个体体型分布

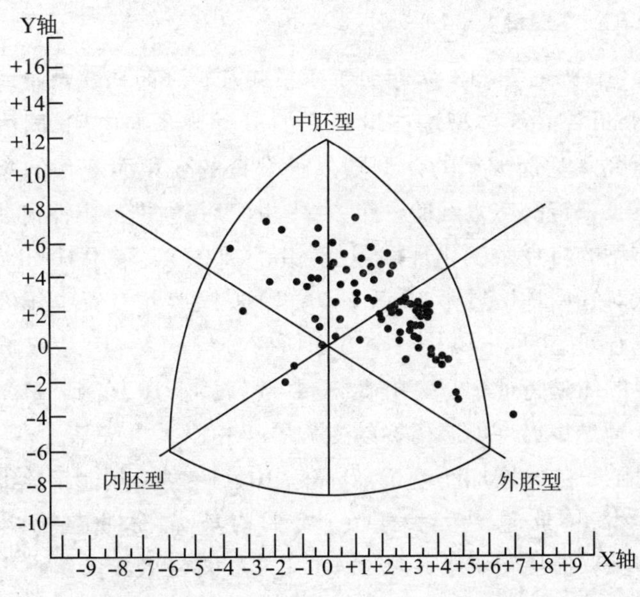

图 4－13　男孩 18 岁组的个体体型分布

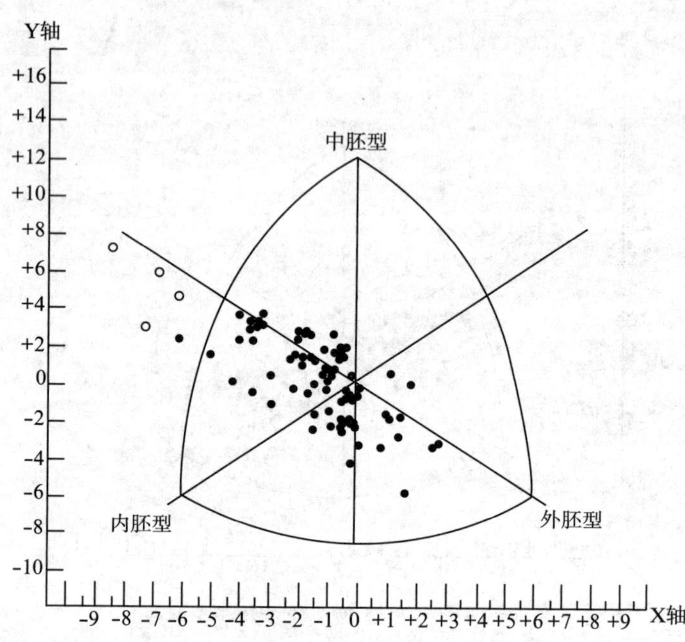

图 4－14　女孩 18 岁组的个体体型分布

2. 21 世纪 7～18 岁青少年体型胚层特征的研究结果与分析

随着 Heath-Carter 体型法在世界上的广泛普及与应用，国内外学者在研究儿童青少年的体型随生长发育的变化而变化的规律方面积累了一定的宝贵经验。进入 21 世纪后，为进一步探讨儿童青少年体型的特点及变化规律，刘素伟等（2007）又采用 Heath-Carter 体型法对辽西地区城市 1263 名 7～19 岁汉族儿童青少年的体型进行调查研究，也主要从三个方面研究分析了 7～19 岁汉族儿童青少年的体型特征（见表 4－8、表 4－9、表 4－10、表 4－11）。

从青少年男女形态指标的变化看，7～17 岁儿童青少年身高、体质量随年龄的增加而增长，身高除 10、11 岁外，其他年龄组男生大于女生，体质量男生大于女生，平均身高、体质量男生大于女生；身高/体质量$^{1/3}$指数除 14、16 和 17 岁外，各年龄组女生大于男生，平均值女生大于男生。身高/体质量$^{1/3}$指数越大，身体越细

表 4－8　受检男生体型的有关数据

年龄（岁）	n	身高（cm）	体质量（kg）	体型均值	X	Y	HWR	体脂（%）	SAM
7～	51	125.46±4.00	23.68±3.67	3.2－3.6－3.5 1.3－0.9－1.4	0.36	0.42	43.86±1.95	14.33±4.06	3.06
8～	65	132.02±5.28	23.68±3.67	3.6－3.6－3.3 1.6－1.2－1.5	－0.24	0.35	43.56±2.06	15.50±4.85	2.99
9～	51	134.16±3.62	31.56±4.55	4.3－3.9－2.6 0.9－1.1－0.9	－1.64	0.80	42.59±1.41	17.23±3.26	1.99
10～	65	140.83±2.99	32.70±3.85	4.2－3.6－3.7 0.8－0.8－0.8	－0.47	－0.66	44.13±1.10	17.43±2.89	1.91
11～	47	140.83±2.99	37.49±7.17	4.2－4.2－3.2 1.2－1.0－1.2	－1.02	0.98	43.45±1.66	18.33±4.40	2.49
12～	49	156.33±5.23	47.32±6.38	4.8－3.0－3.1 0.8－1.1－0.6	－1.67	－1.90	43.32±0.88	20.01±3.03	1.34
13～	86	159.48±8.60	49.89±10.78	3.6－3.5－3.4 1.2－1.7－1.7	－0.17	0.02	43.65±2.40	15.92±3.57	3.06
14～	51	164.08±7.95	50.15±10.33	3.2－3.4－4.2 1.3－1.7－1.6	0.97	－0.74	44.80±2.21	15.46±4.21	3.33
15～	51	165.65±7.14	57.79±9.91	3.7－3.5－2.9 1.2－0.9－1.0	－0.77	0.44	43.03±1.48	18.71±4.66	2.36
16～	49	170.46±6.18	59.49±8.08	3.9－3.3－3.5 1.2－1.3－0.6	－0.47	－0.89	43.78±0.87	17.97±4.61	2.16
17～	55	174.33±6.34	63.33±9.05	4.2－3.2－3.6 1.2－1.9－1.6	－0.58	－1.37	43.91±2.25	19.08±4.00	2.79
18～19	57	170.57±5.55	60.52±8.54	4.1－3.1－3.4 1.6－1.6－1.4	－0.68	－1.24	43.61±2.05	18.81±6.76	2.74
合计	657	153.44±17.28	45.43±15.34	3.9－3.5－3.4 1.3－1.4－1.3	－0.50	－0.30	43.64±1.89	17.29±4.60	2.57

HWR：身高/体质量$^{1/3}$SAM：样本中平均体型点到所有体型点空间距离的均数。
摘自：刘素伟. 应用 Heath-Carter 体型法分析辽西地区城市汉族儿童青少年 1 263 名体型特征。

表 4-9　受检女生体型的有关数据

年龄(岁)	n	身高(cm)	体质量(kg)	体型均值	X	Y	HWR	体脂(%)	SAM
7～	51	125.46±5.38	22.22±2.09	3.0-2.8-4.1 0.7-0.8-0.9	1.06	-1.53	44.65±1.27	13.71±1.71	2.78
8～	50	129.67±3.65	25.63±3.54	3.7-2.9-3.7 0.9-0.8-1.2	0.06	-1.63	44.13±1.72	15.02±2.38	2.34
9～	57	133.68±4.22	29.25±4.32	4.0-3.0-3.3 1.0-0.9-1.1	-0.74	-1.32	43.54±1.55	16.54±3.14	1.98
10～	49	141.21±5.45	31.96±5.86	4.0-2.7-4.1 0.9-0.6-0.9	0.13	-2.79	44.70±1.23	16.89±3.48	2.09
11～	45	146.75±11.77	37.14±8.76	4.0-3.1-4.0 1.4-1.5-1.6	-0.01	-1.72	44.30±2.87	17.45±4.93	2.72
12～	49	154.26±5.41	44.28±5.58	4.9-2.9-3.5 1.3-1.3-1.4	-1.34	-2.66	43.83±2.05	20.30±4.51	2.02
13～	56	157.12±6.32	45.48±9.03	3.7-2.8-3.9 1.3-1.8-1.6	0.15	-2.02	44.31±2.31	16.75±4.28	3.00
14～	48	159.15±5.21	48.74±7.30	4.2-2.5-3.5 1.1-1.3-1.6	-0.69	-2.57	43.76±2.25	17.79±3.55	2.40
15～	48	160.59±4.86	49.21±7.06	4.5-2.6-3.6 1.4-1.3-1.5	-0.84	-2.97	43.98±2.03	19.20±5.45	2.32
16～	48	161.24±4.75	52.94±5.54	4.9-3.4-2.9 0.9-1.4-1.1	-1.97	-0.96	43.02±1.47	20.89±3.73	1.92
17～	49	162.56±5.50	54.05±7.51	5.1-3.1-3.0 0.9-1.5-1.5	-2.09	-2.00	43.15±2.05	22.05±4.21	2.06
18～19	56	163.89±3.75	55.12±6.13	5.3-2.9-3.0 1.3-1.3-1.1	-2.29	-2.59	43.17±1.61	23.41±6.67	1.92
合计	606	149.52±14.57	41.27±12.96	4.3-2.9-3.6 1.3-1.3-1.1	-0.72	-2.06	43.87±1.97	18.33±5.03	2.30

HWR：身高/体质量$^{1/3}$ SAM：样本中平均体型点到所有体型点空间距离的均数。
摘自：刘素伟. 应用 Heath-Carter 体型法分析辽西地区城市汉族儿童青少年 1 263 名体型特征。

表 4-10　受检女生的体型分布(单位：%)

体型	年龄(岁)												合计
	7~	8~	9~	10~	11~	12~	13~	14~	15~	16~	17~	18~19	
1	0	2.0	5.3	4.1	6.7	32.7	1.8	10.4	16.7	12.5	26.5	33.9	12.7
2	0	2.0	15.8	8.2	6.7	10.0	14.3	10.4	6.3	10.4	12.2	21.4	10.1
3	0	14.0	31.6	6.1	15.6	24.5	5.4	20.8	22.9	31.3	32.7	23.2	19.0
4	5.9	2.0	3.5	0	4.4	6.1	5.4	8.3	4.2	10.4	6.1	8.9	5.4
5	5.9	2.0	0	0	2.2	0	8.9	0	0	8.3	2.0	0	2.5
6	2.0	0	0	0	0	0	3.6	0	2.1	0	2.0	1.8	1.0
7	0	0	0	0	2.2	0	0	0	0	0	0	0	0.2
8	3.9	2.0	0	0	2.2	0	1.8	0	0	2.1	0	0	1.0
9	5.9	4.0	1.8	2.0	4.4	0	1.8	0	0	0	0	0	1.7
10	25.5	6.0	5.3	8.2	15.6	2.0	12.5	2.1	2.1	0	0	0	6.6
11	31.4	18.0	21.1	26.5	20.0	16.3	32.1	31.3	27.1	2.1	14.3	5.4	20.5
12	7.8	22.0	8.8	40.8	8.9	6.1	8.9	10.4	12.5	22.9	4.1	5.4	13.0
13	11.8	26.0	7.0	4.1	11.1	2.0	3.6	6.3	6.3	0	0	0	6.4

1：偏外胚层的内胚层体型;2：均衡内胚层体型;3：偏中胚层的内胚层体型;4：内胚层——中胚层均衡体型;5：偏内胚层的中胚层体型;6：均衡中胚层体型;7：偏外胚层的中胚层体型;8：中胚层——外胚层均衡体型;9：偏中胚层的外胚层体型;10：均衡外胚层体型;11：偏内胚层的外胚层体型;12：外胚层——内胚层均衡体型;13：中间型。

摘自：刘素伟. 应用 Heath-Carter 体型法分析辽西地区城市汉族儿童青少年 1 263 名体型特征。

长;体脂含量 11 岁以前男生大于女生,12 岁以后女生大于男生。形态指标的年龄特点势必会影响到儿童青少年体型的变化。

从三因子体型胚层特征的性别差异看,男生内因子为 3.18 ~ 4.81,女生内因子为 3.05 ~ 5.33,11 岁以前男生大于女生,12 岁以后女生大于男生;男生中因子为 3.02 ~ 4.23,女生 2.54 ~ 3.42,除 16 岁男女相差不多外,其他年龄组男生大于女生;男生外因子为 2.64 ~ 4.22,女生 2.92 ~ 4.14,13 岁以前女生大于男生,14 岁以后男生大于女生。因此,男生较女生骨骼粗壮,肌肉发达,随着年龄的增长,女生的皮下脂肪更发达,体态丰满,男生的身体相对瘦高程度增长,身材修长。男女各年龄组间体型比较显示,7、8、12、14、17、18 岁年龄组男女间体型有显著性差异。

表 4-11　受检男生的体型分布(单位:%)

体型	年龄(岁)												合计
	7～	8～	9～	10～	11～	12～	13～	14～	15～	16～	17～	18～19	
1	0	0	2.0	0	0	24.5	0	2.0	2.0	6.1	7.3		3.7
2	0	23.1	3.9	22.2	4.3	34.7	4.7	3.9	3.9	14.3	5.5	7.0	8.4
3	5.9	20.0	29.4	2.2	14.9	20.4	7.0	3.9	17.6	14.3	12.7	19.3	13.9
4	11.8	6.2	31.4	15.6	1.9	0	14.0	11.8	15.7	4.1	9.1	10.5	13.2
5	2.0	56.2	7.8	4.4	4.3	4.1	18.6	5.9	7.8	4.1	14.5	0	7.3
6	7.8	3.1	0	0	8.5	2.0	0	5.9	2.0	4.1	3.6	0	2.9
7	3.9	0	0	2.2	0	0	0	2.0	0	0	0	1.8	0.8
8	2.0	6.2	2.0	0	4.3	0	4.7	7.8	2.0	2.0	1.8	1.8	3.0
9	21.6	16.9	2.0	0	4.3	0	4.7	17.6	7.8	2.0	1.8	5.3	7.2
10	23.5	15.4	0	2.2	6.4	0	11.6	9.8	11.8	8.2	1.8	8.8	8.7
11	5.9	9.2	2.0	13.3	10.6	0	23.3	21.6	0	10.2	29.1	21.1	12.9
12	0	0	7.8	33.3	0	14.3	4.7	0	3.9	8.2	9.1	12.3	7.3
13	15.7	13.8	11.8	4.4	10.6	0	7.0	7.8	25.5	22.4	3.6	8.8	10.8

1:偏外胚层的内胚层体型;2:均衡内胚层体型;3:偏中胚层的内胚层体型;4:内胚层——中胚层均衡体型;5:偏内胚层的中胚层体型;6:均衡中胚层体型;7:偏外胚层的中胚层体型;8:中胚层——外胚层均衡体型;9:偏中胚层的外胚层体型;10:均衡外胚层体型;11:偏内胚层的外胚层体型;12:外胚层——内胚层均衡体型;13:中间型。

摘自:刘素伟.应用 Heath-Carter 体型法分析辽西地区城市汉族儿童青少年 1 263 名体型特征。

从男女体型分布特点看,男生的体型均值 3.9-3.5-3.4,属中间型,女生平均体型值为 4.3-2.9-3.6,属于偏外胚层的内胚层体型。从表 4-11 可见男生体型相对集中在偏中胚层的内胚层体型(13.9%)、内胚层—中胚层均衡体型(13.2%)、偏内胚层的外胚层体型(12.9%)、中间型(10.8%)、其余9种体型均分别低于10%。从表4-10可见女生体型集中在偏内胚层的外胚层体型(20.5%)、偏中胚层的内胚层体型(19.0%)、外胚层—内胚层均衡体型(13.0%)、偏外胚层的内胚层体型(12.7%)、均衡的内胚层体型(10.1%),这5种体型占总样本的75.3%,体型频数在各年龄各体型中的变化,提示男生体型分布较散,女生分布较集中,主要在内胚层体型。

(三)不同发育类型的青少年体型胚层特征的研究结果与分析

张瑛秋(2002)对不同发育类型的青少年体型胚层特征的研究显示(见表4-12、表4-13),男生内胚型各组人数基本一致,外胚型人数为晚发育组>早发育组>正常发育组,中胚型人数为正常发育组>早发育组>晚发育组,且组间构成比具有较显著差异;女生内胚型人数为早发育组>正常发育组>晚发育组,中胚型人数各组人数基本一致,外胚型人数为晚发育组>正常发育组>早发育组。男生晚发育组总人数的57%、女生晚发育组的65%均为外胚胎型,说明晚发育以身材瘦小的体型为主,这与晚发育学生青春发育突增时间还没有开始有关,同时也与营养调查中晚发育组吃零食且影响正餐食欲的人数较多有关,故只有纠正其饮食中的不良习惯,才能改善他们的营养水平;男生早发育组中有33%的人、女生正常发育组有40%的人为外胚型,但其体重不足主要是由于身高增长过快导致的暂时现象,不过他们的骨骼、肌肉发育水平较低,属典型的"豆芽体型",必须通过营养和体育锻炼等综合措施才能纠正;女生早发育组的47%、正常发育组的37%为内胚型,这类学生已发生月经初潮的人数较多,不喜欢体育锻炼的人数较多,因此,造成其身体脂肪较多的原因主要是青春期女生体内雌激素的变化及缺乏体育锻炼,因此必须加强体育锻炼,以塑造良好体型。表明目前青春发育突增期的学生依然存在着营养不良和肥胖两个极端都存在的“双峰”现象。

表4－12　男生三种发育类型体型比较

	晚发育		正常发育		早发育		总计		率检验
	人数	百分比	人数	百分比	人数	百分比	人数	百分比	
内胚型	5	16.67	6	20.00	5	16.67	16	17.78	P＜0.05
外胚型	17	56.67	5	16.67	10	33.33	32	35.56	
中胚型	8	26.67	19	63.33	15	50.00	42	46.67	

摘自：张瑛秋.青春发育突增期(高峰年龄)不同发育类型学生体质特征及健康促进。

表4－13　女生三种发育类型体型比较

	晚发育		正常发育		早发育		总计		率检验
	人数	百分比	人数	百分比	人数	百分比	人数	百分比	
内胚型	3	10.00	11	36.67	14	46.67	28	31.11	P＜0.05
外胚型	19	63.33	12	40.00	7	23.33	38	42.22	
中胚型	8	26.67	7	23.33	9	30.00	24	26.67	

摘自：张瑛秋.青春发育突增期(高峰年龄)不同发育类型学生体质特征及健康促进。

而张一民(1998)的研究也发现(见表4－14)：男女生组3个胚层得分在3种不同发育类型之间的差异存在显著性意义，且男生组的差异更为明显。内胚型和中胚型得分均值的排列顺序依次为早发育＞正常发育＞晚发育；但外胚型得分均值却是晚发育＞正常发育＞早发育，即早发育、正常发育和晚发育的受试者身体体脂含量和肌肉含量等存在明显的区别。这一结果说明3种发育类型的受试者Heath-carter体型有各自明显的特征。此外，从均值在Heath-carter三角体型图所在的位置看，早发育男孩和女孩的体型明显偏向内胚型、正常发育男孩和女孩的体型为中胚型、而晚发育男孩和女孩的体型则偏向外胚型。

表 4-14 3 种不同发育类型男、女生体型得分的比较

	体型	早发育组	正常组	晚发育组	F值	P
男生	内胚型	4.30±1.83	3.55±1.71##	3.08±1.51##	7.30	***
	中胚型	3.39±1.55	2.82±1.24##	2.57±0.95##	6.31	**
	外胚型	2.67±1.89	3.30±1.55##	3.48±1.20#	4.77	**
女生	内胚型	4.58±1.69	3.75±1.46##	3.12±1.17##	7.92	***
	中胚型	3.33±1.48	3.02±0.97	3.19±0.70	1.38	
	外胚型	3.28±1.71	3.77±1.32	3.95±1.16	2.40	

注：**P<0.01，***P<0.001；#与早发育组比较的结果，##P<0.01，###P<0.001。

摘自：张一民.青春突增期不同发育类型男女生体型特征的研究。

四、与其他国家人群体型胚层特征的对比研究结果与分析

（一）中国幼儿与布拉格幼儿体型胚层特征的比较与分析

按 Heath 等确定的以任何一个体型因子相差 0.5 个单位作为显著性差异的标准，与布拉格幼儿相比较（见表 4-15），我国幼儿中因子值较低，内因子值较高，外因子值远远高于布拉格幼儿。两地女孩的 SAD 更大。这表明布拉格幼儿在骨骼和肌肉的发达程度上高于我国，但体脂含量偏低。从外形上看，我国幼儿的体型更显得修长，女孩尤显得突出。这反映了不同种族、不同地域及遗传等诸多因素对幼儿体型发育有不同的影响。

（二）中国与其他国家青少年体型胚层特征的比较与分析

季成叶（1991）将 3 802 名中国城市青少年体型分布研究结果与日本、泰国、韩国等国同龄者相比，中国男、女孩的外因子值占优势，而内、中因子值明显比日本、韩国男、女孩低，反映出前者身

表 4－15　中国与布拉格幼儿体型比较

年龄（岁）	男孩			女孩		
	汉族	布拉格	SAD	汉族	布拉格	SAD
3	3.41～5.37～1.50	3.3～5.7～0.9*	0.69	3.79～5.20～1.46	3.7～5.2～0.7*	0.77
4	3.32～5.14～1.93	3.2～5.6～0.9	1.13	3.70～5.12～2.05	3.4～5.4～0.9	1.22
5	3.17～4.62～2.74	2.6～5.2～1.7	1.32	3.79～4.45～2.69	3.4～5.1～1.3	1.58
6	3.12～4.34～2.98	2.6～5.0～2.2	1.15	3.50～4.15～3.22	3.2～4.5～2.0	1.30

注：* 布拉格幼儿为 3.5 岁。

摘自：李玲. 3～6 岁幼儿的 Heath-Carter 体型法研究。

材虽高，但体重轻，皮下脂肪少；后两者尽管肌肉发育方面与中国人相差不大，但骨骼更粗，皮下脂肪更多，所以身材相对粗壮。泰国男、女孩的内因子值远低于中国同龄者，但中因子值相当高，反映出其身材虽矮，但骨骼及肌肉发育程度较好。巴布亚、新几内亚儿童的体型尤为特殊，由于身材矮，体重轻，骨骼短而粗，皮下脂肪量很少，因此其中因子值比上述四个民族的同龄者都高；季成叶(1986)对中日两国男青少年体型比较的研究符合以上结论，而赵凌霞(1990)横向研究结果与 Carter 和 Parizkava (1976,1978)跟踪研究的 16～24 岁捷克斯洛伐克男性体型变化趋势结果一致，体型均由偏外胚型的中胚型向中间型或偏内胚型的中胚型移动。不同点在于捷克斯洛伐克男性各年龄组的中胚型成分值显著高于中国男生，在体型图上，捷克斯洛伐克 16～24 岁男性的体型变化曲线平行的位于中国之上。造成体型差异的原因有遗传和环境两方面的因素。首先体型在很大程度受遗传因素的影响。Chora nova et al. (1982)通过研究同卵、异卵双胞胎的体型，Heath et al. (1961)对生长在夏威夷的日裔大学生和白人大学生体型比较，结果均表明体型具有遗传性，且男性较女性强烈；遗传作用对体型的三种成分影响程度不同，在男性首先是第二成分，其次第一、第三成分，在女性首先是第三、第一成分，其次是第二成分。其次，环境条件、营养结构对体型亦有一定的作用。同西方国家比较，中国学生饮食中的碳水化合物比例较高，蛋白质、脂肪含量较低，这在一定程度上影响了体型的发育，男性表现较明显。大量资料显示，在生长发育过程中，女孩对于营养不良或疾病影响的缓冲作用较男孩强，Harrison 等人(1977)认为，可能是因为女性拥有两个 X 染色体，男性仅有一个 X 染色体和一个小的 Y 染色体，前者更具调控效力，使其对环境的适应能力更强。

（三）中国优秀运动员与国外优秀运动员体型胚层特征的比较与分析

曾令嘉(1986)的研究中列出了我国优秀运动员、参加罗马奥运会和墨西哥奥运会的部分选手以及捷克优秀运动员的平均体型,发现我国优秀体操运动员的平均体型为1.3—6.2—2.4,这与捷克优秀运动员的1.5—6.9—2.1和墨西哥体操选手的1.4—5.9—2.4的平均体型是非常接近的(见表4-16)。优秀体操运动员的中胚叶成分大大高于内胚叶和外胚叶成分,并且最优秀的运动员中胚叶成分分值还高于平均值。例如:捷克优秀体操运动员的中胚叶成分平均值为6.9,而最优秀运动员的中胚叶分值为7.5;我国优秀体操运动员的中胚叶成分平均值为6.2,最优秀的几名运动员的中胚叶成分都在6.6以上,其中最高的为8.6。这种趋势说明中胚叶成分,即骨骼和肌肉的发达程度对于体操运动员来说是十分重要的。

举重运动员的体型特点是中胚叶成分很高(平均为7.2,而且级别越高,分值越高),外胚叶成分很低(平均为1.0,而且级别越高,分值越低,正好与中胚叶分布相反),内胚叶居中(平均为3.1)。投掷运动员的中胚叶成分和外胚叶成分同举重运动员差不多,但内胚叶成分普遍较高,一般都在4.0以上。这表明投掷运动员的体脂成分是这几个项目中最高的。

除投掷外的田径各项目运动员的体型较为接近。他们的体型差别在外胚叶成分上表现得较为明显。短跑、高栏和跳远运动员的外胚叶成分相对较低。而中、长跑和跳高运动员的外胚叶成分则相对较高。外胚叶成分高是优秀跳高运动员最显著的体型特征。例如,我国优秀跳高选手朱建华的外胚叶成分为5.5,其他世界优秀跳高选手的外胚叶成分也普遍很高。(如默根堡为6.0,舍贝里为6.5,斯通斯为5.5,帕克林为5.0)。因为外胚叶成分是由身高和体重的比例所决定的,所以外胚叶成分高的体型是有利

表 4－16　我国优秀运动员与国外优秀运动员的体型比较

项目	中国优秀运动员				罗马奥运会选手(白人)				捷克优秀运动员				墨西哥奥运会选手			
	人数	体型			人数	体型			人数	体型			人数	体型		
		Ⅰ	Ⅱ	Ⅲ		Ⅰ	Ⅱ	Ⅲ		Ⅰ	Ⅱ	Ⅲ		Ⅰ	Ⅱ	Ⅲ
体操	19	1.3	6.2	2.4					58	1.5	6.9	2.1	28	1.4	5.6	2.4
游泳	19	2.6	5.0	3.0									60	2.1	5.6	2.9
举重	24	3.1	7.2	1.0	15	3.0	6.3	1.8	48	3.4	7.2	1.3				
100 m/200 m 跑	6	1.4	4.2	3.3	12	2.5	5.5	2.9	31	1.8	5.3	3.0				
800 m/1 500 m 跑	6	1.6	3.4	4.0	16	2.6	4.3	4.3	9	1.7	4.8	3.6				
110 m 栏	4	1.6	3.7	3.9	3	2.3	5.5	3.2								
3000 m 障碍	2	1.5	4.5	3.3	4	2.0	4.1	4.5								
跳远	2	2.0	3.8	3.0	2	2.3	5.0	3.5	10	2.1	5.7	2.8				
三级跳远	3	1.7	3.9	3.2	3	2.8	3.7	4.1								
跳高	2	1.8	2.2	4.8	8	2.2	4.1	4.4	15	1.6	5.5	2.8				
撑杆跳高	3	1.7	4.3	3.7	2	3.0	4.5	4.3								
铁饼	3	5.2	7.1	0.8	2	3.3	6.3	2.0								
铅球	4	5.4	4.3	0.8	6	3.8	6.0	2.0	9	3.9	7.3	1.0				
标枪	2	4.5	6.4	1.3	2	2.8	6.0	2.5								

摘自：曾令嘉. 我国优秀运动员体型特征的初步探讨。

于跳高项目的。

在游泳运动员的体型中,内胚叶成分高于体操和跑、跳项目运动员,但低于举重和投掷运动员;中胚叶成分高于跳、跑项目运动员,但低于举重、投掷和体操运动员;外胚叶成分与体操和跑、跳项目运动员相差不大。研究测定的我国优秀游泳运动员的平均体型与墨西哥奥运会 160 名游泳选手的平均体型十分接近,这表明这一体型有可能代表了游泳运动员的"最佳体型"。

五、不同运动项目人群体型胚胎特征的研究结果与分析

(一) 优秀运动员的"理想体型"

Heath 和 Carter 在制订、应用 Heath-carter 三角体型图评价法的过程中发现,普通人的体型个体差异很大,但那些经过严格选拔、训练有素的运动员,男的体型大多分布在中胚型区,女的则大多分布在内——中胚型或中——内胚型区域,换言之,其体型特征有明显的规律,而且运动员的训练水平越高,运动成绩越好,体型的分布越集中。对奥林匹克男选手的体型分析更证实了这一点。从图 4 - 15 可见,男子体操、游泳、短跑、跨栏等世界级选手的体型分布彼此接近,共同特点是: 反映肌肉骨骼发达程度的中因子较高,而反映身材瘦削程度的外因子比反映体脂水平的内因子相对占优势。然而,与这几类选手比,健美、摔跤选手的中因子更高,内因子值一般在 2.0 左右。铅球、铁饼和举重选手的共同特点是体脂水平相对较高,尤其前两类选手的内因子多数超过 3.0。原因正如 Bale 所指出的: 从整体看,肌力、力量的发达程度不单纯取决于中因子,而取决于中因子占优势的情况下内、中因子的适当比例。这三类选手的主要差异表现在中因子方面,即举重 > 铅球 > 铁饼。这与 Housh 的论断,即中因子主要与人体的瘦体重量/身高而不是瘦体重量有关,也是一致的。图中的跳高、撑杆跳高、

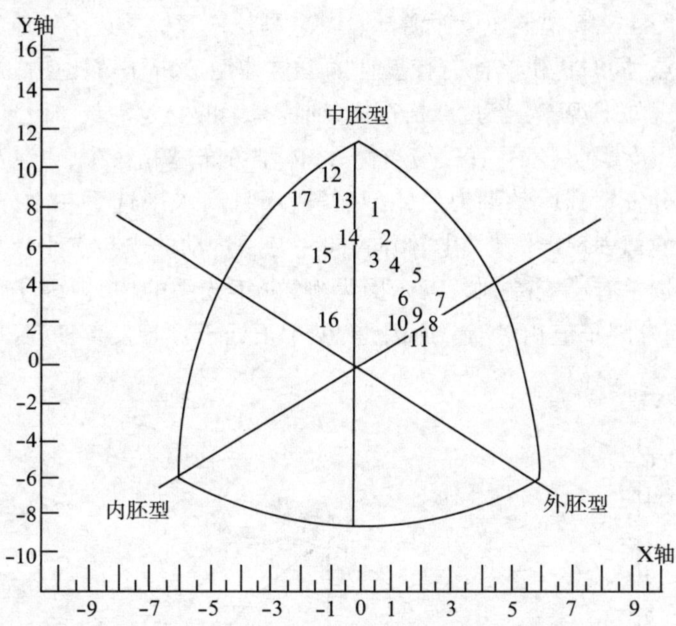

图 4-15　部分运动项目世界级优秀男选手的体型分布

(1. 男子体操* 2. 男子游泳* 3. 男子 100～200 米短跑 4. 男子 110 厘米跨栏 5. 男子跳远 6. 男子三级跳远 7. 男子 3000 米障碍跑 8. 男子跳高 9. 男子撑杆跳高 10. 男子 800～1 500 米跑 11. 男子马拉松* 12. 男子健美* 13. 男子摔跤* 14. 男子标枪 15. 男子铅球 16. 男子铁饼 17. 男子举重* ＊测自墨西哥城奥运会,其余测自蒙特利尔奥运会)

跳远选手的体型分布都接近于外胚型区,提示其因为身材高、下肢长,使外因子值(取决于身高和体重的比例关系,即身高/体重$^{1/3}$)占明显优势。这显然有利于其运动潜力的发挥。马拉松和其他中长跑选手的体型也分布在该区,与短跑选手截然不同。Bale 认为,经过长时间高度有氧训练的耐力跑运动员有特殊的体型特征,他们不仅外因子值高,而且内、中因子值明显较低,原因主要是体脂少,体重相对轻,能保证其有氧能力获得最大程度的发挥,创造出良好成绩。据测试,上述马拉松选手的体脂量仅占体重的 7.5%,比同龄普通大学平均低 5%,比办公室职员低 9% 以上。

图4－16描绘了女子游泳、体操、马拉松等优秀选手的体型分布特点，同时提供其他有代表性的群体体型分析作对比图。从中可发现如下规律：经过严格选拔、训练有素的女运动员，体型特征与普通女子明显不同；成绩越优秀，体型分布越趋集中，也越趋于能充分发挥其运动潜力的体型区域，而且高水平选手在中、外因子方面都表现出“男子化”倾向；同一专项运动的少年选手体型和成人选手有一定差别。以体操为例，少年选手的中、内因子值较低，而外因子值相对高。原因是，少年正处于青春发育期，身体成

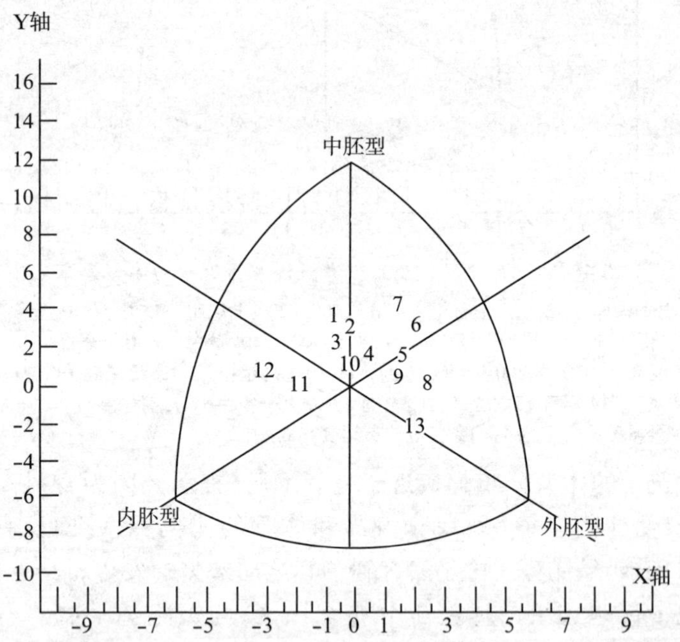

图4－16 部分运动项目世界级优秀女选手及其他人群的体型分布比较（白人）

（1.慕尼黑奥运会女游泳选手 2.蒙特利尔奥运会女游泳选手 3.墨西哥城奥运会女游泳选手 4.美国圣地亚哥地区级游泳选手 5.美国圣地亚哥少年女游泳选手 6.荷兰少年女子优秀体操选手 7.荷兰国家队女子体操选手 8.英国国家级马拉松选手 9.英国地区级马拉松选手 10.英国普通马拉松选手* 11.英国19岁以下普通女少年* 12.美国20～30岁普通女青年* 13.英国安特卫普芭蕾舞蹈女学生 带＊者为有代表性的对照人群）

分中的各种化学变化(如脂肪细胞内脂滴堆积等)都明显落后于身高等线性生长,而内分泌调节机制(如分泌雌、雄激素和其他类固醇激素)也不够成熟,故骨骼、肌肉的发育程度都较低。此外,少年选手的训练年限较短也是重要原因。上述分析提示,各专项优秀选手(尤其世界级选手)确实各有自身的"理想体型",而且它是动态的、发展的。

(二)同一专项不同级别运动员的体型特点

举重、摔跤、柔道等运动的比赛内容相同,但运动员有体重级差。这种级差决定了这些运动员的"理想体型"也不同。图4－17所示捷克八种级别男举重运动员,其体型三因子均值分别为2.0－5.1－3.1、2.4－6.1－1.9、2.4－6.9－1.5、2.5－7.0－1.0、2.8－7.8－0.9、2.9－8.8－1.1、3.3－8.7－0.4和5.7－9.9－0.1,表现为公斤级别越高,内、中因子值越高而外因子越低的趋势。由于中因子的变化最明显,其次是内因子,所以体型分布出现由中胚型正中区域陡直地向偏左上方延伸的趋势。优秀柔道选手的公斤级别越高,体型的三个因子值呈规律性变化,其中内因子值的上升趋势最显著,说明体脂成分的增加最明显,这与举重公斤级别越高其瘦体重量/身高值越大的趋势有显著不同。

对各专项运动中成绩不同者的体型分布差异,在一定程度上也可看作是同一专项运动中不同级别者之间的差异,因为这些成绩有明显差异的选手,在体格、机能、素质、训练强度和年限等方面也有很大差别。从表4－17中列出的Bale对女子马拉松选手的比较看,越是成绩优秀的选手,外因子值越高而内因子值越低,体型分布越趋向外胚型。A. Jaski对男子墙球运动员的体型分析表明,成绩优秀组较其他两组外因子值明显低而更趋向中胚型。以往习惯上将运动员体型按同一大项目归类,但Foley和Brian对自行车运动员的分析均表明,在这一项目中,由于赛程内容、形式和训练方式的不同,运动员的体型会有显著的不同。Foley对四种

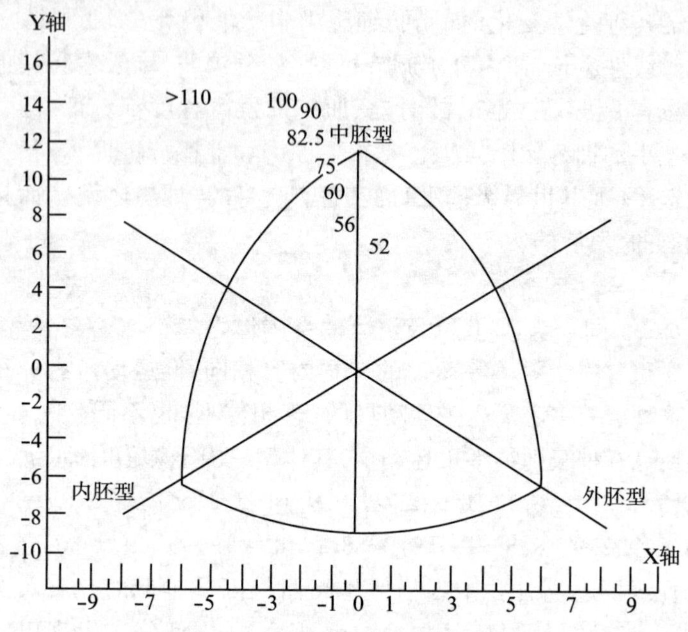

注：图内所示数字为各群体的举重级别

图 4－17　捷克不同级别优秀举重运动的体型分布

表 4－17　同项目不同成绩选手的体型三因子比较

项　目	内因子	中因子	外因子
女子马拉松（英国）			
优秀组（n＝11）	2.8±0.5	3.6±0.8	4.6±0.6
良好组（n＝12）	3.2±0.8	3.4±0.9	4.4±1.0
一般组（n＝13）	3.5±0.6	4.0±0.6	3.4±0.7
男子墙球（英国）			
优秀组（n＝6）	2.5±1.1	4.8±0.5	2.9±0.4
良好组（n＝16）	2.6±0.5	4.7±0.8	3.6±1.0
一般组（n＝20）	2.3±1.4	4.8±0.6	3.5±1.0

摘自：张琳. 运动项目特点与体型（综述）。

赛项的优秀自行车选手的体格测量表明，赛程最短的短速赛选手身材相对最矮粗，瘦体重量/身高值最大，中因子均高达6.9；相反，赛程最长的计时赛选手身材最高，腿最长，外因子在四组中居最高位，均值达3.7(见表4-18)。赛程居中的追逐赛、公路赛两类选手，体型的三个因子均值也分别居中，由此使这四种选手的体型截然不同。Brian 对澳大利亚优秀场地自行车男选手的分析则是把短速赛选手称为“速度组”，其他选手合并为一组称为“耐力组”；前者在内、中因子方面占优势，而后者的外因子均值较高。Brian 和 Foley 一致认为，这种差异反映出两者在训练和比赛中的不同需要。短速赛选手骨骼、肌肉和体脂量较高，所以中因子也较高，在这一点上与一些力量型的田赛选手相似，有利于在短时间内充分发挥自身的有氧和无氧代谢能力。而耐力型选手相对占优势的外因子值与其运动过程中所需的较高齿轮传动比有关，这有利于他们在长时间的耐力运动中更经济、有效地利用代谢释放能量，这与马拉松及其他中长跑选手有非常相似之处。上述分析提示，在同项目不同级别、不同水平和不同赛项的运动员中，都存在着明显的体型差异，这些差异总的来说，与“理想体型”的概念是一致的。

表4-18　不同赛程自行车运动员的体型三因子比较

项　目	内因子	中因子	外因子
短速赛(n=7)	2.0±0.20	6.9±0.57	1.4±0.37
追逐赛(n=7)	2.2±0.24	5.3±0.20	2.9±0.24
公路赛(n=7)	2.1±0.21	4.8±0.31	3.5±0.31
计时赛(n=7)	2.9±0.54	3.9±0.45	3.7±0.63

摘自：张琳.运动项目特点与体型(综述)。

(三)球队中担负不同场上角色队员的体型分布规律

不少研究证实，在球队队员中，担负不同场上角色的运动员

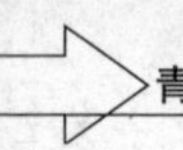

体型互有差异。这一现象在一些既需要密切配合,又需要队员在各自位置上发挥独特作用的球类运动中尤为突出。例如,邓沛玲等(1989)对我国优秀手球运动员的体型测试结果,无论男女,中因子值均以内线队员最高,而他们的外因子值相对较低。这种体型对他们在手球这种接触性强、对肌力要求高的项目,较好发挥自身在场上位置上的作用显然是有利的。守门员的内因子值高,与其活动区域比较局限有关。从表4-19对三种球队队员(美国白人)的体型分析看,场上位置与体型的关系似也很密切,而且由于每种球队的活动方式和场上配置各不相同,队员的体型特征也

表4-19　美国三种球队队员的体型三因子均值

场上角色	内因子	中因子	外因子
英式足球			
守门	3.5	5.0	2.0
防守	3.0	5.0	2.5
中场	3.0	5.0	2.5
前锋	3.0	4.5	3.0
美式足球			
后防卫	3.9	5.5	2.7
后攻卫	4.5	5.5	2.3
前攻卫	5.1	5.7	1.0
前防卫	5.1	5.8	0.7
篮球			
中锋	1.6	3.6	4.2
前边锋	1.7	3.8	3.8
后卫	1.6	4.4	3.2

摘自：张琳.运动项目特点与体型(综述)。

各有所异。篮球中锋一般体型高大,外因子值也较高;后卫队员接触动作多,肌力要求高,故中因子值也较高。

六、青少年体型敏感窗口期的分析与讨论

上述各类研究结果显示,普通人群体型个体差异很大,而对于经过严格选拔、训练有素的运动员而言更是呈现不同体型特征,整体看,优秀男运动员体型大多分布在中胚型区,女运动员体型则大多分布在内——中胚型或中——内胚型区域,但不同专项优秀选手(尤其世界级选手)各有自身的"理想体型",如优秀体操运动员的中胚叶成分大大高于内胚叶和外胚叶成分,并且最优秀的运动员的中胚叶成分分值还高于平均值;举重和田径投掷优秀运动员体型特点是中胚叶成分很高,外胚叶成分很低,内胚叶居中;除投掷外的田径各项目运动员的体型差别主要在外胚叶成分上表现得较为明显,短跑、高栏和跳远运动员的外胚叶成分相对较低,而中、长跑和跳高运动员的外胚叶成分则相对较高,而且外胚叶成分高是优秀跳高运动员最显著的体型特征等;在同项目不同级别、不同水平和不同赛项的运动员中也存在着明显的体型差异,特别是在一些球类运动中,担负不同场上角色的运动员体型亦互有差异,因此,在青少年运动员选材过程可将体型作为一项重要的参考指标,通过了解和掌握体型不同胚层在不同年龄阶段的生长发育特点,特别是内、中、外不同胚层因子在某一特定阶段的发育敏感窗口期特征,提高不同项目青少年运动员选材育才的科学性和针对性。

根据李玲(2003 年)对 3 ~ 6 岁儿童体型三因子的研究数据(见表 4 - 3)和刘素伟(2007 年)对 7 ~ 18 岁青少年体型的研究数据(见表 4 - 8 和表 4 - 9),对 3 ~ 18 岁青少年男女内、中、外因子均值(见图 4 - 18)和离差率(见图 4 - 19)随年龄变化作趋势图,结果显示:内因子方面,11 岁以前男生内因子大于女生,12 岁以

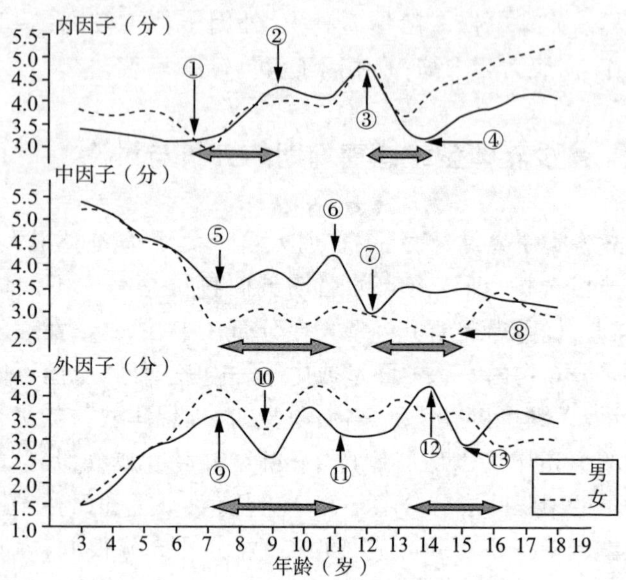

图4-18　3~18岁青少年男女体型内、中、外因子均值变化趋势图

后女生大于男生，男女生内因子均在7~9岁和11~15岁之间有较大变化，特别是在11~15岁期间出现先增加后下降之后又增加的趋势；中因子方面，除16岁男女相差不多外，其他年龄组男生中因子均大于女生，在7~11岁和12~15岁之间男女均值都出现较大变化，离差率图亦显示同样变化；外因子方面，13岁以前女生外因子大于男生，14岁以后男生大于女生，在7~11岁和13~16岁之间变化比较大。此研究与20世纪90年代初季成叶的研究在变化趋势上基本一致，但在某些年龄点位呈现出更明显的波动变化，特别在中因子方面，分析其原因，一方面可能是因为抽样样本在地域选择和数量上存在差异，另一方面可能确实是由于近十几年经济发展、生活改善以及营养提高，导致儿童少年肌肉骨骼上更加健壮，而又由于发展的不均衡，引起个别年龄段出现较明显的波动，也说明不同地域、不同数量甚至不同经济发展阶段均会引起青少年体型研究的不同结果，各地区在参考体型指标进行运

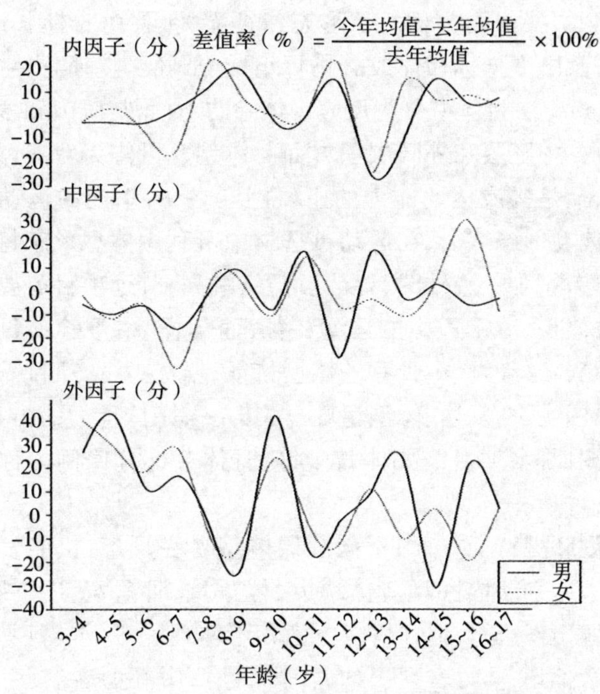

图4－19 3～18岁青少年男女体型内、中、外因子离差率变化趋势图

动员选材时宜在整体研究基础上，结合当地实际情况，加强本地样本选择和持续动态的跟踪研究。整体看青少年时期男生较女生骨骼粗壮，肌肉发达，随着年龄的增长，女生的皮下脂肪更发达，体态丰满，男生的身体相对瘦高程度增长，身材修长。男女各年龄组间体型比较显示，7、8、12、14、17、18岁年龄组男女间体型有显著性差异。

第五节 体型的评议与小结

体型是人体骨骼、肌肉、体脂、身材等的综合反应，分为形态特征和胚层特征两方面。从形态特征看，主要由身体长度指标、宽度指标、围度指标和体成分指标组成，从胚层特征看，主要采用 Heath-Carter 法将体型分为反应身体脂肪、骨骼与肌肉和瘦高程度的内胚层、中胚层和外胚层三方面。体型既可作为营养评价的辅助手段，又是构成运动能力的主要因素之一，不同的运动项目有各自的体型形态特征，在运动员选材中可利用体型形态特征指标进行初选，譬如：篮排球、游泳、跨栏、跳高、跳远项目需要身材高大、四肢修长、体重适中的体型特征，而体操、举重等项目需要身高中下、肩宽、细腰、小骨盆的体型特征，铅球、铁饼项目需要高身材、大体围、肌肉发达、体型粗壮、尤其是去脂体重大的体型特征，花样游泳、跳水项目需要体长中等、身体各部分比例匀称的体型特征。

体型胚层特征方面，不同胚层体型者在形态、机能发育方面确有较大差别。内胚型者体块大、体重重、骨盆宽、皮下脂肪多、青春发育出现也早，但在机能方面并不体现优势（或者说，这仅仅是因其发育较早而表现出的暂时优势）；中胚型者肩膀宽、骨胳粗、肌肉健壮，在背肌力、握力等方面占相当优势，外胚型者身材瘦削、下肢长、体块小、肩膀窄，在机能（尤其肌力）方面表现较差。从运动项目看，中胚型男孩在仰卧起坐、投球、斜身引体向上等素质上占优势，而外胚型者在垂直跳、10×2 米往返跑等方面领先。表明中胚型适合于以力量和肌耐力为主的运动，外胚型在平衡性、柔韧性和纤巧性为主的项目上见长，而内胚型中除少数偏向中胚型者较适合于举重、投掷项目外，运动素质一般较差。从不同发育类型青少年体型胚层特征研究结果看，男生内胚型各组人数基本一致，外胚型人数为晚发育组 > 早发育组 > 正常发育组，中胚型人数为正常发育组 > 早发育组 > 晚发育组，且组间构成比具有较显著差异；女生内胚型人数为早发育组 > 正常发育组 > 晚发育组，中胚型人数各组人数基本一致，外胚型人数为晚发育组 > 正常发育组 > 早发育组。

从青少年体型发展的敏感窗口期看，由于青少年处于生长发育和青春期全过程，身体形态将有较大的塑造过渡时期，运动训练对其亦会产生影响。青少年体型发展包括了形态特征中长度、宽度、围度、厚度和身体成分五个方面，指标繁多，加上派生指数，多维视角构成复杂的体型构架。因此，一般研究很难完整描述所有指标的敏感窗口期，多数研究集中在体型形态指标的发展规律和个别特殊指标上，比如青少年发育突增期先长肢、后长腰，再长肩和骨盆；7~18岁青少年男女身高、体重年增长值的生长突增高峰分别出现在10~11岁(女)和12~13岁(男)；不过女孩9~10岁期间的增长量也较大，女孩到16岁时多数指标增长停滞而男孩持续到18岁；皮下脂肪量方面，男孩11岁后即停止增长甚至下降，女孩则持续稳定上升，以致18岁时，其皮下脂肪量平均高出同龄男孩70%以上等。因此涉及敏感窗口期主要还是从体型胚胎特征中的内、中、外三因子指标进行研究评议与总结。

从3~6岁幼儿和7~18岁青少年体型胚层特征的发展变化趋势看，3~6岁的男女幼儿的体型胚层特征均为中因子最大，内因子次之，外因子最小。内因子和中因子随年龄的增长而缓慢下降，而外因子则随年龄的增长较快上升。3~5岁男女孩偏内胚型的中胚型较多，男孩4岁以后均衡的中胚型逐渐增多，女孩5岁以后内胚——中胚均衡型和三胚中间型亦增多。7~18岁青少年体型胚层特征方面，11岁以前男生内因子大于女生，12岁以后女生大于男生，男女生内因子均在7~9岁和11~15岁之间有较大变化，特别是在11~15岁期间出现先增加后下降之后又增加的趋势；中因子方面，除16岁男女相差不多外，其他年龄组男生中因子均大于女生，在7~11岁和12~15岁之间男女均值都出现较大变化，离差率图亦显示同样变化；外因子方面，13岁以前女生外因子大于男生，14岁以后男生大于女生，在7~11岁和13~16岁之间变化比较大。男女各年龄组间体型比较显示，7、8、12、14、17、18岁年龄组男女间体型有显著性差异。体型三因子指标受不同地域、不同性别、不同数量选择等方面的影响较大,注意动态追踪研究。

不同运动项目人群体型胚层特征不同,各专项优秀选手(尤其世界级选手)各有自身的"理想体型",在同项目不同级别、不同水平和不同赛项的运动员中都存在着明显的体型差异,特别是在一些球类运动中,担负不同场上角色的运动员体型也互有差异。因此,在运动员选材过程可将体型作为一项重要的参考指标。

建议阅读文献

1. 梁军,聂绍发. Heath-Carter 体型方法及应用[J]. 实用预防科学,2001,8(5):397-400.
2. 蒋葵,梁明康. Heath-Carter 体型方法对青少年体型的研究及应用[J]. 广西中医学院学报,2005,8(3):108-110.
3. 郭洪波. 甘肃省青少年男子短跑运动员体型现状研究[D]. 兰州:西北师范大学,2001.
4. 李玉玲,季成叶,陆舜华. 汉族儿童青少年体型遗传的双生子研究[J]. 中华预防医学杂志,2006,40(6):433-436.
5. 李玲,花兆合,刘再群,等. 3~6 岁幼儿的 Heath-Carter 体型法研究[J]. 人类学学报,2003,22(3):235-240.
6. 季成叶,袁捷,肖建文,等. 3802 名中国城市青少年体型分析[J]. 人类学学报,1992,11(3):250-259.
7. 刘素伟,孟跃新,赵宝东. 应用 Heath-Carter 体型法分析辽西地区城市汉族儿童青少年 1 263 名体型特征[J]. 中国组织工程研究与临床康复,2007,11(17):3201-3205.
8. 张琳,季成叶. 运动项目特点与体型(综述)[J]. 中国体育科学学会学报,1994,14(2):53-57.
9. 曾令嘉,王惠民,黄元春. 我国优秀运动员体型特征的初步探讨[J]. 体育科学,1987(1):46-50.
10. 张瑛秋. 青春发育突增期(高峰年龄)不同发育类型学生体质特征及健康促进[D]. 北京:北京体育大学,2002.
11. 张一民,曾云贵,郭惠英,等. 青春突增期不同发育类型男女生体型特征的研究[J]. 北京体育大学学报,1998,21(3):34-37.

12. 沈勋章. 奥运项目教学训练大纲青少年选材育才研究[M]. 上海浦江教育出版社,2015：31－71.

13. 季成叶. 男青少年营养状况评价和体型图分析[J]. 中国公共卫生,1997,13(11)：667－670.

14. 邹大华,邵宗义. 上海市青少年体型分析[J]. 体育科学,1982(3)：27－31.

15. 唐东辉. 中国汉族青年体型特征的聚类分析[J]. 山东体育学院学报,1995,11(4)：34－38.

16. 邓沛玲,凌赞孺,夏惠泉,等. 对我国优秀手球运动员体型的探讨[J]. 体育科学,1990(2)：48－53.

17. 季成叶. 男青少年体型与形态、机能、素质发育相互关系的研究[J]. 中国学校卫生,1991,12(2)：81－83.

18. 祁团结. 我国优秀女子乒乓球和羽毛球运动员身体形态特征的研究[J]. 武汉体育学院学报. 2005,39(11)：88－91.

19. 马文海,杨浦,张大超. 运用 Heath-Carter 方法对 12～15 岁不同发育类型少年体型特征的测量与评价[J]. 西安体育学院学报,2012,29(6)：710－720.

第五章　青少年体脂百分比敏感窗口期的研究

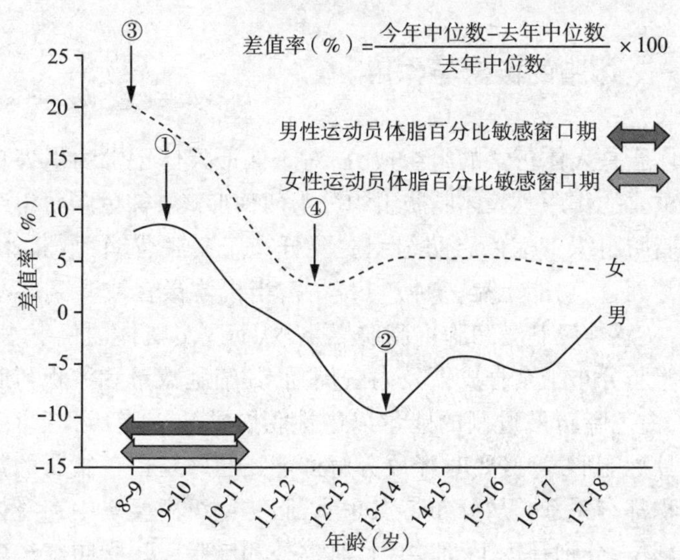

提要：

本章讨论了体脂的概念和意义、介绍了常见的体脂测量方法与评价指标。国内外大量的文献和数据为体脂百分比敏感窗口期提供了佐证，提示青少年体脂百分比存在敏感窗口期，体脂百分比评价指标主要有体脂率和体成分。通过青少年学生人群、优秀运动员群体的体脂数据，分析影响体脂百分比的因素、体脂与生长发育、体型特征相关性，不同项目体脂百分比与瘦体重构成等。研究表明，了解体脂发展敏感窗口期，对帮助项目教练员成功地开展运动员初级选材、帮助广大青少年在敏感窗口期适时开展健康指导大有裨益。

第一节 概念与意义

一、体脂的概念与作用

体脂是人体正常的组织成分,对于保证人体正常的生理功能起着重要的作用。人体脂肪组织分为两种形式:棕色脂肪组织和白色脂肪组织。棕色脂肪组织主要分布于肩胛骨间、腋窝处、颈背部等处,在功能上是一种产热器官,当机体摄食或受到寒冷刺激时,交感神经刺激细胞内脂肪燃烧,从而决定机体的代射水平。白色脂肪分布于全身皮下及内脏周围,其细胞数量和体积与肥胖有关,白色脂肪是过剩的能量以中性脂肪甘油三脂形式贮存,作为一种贮能形式,必要时释放分解产能。肥胖与白色脂肪的数目和体积都有关系。从分布特点来看,脂肪组织主要集中在身体的四个部位,分别是皮下、肌肉内、肌肉外和胸腹腔。脂肪组织的总体积取决于脂肪细胞的数目和脂肪细胞的体积。因此脂肪组织增生有两条途径,一是脂肪细胞通过摄取油脂而使体积增加,二是通过前脂肪细胞数量增加,进而分化成脂肪来实现脂肪组织的增生。脂肪组织能产生多种激素、瘦素、前列腺素以及其他影响代谢及心血管调节的物质。它不仅具有自我分泌调节、外围分泌调节的能力,还具有全身内分泌调节的功能。王璐(2013)研究指出青春早期男女孩的脂肪含量均有增加,生长突增期前后,男生脂肪增长量低于女生。由于雌激素有促进脂肪沉积的作用,因此女孩的体脂含量在整个青春期持续增长,青春后期更为明显。男孩则不同,进入青春期后,男生皮褶厚度增长不明显,体脂常出现负增长(即体脂总量减小),直到青春期晚期甚至青年期,才有脂肪的增加。男性与女性间体脂分布位置也不同;女性由于雌激素的缘故，身体脂肪主要集中在胸部和臀部等部位，所以有男子苹果状肥胖体型，女子梨状肥胖体型。

二、体脂百分比的概念与评价意义

体脂百分比是指人体内脂肪含量占体重的百分数，其计算公式为体脂百分比（% BF）= 身体脂肪含量/身体质量 ×100%。体脂包括基础脂肪和非基础脂肪，其中基础脂肪（约占 2%~3%）是维持生命活动必须的成分，而非基础脂肪被称为储脂，指人体在代谢过程中储存起来的脂肪。正常成年男性体脂百分比为 15%~20%，女性为 20% ~25%；8 ~12 岁男性青少年体脂百分比约 10% ~12%，13 ~18 岁 12% ~15%；8 ~12 岁女性青少年体脂百分比约为 13% ~15%，13 ~18 岁 13 ~18%。王璐（2013）研究指出体脂百分比因年龄和性别有所不同。儿童少年在青春期前期体脂百分比较低，随年龄的增长，体脂百分比有不同程度的增长。新生儿的体脂百分比约为 10%，成年早期身材细长的男性体脂百分比约为 10% 左右，而同样身材的女性体脂百分比约为 15% 左右，30 岁时正常男性体脂百分比约为 15%，女性体脂百分比约为 22%。

体脂百分比一定程度上体现了健康状况和运动能力，而理想的体脂百分比与年龄、性别等因素相关。青少年体脂百分比与胖瘦有关，与生长发育水平有关，与运动能力有关，与基础代谢亦有关。体脂百分比过高或过低都会诱发多种疾病，过高易导致关节炎、肌肉、骨骼的损伤，尤其对于运动员来说，体脂百分比过高将会导致运动成绩的明显下降。相反，体脂百分比过低，也会引发女性月经失调等症状。在青少年选材、育才过程中，教练员应在保证运动员健康、生长发育不受影响前提下，控制在适宜相关项目竞技的体脂百分比范围内。

王璐（2013）认为 12 ~14 岁是青春期发育的前期，也是关键时期,这一阶段以身体形态发育的突增为主,是人体成熟前的一个迅速生长阶段,也称为生长加速期。处于青春发育前期的儿童少年在身体成分、体脂百分比乃至体型方面都会产生较大的变化。这是因为青少年受遗传因素以及环境因素的影响,个体在生长发育过程中会出现骨龄与生活年龄不相等的情况,有的生活年龄大于骨龄,有的生活年龄小于骨龄。因此,做好体脂百分比与身体成分的研究可以帮助理解这一时期儿童和青少年的成长和发育状况,并及时改进不利于儿童和青少年健康发展的因素,且对其未来的健康成长进行有针对性的建议和指导。

三、体成分的概念与评价意义

近年来,体脂百分比的研究一直作为体成分一个下位概念来研究。关于体成分一词,最早应该是出现在希腊(公元前400年)。到目前为止,国内的研究者对于体成分一词的定义莫衷一是。左娇蕾(2011)认为体成分是身体形态和身体机能发生变化的物质基础,主要包括体脂肪和瘦体重,其水平反映了一个人的健康状况。杨建雄认为体成分是人体体内所包含的主要化学成分各自所占的比率,可以准确地反映出人体内各部分之间数量关系的动态变化,进而可以准确地表达出人体的发育水平。高炳宏(2001)在其文章中提到:体成分指组成人体各组织器官的总成分,其重量就是体重,包括脂肪成分和非脂肪成分两大类。夏其新认为体成分表述为身体的脂肪占总体重的百分比。杨敏在前人的研究上,将体成分的概念分为广义和狭义两种,广义上的体成分包含水分、蛋白质、脂肪和矿物质等;而狭义上的体成分指体脂肪的百分比。贺静(2013)对体成分的理解是人体体内某一些组成成分的总量以及某一些成分的所占比率,一般主要运用BMI、体脂肪含量、体脂肪率、肌肉含量、蛋白质以及身体水分量等指标来评价体成分。体成分可以在一定条件下准确地反映出人体内各部分之间数量关系的动态变化,进而可以准确地表达出人体的发育水平,由此来判定人体机能能力的高低。而国外西方国家对于体成分的概念基本达成一致。体成分研究的先驱 Wang 指出体成分是体适能的组成部分之一,指脂肪、骨骼与肌肉所占的比率。国外关于体成分的研究者对于 Wang 所下的定义基本达成一致。

体成分在基础医学、临床医学、预防医学以及运动人体科学研究中具有重要意义,特别是体脂和去脂体重的定量分析及其变化规律引起了人们的广泛关注。现代科学技术的发展,为人体体成分测量的方法学提供了许多先进的科学手段。特别是在营养学领域,进行人体体成分的研究工作,了解人体的组成情况对评价人体营养状况具有重要意义。近十余年来,国内外研究者对于这一领域极为关注并进行了大量的研究。研究体成分可以了解人体的体质、健康及衰老程度的状况,以利于将体重控制在一定的范围之内,使脂肪与去脂体重两部分的比例适宜,减少与肥胖有关的疾病的发病率,增进健康、提高生活质量。研究证实,体脂百分比过高或过低都会诱发多种疾病,人类的健康需要合理的身体脂肪比例。大量实际调查发现,超重尤其是腹部脂肪堆积过多与背疼、关节炎、免疫能力低下以及肌肉、骨骼损伤等有关,更为重要的是向心性肥胖与胰岛素抵抗、高血脂、高血压、慢性心脏病、脑血管意外等 20 多种疾病存在密切的关系。研究还证实,肥胖是慢性心脏病长期的、独立的危险因子。此外,肥胖已经成为引发各种现代“文明病”的危险因子。一项针对 75 万人患病危险因素的调查发现,肥胖者中由于各种原因引起死亡的危险性是正常体重人群的 19 倍。相反,体脂含量过低,也会造成健康危险性增加,因为人体需要一定的体脂肪量来维持正常生理功能,如基础脂肪是维持细胞膜结构完整性的关键,而非基础脂肪则具有提供和释放热量,以及能量贮备的功能。此外,脂肪还涉及到脂溶性维生素 A、D、E、K 的转运和贮备,以及维持神经系统功能、月经周期的稳定和生长发育过程顺利完成。所以,如果脂肪摄入量不足、过度训练和疾病等，均会导致严重的生理功能障碍。可见正确认识人体身体成分及体脂含量具有十分重要的现实意义，身体成分保持"理想水平"或维持体重在正常范围将是保持体质水平和避免疾病发生的基础。

在运动训练过程中，身体成分的结构和比例合理，对有效控制体重，科学安排训练，保证最佳运动能力也十分重要。身体成分可以从力学和能量代谢上对机体产生不同作用，对人体的生理特性、运动能力均有影响。不同的运动项目，不同的运动形式，对运动员的身体成分的要求也不同。随着现代竞技体育水平的迅速提高，人们已经充分认识到运动员的身体成分与运动能力的密切关系。

四、临界体重的概念与评价意义

对于青少年体脂百分比的研究，临界体重是重要、需要明晰的概念。临界体重，首先是由 Frish 于 1970 年提出，他认为女性发生月经初潮时，其体重会达到一个相对恒定的范围。除了月经初潮外，青春期的启动也需要一定的体重为基础。因此，临界体重就有了青春期启动时的临界体重和月经初潮临界体重两个体重值。月经临界体重的到达预示着女性月经初潮的来临。（沈勋章等（2001）研究指出）月经初潮后，女性的身体会发生明显的改变，月经初潮发生的早晚对运动员的生长发育和运动能力等各方面都有显著的影响。因此，临界体重概念的提出对运动训练，尤其是花样游泳、艺术体操等项目青少年运动员选材有着重要的指导意义和实践价值。张晓华、沈勋章等人研究发现足够的体脂，达到一定的体重、体脂百分比、BMI 指数是促进生长发育，维持正常月经的必要条件。当青少年进入青春发育后期其机体的体重达到了临界体重时，同时也就提示可能会出现月经初潮。我国花样游泳运动员的青春期临界体重为 40 ~ 42 kg。另有专著将能够达到女性正常月经周期初始与维持的最低体重称作临界体重，只有达到临界体重的女性才能够产生月经或维持正常的行经周期。西方白种女人青春期启动的临界体重为 30 kg，月经初潮临界体重为 45～47 kg。如果体脂过少，会导致体内雌激素的浓度和效力降低，妨碍到下丘脑的功能，从而导致月经初潮的延迟或中断，产生闭经。因此，足够的体脂百分比是促进女性青春期正常生长发育的基本条件，也是维持正常月经的必要条件。

国内外很多研究表明，肥胖少年儿童初潮年龄相对较早，这与临界体重相关。体操、艺术体操等项目女运动员体重小、体脂百分比低，因此初潮年龄较晚，这也与临界体重相关。如果体脂量低，临界体重到达时间比较晚的运动员，日后身高增长幅度要比初潮早者大，晚潮者要比早潮者的成才概率大。主要因为晚潮者青春期晚，生长发育期比较长，可塑性比较大。在运动员的日常训练中，可以通过控制饮食，控制运动员体重过快增长，尤其是体脂量的过快增长，延长生长发育周期，推迟月经初潮的发生，更有利于青少年运动员成绩的提高。

五、瘦体重的概念与评价意义

瘦体重是身体非脂肪成分的总称。瘦体重由身体细胞重量、细胞外水分和去脂的固体部分组成，其主要成分是骨骼、肌肉等。正常情况下，瘦体重与身体脂肪含量有一定的比例。瘦体重是活体组织中排除脂肪重量后的体重，属于代谢活泼组织，是人体中相对恒定的部分。青春发育期的男女儿童的各种体成分的总量都有增加，但各成分的比例方面有明显的性别差异。男孩主要分泌雄性激素，雄性激素有显著促进肌肉组织增长的功能，并且男孩的骨骼长而粗，故瘦体重不仅增加时间较女孩长，而且增长更迅速，20 岁时接近最高值。女孩瘦体重的增长相对较缓慢，突增幅度较男孩平缓的多，18 岁以后增长趋于停止。15 岁时女孩的瘦体重平均达男孩的81%,但20岁时下降为同龄男孩的68%左右。

青少年运动员进入青春发育期后瘦体重会较大幅度增加,在青春发育后期阶段随骨骼肌肉的发育,更有较大幅度增加。运动训练中,运动员保持较高的瘦体重,对提高有氧耐力、促进能量转换和耗氧、调节水盐代谢等具有重要意义。达登等人通过研究指出,瘦体重与运动能力、体能及预期运动成绩在多个项目上有着密切的关联,任何一个运动员增加瘦体重并增加瘦体重所占体重比例,均将改进运动潜能。

第二节　体脂百分比测量与评价

目前,随着实验技术的飞速发展,体脂百分比测定的方法手段较为丰富,其研究方法大致可分为原子、分子、细胞、整体水平四个层次;常用的研究手段有直接测量法、间接测量法、双重测量法等。直接测量法也就是化学分析法,但在实际工作中无法进行;间接测量法有水下称重法(Hydrodensitometry)、皮褶厚度测量法(Skinfold Method)、身体指数法(Body Mass Index)、生物电阻抗法测量法、超声测定法、核磁共振测定法、双能量子X线吸收法(Dual Energy X-ray Absorptionmetry, DEXA)、血氧稀释法、呼吸商测定法等等。以下介绍几种常见的测量与评价方法。

一、水下称重法

水下称重法是一种应用广泛、经典的实验室方法,且常常被作为一种评价身体成分的标准方法。这一方法将人体分为脂肪及非脂肪成分(包括骨骼、肌肉及其它非脂肪组织),通过对身体密度(Body density, Db)的测量,间接推测体脂百分比和去脂体重的有效测量方法。研究人员通过解剖尸体，分析发现脂肪组织密度为 0.901 g/cm³，骨骼及肌肉等非脂肪组织密度为 1.100 g/cm³，根据阿基米德定律，利用水下称重获得身体体积（以身体完全没入水下测得）和重量，由体重除以身体体积获得身体密度（Db），以此来推测体脂百分比（以%BF 表示）。该方法认为体脂含量高的人比含量低的人更易浮于水中。这是因为“胖人”体内的脂肪组织相对于其他组织对水的密度要小得多（肺组织除外）。于是，可通过对身体密度的测量，从而推算身体的脂肪含量和瘦体重，这样推测结果比较合理、精确。这种测量是建立在尸体瘦体重和脂肪组织的密度测量的基础上，所以，通过水下称重推测的体脂含量和体脂百分比还是相当准确的，并且曾作为比较和评定其他方法的“金”标准（gold standard），Lohman 发现水下称重法推测体脂率的测量误差为 ±2.5%。

二、皮褶厚度测量法

1. *测量假说*　①皮下脂肪含量可反映全身皮下脂肪的总量；②相同性别的所有受试者皮下脂肪分布相似；③皮下脂肪含量与身体脂肪总量高度相关，可代表身体脂肪总量。

2. *测量原理*　皮褶厚度测量是测量脂肪含量最为常用的方法。人体的脂肪主要分布在皮下、大网膜、肠系膜等处，其中 40% ~ 60% 的脂肪集中于皮下，而皮褶厚度是指身体皮下脂肪的厚度，因此用皮下脂肪的厚度（或辅助以身体围度、宽度等形态测量）来推算全身的脂肪含量，在理论上是可行的。Lohman（1988 年）报道其相关系数为 0.957 ~ 0.987 之间，研究还发现 12 个部位皮褶之和推算的脂肪比例和核磁共振法测定的数值无明显差异。因此，采用测量皮下脂肪的厚度来推测全身脂肪的含量或体脂百分比，在理论上是可行的。多年研究表明，皮褶厚度推测脂肪含量，其结果与水下称重求体密度法所测得的体脂有显著相关。但是，该方法运用时需注意：①尽管同性别者皮下脂肪总量与身体密度显著高度相关,但是不同人群的相关程度不一致,即推测公式仅仅适用于某一人群,不是对所有人群都适用;②年龄是预测男女身体密度的独立变量,所以应使用年龄和脂肪平方总和来预测身体密度。

3. 推测公式　各国学者在对不同人群研究的基础上,提出了许多采用皮褶厚度测量结果推测体脂率的方法和公式,比较著名的是：日本长岭公式(1964 年,适用于 9 ~ 18 岁和成年人),美国 Jackson 和 Pollock 公式(1977 年,适用于 18 ~ 61 岁);国内学者郑四勤的公式(1981 年,适用于 17 ~ 24 岁大学生),元田恒的公式(1987 年,适用于 7 ~ 18 岁学生),姚兴家等的公式(1994 年,适用于 7 ~ 12 岁)。

需要强调的是皮褶厚度测量推测体脂百分比的有效性已为许多研究所证实,且实施简单,成本低廉。但在实际操作中,皮褶厚度法存在着测量精度较难控制的现象,对于肥胖者的测量也有一定困难。因此,皮褶厚度测量推测体脂率公式的精确程度取决于测量过程的误差控制。

三、生物电阻抗法测量法

采用生物电阻抗法测量人体的体脂百分比是 1985 年由 Lukaski 等提出的,这是 20 世纪 80 年代发展起来的新技术。它假设人体是由脂肪与非脂肪组织组成,非脂肪组织含有大量的水分,是电的良好导体,而脂肪是无水物质,是电的不良导体,通过向人体导入一定频率的电流,测量人体的电阻值,可以间接测量人体的体脂含量。研究表明,应用该方法与水下称重法所得结果之间存在较高相关系数(r = 0. 90 ~ 0. 94),但影响因素较多,如身体形状、体内细胞与细胞外液的比例等。在测量时,受到测试仪器的型号、受试者状态、测试前是否做过激烈运动、饮水、进食、操作技术，以及选用的推测公式等因素的影响，造成一定的测量误差。

虽然影响人体生物电阻抗的因素较多，且理论基础还比较薄弱，对个体测定的准确性尚较差，但由于该方法所需仪器设备较为简单，操作简便，且安全无创伤，能反复使用，故目前市场上据此原理开发的产品较多。

四、双能量X线吸收法

双能量X线吸收法（DEXA，Dual-energy X-ray absorptionmetry）越来越多地被用来评价体脂百分比及其变化，双能量X线吸收法目前已经被广泛地应用到活体测量骨和软组织成分中。采用双能量X线吸收法评价身体成分时，其测量数据的“有效性”（效度）受身体水分（Hydration）、软件版本、硬件（扇形扫描或线性扫描）和受试者状况的影响。该技术能量的来源是X线，产生的射线量最小，降低的扫描时间，提高了预测的准确性。但是，由于双光子测试方法比较昂贵，需要花费较多经费，尤其是针对个人来说。所以，这也限制了双能量X线吸收法在实验室和临床上的实际应用。但是这无法限制双能量X线吸收法作为替代水下称重法的方法，直接应用于测量身体脂肪含量的研究。

五、体重指数法（BMI）

体重指数（BMI），也称身体质量指数，是体重与身高平方的比值，即BMI＝体重（kg）/身高（m^2）。它是估测体脂含量及评价人体是否超重的传统指标，排除了身高对体重的影响，但它不能很好地反映人体脂肪分布特征。体重指数越大，人的肥胖程度越高。应用评价儿童肥胖的标准与成人稍有差异，多采用BMI＞24为超重，BMI＞26为肥胖的标准。国际肥胖组织认为身体质量指数是评估儿童和青春期少年肥胖的较合理指标之一。研究表明，大多数个体的体重指数与身体脂肪的百分含量有明显的相关性，能较好地反映机体的肥胖程度。但在具体应用时还应考虑到其局限性，如对肌肉很发达的运动员或有水肿的病人，体重指数值可能过高估计其肥胖度。老年人的肌肉组织与其脂肪相比，肌肉组织的减少较多，计算的体重指数值可能过低估计其肥胖程度。同样道理相等 BMI 值的女性的体脂百分含量一般大于男性。

六、身体围度测量法

身体围度测量法是指通过测量身体皮下脂肪沉积较多的几个部位的围度来估算体脂含量并判定肥胖程度的方法。人体的胸围、腰围、臀围、大腿围等部位是脂肪重点堆积部位，也非常容易测量。

1. 腰围是指腰部周围的长度，目前公认腰围是衡量脂肪在腹部积蓄即中心性肥胖程度的最简单、实用的指标。脂肪在身体内的分布，尤其是腹部脂肪堆积的程度，与肥胖相关性疾病有更强的关联。在 BMI 指数并不太高者中，腹部脂肪增加（腰围大于临界值）是独立的危险性预测因素。同时使用腰围和体重指数可以更好地估计与多种相关慢性疾病的关系。

2. 腰臀比是腰围与臀围的比值。它主要反映人体脂肪在腹部和臀部的分布情况，可很好地反映身体脂肪分布的特征。因此，目前国内外学者都倾向于采用作为测量身体脂肪分布的客观指标。该方法最大的优点是重复测量误差小，数据稳定可靠，适用于大规模人群的调查研究。有研究表明围度测量法所得结果与水下称重法存在较高的关联度（r＝0.85～0.90），且重测信度高达 0.97 以上。此外，还可以利用腰围与臀围的比值来判定肥胖并分型，对描述身体不同部位的脂肪分布情况具有一定的意义。当腰臀比大于 0.8 时表示腹型肥胖，而小于 0.76 时则为臀型肥胖。

七、其他测量与评价方法

其他测试评价方法还有近红外光谱分析法、超声测量法、同位素稀释法、中子活化法、核磁共振成像法、脂肪可溶气体法等，本书不再一一介绍。

八、各测量方法之间的比较

黄鲲用皮褶厚度法、生物电阻抗法、双能量 X 线吸收法对儿童进行身体成分测定，结果显示对于大部分个体而言运用长岭公式的皮褶厚度法低估了体脂含量，BIA 在各体脂水平均低估了个体的体脂含量。杨涌(2011)在对生物电阻抗法和皮褶厚度法推算全身体脂百分比结果的比较和分析中发现，采用生物电阻抗法或测量皮褶厚度推算全身体脂百分比的方法是可行的，但以往皮褶厚度推测方法推测值与实测值之间存在较大误差，而儿童青少年专用设备 In Body J20 测量的结果准确性较高，但不适合大规模人群调查研究。Shumeis(2000)在综合了前人的研究成果，提出了各种评价体脂测量方法的可靠性和有效性。其中，除皮褶厚度法的可靠性相对略低外，其他方法的可靠性皆很高。生物电阻抗法、双能量 X 线吸收法的可靠性甚至高于水下称重法(UWW)。而推测体脂成分的有效性，则以水下称重法和双能量 X 线吸收法最高，其他方法相对较低。J. WANG(1994)等人研究也表明，各种方法推测体脂百分比时，均存在 3%~11% 的误差，其中，以皮褶厚度法和 BIA 法相对较大。但该研究也表示，皮褶厚度法的误差来源主要在于测量部位的定位和测量数值的读取，BIA 法的误差主要是身体水分的影响，这些误差完全可以通过质量控制方案和严格的培训来消除或降低。因此，提示我们，鉴于皮褶法和 BIA 法测试的简便性，用这两种方法推测体脂率还是大有可为的(见表 5－1、表 5－2)。

表5-1　几种测量方法推测有效性的比较(SHUMEIS. GUO,2000)

方法	可靠性	推测体脂率的有效性
BMI指数	5	2~3
围度	5	2
皮褶厚度	3~4	2
电阻法(BIA)	5	1
水下称重法(UWW)	4~5	4
双光子吸收法(DEXA)	5	4

注:表中分级标准1为最低,5为最高。

George. A. Bray与贺静分别汇总各种测量方法在费用、操作难度、准确性上的差异,认为具有很好科学性和可操作性的方法为:仅仅通过身高和体重测量的BMI;能够提供整体脂肪(体脂%)的最佳方法为DEXA和BIA;能够反映脂肪区域性分布的最实用方法是身体围度法和皮褶厚度法。

表5-2　各种体脂测量方法对比一览表

测量方法名称	费用	操作难易度	准确性	测试部位
生物电阻抗法(BIA)	中	易操作	高	局部/全身
皮褶厚度法	低	易操作	低	局部
双能量X线吸收法(DEXA法)	高	易操作	高	全身
水下称重法(UWW)	中	难操作	高	全身
BMI指数	低	易操作	低	全身
围度法	低	易操作	中	局部
超声波法	中	中等	中	局部
脂肪溶解气体法	高	中等	高	全身
空气增值法	高	易操作	高	全身

（续表）

测量方法名称	费用	操作难易度	准确性	测试部位
重水(氚标记)	高	中等	高	全身
钾同位素	很高	难操作	高	全身
CT 技术	很高	难操作	高	局部
核磁共振法	很高	难操作	高	局部

第三节　不同项目青少年体脂百分比的选材要求

体脂百分比是描述不同项目运动员生理学特征的一项重要指标,在各类竞技体育比赛中,几乎所有的优胜者都以机体较低的体脂百分比来奠定成功的基础。体脂百分比与运动能力有一定关系,对运动员来说,保持身体成分的合理比例更为重要。研究运动与身体成分控制也有助于运动员发挥最大的运动能力,保持良好的竞技状态。多年以来,国内外对运动员的体脂百分比及身体成分的研究非常多见,先驱者如杨天乐等在 20 世纪 80 年代报道了我国优秀田径、游泳、体操、排球等项目运动员的身体成分,近年来对我国高水平运动员身体成分的研究的后续研究也屡见不鲜,项目涉及到举重、跆拳道。体脂百分比、身体成分的比例是否合理,对有效地控制体重、科学合理地安排训练、保持最佳运动能力均十分重要。同时,不同的运动项群、不同运动项目,对运动员体脂百分比及身体成分的要求也各不相同。随着现代竞技体育水平的迅速提高,人们已充分认识到运动员的体脂百分比、身体成分与竞技成绩、竞技水平有密切的关系。研究成果显示,不同项目青少年选材过程中对体脂百分比及体成分评价指标选择各异,教练员对运动员体脂百分比要求不同(见表 5－3)。

表 5-3　各项群体育项目对青少年运动员体成分要求及现用选材指标

分类			项目对体脂、体成分、体型的要求	现用体脂及体成分选材指标
体能主导	快速力量	举重	体格健壮	体脂百分比 上臂围松紧差 克托莱指数
		田径投掷（铁饼、铅球、链球）	爆发力强 肌肉健壮匀称 肌肉类型好	克托莱指数 上臂围松紧差
		田径跳高	体重轻	克托莱指数
		撑杆跳高		克托莱指数
	速度	游泳		克托莱指数
		自行车	偏瘦体健	
		田径短跑		克托莱指数
		田径跨栏		克托莱指数
		速度滑冰		体重指数
	耐力	赛艇		体脂百分比 克托莱指数
		皮划艇	体脂含量低 我国优秀男运动员 11.87% ±2.43 我国优秀女运动员 19.09% ±3.87 理想模型 男运动员≤9.52% 女运动员≤16.75%	体脂百分比
		帆船		克托莱指数
		帆板	较少体脂，较高瘦体重比	皮褶厚度
		公开水域		皮脂厚度指数（肩胛下+脐旁） 克托莱指数

（续表）

分类			项目对体脂、体成分、体型的要求	现用体脂及体成分选材指标
体能主导	耐力	铁人三项	身体匀称 干瘦有劲	体脂百分比 克托莱指数
		田径竞走		BMI 指数
技能主导	难美	跳水		克托莱指数
		体操	体重偏小、精而瘦、 精干优美 女子运动员要求个小、 体轻、脂肪少	体脂百分比 克托莱指数
		蹦床		体脂百分比 克托莱指数
		花样游泳		体脂百分比 克托莱指数 体脂厚度指数 （肩胛下 + 脐旁）
		艺术体操	脂肪层评价 好（很不明显并均匀） 中（中等，但均匀） 差（腹及大腿根处 脂肪层明显）	体重年龄常数 （凯特列指数） 体重（克）/坐高（cm）
		花样滑冰	男子要求身体匀称结实、 瘦体重相对较大 女子要求形态优美、体轻、 瘦体重较大、脂肪较少 教练评议：要求体重指数 小、体脂比例小、瘦体重 指数大 我国优秀花滑女子 评价标准 下等 >18.53% 中下等 18.53% ~18.2% 中等 18.2% ~15.03% 中上等 15.03% ~13% 上等 <13%	体脂百分比（女） 克托莱指数（男）

（续表）

分类			项目对体脂、体成分、体型的要求	现用体脂及体成分选材指标
技心能主导	准确	射击		体重指数（体重/身高×1 000）
技战能主导	同场对抗	足球		克托莱指数
		曲棍球	去脂体重大、肌肉线条清楚、身材比例匀称、避免肥胖型、选择瘦长型	克托莱指数 BMI 指数
		水球	瘦体重比例高，有一定脂肪含量	克托莱指数
		篮球		体质状况（教练员评定）
		手球		BMI 指数
		羽毛球	高大而结实	克托莱指数 瘦体重
		乒乓球		克托莱指数
		排球 沙滩排球	体型匀称、肌肉线条清楚、皮下脂肪少、克托莱指数大	克托莱指数
	格斗对抗	柔道	我国优秀女子柔道运动员体脂百分比指标评价 上等≤12% 中上等 13% ~16% 中等 17% ~20% 中下等 21% ~27% 下等≥28% 我国优秀男子柔道运动员体脂百分比指标评价 上等≤8.8% 中上等 8.7% ~10.2% 中等 10.3% ~12.9% 中下等 13% ~19.5% 下等≥19.6	皮褶厚度 体脂百分比 瘦体重/体重

（续表）

分类			项目对体脂、体成分、体型的要求	现用体脂及体成分选材指标
技战能主导	格斗对抗	摔跤		体重指数
		跆拳道	身体匀称、体重适宜、体脂百分比符合级别要求	体脂百分比 克托莱指数
		拳击	较低脂肪较多肌肉	体脂百分比 去脂体重 克托莱指数
		击剑		瘦体重(LBW) 人体肌肉、脂肪含量比例

高红等(2003)应用韩国 InBody 3.0 人体成分分析仪对 1 114 名(包含 21 个运动项目)中国优秀运动员的身体成分进行测试,并将其数据按项目和体重分类进行统计。如下表所示,男运动员中体脂百分比均值最高的是赛艇项目,为 15.60%;体操项目最低,为 8.97%。女运动员中体脂百分比均值最高的是冰球项目,为 21.96%;体操项目最低,为 10.35%。此研究得出以下结论,由于年龄、体重和各项目等差异较大,本文所列数据不能作为所有运动项目共用的正常参考值。分项目建立各自的正常参考值是比较合理的。由于样本量的关系,本文数据统计的结果仅能作为我国运动员的推荐参考值。数据还需不断地进行补充,从而建立适合于各个运动项目身体成分的正常值。

表 5－4 中国优秀运动员体脂百分比一览

运动项目	性别	分项	年龄	项目例数	分项例数	体脂百分比(%BF)
游泳	男		18.85 ±2.45	40		11.41 ±2.62
	女		16.72 ±2.29	50		16.45 ±2.44

（续表）

运动项目	性别	分项	年龄	项目例数	分项例数	体脂百分比（%BF）
跳水	男		18.58±3.8	12		12.4±1.84
跳水	女		16.18±1.47	17		14.36±3.01
赛艇	男		18.43±1.68	21		15.6±5.8
赛艇	女		19.55±3.27	33		18.53±3.24
自行车	男		20.1±3.25	40		12.6±2.83
体操	男		16.1±2.67	39		8.97±1.85
体操	女		13.3±2.09	50		10.35±3.1
田径	男	短跑、跳高、跳远	21.82±3.66	84	23	10.55±2.46
田径	男	中长跑、竞走	21.82±3.66	84	61	11.16±3.1
田径	女	短跑、跳高、跳远	21.84±3.38	75	23	16.24±3.01
田径	女	中长跑、竞走	21.84±3.38	75	52	17.92±3.59
冰上项目（速度滑冰、冰球）	男	速度滑冰	22.5±2.44	14		13.09±3.17
冰上项目（速度滑冰、冰球）	女	速度滑冰	23.19±3.91	37	14	20.41±2
冰上项目（速度滑冰、冰球）	女	冰球	23.19±3.91	37	23	21.96±3.56
三大球（足球、篮球、排球）	男	足球	22.01±5.22	70	44	13.35±2.44
三大球（足球、篮球、排球）	男	篮球、排球	22.01±5.22	70	26	9.56±3.01
三大球（足球、篮球、排球）	女	足球	21.89±3.46	104	42	19.97±3.1
三大球（足球、篮球、排球）	女	篮球、排球	21.89±3.46	104	62	16±2.66
小球（乒乓球、羽毛球、手球、棒球）	男	手球、棒球	22.87±3.26	53	28	14.73±4.58
小球（乒乓球、羽毛球、手球、棒球）	男	乒乓球、羽毛球	22.87±3.26	53	25	14.33±3.1
小球（乒乓球、羽毛球、手球、棒球）	女	手球	22.87±3.26	52	18	18.59±2.96
小球（乒乓球、羽毛球、手球、棒球）	女	乒乓球、羽毛球	22.87±3.26	52	34	20.92±3.12

（续表）

运动项目	性别	分项	年龄	项目例数	分项例数	体脂百分比（%BF）
重竞技（举重、摔跤、柔道、武术、散打、跆拳道）	男	武术套路	20.35 ±2.98	188	43	11.33 ±2.32
		柔道、摔跤（65 ~ 85 公斤级）			48	11.04 ±2.5
		柔道、摔跤（85 ~ 105 公斤级）			15	14.36 ±5.33
		举重（65 ~ 85 公斤级）			27	12.14 ±2.81
		散打、跆拳道（<65 公斤级）			26	10.87 ±2.09
		散打、跆拳道（65 ~ 85 公斤级）			29	12.8 ±3.61
	女	武术套路	19.42 ±3.13	135	22	20.8 ±4.44
		柔道、摔跤（50 ~ 70 公斤级）			64	16.02 ±3.22
		柔道、摔跤（70 ~ 90 公斤级）			17	19.05 ±3.67
		举重（50 ~ 70 公斤级）			20	19.13 ±3.36
		跆拳道（50 ~ 70 公斤级）			12	19.78 ±4
总计	男		20.48 ±3.82	561		11.97 ±3.45
	女		19.54 ±4.19	553		17.45 ±4.44

一、体能主导类项目

1. *快速力量类项目——以举重项目为例* 李云霞等(1999)研究八运会举重比赛决赛的运动员发现在同一级别的男运动员中,比赛成绩较好者,全身体脂百分含量较低,瘦体重较重,体液含量较高;女运动员的这种现象不明显。观察各级别成绩最好的男运动员的体脂百分数据得出:接受检测的运动员54、59、64、70、76、83公斤级成绩最好的男运动员的体脂百分数据非常接近,在4.6%~6.5%之间;91、99公斤级的成绩最好的男运动员的体脂百分数据比较接近,分别为11.5%和12.4%;108公斤级的第1名为7.4%,与轻量级运动员的体脂百分数据比较接近;

罗智(2005)研究认为髂宽指数、克托莱指数和体脂百分比最能反映出我国优秀举重运动员的专项形态特征;在反映我国优秀举重运动员专项形态上,各指标权重各不相同,以克托莱指数所占的权重最大,其次是体脂百分比,比髂宽指数所占的权重最小,提示着我国优秀举重运动员形态特点主要以反应全身肌肉质量为主,且重要性程度较高,而对体型的重要性程度低于前者。

2. *耐力类项目——以赛艇项目为例* 杜忠林分析了26名中国国家赛艇运动员的身体成分,结果显示与美国奥运会集训队相比,我国选手的体脂百分比较高,两个男子组间无显著差异($p>0.05$),与我国其他耐力项目的优秀运动员相比(杨天乐等,1982年)男女赛艇重量级选手的体脂百分比都显著大于男女中长跑选手($p<0.05$),但是与田径全能和游泳选手相比没有显著差异。与美国奥运会集训队相比,与力量素质相关的瘦体质量不占任何优势,我国赛艇运动员的体脂百分比却较大,较大的体脂百分比可能影响船艇速度。

黄淑萍(2009)研究优秀赛艇运动员身体成分变化时指出男子公开级赛艇运动员皮脂百分比在9.52%~21.71%范围内波动,平均值在12.93%;女运动员皮脂百分比在10.8%~24.8%范围内波动，平均值在17.03%。国际上赛艇运动员普遍的应具有的体脂百分数为男子7%~12%，女子12%~17%。可以看出我国运动员体脂变化范围更大，平均值超出了国际赛艇运动员体脂百分比范围的高限，这可能是我国赛艇公开级运动员水平与世界水平有一定差距的原因之一。

3. 速度类项目

(1) 以游泳项目为例　罗智(2005)开展对于我国优秀游泳运动员形态模型研究时指出，在优秀游泳运动员形态结构各指标中，以体型指数和髂宽占有较大的权重，说明该项目要求有较宽的肩宽和较窄的髂宽，且对体型要求较高，在各指标权重比较中，以体脂百分比所占有的权重最小，表明游泳运动员对体脂含量要求不高，一定范围内的体脂含量将有助于浮力的增加，故适量的体脂含量是游泳运动员所必须的。

沈艳梅等(2009)指出男子游泳运动员体脂百分比应保持在9%左右，女子游泳运动员体脂百分比应保持在15%左右较为理想。沈艳梅以400 m以下为短距离组，400 m及以上距离为中长距离组，得到男子短距离组瘦体重高于中长距离组，且存在显著性差异；体脂百分比低于中长距离组，且存在显著性差异；女子短距离组脂肪含量、体脂百分比低于中长距离组，无显著性差异；男子游泳运动员身体成分比例较合理出现在19~21岁这个年龄段，女子出现在16~18岁这个年龄段；游泳运动员体脂百分比高低与运动等级的相关性不大的结论。

Sinning(1985)认为长距离游泳作为一种耐力性运动项目，运动员均表现出较高的脂肪含量反而有利于运动，这是因为脂肪有助于维持体温和提高浮力。

(2) 以短道速滑项目为例　商立新、杨则宜、闰慧在《在第19届冬奥会国家短道速滑队运动员的膳食营养调查和身体成分的分析》一文中对冬奥会选手的身体成分共进行了测试，并尝试与国内外相关项目优秀运动员体成分进行比较。得出以下结论：参加此次冬奥会短道速滑比赛选手体脂百分比总体水平偏高,有近半数运动员的体脂百分比较高(男子高于15%、女子高于20%);多数运动员夏训阶段的体脂百分比较低,而在训练和比赛阶段的体脂百分比有些反弹,但多数运动员在大赛前的体脂百分比都能控制在本人的较低水平上。建议加强运动员身体成分的监测,使运动员的体脂百分比最好控制在男子10% ~13%、女子17% ~20%,并把它作为评价运动员膳食营养状况和训练效果的科学依据。

高维纬(1993)总结我国优秀速滑运动员身体成分的主要特征为体脂百分比明显高于世界速滑强国优秀运动员;指出这使我国优秀速滑运动员在滑跑过程中机体的输出功小于同等体重的国外优秀运动员,而且机体做功的有效率也较低。因此,运动时机体仅能获得较低的速度便成为我国优秀速滑运动员参加竞赛的普遍结果;同时建议成年男子速滑运动员的体脂百分比应该达到或控制在5% ~10%的范围;成年女子速滑运动员的体脂百分比应该达到或控制在10% ~17%的范围内;青年速滑运动员可略高于这一范围。

(3) 以田径项目为例　据研究表明,以力量和爆发力为主的项目,增加去脂体重是极为重要的,因为力量和去脂体质量呈正相关。当体脂百分比过高时,会增加肌肉收缩过程的摩擦力,影响肌肉力量的发挥。总之,保持适宜体脂百分比,对发展肌肉力量,提高运动成绩有积极作用。

彭红等(1999)对备战1996年亚特兰大奥运会国家田径集训队跨栏、跳远、铅球项目男、女运动员进行研究,得出优秀男子跨栏、跳远、铅球项目运动员体脂率分别为11.81% ±1.361、10.8% ±2.29、19.06% ±4.72;优秀女子跨栏、跳远、铅球项目运动员体脂率分别为17.01% ±1.64、16.48% ±1.796、25.82% ±5.07,并得出我国优秀跨栏、跳远运动员体成分的特征是:脂肪百分比不高,体重、去脂体重不宜过多;我国优秀铅球运动员体成分特征是:体重大,需要较多的去脂体重,以获得较大的力量的结论。

侯玉鹭等(2010)对中国优秀跳远运动员身体成分的分析指出

对于跳远项目,由于运动员必须快速移动,完成复杂的动作,需要有较高水平的相对力量,所以相对爆发力显得十分重要。对于从事快速移动躯干项目的运动员来说,虽然通过训练可使肌肉增大,绝对肌力增加,爆发力得到提高,但是如果肌肉的体积太大,身体质量过重会明显影响灵敏素质的发展,会使身体各部分的惯性加大,降低肌肉的收缩能力。因此,对运动员来说在训练中使肌肉的体积得到适当的增加,并保持有较大的肌肉力量则更为重要。所以跳远运动员身体成分特征应是适宜的身体质量,较少的体脂,去脂体质量不宜过多。体内的脂肪和去脂体重从力学上和能量代谢上对机体产生不同的作用。中国优秀跳远运动员的体脂百分比和瘦体重随着运动水平的提高,体脂百分比逐渐减少,瘦体质量逐渐增多;优秀跳远男女运动员之间身体成分差异非常显著。跳远男女优秀运动员的瘦体重、瘦体重/身高与肺活量、立定跳远、立定三级跳远、深蹲、专项成绩呈正相关,与 30 m 跑呈负相关。所得结果与专项成绩结果的差距相吻合;建议继续对国内及国外优秀跳远运动员的身体成分进行跟踪研究,为科学选材及训练提供依据。

二、技能主导类项目

1. 难美类项目

(1) 以竞技健美项目为例　逄金柱等(2006)对于我国竞技健美运动员身体成分的研究发现我国成年男子健美组中、小级别运动员体脂百分比均在 10% 以下,大级别在 13% 左右,表明我国大级别健美运动员体脂含量偏高,因而其肌肉含量相对较少,这可能是我国大级别健美运动员在国际比赛中成绩稍差的一个原因,也说明我国大级别健美运动员还需进一步减少体脂,增加肌肉重量。健身先生组运动员体脂百分比大于 10% ,也从一个侧面说明健身先生比赛对于肌肉含量的要求稍低。国外有研究资料表明优秀男子健美运动员赛前体脂百分比为 5% 左右;成年女子健美组运动员体脂百分比在17%左右,明显高于男运动员,国外研究资料表明优秀女性健美运动员赛前体脂百分比可达到12.7%,该结果说明我国成年女子健美运动员体脂百分比仍然稍高;健身小姐组运动员体脂百分比也在17%左右,这说明健身小姐组运动员对于脂肪控制比较重视,已接近健美组运动员。

(2) 以冰上舞蹈项目为例　魏爱丽(2007)研究花样冰舞运动员身体脂肪的特点得出以下结论:我国花样冰舞优秀运动员体脂百分比(年度训练前):男子花样冰舞运动员体脂含量平均7.83 kg/人,占身体重量的10.60%;女子花样冰舞运动员体脂含量平均8.33 kg/人,占身体重量的16.93%。花样滑冰冰舞运动员整体体脂百分比较花样滑冰单人滑和双人滑运动员整体体脂百分比低,但与我国夏季项目运动员体脂百分比标准比较,整体体脂水平含量均达到了标准的上线。这种现象可能与花样滑冰运动员长年在冰上寒冷环境中训练、比赛有关,同时又反映出花样滑冰运动员在控制体脂%方面具有较大的可塑性。

三、技战术主导类项目

1. 格斗对抗类项目

(1) 以柔道项目为例　高炳宏等(2006)在对中国优秀男子柔道运动员身体成分特征及与无氧代谢能力关系的研究中指出,我国优秀男子柔道运动员的体脂百分比随比赛成绩和名次的提高呈逐渐下降趋势;瘦体重、瘦体重/体重、肌肉重量/体重等值均随比赛名次的升高而增加,表明优秀男子柔道运动员应具备的身体成分特点为低体脂率,高瘦体重;而瘦体重遗传度较高,因此选材时应特别注意这一指标。

我国优秀男子柔道运动员体脂百分比、瘦体重和肌肉重量等指标表现出明显的体重级别特征,提示我们在进行运动员机能评定与监控和选材时,应注意各级别间体脂含量的均衡性,尤其注意大级别运动员体脂百分比应较低;在训练时应根据不同级别,不同体脂含量进行控重和运动量的安排,这样才能使运动员具备合理的体脂百分比,适当增加瘦体重和肌肉重量,提高无氧能力和最大有氧能力。

我国优秀男子柔道运动员与国内同项群项目,如拳击、跆拳道、摔跤等项目优秀运动员相比,其体脂百分比较低,瘦体重/体重、肌肉重量/体重比值较高,表明柔道这项运动要求运动员应有较低的体脂百分比,同时说明具有较高的训练水平和运动能力。

(2) 以跆拳道项目为例 高炳宏等(2001)对1997年全国跆拳道锦标赛男子各级别前4名运动员(共30名)的身体成分进行了测定,结果运动员体脂百分比为10.23%,去脂体重、去脂体重/体重、去脂体重/身高等值均随比赛名次的升高而增加,同时,去脂体重与比赛名次高度相关($r = 0.951, P < 0.05$)。我国优秀男子跆拳道运动员的体脂百分比和去脂体重均随级别的增加而升高,尤其是大级别运动员的体脂百分比较高,与小级别运动员相比有显著性差异。与国内同项群如拳击、柔道、摔跤等项目优秀运动员相比,其体脂百分比最低(10.23%)。随名次降低,体脂百分比逐渐升高,第1名与第4名的体脂百分比有显著性差异。根据跆拳道运动的项目特点,肌肉力量和爆发力是取得好成绩的重要条件之一,体脂过多将降低运动速度,能量消耗增加,因而影响运动员肌力、爆发力、灵敏性及技术水平的发挥。

第四节 体脂率、体成分与身体机能、素质关系及影响因素

一、运动员体脂率、体成分与身体机能、素质之间关系

贺静(2016)在《运动员身体成分与身体发育中其他组成部分的

关系研究》一文中指出：国内外已有研究表明，体脂百分比、体成分与运动员的身体机能存在密切相关。由于不同的运动项目具有不同的项目特征，其运动员的身体机能与体成分之间的相关关系亦存在不同。但是，国内外相关研究所涉及的运动项目存在一致性，国内的相关研究涉及的运动项目主要有：柔道、滑雪、摔跤、短跑、自行车、击剑、赛艇、艺术体操；国外的相关研究所涉及的运动项目有：滑雪、自行车、短跑、体操。同时，国内外有关滑雪、自行车、短跑及体操四个运动项目的研究结果存在一致性（见表5-5）。

表5-5　体脂百分比、身体成分与运动员身体机能关系一览

国内外	项目	研究结果
国内	柔道	男运动员的体重、瘦体重、肌肉重量和蛋白质量与最大功率、平均功率呈正相关
	滑雪	女运动员肺通气量与体脂百分比（$r=-0.979$，$P<0.01$）、脂肪重量（$r=-0.941$，$P<0.05$）呈负相关
	摔跤	男、女运动员的体脂百分比与最大功率、平均功率呈负相关，与疲劳指数呈正相关；体重、瘦体重、瘦体重体重与最大功率、平均功率呈正相关，与疲劳指数呈负相关
	短跑、击剑、自行车	体重、肌肉、蛋白质与无氧能力指标在中度或高度的相关关系，与血乳酸都呈低度相关关系；与绝对摄氧量都有高度的相关关系
	赛艇、短跑、艺术体操	体水分量及其分布与机体的新陈代谢及机能能力有着密切的关系
国外	赛艇	瘦体重与运动员平均乳酸阈功率呈显著正相关（$r=0.94$，$P<0.01$）
	滑雪	体重、瘦体重与越野滑雪运动员身体机能呈正相关
	自行车	身体成分与运动员的有氧能力和无氧能力存在一定的关系
	短跑	体重与短跑运动员的无氧能力存在正相关关系
	体操	身体成分与体操运动员的运动形象、运动能力以及运动水平存在一定的关系

研究指出，瘦体重和一定的脂肪量是运动员无氧能力的重要物质基础，Mayhew 等人经过研究证明：身体成分是运动员无氧能力和短跑能力的影响因素之一。表 5－5 显示：体重、肌肉重量、瘦体重与运动员的无氧能力、有氧能力存在正相关关系；脂肪量与运动员的无氧能力存在负相关关系。

国内外有关体脂百分比、身体成分与运动员身体机能关系的研究存在一致性，即瘦体重与各项身体机能指标存在正相关关系，脂肪量与肺通气功能呈负相关关系。国内研究证明身体水分量及其分布与新陈代谢存在一定的关系，并没有阐述其研究设计。与普通青少年相比，有关身体成分与运动员身体机能指标关系的研究结果相对一致，并且更加侧重于身体成分与运动员疲劳指数、血乳酸水平等指标的关系研究，这与运动员的运动训练经历有关。运动员的体重、肌肉量以及瘦体重与无氧能力和有氧能力存在密切的关系，提示在评价运动员的无氧、有氧能力或运动选材时将体重、肌肉量以及瘦体重、体脂百分比作为新的评价指标。

探讨体脂百分比、身体成分与身体素质的内在联系，对于运动员身体发育状况评价、运动员科学选材以及运动训练监控具有重要的意义。关于体脂百分比、身体成分与普通青少年运动员身体素质关系的研究，国内尚未出现，国外则主要集中在足球、游泳以及摔跤三个运动项目中，具体研究成果见表 5－6。

表 5－6　国外有关身体成分与运动员身体素质关系一览

项目	研究结果与结论
足球	足球运动员的体脂百分比与下肢力量呈显著负相关
游泳	游泳运动员的瘦体重与全身力量呈正相关（r＝0.83）；体重与手臂力量呈正相关；体脂百分比与手臂力量呈负相关（r＝－0.33；P＝0.016）
摔跤	运动员瘦体重（2.21 kg）和脂肪量（2.08 kg）适宜范围内的减少，对运动员的力量并未有明显影响

Moura 等人(2014)通过对 56 名男青少年游泳运动员进行身体成分测试和运动素质测试,发现青少年游泳运动员的手臂力量与身体成分以及人体测量学指标呈正相关,其与体重($r=0.34$;$P=0.013$),体脂百分比($r=-0.33$;$P=0.016$),瘦体重($r=0.34$;$P=0.015$)存在一定的相关关系。

贺静(2016)由以上研究得出结论:身体成分与运动员的身体机能、身体形态、身体素质存在一定关系。体重、瘦体重、肌肉量与运动员的无氧、有氧能力存在正相关关系;体重与运动员的上臂力量呈正相关,瘦体重与运动员的全身力量呈正相关关系。脂肪量与运动员的无氧能力存在负相关关系;体脂百分比与运动员的内胚层体型存在负相关关系,与运动员的全身力量呈负相关。体水分量及其分布与机体的新陈代谢及机能能力有着密切的关系,关于身体成分的研究由于受条件与方法的限制,对体成分的研究多局限于脂肪量与瘦体重等方面,而对于机体体液分布及其比例重视不够。理想的身体成分对于运动员取得成绩具有一定的促进作用,已有研究认为身体成分可以作为运动员科学选材的评价指标之一。

二、影响运动员体脂百分比的因素

运动员体脂百分比存在着年龄差异,其差异也与项目有关,教学训练对其影响更大。归纳运动员体脂百分比造成影响的因素众多,简要地对几种常见因素进行阐述。

1. 体育锻炼　现代生活,人们处于静态生活的时间大量增加。大多数肥胖者相对不爱活动,坐着看电视是许多人在业余时间的主要休闲消遣方式,成为发生肥胖的主要原因之一。而经常性体力活动或参与体育锻炼不仅可增加能量消耗,而且可使身体的基础代谢增加,有利于维持机体的能量平衡,增强心血管系统和呼吸系统功能。

虽然各种形式的运动都会增加脂肪的氧化,但只有长时间中低强度的有氧运动,脂肪的供能比例才最大。如步行、慢跑、骑自行车、跳绳、跳舞、游泳、爬山及各种球类运动等,这些大肌肉群参与的动力型节律性运动,有助于维持机体的能量平衡,锻炼全身体力和耐力,提高心肺功能,直接影响脂肪组织中脂肪细胞的体积和代谢特点,影响血浆脂肪代谢降低血浆甘油酯的浓度,影响骨骼肌对脂肪酸的氧化利用。耐力训练可提高脂肪酸的活性,促进脂肪水解,抑制脂肪酸的合成,加速磷酸甘油的氧化,妨碍甘油三酯的合成,从而达到体脂减少,控制肥胖的目的。

BEREY CS 认为儿童少年体力活动与静坐类活动开展极其不均衡,室内多坐少动的时间增加而室外活动中尤其是以发展心肺功能为主的方法和手段的活动却明显减少,例如慢跑、登山、游泳等耐力运动等。贺静(2014)在对力量与耐力组合训练对青少年体成分的影响一文中提出相对于单纯的耐力训练来讲,力量与耐力组合训练对于降低青少年体脂肪量、体脂肪率的作用并没有减弱。力量与耐力组合训练相对于单纯的耐力训练来讲,可以促进青少年的体成分向着良性的方向发展。可以有效地塑造身体形态,在降低体脂肪含量的同时又避免了肌肉和蛋白质的减少,是青少年进行体育锻炼的最佳选择。

2. 遗传基因 体脂含量、体脂百分比、体重指数、瘦体重等均受遗传因素影响,这些遗传因素影响多为多基因作用。遗传学分析:体脂百分比的遗传作用大约为55%。尽管 BMI 以及体脂含量的遗传度值在文献中不尽相同,遗传因素对性状的影响趋势还是相当显著的。何鲜桂、季成叶等人选取了单卵双生 431 对,双卵双生 172 对为研究对象,分析儿童青少年体成分发育指标的遗传度,结果显示,体脂百分比遗传度男为0.77,女为0.73;体脂量男为0.79,女为0.78;瘦体重男为0.87,女为0.86。国外的一些研究也存在着相似的研究结果。

Bouchard 等(1990)认为人体的体脂百分比主要受遗传和生

活习惯的影响，25%以上的肥胖可以用遗传来解释，并指出基因对身体脂肪含量、深层脂肪组织的沉积，以及体表脂肪的堆积影响更明显。Stunkard 等学者(1992)发现，肥胖父母的孩子肥胖发生率远高于非肥胖父母的孩子，而带低肥胖基因者如果他们被肥胖父母收养有一个较大的几率成为肥胖孩子。所以，肥胖的发生与遗传存在一定的关系。杨锐睿(2012)在其研究中发现，众多基因影响体内内分泌，进而影响体脂百分比。如瘦素等体内激素，瘦素是由脂肪细胞合成和分泌的一种多肽类激素，由 167 个氨基酸残基组成，具有强亲水性，属于 IL-6 细胞因子家族。瘦素其作为一种表达机体代谢状态的信号，由肥胖基因表达，进入血液循环后会参与糖、脂肪及能量代谢的调节，通过对下丘脑的影响饱足感和能量消耗，影响体内脂质沉积以及能量平衡。有研究认为，瘦素还可以促进和刺激青春期的下丘脑—垂体—性腺轴发育成熟，表现为瘦素水平在女孩群体中持续增加，而在男孩群体中却有所下降，由于第二性征的变化可以影响生长发育时期男孩和女孩的血液凝集素水平和体重指数，因此他们认为在女孩中脂肪的增加是对雌激素减少生产做出的反应，而在男孩中减少是由于肌肉质量构建的需要，这些变化都与瘦素水平有关。

3. 神经内分泌调节　刘莉等(2003)认为青春期是儿童少年发生肥胖的危险期，青春期体内性激素的变化可能是影响体成分变化的重要原因之一。青春早期男女孩的体脂含量都有增加，由于雌激素有促进脂肪组织沉积作用，因此，女孩在整个青春期体脂百分比都持续增加，男孩则不同，进入青春期后，体脂百分比常出现负增长，直到进入青春晚期才有脂肪的增加。研究发现男孩肩胛下角皮褶厚度与雌二醇水平呈负相关($P<0.05$)，而女孩肱三头肌和肩胛下角部皮褶厚度与睾酮水平呈负相关($P<0.05$)，这可能说明不同性别儿童体内睾酮和雌二醇水平对不同部位皮下脂肪发育所起作用大小有所不同，也提示儿童不同部位皮下脂肪的发育与体内性激素水平有关，关于这方面的研究还需进一步

的探讨。

4. 饮食习惯 我国居民膳食观念中相当高比例的人仍然认为高油、高蛋白质、高脂肪的饮食是物质生活富裕的象征且极富营养,很多家庭缺乏荤素搭配、营养均衡的意识,富含纤维素的蔬菜、粗粮等食物摄入偏少,而西方国家的人群肥胖率居高不下的重要原因是他们高糖高热量的固有饮食习惯造成的。摄入同等重量脂肪和碳水化合物的两种人群相比,前者产生肥胖的概率更高,这是因为同等重量脂肪所含的能量远高于碳水化合物。张璐(2013)研究得出12~14岁男生的体脂百分比受饮食习惯中吃饭方式的影响较大,同龄女生的体脂百分比则受饮食习惯中饮食喜好、是否吃零食种因素的影响较大。

第五节 分析与讨论

一、我国3~69岁城镇居民体脂百分比的分析与讨论

江崇民(2006)在对于我国在3~69岁城镇(济南、广州、成都、西安)普通居民的体脂百分比研究中发现,3~69岁年龄阶段,我国男性城镇居民的体脂百分比在16.2±7.61%~25.5±5.27%之间;女性在21.3±5.6%~36.5±6.21%之间。其中3~12岁期间,男性的体脂百分比随年龄的增长而提高,达到24.6±10.39%,在13~19岁年龄组体脂百分比锐减至16.2±7.61%,20岁以后随年龄的增大而增长,在60~69岁时达到最高点。女性的体脂率随年龄的增大而增长,均值从3~6岁年龄组的21.3±5.60%增长到60~69岁年龄组的36.5±6.21%。并在青春发育期(13~19岁)表现出突增的现象。

由图5-1可以看出,男性在生长发育早期,体脂百分比就已

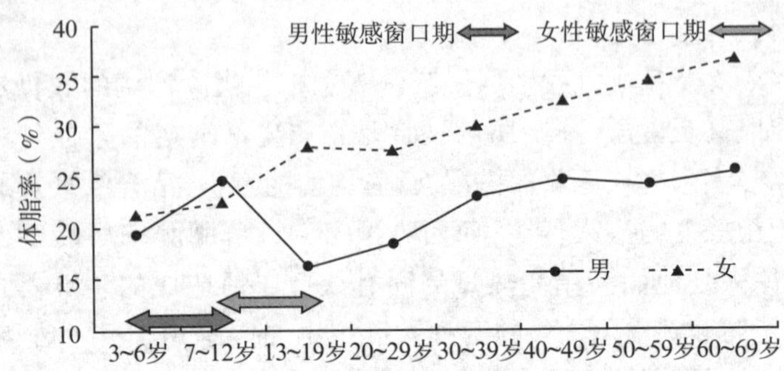

图 5-1　我国 3~69 岁城镇居民体脂百分比随年龄变化趋势

达到成年人水平。3~6 岁与 7~12 岁组间的体脂百分比增长最大，说明男性的体脂百分比窗口期在青春发育前期已完成。男性进入青春期后，如上图 7~12 岁与 13~19 岁组间，男性体脂百分比反而经历大幅度下降，究其缘由，有两方面的因素导致：一是男性进入青春期，由于雄性激素的大量分泌，促使肌肉含量增长的速度大幅加快。据此研究统计，13~19 岁年龄组的肌肉含量比 7~12 岁年龄组增长近 82%；同时，肌肉含量的增长使体重呈现快速增长，13~19 岁年龄组比 7~12 年龄组增长了近 62%。二是脂肪含量增长缓慢，据此研究统计 13~19 岁年龄组的脂肪含量比 7~12 岁年龄组仅增长了 4%，且组间差异无显著性，表明 13~19 岁年龄组的脂肪含量与 7~12 岁年龄组相比没有明显增长。体重快速增长而脂肪含量没有明显增长，因此表现出体脂百分比的较大幅度下降现象。

女性体脂百分比在 3~6 岁、7~12 岁与 13~19 岁，从出生到青年期均保持增长，尤其在青春期后期 7~12 岁与 13~19 岁间阶段增长幅度大，这一阶段呈现体脂百分比突增现象，是女性体脂百分比的窗口期，究其原因，女性进入青春期后，雌激素大量分泌，雌激素有促进脂肪沉积的作用，因此体脂含量大幅增加，同时体重也增长，但由于雌激素对肌肉增长的抑制作用，体重的增长主要由体脂含量增长实现。体脂含量快速增长而体重增长幅度较小,因此表现出其体脂百分比的较大幅度升高现象。青春期过后,随年龄增长,体脂百分比也增加,但增长的幅度相对稳定。

表 5 - 7 表明,3 ~ 12 岁年龄阶段,男女间体脂率的差异无显著性。进入青春发育期后,男女的差异明显增大,均为女性大于男性,差异的幅度在 7% ~ 11.8% 之间,且差异均有显著(P < 0.01)。

表 5 - 7　我国 3 ~ 69 岁城镇居民各年龄段男女体脂百分比比较(单位: %)

	3 ~ 6 岁	7 ~ 12 岁	13 ~ 19 岁	20 ~ 29 岁	30 ~ 39 岁	40 ~ 49 岁	50 ~ 59 岁	60 ~ 69 岁
男	19.4	24.6	16.2	18.4	23.1	24.7	24.2	25.5
女	21.3	22.6	28.1	27.6	30.1	32.5	34.5	36.5
差值	-1.9	2.1	-11.8	-9.2	-7	-7.8	-10.3	-11.1
显著性			* *	* *	* *	* *	* *	* *

注: * * 表示 P < 0.01。

江崇民(2006)对于我国在 3 ~ 69 岁城镇普通居民体脂百分的研究得出以下结论: 我国城镇居民的体脂含量随年龄的增长而增大,并呈现出明显的阶段性,即身体脂肪含量在一个相对长的时间里保持在一个水平上。男性大致分成三个阶段,3 ~ 6 岁阶段,7 ~ 29 岁阶段,30 ~ 69 岁阶段。女性分成四个阶段,即 3 ~ 6 岁阶段,7 ~ 12 岁阶段,13 ~ 39 岁阶段和 40 ~ 69 岁阶段。在前两个阶段中居民的脂肪含量快速增长,接近人一生最大脂肪含量 2/3。男性体脂百分比突增窗口期在 3 ~ 6 岁与 7 ~ 12 岁阶段间,女性体脂百分比突增窗口期在 7 ~ 12 岁与 13 ~ 19 岁阶段间。进入成年后,我国城镇居民体重还在继续增长但绝大部分是脂肪,男性约 88%;女性约 95%,而肌肉含量和骨矿物质保持平稳并略有下降。我国城镇居民身体脂肪的分布具有明显的增龄性规律,男性增龄性变化主要是向心性聚集,50% ~ 60% 的全身脂肪含量聚集在身体躯干部分,四肢的体脂百分比随年龄增长呈下降趋势。女性的脂肪随年龄的增长主要向躯干和大腿部聚集。

二、我国 3～19 岁男女人群体脂百分比的分析与讨论

本文通过我国两位学者研究 3～6 岁男女幼儿与 7～19 岁男女青少年体型中涉及的体脂百分比数据，绘制成百分位数曲线，依据体脂率的年龄分布和变动幅度，研究我国 3～19 岁男女幼儿到青年期阶段体脂百分比的变化与规律，找出儿童青少年体脂百分比敏感窗口期。表 5－8 上半部分为男性数据，下半部位为女性数据。通过统计软件绘制成我国 3～17 岁人群体脂百分比随年龄变化百分位数图（图 5－2，图 5－3）。

表 5－8　我国 3～19 岁男女人群体脂百分比

性别	年龄（岁）	例数（人）	体脂百分比（%BF）
男儿童青少年	3	16	11.75 ±0.9
	4	79	11.71 ±1.34
	5	77	11.81 ±1.66
	6	90	12.03 ±2.42
	7	51	14.33 ±4.06
	8	65	15.5 ±4.85
	9	51	17.23 ±3.26
	10	65	17.43 ±2.89
	11	47	18.33 ±4.4
	12	49	20.01 ±3.03
	13	86	15.92 ±3.57
	14	51	15.46 ±4.21
	15	51	18.71 ±4.66
	16	49	17.97 ±4.61
	17	55	19.08 ±4
	18～19	57	18.81 ±6.76

（续表）

性别	年龄(岁)	例数(人)	体脂百分比(%BF)
女儿童青少年	3	19	14.01 ±1.61
	4	78	14.18 ±1.81
	5	62	14.92 ±2.58
	6	60	14.62 ±2.86
	7	51	13.71 ±1.71
	8	50	15.02 ±2.38
	9	57	16.54 ±3.14
	10	49	16.89 ±3.48
	11	45	17.45 ±4.93
	12	49	20.3 ±4.51
	13	56	16.75 ±4.28
	14	48	17.79 ±3.55
	15	48	19.2 ±5.45
	16	48	20.89 ±3.73
	17	49	22.05 ±4.21
	18 ~19	56	23.41 ±6.67

由图 5 -2 的 p50 曲线可知，男性 3 ~6 岁幼儿期间体脂百分比平稳，7 ~12 岁间体脂百分比持续增长，分别在 6 ~7 岁与 11 ~12 岁间形成两次体脂百分比增长速率高峰，该年龄段为男性体脂百分比敏感窗口期，12 ~14 岁体脂百分比快速下降，这可能与男青少年进入青春期，瘦体重大幅提高有关，14 岁后体脂百分比重新开始增长但增长速率显著低于青春期前期。因此，我国男儿童青少年体脂率存在两个敏感窗口期，6 ~7 岁和 11 ~12 岁。

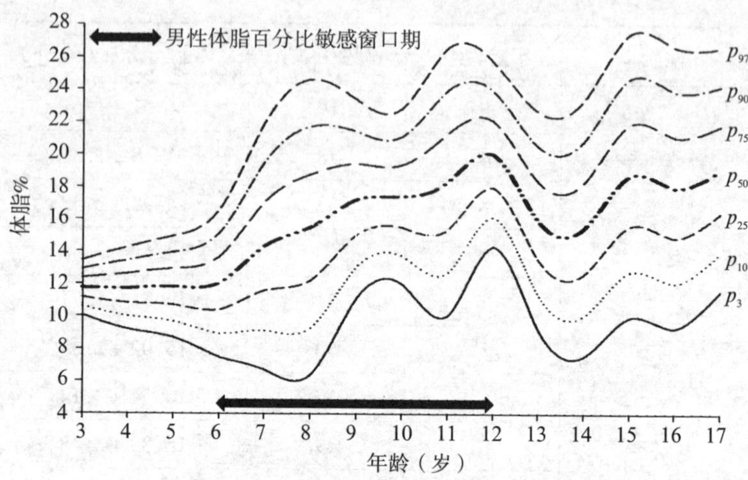

图 5－2　我国 3～17 岁男性体脂百分比随年龄变化百分位数图

来源：上海体育科学研究所选材研究中心(2016)。

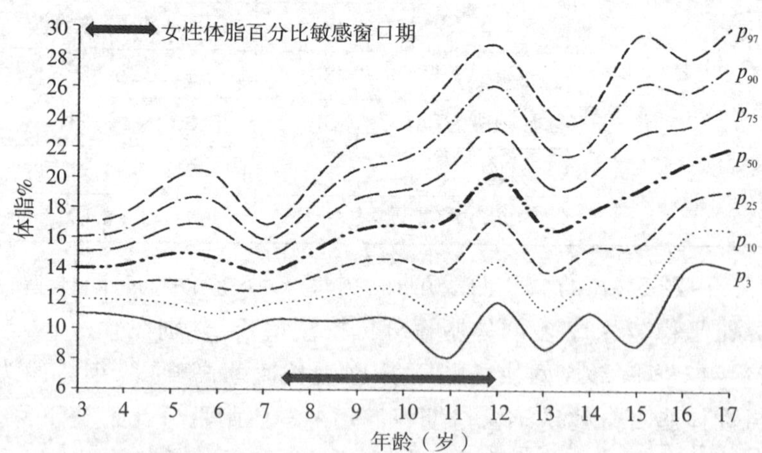

图 5－3　我国 3～17 岁女性体脂百分比随年龄变化百分位数图

来源：上海体育科学研究所选材研究中心(2016)。

由图 5－3 的 p50 曲线可知,女性 3～7 岁期间体脂百分比处于平稳状态,7～12 岁间体脂百分比连续出现两个增长高峰,分别出现在 7～9 岁间与 10.5～12 岁,体脂百分比年增长速率分别约 13%、18%,该阶段为女性体脂百分比敏感窗口期。敏感窗口期的出现与女青少年进入青春期发育高峰期,雌激素的分泌有促进体脂沉积作用有关。12～13 岁体脂百分比快速下降,这一过程与上图男青少年经历的体脂百分比下降类似,但与多数文献描述的女性青春期后,体脂百分比始终保持稳定增长的描述不同,13 岁后体脂百分比恢复增长,维持稳定的增长速率。因此,我国女儿童青少年体脂率亦存在两个敏感窗口期,7～9 岁和 10.5～12 岁。

如图 5－4 所示,①点是我国男性体脂百分比开始增长点,即 5 岁左右体脂百分比开始增长;随后出现两个增长的高点,分别是②、③两点,且②点增长率大于③点,说明男性从幼儿期(5 岁左右)体脂百分比就进入增长阶段一直维持到青春期前(12.5 岁

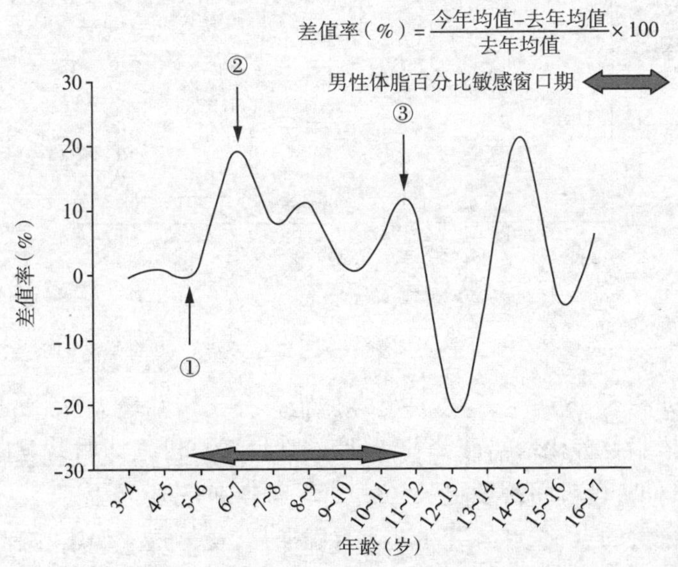

图 5－4　我国 3～19 岁男性体脂百分比随年龄变化差值率变化曲线图

左右)，本文认为男性幼儿、青少年体脂百分比敏感窗口期时间跨度较长。

如图 5－5 所示，女性幼儿阶段体脂百分比生长经历增速与减速，本文认为①点是我国女性体脂百分比敏感窗口期的起始点，女性 10.5 岁左右体脂百分比进入快速增长阶段。但窗口期时间跨度短，到②点达到增速高峰。与我国众多学者研究结果不同的是经历增速高峰后，出现③两体脂百分比出现短暂的下降。之后，恢复平稳增长。

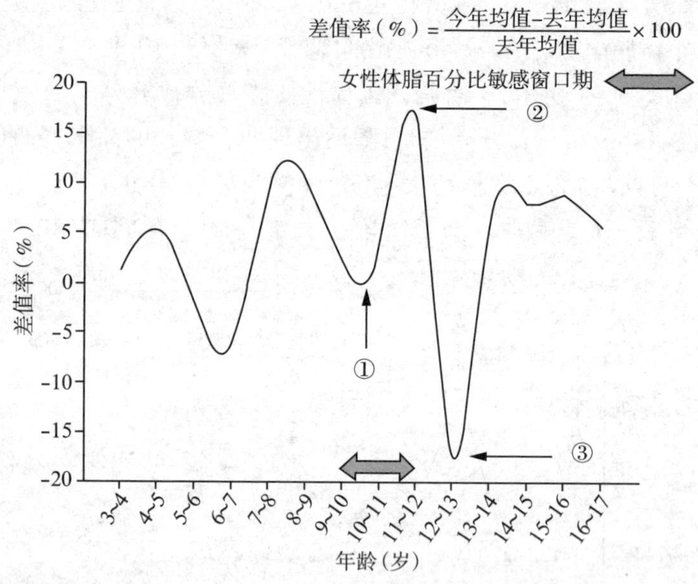

图 5－5　我国 3～19 岁女性体脂百分比随年龄变化差值率变化曲线图

如图 5－6 所示，①点是男性体脂百分比增幅最大点，②点是女性体脂百分比增幅最大点，男性较女性更早进入体脂百分比敏感窗口期，且时间跨度更长；③、④两点分别是男、女体脂百分比降幅最大的点，④点与男性进入青春期后，瘦体重大幅增加有关。③点为女性的大幅度降幅，却与众多文献研究的结果相左。

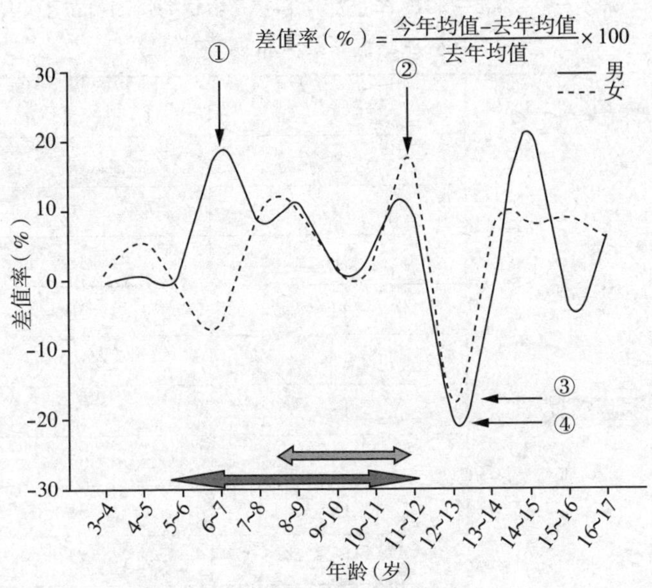

图5-6　我国3~19岁男、女性体脂百分比随年龄变化差值率变化曲线图

三、上海市8~18岁男女优秀运动员苗子体脂百分比的分析与讨论

本文根据上海体育科学研究所选材研究中心在2003~2011年期间对上海市优秀运动员苗子的身体形态、生理机能、运动素质、心理特征等指标开展的跟踪监控所得数据，从中选用韩国产InBody身体成分仪测得的767例运动员体脂百分比数据，开展上海市8~18岁男女优秀运动员苗子体脂百分比的变化与敏感窗口期研究。

从表5-9可以看出，男女运动员样本数量呈现出“中间多，两头少”的分布现象，即8岁、9岁或者17岁、18岁样本数量少，11~14岁样本数量多的格局。

表 5－9　2003～2011 年上海市 8～18 岁优秀运动员苗子体脂百分比数据年龄分布表(%)

性别	年龄(岁)	例数(人)
男运动员	8	4
	9	7
	10	16
	11	50
	12	82
	13	70
	14	67
	15	31
	16	32
	17	18
	18	7
女运动员	8	9
	9	11
	10	24
	11	95
	12	82
	13	70
	14	39
	15	15
	16	19
	17	12
	18	7

表 5－10　2003～2011 年上海市 8～18 岁优秀运动员苗子体脂百分比数据项目分布表(n)

项目	例数
游泳	389
羽毛球	128
田径	49
击剑	40
垒球	30
跳水	28
武术	24
赛艇皮划艇	16
举重	15
艺术体操	15
自行车	11
篮球	7
柔道	7
排球	4
乒乓球	4

从表 5－10 可以看出,本研究选用样本以游泳运动员样本最多,约占总样本数 50%,此项目为上海优势布局项目;其次是羽毛球样本,此项目为广大青少年最喜爱的体育活动。从项群上看体能主导类项目由于游泳运动员样本量大最多,难美类项目与对抗类项目样本量相当。通过统计软件,绘制成上海市 8～18 岁优秀运动员苗子体脂百分位数图(见图 5－7、图 5－8)。

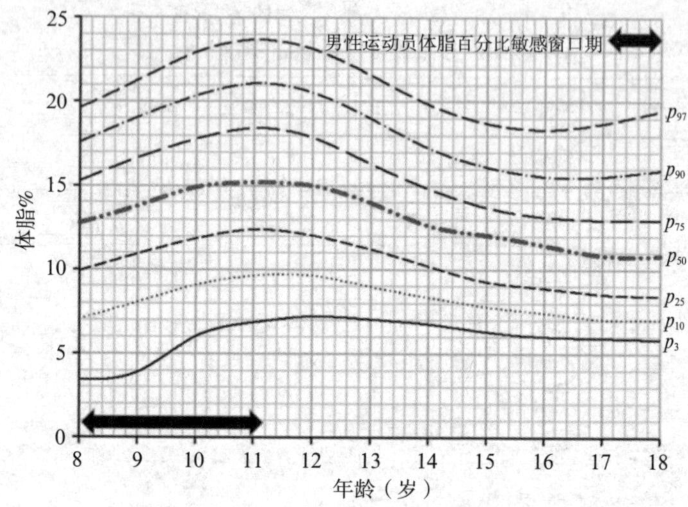

图 5-7　上海市 8～18 岁优秀男运动员苗子体脂百分比随年龄变化曲线图

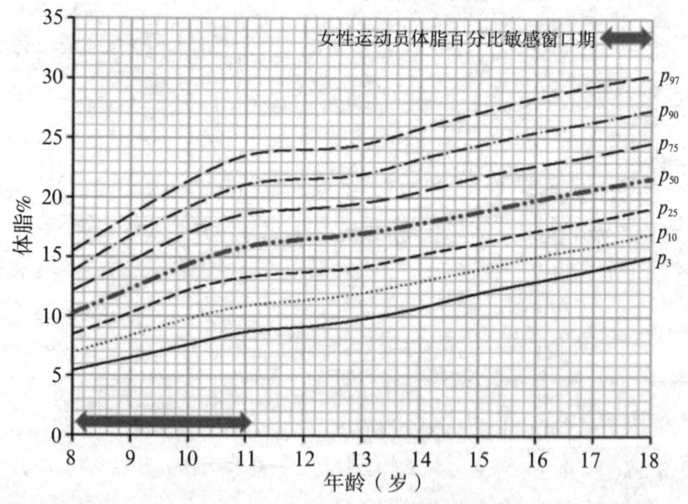

图 5-8　上海市 8～18 岁优秀女运动员苗子体脂百分比随年龄变化曲线

由图 5-7 的 p50 曲线可知，8～18 岁优秀男运动员苗子体脂百分比，8～11 岁间体脂百分比保持增长，但增长速率逐年减缓，11 岁后随着运动员逐渐进入青春期，体脂百分比开始减少，

12～14 岁间减少速率最高，14 随后逐年减缓。本研究发现优秀男运动员苗子体脂百分比敏感窗口期较普通人群提前为 8～11 岁期间。

由图 5－8 的 p50 曲线可知，8～18 岁优秀女运动员苗子体脂百分比始终保持增长，8～11 岁间，增长速率最高，但逐年减缓，体脂百分比从 8 岁的约 10% 上升到 11 岁的约 15% 后，随着女运动员到达 10、11 岁，逐渐进入青春期，上图显示 11～13.5 岁间女性体脂百分比增长减缓，直到 13.5 岁后体脂百分比增长速率再一次加速。本研究发现优秀女运动员苗子体脂百分比敏感窗口期较普通人群提前为 8～11 岁期间。敏感窗口期起始体脂百分比约 10%，敏感窗口期末体脂百分比约 15%。

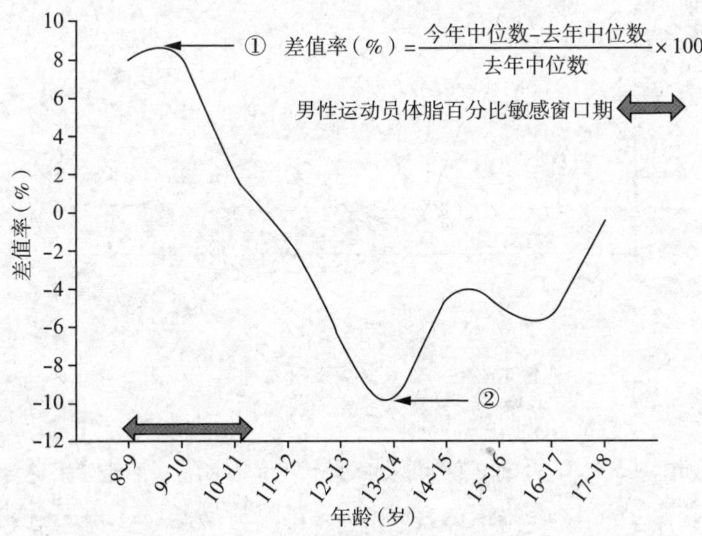

图 5－9　上海市 8～18 岁优秀男运动员苗子体脂百分比随年龄变化差值率变化曲线图

由图 5－9 可知，优秀男运动员苗子 8～9 岁与 9～10 岁两年体脂百分比增长速率最高，①点是优秀男运动员苗子体脂百分比增长速率最高点，约为 8%～8.5%，10 岁之后随着男运动员逐渐进入青春期,体脂百分比由增加变为降低,10~14 岁间逐年加速降低,②点是体脂百分比降幅速率最大点,出现在 13~14 岁,体脂百分比降幅速率达到约为 -10%,随着青春期进入末期,男性体脂百分比降低速率减缓,但 14~18 岁间体脂百分比变化速率仍为负值。因此,研究数据表明,男儿童青少年运动员体脂率存在两个敏感窗口期,一大一小,一高一低,大的高的约在 9~10 岁出现,稍低稍小的约在 14~15 岁出现反弹。

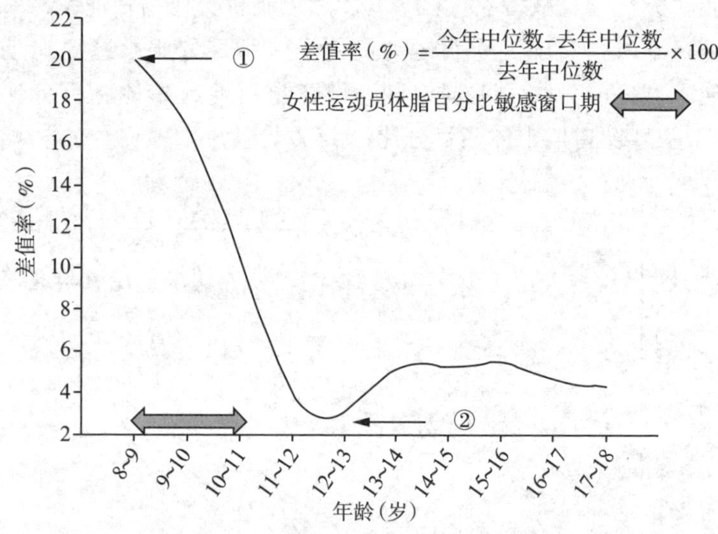

图 5-10　上海市 8~18 岁优秀女运动员苗子体脂百分比随年龄变化差值率变化曲线图

由图 5-10 可知,优秀女运动员苗子体脂百分比增长速率在 8~18 岁间始终维持正值,体脂百分比保持增长。①点是优秀女运动员苗子体脂百分比增长速率最大的点,出现在 8~9 岁,年增长速率约为 20%,8~11 岁增长速率逐年降低,但维持在 10% 以上;女运动员体脂百分比积累到一定程度后,本研究显示为 15% 左右,体脂百分比增长速率迅速减慢;②点是体脂百分比增长速率最小的点,出现在 11~12 岁与 12~13 岁间,年增长速率约为

3%，青春末期其体脂百分比增长速率略有回升，保持在5%～6%间。因此，研究数据表明，女儿童青少年运动员体脂率存在两个敏感窗口期，一大一小，一高一低，大的高的约在8～9岁出现，稍低稍小的约在13～14岁出现反弹。

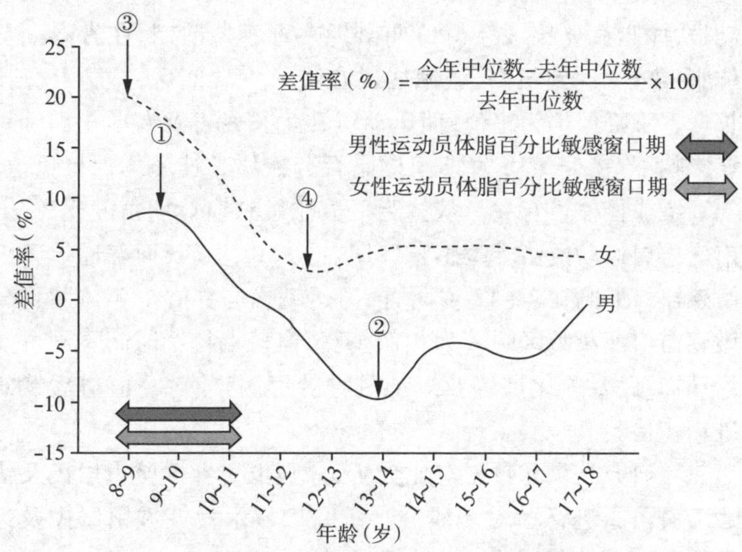

图5－11 上海市8～18岁男、女优秀运动员苗子体脂百分比随年龄变化差值率变化曲线图

由上图可知，优秀女运动员苗子体脂百分比增长速率在8～18岁间始终高于优秀男运动员苗子。③点是女运动员体脂百分比增长速率最高点，高于男运动员最高点①点。④点是女运动员体脂百分比增长速率最低点，约为3%，仍为正值；高于②点男运动员体脂百分比增长速率最低点，约－10%。男、女性运动员体脂百分比敏感窗口期接近，均为8～11岁，此期间男运动员体脂百分比增长速率先升后降，11岁后变为负增长；女运动员体脂百分比速率逐年降低，11岁后保持降低增长速率，但此阶段女运动员体脂百分比增长速率均高于男运动员。

四、三项研究数据之间的比较分析

上述三项研究结果和数据对比分析,分别对男性城镇居民及优秀运动员苗子进行了对照研究。研究均显示男性城镇居民或运动员,体脂百分比敏感窗口期出现在青春期前期,在青春期前期体脂百分比达到最高,城镇居民在进入青春期后,体脂百分比增长速率下降但仍为正值,而运动员在生长发育及专项化训练等因素影响下,在14~18岁期间体脂百分比增长速率均保持负值,这与训练或控体重有关。从体脂百分比敏感窗口期角度比较,上海市优秀男运动员苗子敏感窗口期在8~11岁间,而普通男青少年敏感窗口期则在7~12岁附近,男运动员与男青少年体脂百分比敏感窗口期年龄区间较为相似,敏感窗口期持续时间不同可能与运动训练、专项化训练及运动员骨龄等因素有关,值得后续研究进一步检验。

三项研究结果和数据对比分析,分别也对女性城镇居民及优秀运动员苗子进行了对照研究。研究均显示女性城镇居民及运动员体脂百分比敏感窗口期分别出现在7~12岁与13~19岁间(江崇民,2006)、6~12岁及8~11岁,江崇民等人进行大样本研究,但年龄跨度极广(3~69岁);较大的年龄跨度,影响他对女性体脂百分比敏感窗口期的精确评判,而后两项研究分别取3~19岁普通女性青少年与上海市8~18岁优秀女运动员苗子作为研究对象,对敏感窗口期的评判更具准确性。对于普通女青少年体脂百分比敏感窗口期研究发现,女青少年在青春期前期与发育高峰期分别出现两次体脂百分比增长高峰,第二次高峰出现在10.5~12岁间,而优秀女运动员苗子仅在青春期前期出现一次体脂百分比增长高峰,为8~11岁,在达到15%的体脂百分比后,增长速率趋缓。这可能与女运动员在青春期前后进入到专项化训练,训练负荷大幅增加,引起瘦体重增长,导致体脂百分比相应增速变缓。

第六节　评议与小结

儿童青少年体脂百分比存在敏感窗口期，体脂百分比评价指标为体脂率和体成分指标，详见儿童青少年体脂评价图5－6、图5－9、图5－10和图5－11。上海体育科学研究所选材研究中心根据相关数据绘制了儿童青少年运动员体脂百分比的百分位图（图5－7、图5－8）。

一、儿童青少年体脂百分比敏感窗口期

1. 男青少年体脂百分比敏感窗口期，出现在青春期前期，普通青少年约出现在11～12.5岁，男青少年运动员提前出现在8～11岁，体脂百分比敏感窗口期后男普通青少年与运动员均由于进入青春期发育阶段，受雄性激素与骨骼发育影响，瘦体重较大幅度增加，相对体脂含量受到雄性激素抑制及专项训练造成的运动负荷加大的影响，出现体脂含量增长缓慢或负增长，出现体脂百分比的负增长。

2. 女青少年体脂百分比敏感窗口期，普通女青少年平均出现在10.5～12岁，女青少年运动员敏感窗口期提前出现约在8～11岁；并且由于女运动员受运动负荷因素影响，仅在幼儿时期出现一次体脂百分比增长速率高峰，不出现普通女青少年在10.5～12岁期间出现的与幼儿期相似体脂百分比增长速率高，这提示运动负荷对于女运动员体脂百分比变化有巨大影响，同时对于需要控制体脂百分比的项目，对女运动员体脂百分比的监控有必要提前到幼儿时期（8～9岁）。女运动员体脂百分比敏感窗口期的提前可能与青春期生长发育高峰期间运动负荷增大有关；8～18岁期

间女性体脂百分比增长速率高于男性，并未出现负增长。

二、青少年运动员体脂百分比的选材实践

1. 在青少年选材育才过程中，建议教练员应在保证运动员健康、生长发育不受影响的前提下，将运动员体脂百分比控制在适宜相关项目竞技的范围内。体脂百分比范围可参考上文表 5－4 所列范围。

2. 对于女青少年运动员，尤其对于体操、艺术体操、技巧、蹦床、花样游泳、花样滑冰等项目青少年运动员，建议教练员应在运动员幼儿期起关注运动员体脂变化速率并及时作出干预。同时建议教练员关注女运动员的临界体重，临界体重与女运动员的生长发育息息相关，如体脂量低，临界体重到达时间比较晚的运动员，日后身高增长幅度要比初潮早者大，晚潮者要比早潮者的成才概率大，这些现象类似骨发育的早熟和晚熟类型。在运动员的日常训练中，可以通过控制饮食，控制运动员体重过快增长，尤其是体脂量的过快增长，延长生长发育周期，推迟月经初潮的发生，更有利于青少年运动员成绩的提高。

3. 男、女运动员体脂百分比均受遗传与训练的影响，这提示教练员在运动员选材与育才过程中，既要重视遗传因素同时要通过安排适宜的训练负荷影响运动员体脂百分比的变化。

运动员的体重、肌肉量以及瘦体重与无氧能力和有氧能力存在密切的关系，提示在评价运动员的无氧、有氧能力或运动选材时将体重、肌肉量以及瘦体重、体脂百分比结合评价作为新的评价指标。

三、正常男女青少年体脂百分比的指导与应用

对于普通男女青少年而言，学业压力逐步加大，以及现代人

高脂高糖的饮食习惯等因素造成经常久坐、长期缺乏运动、营养过剩极易造成超重甚至肥胖。青少年时期的肥胖易造成成年后肥胖，而肥胖与胰岛素抵抗、高血脂、高血压、慢性心脏病、脑血管意外等 20 多种疾病存在密切的关系，极大地威胁和损害健康。

因此建议家长、教师运用简便的测量方法（如 BIA 法）及时了解男女青少年体脂百分比，这将有助于理解青少年的成长和发育状况，有助于及时改进不利于青少年健康发展的因素，有助于提出对其未来的健康成长有针对性的建议和指导。

体育教学方面，相对于单纯的耐力训练来讲，力量与耐力组合训练对于降低青少年体脂肪量、体脂肪百分比的作用并无显著减弱。力量与耐力组合训练相对于单纯的耐力训练来讲，可以促进青少年的体成分向着良性的方向发展，可以有效地塑造身体形态，在降低体脂肪含量的同时又避免了肌肉和蛋白质的损失，是青少年进行体育锻炼的最佳选择。

建议阅读文献

1. 贺静. 力量与耐力组合训练对青少年体成分的影响[D]. 上海：华东师范大学，2014.
2. 左娇蕾，张倩，刘爱玲，等. 北京市儿童青少年体成分的分析[J]. 中国健康教育，2011，27(6)：415－418.
3. 杨建雄，王健. 6～21 岁学生体成分的性别特点与年龄规律体育科学[J]. 体育科学，2005，8：67－70.
4. 叶姝. 19～22 岁在校学生身体脂肪含量测评方法的比较研究[D]. 北京：北京体育大学，2010.
5. 仲伟娟. 青春发育期少年体脂率测量与评价方法的比较研究[D]. 北京：北京体育大学，2011.
6. 杨涌. 12～15 岁不同发育类型青少年体成分、体型特征及体脂率推测方法的比较研究[D]. 郑州：河南大学，2011.
7. 王璐，12～14 岁不同发育水平儿童少年体型特征变化及影响因素的研究[D]. 北京：北京体育大学，2013.

8. 杨锐睿,重庆市中学生身高、肥胖相关基因多态性与生长发育的关系研究[D]. 北京: 北京体育大学,2012.
9. 张晓华,沈勋章,李世昌. 临界体重在青少年花样游泳运动员选材中的价值[J]. 体育科研,2010,32: 89-91.
9. 李玉玲,季成叶. 不同发育期双生子皮褶厚度及体成分分析[J]. 中国公共卫生,2009,25(8): 897-899.
10. 张瑛秋. 青春发育突增期高峰年龄不同发育类型学生体质特征及健康促进[D]. 北京: 北京体育大学,2002.
11. 崔凯. 不同体脂率大学生的身体成分和脂肪分布特征[D]. 杭州: 杭州师范大学,2012.
12. 季成叶,陈天骄. 中国儿童青少年 1995~2010 年皮褶厚度和体脂率变化情况[J]. 中国学校卫生,2013: 772-778.
13. Shumei S. Guo, Epidemiological Applications of Body Composition In VIVO Body Composition Studies. 2000,904: 313-316.
14. WANG. J. Asians have lower body mass index(BMI) but higher percent body fat than do white: comparisons of anthropometric measurements[J]. Am. J. Clin. Nutr., 1994,60: 23-28.
15. 罗智. 我国优秀举重运动员专项形态特征与评价标准研究[J]. 武汉体育学院学报,2005,39(9): 65-69,78-79.
16. 李云霞,陈世益,蔡建国. 八运会我国优秀举重运动员身体成分的调查报告[J]. 体育科学,1999,19(3).
17. 彭红,刘江南. 我国优秀跨栏跳远铅球运动员身体成分的综合研究[J]. 广州体育学院学报,1999,19(2): 75-78.
18. 罗智. 我国优秀游泳运动员形态模型研究[J]. 成都体育学院学报,2005,31: 93-97.
19. 沈艳梅,王珏,楼霞,等. 游泳运动员赛前最佳状态时身体成分分析[J]. 浙江体育科学,2009,31(6): 43-46.
20. 逄金柱,相建华,沙海燕,等. 中国竞技健美运动员身体成分调查分析[J]. 中国运动医学杂志,2006,25(1): 50-53.
21. 高炳宏,韩恩力,曹佩江,等. 中国优秀男子柔道运动员身体成分特征及与无氧代谢能力关系的研究[J]. 天津体育学院学报,2006,21(3):

220－224.
22. 高炳宏，赵秋蓉，薛朝．中国优秀男子跆拳道运动员身体成分的研究[J]．中国体育科技，2001，37(4)：21－25.
23. 黄淑萍，潘日明，丁较建，等．优秀赛艇运动员身体成分变化特点分析[J]．北京体育大学学报，2009，32(6)：57－58.
24. 高维纬，郑锡明，齐维义．优秀速滑运动员身体成份特征的研究[J]．沈阳体育学院学报，1993，44：15－21.
25. 侯玉鹭，彭红．中国优秀跳远运动员身体成分的分析[J]．中国组织工程研究与临床康复，2010，14(24)：4543－4546.
26. 高红，杨则宜，王启荣，等．中国优秀运动员身体成分的初步研究[J]．中国运动医学杂志，2003，22(4)：362－367.
27. 魏爱丽，奚鸿雁，王大伟，等．我国优秀花样冰上舞蹈运动员身体成分的监测与分析[J]．冰雪运动，2007，29(4)：41－44.
28. 刘莉，姚兴家，白英龙，等．不同体成分儿童皮褶厚度性激素水平的探讨[J]．中国公共卫，2003，19(10)：1186－1187.
29. 中国体育科学学会．体育科学词典[M]．高等教育出版社，2001：171－175.
30. 李玉玲，季成叶．不同发育期双生子皮褶厚度及体成分分析[J]．中国公共卫生，2009，25(8)：897－899.

第六章　青少年身体速度素质敏感窗口期的研究

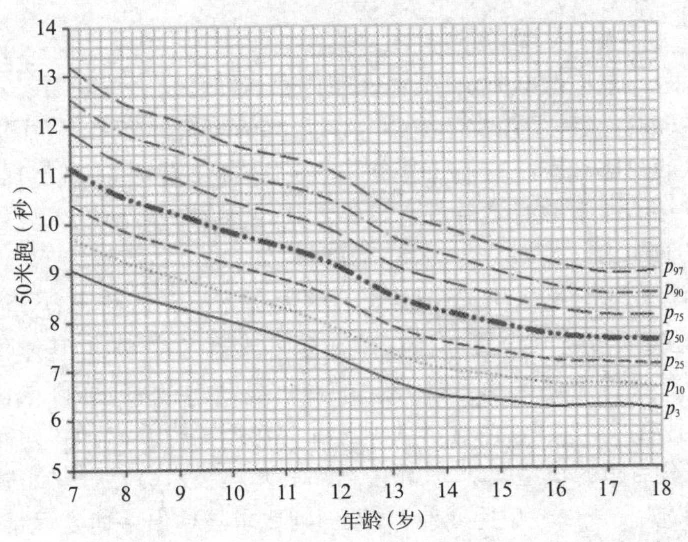

提要：

本章讨论了人体速度素质的定义和速度发展敏感窗口期。速度素质分为反应速度，动作速度和位移速度三种形式，其中短距离50米跑资料较全、研究比较系统，可作为本研究代表性指标。本章以国内外大量的文献资料作为佐证，绘制了50米跑百分位数曲线图以寻找出速度素质发展敏感窗口期。速度素质男女学生存在差异、发育成熟早晚存在差异。研究表明，速度素质敏感窗口期主要集中在青少年时间段，第二个敏感窗口期后效应更趋明显。如果速度素质发展错过了相应的敏感期，则相应的速度素质将很难达到理想水平，错失敏感窗口期诱导和训练带来的刺激效应则可能损失无法再弥补。此外，身体各项素质的发展之间互相影响、相互促进、相互制约，速度素质敏感窗口期要着重发展速度外，也不能忽略对其他身体素质的协同发展。

第一节　速度素质与敏感窗口期的定义

身体素质的发展,对增强人的体质和健康具有重要意义。身体素质的强弱,是衡量一个人体质状况的重要标志之一,而保持良好的身体素质是我们工作学习保持精力旺盛、生活质量提高、促进身体健康的必备条件。身体素质是人体在运动时表现出来的机能能力。一般分为力量、速度、柔韧、耐力和灵敏等五类(田径项目教学大纲2008)。速度素质在身体素质和运动能力方面具有重要的作用,其位置亦往往放在第一或第二位,加上其遗传性高更是身体素质的重要体现。田麦久等在《运动训练科学化探索》中提到:在现代体育运动中速度的作用更为突出,如"短跑强调充分后蹬的快速摆动,长跑多采用高步频技术,跳跃从'可控速度助跑'变成以最快速度助跑,投掷则要求最后出手速度尽量快;中国排球各种各样的快攻战术有力地推动排球运动的发展;体操中空翻周数与转体度数越来越多,要求动作越来越快;不同自行车踏蹬频率对功率和速度的影响等。可以说,所有项目的运动员训练都应结合专项特点及技术变化,高度重视快速能力的训练"。

一、速度素质

那速度素质是怎么定义的呢?人体进行快速运动的能力称之为速度素质。速度素质是人们生活、学习、工作和体育活动经常需要的一项很重要的身体素质,譬如人想能快速跑就需要速度素质,在生活和活动中主要表现为快速跑、冲刺跑、快速敲打、跑步、跳跃等运动形式,许多运动项目和活动方式与速度素质有着十分密切的关系(刘献武,1991)。我国的田麦久教授在《运动训练学》一书中提到：速度素质指人体进行快速运动的能力，是运动员重要的运动素质之一。后来又有学者将速度素质进行具体细化。一般认为，速度素质是指人体快速运动的能力，神经系统的反应能力、做动作的运动频率和动作幅度的大小（薛嵩剑，2013）。速度素质是人体进行快速运动的能力或在最短时间完成某种运动的能力（马兰，2015）。速度是一种包含了形态、神经系统功能、力量、耐久力、柔韧性以及运动技术在内的复杂的“掺杂物”（孙达平，1998）。过家兴教授指出“速度素质是人体快速完成动作的能力和运动员完成动作反应时间的总称，也可理解为人体（或身体的某部分）进行快速运动的能力”。董国珍教授提出“速度素质是指人体快速运动的能力。这里包括人体快速的完成动作的能力以及外界信号刺激对运动员快速反应的能力”。从动作技术方面讲，速度可以说是一种通过后天正确训练可以提高的可学的技术，它的发展有较大的可逆性，只要通过动作技术和一定强度的训练，任何遗传素质水平的运动员都能达到他自身潜在的最高水平（刘兴，1997）。

国外学者对速度素质也有着相近的定义。曾培养过一批世界级优秀运动员的图多 · 博姆帕博士认为：“体育运动中最重要的生物运动能力之一就是速度。在短跑、短距离游泳、拳击、击剑、速滑、冰球、球类运动等多种运动项目中，速度都起着重要的作用。在不以速度为主的运动项目中也可以将速度训练作为提高训练强度的手段。有著名教练就曾提出过，即使是强调耐久力素质为主的马拉松项目，如果缺乏良好的速度和速度耐力也成不了优秀的马拉松选手。因此，速度训练几乎与所有运动项目有关。”1987 年法国著名的训练学专家 D. 哈雷博士在《速度及速度训练理论》中提到：在田径的短跑、跳跃及短距离自行车等项目中，速度对成绩起决定性作用，并且速度是短时间耐力项目和大多数球类运动的重要基础（Benninger，1984）。原民主德国的盖 · 施莫林斯基提出，“速度是指在神经系统和肌肉组织运动过程的

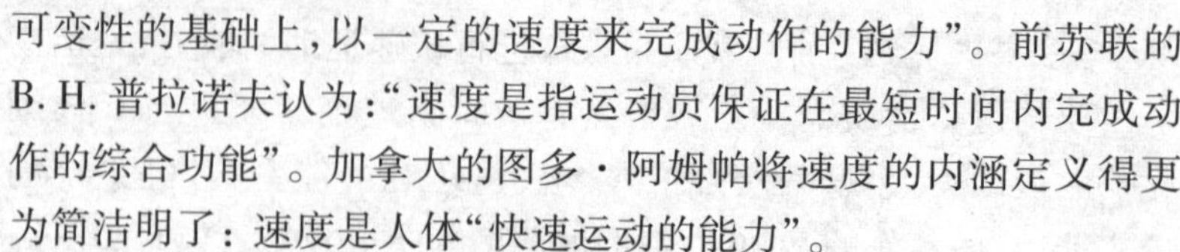

可变性的基础上,以一定的速度来完成动作的能力"。前苏联的B. H. 普拉诺夫认为:"速度是指运动员保证在最短时间内完成动作的综合功能"。加拿大的图多·阿姆帕将速度的内涵定义得更为简洁明了:速度是人体"快速运动的能力"。

二、速度素质的敏感窗口期

首先我们要了解敏感期。敏感期(Sensitive Period)最早是荷兰生物学家德·弗里在研究动物成长时使用的专有名称。后来,意大利幼儿教育学家蒙台梭利教育法创始人,玛利亚·蒙台梭利在从事早期幼儿教育的时候,发现儿童成长也会出现同类现象,于是就提出了敏感期的原理,随后将它运用到了幼儿教育上,在提高幼儿的智力方面做出了巨大贡献。敏感期特指某种特定能力或者行为发展的最好时期,在这一时期对个体形成这些能力和行为的过程稍加干预就能出现明显效果,同时环境会敏感地影响到该过程的形成(王嵛,2012)。也有学者认为,所谓敏感期只是一个统计学的归纳,是指某项运动素质在某个或几个年龄段增长显著。有学者通过身高的年增长值和突增来掌握青春期的长短,有学者通过第二性征来推算生长发育期及发育成熟度,有学者通过骨龄标准来判断发育类型,了解不同发育程度个体运动素质的特征、发展的敏感期。也有一些研究引用了如青春发育突增期、快速增长期等概念(王伟杰,2015)。

其次我们要确认敏感期。那么我们怎么确定敏感期呢?武汉体院青少儿体质研究小组曾探讨了湖北省青少儿身体质的发展情况,并以年增长环比的几何均值加一个标准差作为其临界值,初步确定凡属年增长环比大或等于临界值的年龄为敏感期,国内体育业内有了敏感期年龄的研究。广东省青少儿体质研究组专门对少年儿童速度素质的敏感期作过探讨,确定敏感期的方法为:求出逐年增长值,找出最大增长值的年龄,靠近最大增长值的上下两个年龄阶段则为敏感期，确立了身体素质敏感期年龄区间范围。安徽省青少儿体质研究组也对身体素质增长加速期或称敏感期是某一年龄阶段或是分散的年龄点作过阐述，类似的早期研究主要局限于儿童少年身体素质领域。陈明达、于道中等(1998)在对青少年学生体质研究中也提出了身体素质突增现象的敏感期。这些身体素质的敏感期主要用来认识儿童少年的生长发育和运动能力，为业余训练找依据，而后逐渐扩展到了青少年运动员选材。儿童少年选材适宜年龄的确定还与运动素质发展的敏感期及运动素质的项目特点有关。运动项目不同，对运动员的身体机能、运动素质、心理心智等的要求不同，而这些身体机能、运动素质等又具有明显的年龄特征。

再次我们认识窗口期。近年来，国外一些学者把年龄特征鲜明的敏感期称之为窗口期，其中 Greg Ross 就是一位代表人物(2013)，他在我国进行了一些讲座活动，所介绍的 13 个窗口期中速度素质是重要的一个，速度素质窗口期有两个，第一窗口期男少年开启在5~8岁，女少年开启在4~7岁的时间段，第二窗口期男少年开启在12~14岁，女少年开启在11~13岁的时间段。在相当一段时期内，对应的身体素质提高幅度较大，外界适宜的诱导效果较好。当然个体的发育早晚、发育速率与敏感窗口期恰为一致。因此，只有区别了运动员的发育程度，才可避免在选材中只注意那些发育程度偏大、运动能力提早表现的运动员，而将那些更有才能的“大器晚成者”排斥在外的现象发生(沈勋章，2016)。

上海体育科学研究所选材研究中心根据多年的优秀体育人才追踪和优秀体育苗子库数据分析，提出了敏感窗口期(Sensitive Windows Period)这一替换名词，敏感窗口期似乎更符合敏感期或窗口期理论与实践(沈勋章，2016)。敏感窗口期指的是某一段或多段时间内身体素质发展就像打开的窗户，时间段内的各项素质发展幅度较大较快较好，顾名思义又称为敏感窗口期。儿童少年时期是众多身体素质，包括速度素质发展的敏感窗口期，如果认识到这一点，强化针对性诱导和训练往往会有意外的收获，科学系统训练会产生开源节流、事半功倍的效果；如果不抓住身体素质高速发展的敏感期来发展速度素质，过了此时期，就会进入到速度素质发展的稳定期，此时期的速度素质发展较慢，而且提高的幅度非常有限。因此，教练员、选材人员要紧紧抓住身体素质发展的敏感窗口期，利用敏感窗口期来发展对应的身体素质，才能有效地提高儿童少年身体素质和运动能力。

第二节　速度素质的意义与分类

一、速度素质意义

在不同的运动项目中，速度素质有着重要的作用。对体能类速度性的竞技项目来说，速度素质水平的高低直接决定着运动成绩的好坏，如田径运动中人体运动的速度包括反应速度、动作速度与位移速度。三者之间既有联系，又有区别。特别是在内部机制方面，反应速度、动作速度和位移速度具有较大的差异，前者着重表现在神经应答活动方面，而后者则着重表现在神经控制与肌肉活动的运动学方面。性质特征的不同导致了训练方法、手段的不同；对耐力性项目来说，高度发展的速度素质可以使运动员以更高的平均速度通过全程，并且高度发展的速度素质又能为耐力素质的发展提供更大的空间，短距离跑，短距离游，短距离冲刺，短距离折返等速度素质更加有效，其中长距离项目也需要速度素质来提升训练质量；对技能主导类项目，时间上的优势可以转化为空间上的优势，使体操、蹦床、跳水等项目选手有更大的可能完成难度更高的复杂技巧，使球类及格斗项目选手获得更多的得分机会，因此良好的速度素质对于其他运动速度的发展具有积极的影响。

二、速度素质分类

那么速度素质又分为哪几类呢？前苏联奥佐林根据速度在各运动项目中所表现的特殊性和共性，将速度分为一般速度和专项速度。一般速度是指快速完成任何动作的能力；专项速度是以一定速度完成某一练习或技能的能力。中国的过家兴（1986）和美国 E. 马格列斯科（E. Maglischo1982）则认为速度素质由反应速度、单个动作速度和动作频率组成，位移速度是上述内容的总和。而法国的 D－哈雷（D－哈雷 1988），加拿大的图多博姆帕（1990），中国的田麦久（1988），他们在专著中根据速度素质的性质特点认为人体在运动中的速度素质只有反应速度，动作速度和位移速度三种形式。反应速度是指人体对各种刺激做出反应的快慢；动作速度是完成单个动作时间的长短；位移速度则指人体在周期性运动中单位时间内所通过的距离。

1. *反应速度*　反应速度素质对运动员起跑反应快慢起着非常重要的作用，是运动员的视觉、听觉、触觉等感觉器官从接受外界信号刺激到运动系统做出反应快慢的一种能力，反映了感受器、信号的传入与输出、神经中枢、效应器这一神经系统的敏感程度（李红明，2015）。反应速度可以分为简单的反应速度和复杂的反应速度。反应速度的快慢取决于通过反射弧受刺激产生兴奋，兴奋沿反射弧传递，直至引起效应器开始兴奋所需要的时间。反应速度由遗传因素决定，随着少儿机体的生长发育，神经系统结构和机能的不断完善，逐渐的表现出来，并随着后天的生长发育不断得到提高。6～12 岁年龄段反应速度大幅度提高，尤其是 9～11 岁增长明显加快，到 12 岁时，增长达到第一次高峰。12 岁左右，进入性发育阶段，期间反应速度增长减慢。到 16 岁，由于神经系统、内分泌系统等机能有了质的提高，反应速度的增长幅度又一次呈现较大的提高，直至20岁左右出现第二次高峰期(钱韶君,2013)。陈明达曾提出身体素质的变化是以形态、机能发育为基础的，并随着年龄的增长而不断地变化，表现出明显的波浪性和阶段性(陈明达,1993)。有人提出反应速度训练的最佳时期是在9～12岁，因此，在此年龄阶段必须加以训练。同时反应速度也取决于条件反射巩固的程度，通过训练反应速度可以缩短11%～25%(黄晓辉,2008)。有人通过对反应时的研究发现，13～14岁接近成人水平(0.11～0.25S),14岁以后趋于稳定，全能运动中竞赛项目起跑的快慢完全取决于运动员的反应速度，故而在进行反应速度练习时，13岁左右是发展反应速度的最佳时期，教练员应着重安排好反应速度的训练，为其竞赛项目成绩的提高将起着重要的作用(仵晓民,2001)。强壮对不同项目少年运动员的不同信号刺激的反应时进行了研究，结果发现，他们之间的反应时差异是显著的。其中，田径运动员对声刺激的反应快于其他项目的运动员；乒乓球运动员对光刺激的反应快于其他项目的运动员。其次，乒乓球运动员的数字反应较快，与其他运动员相比，有显著性差异。还有学者经过测定，发现我国男、女短跑运动员起跑反应速度基本处于同一水平，但从事不同专项运动员的反应速度存在显著差异。有研究也对撑杆跳、跨栏、跳高、铅球、跳水、短距离游泳及长距离游泳等项目的运动员进行了全身反应时的测定，也发现不同项目运动员的反应速度有一定差异。从以上的研究结果表明：在不同项目或相同项目不同技术类型的运动员之间，其反应时存在着差异，并且这种差异带有极强的专项特征。也就是说，运动员反应时的快慢与其所从事的运动项目的特征有极为密切的关系，这可能是他们长期接受某种刺激影响的结果，也可能是运动训练过程中自然淘汰的结果。

2. 动作速度　动作速度是速度素质中的重要组成部分，是指人体完成单个或成套动作的速度，是技术动作不可缺少的要素。

动作速度的提高可以依靠改善动作结构、理顺发力顺序、注意发力点、增加身体协调性、增加基础力量、改善训练方法等(马威,2006)。动作速度主要表现在人体各环节完成各种单个和成套组合的伸展、挥摆、抬转、击打、蹬伸、屈伸等动作的快慢,以及在单位时间里连续完成单个动作时重复的次数的多少,也称动作频率。因此,动作速度又分为单个动作速度,成套动作速度及动作频率(尹洪满,1997)。动作速度是指完成单个动作时间的长短,如投掷运动员的器械出手速度.动作速度的快慢取决于快、慢肌纤维类型的组成百分比和面积、肌肉收缩力量、肌肉组织的兴奋性和条件反射的巩固程度。动作速度的生理指标大多采用动作时,它是指从动作开始到完成动作所需要的时间。法尔费利等人通过测定动作反应速度、跳跃高度、蹬固定自行车的频率和手指叩击的频率,观察不同年龄速度的变化情况,提出动作速度10~13岁时增长最快,若此时不进行训练,则14岁以后肌肉收缩的速度就缓慢下来。13~14岁是有效发展动作速度的年龄,此后,提高的幅度很小。因此,基础训练阶段在重点发展速度素质的同时,更应突出动作速度的训练(仵晓民,2001)。

同样的,国内也有人指出,动作速度随着年龄的增长而提高,13~14岁时有一些动作速度的完成时间已接近成人的指标。13~14岁是有效发展动作速度的年龄,以后的提高幅度很小(钱韶君,2013)。吴敏指出,在14岁以后,虽然绝对动作速度提高幅度很小,但是可以通过改善技术细节,提高肌肉力量来提高完成某一个特定技术环节的相对动作速度能力。虽然在这一阶段,运动员的绝对速度可能出现下降,但是通过技术的改进和力量水平的提高,运动员发挥最大速度的能力却会相应提高,并且个人的"最大可控速度"也将得到进一步的发展(吴敏,2003)。神经肌肉间的协调调整能力也会对动作的速度会产生影响。因为各协同肌群之间,以及它们与对抗肌群之间的协调关系得到改善就能降低因对抗肌群紧张而产生的阻力,从而更有利于速度的发挥。只有当有关神经的兴奋与抑制能很快交替时,人体动作才能获得很快的频率。如跑步中的抬腿,当大腿屈肌中枢兴奋、屈肌群收缩时,在功能上与之相对抗的伸肌中枢相应抑制,使伸肌群松弛拉长,保证屈肌最大限度的收缩。当运动员伸腿时,伸肌中枢很快由抑制转为兴奋,作强力收缩,屈肌中枢立即由兴奋转为抑制,松弛拉长。如果神经过程不灵活、不协调,就会互相抵消力量,减慢动作速度。此外,人体运动时不仅某个部位的动作所涉及的神经肌肉协调、灵活性是重要的,而且不同部位动作的协调配合也很重要。如游泳时手臂与腿活动的速度不同,手腿动作协调配合才能提高游泳的速度。

3. *位移速度*　位移速度是指人体在特定方向上位移的速度,也可表示为在周期性的运动中,运动员在单位时间内所体现出的移动的快慢的能力。它主要包括起动速度、加速度、最高速度和速度耐力。在田径短跑运动中,位移速度可分为整体位移速度和局部位移速度,即在加速状态下位移速度、高速状态下的位移速度和缓慢减速状态下的位移速度(田麦久,2000)。位移速度是由步频、步幅决定的,只有掌握了步频、步幅发展的敏感期,才能有效地促进速度提高。因此,研究短步频、步幅发展的敏感期,无论对提高体育教学的科学性,增强学生的体质,还是对提高运动成绩,都有重要意义。步长由肌肉力量的大小、髋关节的柔韧性等因素制约;步频除受快肌纤维百分比及面积百分比影响外,主要受大脑皮层运动中枢神经过程灵活性及各种神经中枢间协调性所制约。有人通过步长、步频的研究发现,步长随着年龄的增长而增大;13 岁左右是发展步频的最佳年龄阶段. 如果教练员抓住了这个最佳年龄阶段进行针对性训练,将对以后的成绩起着关键性的作用(仵晓民 2001)。陈雄洪对北京小学生进行 60 米测试发现,男生步频的发展,不是随年龄的增长而增长,而是呈"V"字型发展的。7～9 岁的步频较高,但 9～13 岁的步频是随年龄的增长而下降,13 岁的步频最低。13～18 岁的步频是随着年龄的增长而增长。男生步频发展的敏感期是 14 ~ 17 岁。女生步频,也是呈“V”字型发展的。7 ~9 岁的步频较高,但 9 ~13 岁的步频是随年龄的增长而下降,13 岁的步频最低。13 ~18 岁的步频是随年龄的增长而增长。女生步频发展的敏感期是:12、15 岁。为什么会出现这种现象呢?这是一个复杂的问题。它跟很多因素有关,比较有关的因素有:神经系统的发育与腿部力量的发属程度,腿和步幅的长度等。7 ~13 岁是“V”字型的下降段,即步频随年龄的增长而下降。这是因为,这个时期的神经系统的功能已经发展到成人的 80% 以上,可是年龄越小,腿短、步幅小、体重轻,每步之间的时间短,步频快,年龄越大,则相反。因此,年龄越小,步频高,年龄大,步频低。13 ~18 岁是“V”字型的上升段,即步颇随年龄的增长而提高。这是因为,这个时期的神经系统的发育臻于完善,腿部肌肉逐步发达起来了,其力量随年龄的增长而提高,并达到了相当的高度,因此,这个年龄段的步频,随年龄的增长而增高。步幅:男生步幅的增长,基本上是随着年龄的增长而增长。但是 9 岁时的步幅有停滞或略有下降的现象。步幅增长的敏感期是:7、8、9、10、12、13 岁。女生步幅的增长,基本上是随着年龄的增长而提高。13 岁时的步幅已发展到相当高的程度。14、15、17 岁时步幅有下降或停滞的现象。步幅发展的敏感期是:11、13 岁。但是速度的提高不是和步频、步幅同步提高的。在不同年龄中,步频、步幅对速度的提高所起的作用是各不相同的。男生的步频,年龄越小,步频对速度的影响越大,随着年龄的增长,步频对速度的提高所起的作用要相对地减少。14 岁以后,步频又继续对速度起着较大的作用。男生的步幅,从 7 ~18 岁,对速度都有促进作用,其中 10 ~15 岁对速度的促进作用最大。女生的步频在 7 ~9 岁时,对提高速度发挥了较大的作用,后期的作用略有降低。14 岁以后,它对速度的提高又显示了较大的促进作用。女生的步幅,从 7 ~13 岁,对速度有促进作用,14、15、17 岁同 13 岁比,其促进作用有减少的现象,18 岁时又有回升。总之,60 米跑步频的发展呈

"V"字型发展的。60 米跑步频发展的敏感期是：男生：14～17 岁，女生：12 岁、15 岁。60 米跑步幅的发展，基本上是随着年龄增长而增长。女生 14 岁、15 岁、17 岁的步幅有下降或停滞的现象；男生：7 岁、8 岁、10 岁、12 岁、13 岁；女生：11 岁、13 岁、17 岁（陈雄洪，1986）。

第三节　反映速度素质的指标

国内外速度素质测试指标：1997 年国家体委、教育部、卫生部共同领导的对 16 省市 7～25 岁青少年儿童体质、健康的调查研究，采取 60 米跑指标；1985 年国家教委、国家体委、卫生部、国家民委共同领导的全国学生体质、健康调研，采取 50 米跑指标；1989 年中日合作少年田径运动员体质研究，采取 30 米行进跑指标；50 米跑是反映儿童青少年速度素质的基础项目，尽管动作结构简单，但是它反映了神经过程的灵活性、身体的协调性、关节和肌肉的柔韧性及肌肉的力量和耐力。当然还有 60 米跑，100 米跑，200 米跑，300 米跑，400 米跑，60 米蹲踞式起跑等指标。但是 50 米跑为儿童青少年学生短距离跑代表性指标，为速度素质测验与评定代表性指标。曾经有研究结果显示，50 米或 100 米跑测试，男子在 16 岁前、女子在 13 岁前速度素质发展速度较快。期间男子 7～9 岁、12～15 岁，女子 7～11 岁发展最快。男女青年均在 20 岁达到最好成绩（刘献武，1991）。

根据运动员从事项目的不同，也可以根据项目的特点来安排速度素质测试的指标。30 米跑：比如：羽毛球比赛中频繁的重复启动、高速制动和重心调整的步法特点。羽毛球专项速度素质指标的挑选应着重协调素质和反应灵敏指标。结合羽毛球运动场地小、距离短、变速、变向的专项特征，指标应该包括能反应学生快速起动,急停急启的指标。所以羽毛球运动员的速度素质测试主要是速度跑(30 米)(罗巧,2015);排球比赛瞬息万变,对抗日益激烈,要适应这种快节奏、高强度的对抗,需要运动员有快速的运动能力来应对排球场上的激烈对抗。速度素质是体现女排运动员快速反应能力的重要指标之一,30 米跑成绩能够直接测得排球运动员的位移速度,同时可间接反映运动员的反应速度和动作速度水平(张晗婧,2016);在花样滑冰中常常要求运动员在短时间里快速完成跳跃、转体等技术动作。这些都对动作速度和位移速度提出了很高的要求,尤其是移动速度。有研究表明,运动员跳跃前滑速度不能低于 4.5 米/秒,不然就会导致动作完成程度大打折扣甚至是失误。可以说,没有优秀的水平移动速度,就谈不上动作的流畅性,更不要说做各种跳跃,抛跳等高难度技术动作的发挥。同时考虑到女伴需要在整套节目中做出高难度抢转等空中高度旋转动作,并结合花样滑冰场地的大小,及项目自身特点,从专项需求的角度出发,选择 30 米跑作为双人滑项目男伴专项速度指标(胡琨 2014)。50 米跑:50 米跑更多地应用于田径项目中,作为速度素质测验与评定代表性指标。50 米跑反映了运动员的速度素质,包括反应速度、动作速度和位移速度,50 米的成绩和运动员竞技成绩是相关的。50 米跑成绩的好坏除了反映腿部肌肉的力量,同时,也反映出腿部肌肉能瞬间爆发出的力量,且需要下肢,腰腹部协同发力,因此,50 米跑可以直接反应田径运动员的速度力量。50 米跑是一个能体现快速跑能力和反应能力的体育项目。而且它反映了神经过程的灵活性、身体的协调性、关节和肌肉的柔韧性及肌肉的力量和耐力,更广泛应用于儿童青少年速度素质测验。60 米跑:我国部分跳高教练员采用 60 米起动跑、60 米行进间跑的练习手段,并且用 60 米起动计时作为跳高速度素质的检测指标,但并不普遍(赵连甲,1996)。还有的教练员认为速度素质训练以短距离为主,速度素质训练的距离都在 60 米以内。100 米跑:100 米跑更多地应用于中长跑训练中,有研究发现中跑运动员中,与成绩显著相关的是 60 m 跑、100 m 跑成绩(张吾龙,2012);跳高项目专家认为 100 米计时跑在初级专项训练阶段和专项提高训练阶段被认为是效果较好的训练手段。100 米跑的成绩用来反映运动员跑的能力。50 米自由泳:由于游泳项目特殊的运动环境,对游泳运动员进行速度素质评价的指标应该贴合游泳运动员的专项,所以一般采用 50 米自由泳进行速度素质的评价。姚旭霞等对 14~17 岁女子优秀 800 m 自由泳运动员其重要素质指标按照其权重按照大小排列分别为:3000 米自由泳(0.25)、戴划手掌 20*50 米游(0.21)、50 米冲刺游(0.16)、俯卧两头起(0.13)、引体向上(0.06)、立定跳远(0.11)。其中 50 米冲刺游的权重占 0.16(姚旭霞,2012),所以 50 米自由泳作为游泳运动员的速度素质指标。

其实除了上述几种指标以外,还有 30 米行进间跑、30 米计时跑、40 米跑。前苏联运动员通常用 30~40 米的行进间计时跑作为运动员的速度素质评价指标,列宁格勒跳高俱乐部的训练经验就是常采用 40 米行进间跑(阪本孝男,2001)。我国著名教练胡鸿飞在对朱建华的速度训练中就大量采用 30 米行进间跑的练习,并将 30 米行进间计时跑作为多年训练的一项速度指标。30 米计时跑、30 米行进间计时跑、60 米计时跑、100 米计时跑是背越式跳高各个训练阶段常采用的四种速度素质训练手段(吴敏,2003)。还有的教练员认为速度素质训练以短距离为主,速度素质训练的距离都在 60 米以内,而美国运动员速度训练时跑的距离却相对较长。同样,拥有迈法特、亨克尔、默根堡等一批杰出体育明星的德国,其速度素质训练时跑的距离也具有较长的特点。应该指出,只进行过短距离跑的练习对于发展运动员的跑速是不利的。速度能力是发展绝对速度的重要基础,没有好的速度能力基础,运动员很难获得好的绝对速度水平。

速度素质评价可以采用 30 米跑、40 米跑、50 米跑、60 米跑、100 米跑、50 米自由泳等指标,在实际应用中 50 米跑作为田径项目的代表性指标,同时也是儿童青少年学生短距离跑代表性指标,为速度素质测验与评定代表性指标,应用最为广泛。本文速度素质敏感期窗口的研究选取50米跑作为速度素质的代表性指标。

第四节　国内外速度素质敏感期研究的结果与分析

一、速度素质敏感窗口期解读

速度素质的发展具有明显的阶段特点,诸多研究均证实了这些阶段性的存在,与青少年选材敏感窗口期理论相一致。研究数据和图表显示,儿童少年时期是发展身体速度素质的黄金时期。表6-1所示:人体速度素质自然增长最快有两个敏感窗口期,第一个开启在儿童少年时期,第二个开启在青春期,男子分别在5~8岁,12~14岁;女子分别在4~7,11~13岁。男子要比女子稍晚1~2年,这一现象与男女青少年生长发育水平是一致的。速度素质自然增长趋于稳定的年龄男女都表现在17~18岁左右,超过这个年龄段,通过成功的训练还能提高的百分比男子为4~5%,女子为7~8%(吴敏,2003)。事实上,这就形成了身体速度素质发展的敏感窗口期。

表6-1　短跑项目各指标发育敏感窗口期表

指标	发育敏感期	
	男	女
功能稳定性窗口期	5~8岁	4~7岁
功能力量窗口期	9岁~生长速度高峰结束后六个月	8岁~生长速度高峰结束或月经初潮出现

（续表）

指标	发育敏感期	
	男	女
爆发力窗口期	16~22岁	15~21岁
速度窗口期1	5~8岁	4~7岁
速度窗口期2	12~14岁	11~13岁
柔韧窗口期1	5~8岁	4~7岁
柔韧窗口期2	12~14岁	11~13岁

二、青少年学生50米跑数据结果与分析

1. 我国男生女生50米跑数据结果与分析　表6-2所示通过分析7~22岁儿童青少年50米跑成绩发现，男女生50米成绩随年龄增长逐年提高，而男生50米成绩一直比女生好，12岁前两性之间的速度素质水平接近，女少年约为男少年的90%以上，随着年龄的增加，男女速度素质差距加大，成年女性其速度水平仅有成年男性的80%左右。这可能跟男、女的生理结构不同，肌肉的快速收缩能力不同有关，或者跟男女生青春期身体发育的进程不同有关。

表6-2　中国城市汉族学生50米跑样本数、平均数、标准差表（单位：秒）

年龄（岁）	男生			女生		
	均数	标准差	差值	均数	标准差	差值
7	11.3	1.10	0	11.59	1.12	0
8	10.54	1.02	0.76	10.99	1.01	0.6
9	10.19	1.01	0.35	10.53	0.97	0.46
10	9.81	0.96	0.38	10.18	0.95	0.35

（续表）

年龄（岁）	男生			女生		
	均数	标准差	差值	均数	标准差	差值
11	9.51	0.98	0.3	9.91	0.89	0.27
12	9.11	1.00	0.4	9.75	0.94	0.16
13	8.51	0.93	0.6	9.66	1.00	0.09
14	8.16	0.91	0.35	9.63	1.04	0.03
15	7.91	0.93	0.25	9.61	1.02	0.02
16	7.69	0.78	0.22	9.62	1.00	-0.01
17	7.60	0.71	0.09	9.55	1.02	0.07
18	7.57	0.75	0.03	9.58	1.03	-0.03
19	7.65	0.70	-0.08	9.63	1.00	-0.05
20	7.70	0.80	-0.05	9.70	1.05	-0.07
21	7.70	0.77	0	9.74	1.17	-0.04
22	7.68	0.77	0.02	9.73	1.22	0.01
19-22	7.68	0.76	0	9.70	1.11	0.03

摘自：全国体质与健康调研报告（2010）样本数为11万。

50米跑是反映青少年儿童速度素质的基础项目，从图6-1可以看出，速度素质是随着年龄的增长而变化的，表现出了十分明显的年龄特征和性别差异。在速度素质发展的过程中，50米跑的成绩表现出明显的波浪性和阶段性。男生、女生短距离快速运动能力在7~9岁这一期间自然增长的幅度较快，其后增长速度放缓，男生在18岁时这到最高水平（7.57 s），女生在17岁时达到最高水平（9.55 s）。男生速度素质增长最快值高出女生0.16秒。11岁以后，男、女间的差别就明显了，男孩在11~14岁仍以较快的速度增长，而女孩增长的幅度就稍小些，到16~18岁时增长速度开始变快。19岁以后男生、女生的速度增长进入稳定期。

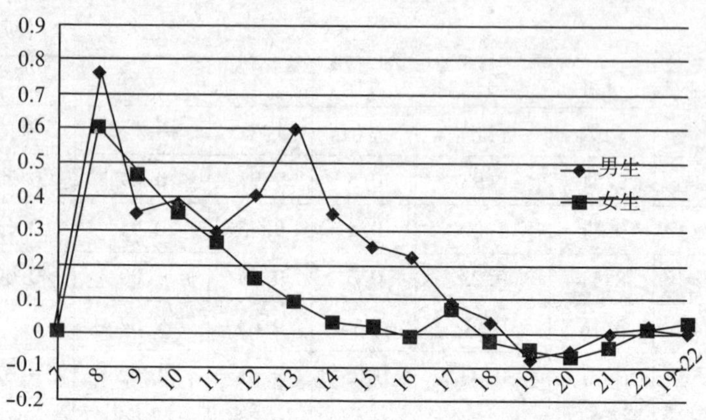

图 6－1　中国城市汉族男生、女生 50 米跑差值

图 6－2 所示，男生 50 米跑成绩在 9～10 岁、11～12 岁的离差率变化比较大，其中 11～12 岁离差率变化最大。离差率出现陡升的时间开始是 10 岁，结束在 14 岁，14～16 岁进入平稳期，所以敏感窗口期集中在 9～10 岁、11～12 岁；图 6－3 所示女生 50 米跑成绩

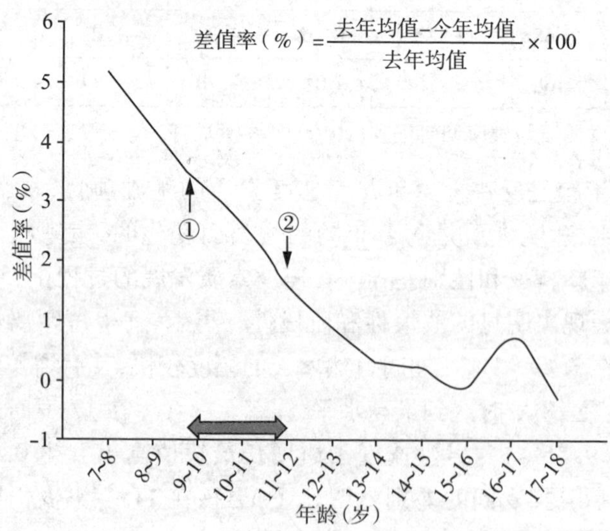

图 6－2　10～14 岁男青少年 50 米跑成绩的离差率变化图

在9～12岁、16～17岁的离差率变化比较大，其中9～12岁离差率变化最大。离差率出现陡升的开始时间是9岁，结束在12岁，12～15岁进入平稳期，所以敏感窗口期集中在9～12岁、16～17岁，这些数据是依据日历年龄来测试的，但是在人体发育过程中，每个个体的发育的速率是不同的，存在早发育和晚发育的现象，早发育和晚发育人群在同样的日历年龄下，表现出来的速度素质也会有所不同，所以在考虑男生、女生的速度敏感期的时候也要根据个体的发育情况来定。

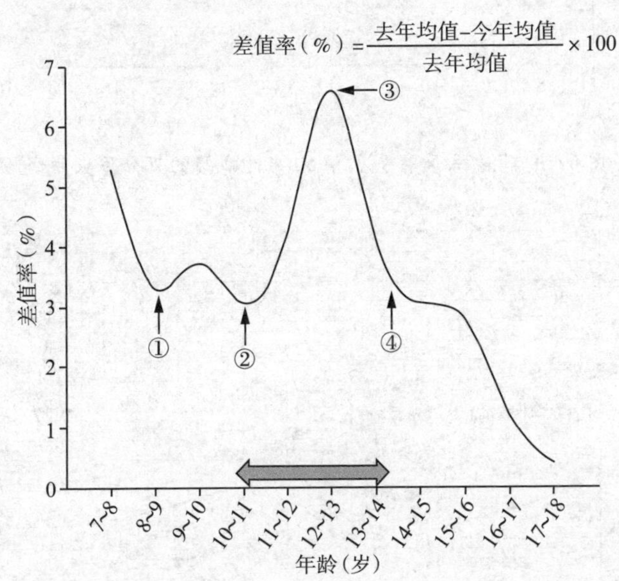

图6-3　9～12岁女青少年50米跑成绩的离差率变化图

从图6-4、图6-5中可以看出男、女生50米百分位数曲线形状存在一定的差异。同等年龄下中位数曲线男生50米跑的成绩明显快于女生，男生随着年龄的增长，50米跑成绩出现了7～8岁、12～13岁两个显著提高时期，17岁以后曲线趋于平稳；女生随着年龄的增长，50米跑成绩提高的幅度逐渐减小，14岁以后曲线趋于平稳。

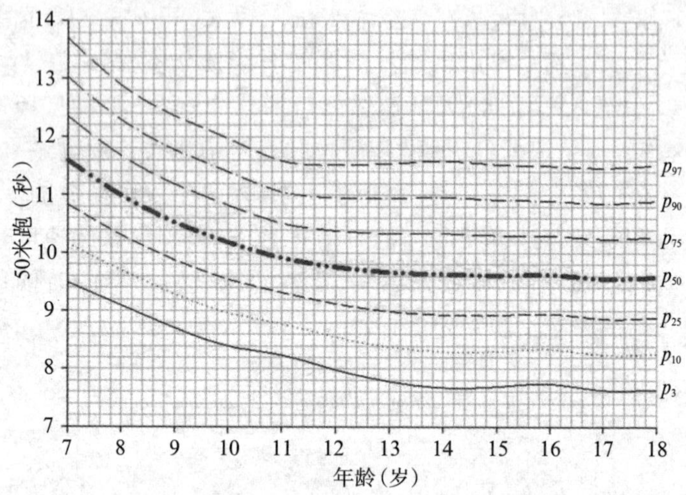

图 6－4　7～18 岁男青少年 50 米跑成绩的百分位数曲线

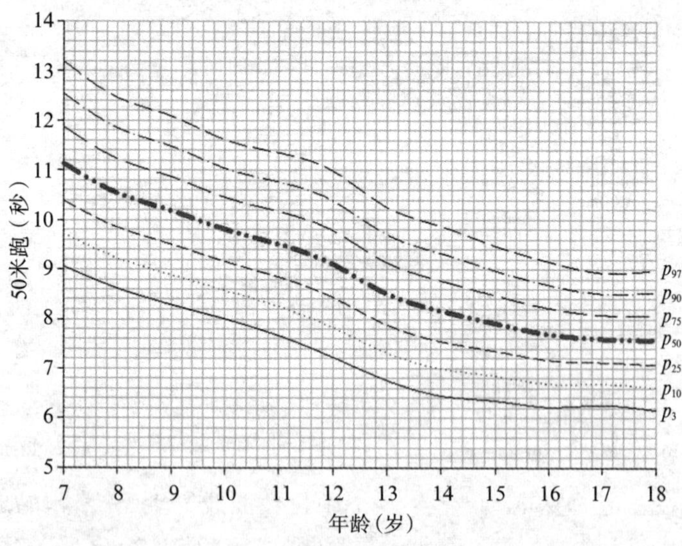

图 6－5　7～18 岁女青少年 50 米跑成绩的百分位数曲线

儿童少年的速度素质随着年龄的增长而自然增长，其发展较其他素质早。我们看一下世界优秀短跑者的年龄状况：1979 年百米世界前50名平均年龄是22.1岁,大多数优秀短跑运动员达高峰的最佳年龄平均在22.2岁左右。最近连续六届奥运会100米前六名决赛参加者的平均年龄为22~24岁,女子平均为22.1岁。国内外短跑优秀者的最佳成绩年龄情况,速度水平的高峰阶段,男女都出现在18~22岁之间,最好成绩女子比男子出现得早,男子在20岁左右,女子15岁就能出现高成绩,但稳定性的高成绩仍出在18~20岁间。男女之所以都在20岁左右出现最高成绩,可能与此时形态、机能各器官系统已基本发育成熟有关(刘正,2000)。王瑞元提出,儿童青少年速度增长期为男生7~15岁,女生7~12岁;敏感期为男生7~10岁、14~15岁,女生是7~10岁。2001年王葱等通过对7~17岁儿童少年身体素质的研究发现,儿童少年身体素质中速度领先发展,如50 m跑7岁时已经领先发展,男生分别达63.40%、女生分别达70.04%,其快速增长期为男生7~10岁,女生7~11岁。池泰棱等通过总结前人研究得出7~14岁是发展速度素质的最佳时期。2012年易妍在吉林省青少年学生身体素质发展敏感期的研究中发现,男女同学速度素质敏感期都集中在7~10岁,其中男生速度素质的增长总值比女生高出1.7秒,但是增长速度女生却快于男生,且有明显的性别差异。前苏联法尔费利研究表明,速度素质在10~13岁时增长最快,14岁以后较为缓慢,16~18岁以后变化不明显,处在稳定阶段。

以上研究发现,我国儿童青少年速度素质发展较快年龄男少年在12~14岁,女少年在7~9岁。性别差异明显,女子在17岁达到最好水平,其后直至20岁阶段,速度素质的发展处于停滞状态,20岁以后水平逐渐趋于下降,而男子在18岁达到最好,其后速度素质的发展进展较少,高水平个体可保持到25岁左右。速度素质成绩达最高峰男子在19岁,女子在17岁。

2. *上海青少年儿童50米跑数据结果与分析*　图6-6、图6-7所示,上海市男生速度素质增长最快的年龄集中在8岁和13岁,所以敏感期集中在8岁和13岁,女生速度素质增长最快的年

表 6-3 上海 7~18 岁儿童青少年 50 米跑成绩(s)及年增长值和年增长总值(单位：秒)

年龄(岁)	男生50米跑	男生50米跑标准差	男生50米跑差值	男生50米跑差值率	女生50米跑	女生50米跑标准差	女生50米跑差值	女生50米跑差值率
7	11.13	1.10	0.00	0.00	11.59	1.12	0.00	0.00
8	10.54	1.02	0.59	5.30	10.99	1.01	0.60	5.18
9	10.19	1.01	0.35	3.32	10.53	0.97	0.46	4.19
10	9.81	0.96	0.38	3.73	10.18	0.95	0.35	3.32
11	9.51	0.98	0.30	3.06	9.91	0.89	0.27	2.65
12	9.11	1	0.40	4.21	9.75	0.94	0.16	1.61
13	8.51	0.93	0.60	6.59	9.66	1.00	0.09	0.92
14	8.16	0.91	0.35	4.11	9.63	1.04	0.03	0.31
15	7.91	0.83	0.25	3.06	9.61	1.02	0.02	0.21
16	7.69	0.78	0.22	2.78	9.62	1.00	-0.01	-0.10
17	7.60	0.71	0.09	1.17	9.55	1.02	0.07	0.73
18	7.57	0.75	0.03	0.39	9.58	1.03	-0.03	-0.31

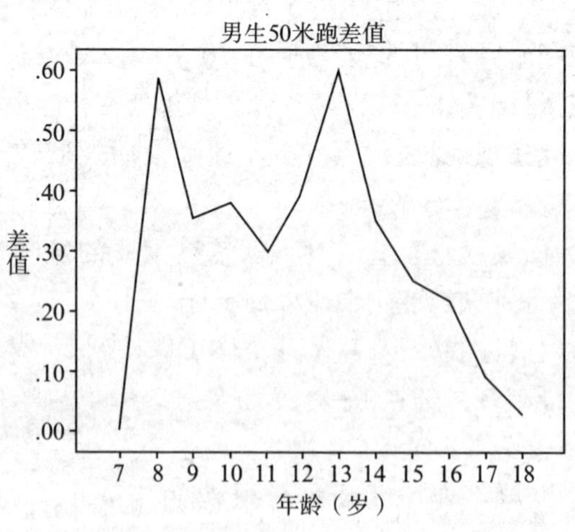

图 6-6 上海男生 50 米跑差值

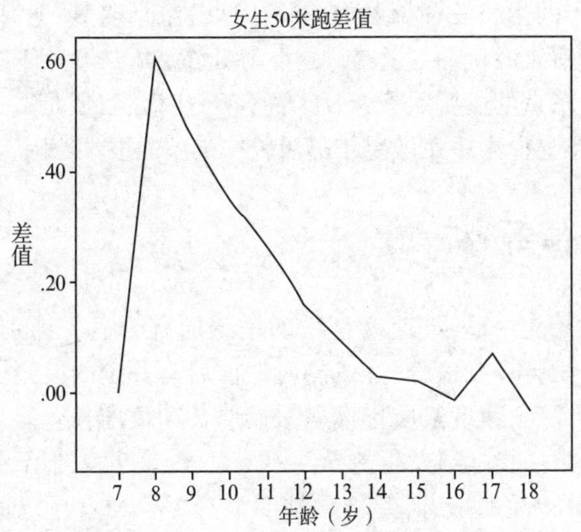

图 6－7　上海女生 50 米跑差值

龄集中在 8 岁和 17 岁，所以敏感期集中在 8、17 岁。这个结果与中国城市男生女生 50 米跑的测试结果一致。

3. 中、日男、女生 50 米跑数据结果与分析　2009 年刘新华等在对 6～19 岁上海、东京两地儿童、青少年身体素质影响因素的比较分析中发现男生速度快速增长期为 6～10 岁，女生为 6～12 岁。上海儿童、青少年身体素质总体水平高于东京主要原因是上海儿

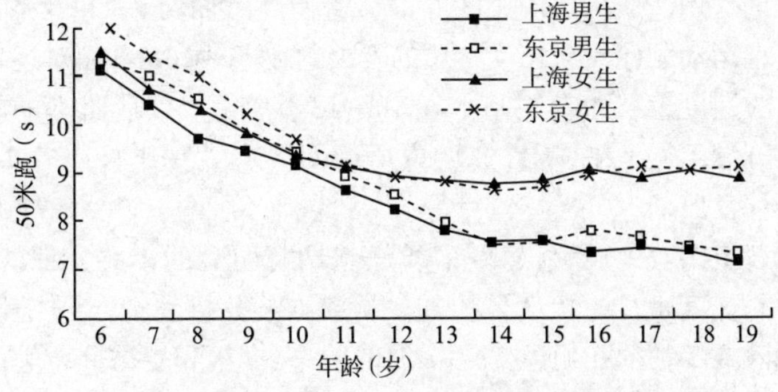

图 6－8　中日男生、女生 50 米跑成绩比较图

童、青少年的生长发育长期加速趋势远较东京明显，上海儿童、青少年体育锻炼时间多于东京，是上海儿童、青少年身体素质总体水平高于东京的主要因素：不良的学习、生活、习惯是造成上海儿童、青少年身体素质在敏感年龄段较东京差的根本原因。

三、综合分析

以上图表中显示，速度素质的敏感期有明显的性别特征，性别的差异与青春期发育、性成熟时期前后有一定的关系。女生进入青春期以后，速度素质指标呈缓慢增长和负增长。但是在青春期前速度素质指标男女生差异并不太显著，从 9 岁开始，性别差异明显，随着年龄的增长，差异愈加明显。男生和女生之间自然增长曲线不出现交叉。主要原因是男生在青春发育的早期，雄性激素分泌增多，肌肉开始增加，皮下脂肪下降，这些改变就使得男生速度素质在 12～14 岁之后增长迅速。而女生在进入青春发育期后，尤其是青春期前期，受到雌激素分泌增加的影响，使得身体脂肪含量呈现大幅度增长。女生身体成分出现脂肪的堆积，肌肉松弛，力量下降，而且女生在进入青春期后，更多地注重身体形态，并且减少了户外运动的时间，这也是导致女生速度素质增长速度变慢的原因。(王伟杰,2015)。肌肉对速度素质的提高起着至关重要的作用。肌肉反应速度的最显著发展时期为 7～11 岁，其中对复杂运动顺序反应速度素质的发展约在 11～16 岁，而对运动频率反应速度素质的发展基本在 10～13 岁，14 岁以后肌肉的收缩速度开始缓慢下来，所以速度素质的发展从 7 岁开始，10～14 岁是最快发展期。

以上图表中显示，速度素质敏感期有明显的年龄特征，7～9 岁时是速度增长的幅度最快的。从脑电波分析发现，a 波随脑发育成熟或年龄的变化而变化，a 波的频率、振幅和空域分布等因素是反应大脑机能状态的重要指标。而根据研究可知 a2 波更能代表 a 波的发育特点，而 e/p 的比值代表快慢波的比较，数值越小，则说明脑发育越完善，由此可得出，6～12 岁儿童的脑电发育越完善，其速度素质越好（马兰，2015）。而反应速度素质的影响因素主要是神经活动。与神经系统的发育最密切的是大脑的发育，出生时新生儿的脑重量已达到成年人脑重的 25%。出生后儿童脑的重量随着年龄以先快后慢的速度增长，到 6～7 岁接近成人水平，占成人脑重的 90%，此后缓慢增长，到 20 岁时停止增长。神经细胞在出生时数目已与成人相同，出生后儿童大脑重量的增加并不是脑神经细胞的增殖，而主要是神经细胞结构的复杂化和神经纤维的伸长。新生儿的大脑皮质表面较光滑，沟回很浅，构造十分简单，以后神经细胞突触数量和长度增加，细胞体积增大，神经纤维开始向不同方向延伸，越来越多地深入到皮质各层。与此同时，神经纤维的髓鞘化逐渐完成，髓鞘化是脑内部成熟的重要标志。髓鞘化保证了神经兴奋沿着一定路线迅速传导。新生儿的脑低级部位（脊髓、脑干）已开始髓鞘化。以后先是与感觉运动有关的部位，后是与智慧活动直接有关的额叶、顶叶区髓鞘化 3 岁时神经细胞已大致分化完成，8 岁时已接近成人。由此可见，儿童的大脑和神经发育在 8 岁时接近成人，所以 8 岁是儿童反应速度素质发展的敏感期。

第五节　评议与小结

速度素质敏感窗口期主要集中在青少年时间段，第二个敏感窗口期后效应更趋明显。如果速度素质发展错过了相应的敏感期，则相应的速度素质将很难达到理想水平，错失敏感窗口期诱导和训练带来的刺激效应则可能损失无法再弥补。青少年的速度素质的提高和青少年生长发育一样呈明显的阶段性和连续性，它们在敏感窗口期将表现得淋漓至尽。每一个阶段与它的前后阶段又是彼此相关的,前一个阶段生长发育的好坏直接影响下一个阶段的发展。每种运动素质的发展都或多或少地与速度素质发展相关联。虽然速度素质存在较高的遗传度和先天性的个体差异性,但是整体的发展规律是存在的,在青少年的生长发育过程中,掌握了运动素质的发展规律,合理地安排运动时间,才能够有效地发展身体速度素质。

速度素质受遗传因素影响较大,因此必须加强早期选材工作。速度素质的发展对神经系统有较高的依赖性,儿童的速度素质可根据 α2 相对功率和 θ/β 比值预测,即,同年龄儿童脑电 α2 频段的相对功率越大,θ/β 值越小,速度素质越好,而青少年的速度素质发展受其脑发育特征影响较小(李素云,2006)。前苏联学者拉祖莫夫斯基通过实验研究说明,抗动距离越短,反应时的影响越大。美国短跑理论研究者认为反应时是影响短跑速度的关键因索,它的影响几乎能占 7%~24%。我国科研人员张德君等也认为反应时的快慢与完成起跑动作有直接的联系,建议把反应时列为选材的指标之一。

速度素质发展敏感期特征与身体形态发育特征结合,身体形态发育水平随年龄增长而增长,身高、坐高、体重和胸围是反映人体形态的重要基础指标,是身体形态生长发育过程的发育状况、发育水平最具代表性的客观指标。人体形态对速度的影响主要在于四肢的长度,在其他条件相等的情况下。上下肢的长度越长,该部位的运动速度反应越快。人体四肢的运动形式是肢体绕关节轴的转动,手脚离轴心的距离越远,运动速度就越大。径赛运动员下肢的长度影响着运动员的成绩。可以利用身体素质发展敏感期特征与身体形态发育特征之间的关系,合理安排体育锻炼的强度来促进青少年身体发育。

各个身体素质的发展也是互相影响、相互促进、相互制约的。在速度素质的敏感期除了要着重发展相应的速度外,也不能忽略对其他身体素质的发展。要注意各项素质的配合练习，避免单一，如力量、柔韧、速度素质要相互配合练习，以提高力量、灵敏、速度素质。周期性位移速度与肢体的运动幅度、频率及其协调关系有关；而肢体的运动幅度主要受肌力的大小、肢体长度及关节的柔初性影响；而且，良好的肌肉弹性、协调交替能力也是实现快速运动、准确完成动作技术的重要保证。关节的柔韧性在快跑中对步幅影响明显。柔韧性和协调性的好坏对速度素质有相当大的影响。美国生理学博布莱恩·托马斯在柔初性与速度关系的研究中表明，柔初性提高后可增加力的作用范围与时间，从而使运动速度增加（徐永生 2012）。因此，在发展速度的过程中安排适量的柔韧练习，对速度素质的提高有积极意义。（Virtue al, 1998）。不少专家认为，速度与力量的关系中，速度与爆发力的关系更为密切，而爆发力即肌肉快速收缩产生的力或运动员快速发力的能力。张英波在《速度力量训练》中指出，运动员的力量，特别是速度力量水平对于竞技能力具有重要的决定性作用。他在研究中表明，对于高水平运动员，以尽量快的速率进行较重负荷练习能够更有效地提高速度力量水平。在对田径运动速度力量训练中提出应尽量贴近并反映专项技术本身的动力学和动作结构、时间、空间特征。王腾、赵建强、秦强、渠扬的《优秀青少年网球运动员击球动作速度与专项速度素质的相关性研究》采用体育测量法和数量统计等方法，对 28 名优秀青少年网球运动员专项速度素质进行测试和分析。研究发现，腿部爆发力的优劣直接影响着网球运动员发球，正、反手击球动作的速度，躯干的速度力量素质也是影响网球运动员专项动作速度的重要因素。但是及化娟（2006）运用灰色系统理论中的关联度分析法，对速度素质发展敏感期 11 岁儿童少年男生的速度素质与力量素质、耐力素质、爆发力素质、灵敏素质和柔韧素质的相互关系进行了系统的分析研究。经分析，身体素质各个代表因素对速度素质的代表指标 50 m 跑的影响程度大小依次为：行进间 30 m 跑 >100 m 跑 >50 m ×8

往返跑＞立定跳远＞纵跳摸高＞10 s 立卧撑＞抛实心球＞立位体前屈。显然,行进间 30 m 跑代表绝对速度作为练习手段,练习效果相对最佳,50 m×8 往返跑代表的耐力素质却高于立定跳远和纵跳摸高代表的爆发力素质,力量和柔韧素质对速度素质影响程度相对较小。各项身体素质之间不是孤立存在和发展的,它们之间是相互影响、相互促进、相互制约的。在敏感期内重点发展,合理安排教学内容,将对此素质的发展起到事半功倍的效果。

步频、步幅发育敏感期对速度素质发展有着至关重要的作用,儿童时期的神经系统具有较大可塑性,灵活性较高,兴奋性往往占优势,这个时期有好动、活泼、上进心强、反应速度快的优点,是发展速度中频率素质的最佳黄金时机,进行针对性的训练,缩短神经系统的传导时间,提高反应速度,最好在 10～12 岁予以训练。尤其是女孩子脂肪层一般比男孩子厚,因此,肌肉收缩时所产生的制动作用较大,所以女孩子应特别加强速度素质的训练,以提高肌肉快速收缩的能力。儿童时期应参加多年系统的训练,步频提高较快,收益显著,而且能达到较高水平。所以发展速度素质中的步频,是儿童时期教学训练中不容忽视的重中之重,应在儿童时期重点培养。因此,在这个阶段素质训练必须以频率训练为核心,同其他素质(特别弹跳、爆发力、协调性等)结合起来发展的全面身体素质训练(周云生,2000)。要求动作频率和反应速度练习与速度训练必须尽早开始,因为中枢神经系统和肌纤维结构在这一年龄还能较好地承受相应的刺激。这一点也适用于和速度有极大关系的协调能力的发展。运动员在基础和建设性训练阶段做所有符合技术要求的非周期性动作练习时都应用最佳速度(次最大和最大速度)。在青春期之后,必须提高速度生物基础的稳定性,应大大增加整个训练的负荷量,因为这对提高大多数运动项目的成绩来讲是必不可少的。但是,在这之前,即在基础和建设性训练阶段,整个训练的负荷量则不可增加过大,否则会导致片面减少速度训练的强度(赵景臣,2005)。在发展少年儿童的速度素质时，首先要注意的问题是，他们正处在生长发育阶段，安静时的代谢比成年人旺盛，消耗氧量多；血红蛋白和肌红蛋白的含氧量却相对比成人的少，因此在进行速度类练习时，时间和距离不宜太长。其次是儿童的神经系统不同于成年人，他们的神经过程兴奋与抑制不均衡，表现为活泼好运、精力充沛。由于代谢过程旺盛，易疲劳也易恢复，但动作不够协调精确。由于神经细胞抑制过程不完善，因而错误动作多，因此要注意培养动作的规范化。此外由于抽象的语言思维能力还不完善，所以形象直观的方法更容易让他们接受（杜晓兵，2014）。

步频、步幅发展的敏感期是不一致的。所以要根据步频、步幅发展的敏感期来安排。在发展步频过程中所选择的练习，首先要提高中枢神经系统的灵活性，其次是发展腿部力量，再次是发展协调性与提高快速跑的技术。在发展步幅过程中，所选择的练习，首先要发展腿部力量，其次是提高下肢关节的灵活性，再次是提高快速跑的技术和协调性。通过采用变换信号让锻炼者迅速做出反应以及做各种高频率动作的练习改善和提高神经过程的灵活性，通过超等长练习发展腿部力量。在锻炼中，要注意合理安排练习的顺序与时间，在练习者身体状态最佳，精力最充沛的上午或体育课的前半部分进行练习，同时练习结束后应重视肌肉的放松与恢复。

肌肉的协调放松能力对提高速度素质具有重要的意义。肌肉放松能力练习不仅可以减少肌肉快速收缩时的阻力，还有助于肌肉的收缩速度和力量的增长。据研究，一个短跑运动员的 100 米成绩由 10.9 s 缩短到 10 s 的诸多因素中，爆发力的提高占 20.57%，力量增大占 12.34%，而肌肉放松能力的改善则占 21.57%；200 m 的成绩由 21.5 s 缩短到 20 s 时，肌肉放松能力占 48.32%，力量占 6.86%，爆发力占 11.33%（向云安，2010）。所以，要提高速度素质，不仅要通过各种训练手段来提高反应速度、动作速度、位移速度，而且在训练后还要组织运动员进行肌肉协调放松。

在青少年身体发育过程中，要重视并掌握身体素质发展的年龄特征，抓住这个速度素质发展的敏感期，合理安排体育锻炼的内容与强度，可以达到事半功倍的效果。但是在速度素质的敏感期，我们在发展速度素质的同时，不能偏废其他素质的发展，保证速度素质的发展，同时又保证其他素质的合理发展。在注意到各个身体素质发展的敏感期的同时，还要注意到敏感期的性别特征，这就要求我们在安排体育锻炼的时候，应注意男、女生的锻炼强度的区别。根据男、女的性别特征，抓住各自身体素质发展的敏感期，不失时机地采取科学的体育锻炼，促进其健康发展。

根据速度素质敏感期年龄变化的特点，在训练中要抓住速度发展增快的特殊阶段进行训练，将会对青少年身体素质的发展起到显著的促进作用。根据青少年身体素质敏感期的发展规律，科学合理的进行体育锻炼，不可过早、过量进行专项训练，这样才能够对提高青少年的速度素质起到事半功倍的作用。

建议阅读文献

1. 林琬生，肖建文，叶恭绍. 中国汉族儿童生长的长期趋势. 人类学学报[J]. 1989，(8)：355－366.
2. 刘献武，林文弢，胡亦海. 运动选材学[M]. 北京：人民体育出版社，1991.
3. 陈明达，于道中，邢文华. 实用体质学[M]. 北京：北京医科大学 中国协和医科大学联合出版社，1993.
4. 邓树勋. 运动生理学[M]. 北京：高等教育出版社，1999.
5. 骆建，谭红. 田径运动项目的动力性力量训练效果转化为专项能力的原理探讨[J]. 成都体育学院学报，2003，(1)：43－46.
6. 许丽存. 协调性在田径运动中的作用[J]. 云南大学学报：自然科学版，2008(12)：425－427.
7. 田麦久. 运动训练学[M].（第 2 版）北京：人民体育出版社. 2000.
8. 田麦久. 运动训练学词解[M]. 北京：北京体育大学运动训练学教研室专业课参考教材. 2002.

9. 张英波.现代田径运动训练训练方法[M].北京:北京体育大学出版社,2005.
10. 骆建.短跑力量提高属性及训练原则[J].成都体育学院学报,2001,30(2):26-27.
11. 邓树勋,洪泰田,曹志发.运动生理学[M].北京:高等教育出版社,1997.
12. 李诚志,黄宗诚.短跑攻关技术诊断报告[J].中国体育科技,1985,(3):8.
13. 刘明,冯晓玲,李双军.我国田径水平相对落后的原因及发展对策研究[J].武汉体育学院学报,2003,37(2):58-61.
14. 李波.从供能角度谈百米训练[J].北京体育大学学报.2001,(21):291-292.
15. 王全军,董守滨.提高青少年短跑运动员快速能力的实验研究[J].周口师范学院学报,2003,(20)2:25-27.
16. 李妙香.怎样提高短跑运动员的绝对速度[J].教学与管理,2005,47(3):30.
17. 张卫.现代田径运动速度力量类项群体能训练的特点[J].广东教育学院学报,2010(3):46-48.
18. 公彦国.田径运动训练理论与发展趋势研究[J].华章,2009(23):25-26.
19. 崔晓霞.论田径运动功能及其相互关系[J].上海体育学院学报,2008(5):12-14.
20. 陈小平.试论“专项能力”的训练一对我国体能类项目训练中存在的主要问题的探析[J].中国体育科技.2002,38(1):10-14.
21. 白剑峰.短跑放松能力的作用及训练[J].田径,1999,(9):11.
22. 陈海清.以增大步幅为主导改进短跑训练[J].西安体院学报,1992,9(1):33-38.
23. 王强.肌肉放松能力对短跑成绩的探讨[J].体育教育研究,2000(24):11-13.
24. 苗建蜂.谈百米跑的放松技术与成绩[J].体育教育研究,2000(23):31-33.
25. 曹肇为.试析放松技术与100米成绩的联系[J].体育函授,2001(4):56-60.

26. 袁作生,南仲喜. 现代田径运动科学训练法[M]. 北京：人民体育出版社,1997.
27. 谭明义. 中国男子百米跑运动水平落后原因剖析[J]. 北京：中国体育科技,1996,(15)8.
28. 闫松华. 百米跑速度结构分析及有关技术训练手段研究[D]. 北京：北京体育大学,2004.
29. 袁作生. 田径运动教程[M]. 北京：人民体育出版社,1999.
30. 徐向军. 对青少年田径运动员运动能力发展的影响因素探讨[J]. 首都体育学院学报,2001,4(6)：6.
31. 王健. 国外优秀男子短跑运动员 100 m 跑速度的动态分析[J]. 武汉体育学院学报 2003,2：92.
32. 王力军. 短跑运动员应重视高速中放松能力的训练[J]. 广东商学院学报,2002,13(5)：94.
33. 程雪廷,张元庆. 浅谈短跑训练中如何发展力量和速度[J]. 田径,2007(2)：13－16.
34. 卢义锦. 人体解剖学[M]. 北京：高等教育出版社,2001：95.
35. 张红松,张锡庆. 中美竞技体育后备人才培养的比较[J]. 广州体育学院学报,2003,(23)6：36－38.
36. 中国学生体质与健康调研组. 中国学生体质与健康研究[M]. 北京：人民教育出版社,1987.
37. 中国学生体质与健康调研组. 1995 年学生体质与健康调研报告[M]. 北京：人民教育出版社,1987.
38. 中国学生体质与健康调研组. 2000 年学生体质与健康调研报告[M]. 北京：高等教育出版社,2002.
39. 中国学生体质与健康调研组. 2005 年学生体质与健康调研报告[M]. 北京：高等教育出版社,2007.
40. 体育院校成人教育协作组. 身体素质训练法[M]. 北京：人民体育出版社,1995.
41. 张一民,刑文华. 1985～2005 年中国汉族学生身体形态特征的动态变化规律[J]. 体育科研,2008(3)：1－16.
42. 杨忠伟. 体育运动与健康促进[M]. 北京：高等教育出版社,2006：7.

43. 蔡丹,孙有平,季浏. 中外青少年体质测定标准之力量素质评价指标的比较[J]. 首都体育学院,2013(4): 371-374.
44. 马兰. 儿童少年脑电发育特点与速度素质关系的研究[D]. 北京体育大学,2015.
45. 马威. 快速力量对网球正手击球动作速度影响的实验研究[D]. 辽宁师范大学,2009.
46. 李健. 体能主导类速度性项群田径项目中外优秀运动员最佳竞技年龄的比较研究[D]. 哈尔滨工程大学,2008.
47. 肖辉. 我国部分青少年足球队员专项位移速度能力研究[D]. 北京体育大学,2012.
48. 骆建. 我国高水平男子100 m运动员的体能理论体系研究[D]. 北京体育大学,2007.
49. 江崇民,于道中. 1985~2005年间我国汉族学生身体、素质的动态分析[J]. 体育科研,2008(3): 17-25.
50. 卫藤隆. 日本青少年的健康教育和健康促进[M]. 上海: 上海教育出版社,2007: 12.
51. 黄玉山. 运动处方理论与应用[M]. 桂林: 广西师范大学出版社,2013: 5.
52. 史儒林. 青海高原地区中学生生活方式和体质、健康状况的调查研究[D]. 北京: 北京体育大学,2005.
53. 吴敏. 对我国优秀背跃式跳高运动员速度素质及其训练手段的初步探讨[D]. 北京: 北京体育大学,2003.
54. 范明. 越南河内体育师范大学足球专业男大学生速度耐力发展的练习应用研究[D]. 武汉: 武汉体育学院,2004.
55. 湛超军. 中、美大学生运动员灵敏性及其相关素质的研究[D]. 北京体育大学,2013.
56. 罗巧. 核心力量训练对羽毛球力量、速度素质及杀球技术影响的研究[D]. 北京: 北京体育大学,2015.
57. 闫云刚. 15岁男生百米位移速度能力训练的研究[D]. 西安体育学院,2012.
58. 房加楼,刘正. 不同速度水平的青少年身体形态、机能、素质间的差异初探[J]. 北京体育学院学报,1982(3): 54-56.

59. 董榴英.从身体素质转移规律谈排球队员的力量与速度的转移性训练[J].上饶师范学报,1995(6):94-96.
60. 杨华东,张静.滇南少数民族地区初中生身体素质调查与比较分析[J].福建体育科技,2013(4):58-62.
61. 陈雄洪.对60米跑速度素质发展规律的探讨[J].体育教学,1986(2):32-35
62. 马新东,刘波,程杰.美国青少年体质研究探析及对我国的启示[J].体育科学,2010(1):81-83.
63. 傅立功,陈琦,杨贵林.健身运动处方[M].北京:华夏出版社,1993:210-214.
64. 张辉明,蒋钢强.运动处方教学模式在高校中长跑教学中的应用研究[J].体育科技,2006,27(3):70-72.
65. 李刚,张树光,周殿学.中日两国大学生体格及身体素质发展状况对比研究[J].东北师大学报:自然科学版,2000,(3):122-124.
66. 夏成生.城市中学生身体素质的追踪调查[J].成都体育学院学报,2004,(4):94-96.
67. 张雅玲,郝文亭.塔吉克族中学生身体素质的测试与分析[J].北京体育大学学报,2005,(4):491-492.
68. 周志平,周海云,李立.山区农村中学生身体素质状况的调查与分析[J].教育研究,2008(10):108-110.
69. 袁存柱,骆冰,李兴志.海南黎族中学生身体素质发展特点分析[J].海南师范大学学报:自然科学版,2009,(3):339-342.
70. 王萍,武杰.1985~2005年乌鲁木齐市维族、汉族15岁中学生身体素质的比较分析[J].山西师范大学体育学院学报,2008(3):137-139.
71.《人体测量与评价》编写组.人体测量与评价[M].北京:高等教育出版社,2000.
72. 张芯,廖文科.2000年中国学生体质与健康调研结果及对策研究报告//中国学生体质与健康研究组.2000年中国学生体质与健康调研报告[M].北京:高等教育出版社,2002:49-53.
73. 白文飞.2000年北京市中、小学生体质状况分析[J].中国体育科技,2003,39(11):41-43.

74. 满昌慧. 对我国优秀女子背越式跳高运动员力量训练水平评价的研究[D]. 北京：北京体育大学,2001.

75. 徐本力. 早期运动训练方法的优化理论[J]. 山东体育学院学报,2002,(1)：8.

76. 张天祥. 对跳高运动员速度素质训练的初步探讨[J]. 体育科学,1983,(2)：33.

77. 奚天明. 优秀少年足球运动员专项速度训练模式初探[J]. 体育与科学,2000,22(3)：48－50.

78. 张昌言,周曰卿. 短跑运动员最大力量和速度力量的训练特征及方法[J]. 北京体育大学学报,2002,25(3)：425－427.

79. 吴向. 对田径运动短跑速度训练的方法学研究[J]. 成都体育学院学报,2003,29(6)：54－57.

80. 周新华. 速度耐力型项目供能特点及训练[J]. 武汉体育学院学报,2002,36(3)：59－60.

81. 李素云. 定量脑电图在儿童脑功能研究中的应用[J]. 中国临床康复,2006,10：135－137.

第七章 青少年爆发力素质敏感窗口期的研究

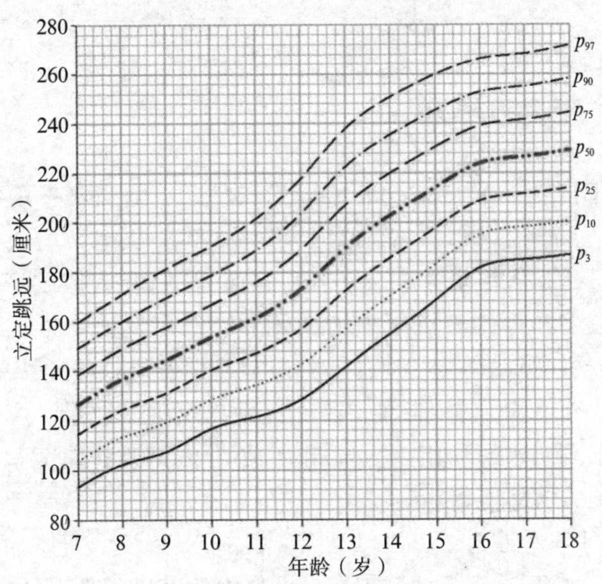

提要：

本章讨论了身体爆发力的定义和爆发力敏感窗口期。爆发力素质是运动项目最重要的素质之一，分为上肢和下肢爆发力，后抛铅球为上肢爆发力测评指标，立定跳远和原地纵跳为下肢爆发力测评指标。本章以国内外大量的文献资料作为参考佐证，总结了上海体育科学研究所选材研究中心对优秀体育后备人才的追踪数据，绘制爆发力百分位数曲线图，对照比较爆发力敏感窗口期。研究表明，在整个儿童青少年时期存在两个比较理想的爆发力素质发展窗口期，男子5~11岁是比较好的发展时期，12~16岁阶段是最佳发展时期；女子5~9岁是比较好的发展时期，10~15岁是最佳的发展时期。对照研究发现，我国青少年运动员爆发力素质敏感窗口期与Rhodri S. Lloyd理论模型的最佳发展时期并非完全一致。

第一节　爆发力素质及爆发力素质敏感窗口期的定义

一、爆发力素质

尽管同在体育界内,仍然有很多人将力量与爆发力混为一谈,那么力量是什么,而爆发力又是什么呢?从定义上我们可以看出力量是指人体身体素质的一种表现形式,是人体或身体某部分肌肉收缩和舒张时克服阻力的能力。而爆发力是指在最短时间内使器械(或人体本身)移动到尽量远的距离,顾名思义,这种力就像火药爆炸一样,能在一瞬间迸发出巨大的能量。爆发力实质是指不同肌肉间的相互协调能力,是力量素质和速度素质相结合的一项人体体能素质。

1. 对爆发力定义的不同观点　目前,对爆发力素质的认识主要存在5种观点,分别为:①在最大努力的基础条件下,能保证最短时间内产生强大机械功率的肌肉活动能力,就是爆发力。②高等教育出版社1999版的《运动生理学》教材认为"在运动技术中,通常把力和速度的乘积称为爆发力。因此,功率又被称为肌肉收缩的爆发能力"。③前苏联学界普遍认为"爆发力量是指肌肉在克服极限阻力过程中产生最大加速度的能力"。④我国学者王清认为"从训练实践角度上看,宏观地把爆发力量看作是肌肉在极短的时间内,通过迅速而强有力的收缩产生最大的加速度去克服的能力"。⑤德国学者比勒等人认为"爆发力只是快速力量的一个组成部分。确切地说爆发力是指已经开始张力增加的肌肉以最快的速度进一步发展力量的能力"。

从上述诸多观点中不难总结出爆发力是最大功率、最大加速度和快速力量三种观点。爆发力具有天赋遗传性成为业内一项共识,这也成为开展运动员科学选材,发掘爆发力天赋能力,探讨爆发力素质的敏感窗口期的课题研究。

2. 爆发力的定义

(1) 爆发力的属性　爆发力和力是怎样的关系呢?力是一个物体对另一个物体的作用。在作用过程中,力量有大小之分,时间有长短之别。力的作用效果表现为多种外部形式:对抗阻力、物体发生形变,改变物体的运动状态等。爆发力是人经过自身的最大努力所产生的力与外界发生作用,并有大小和作用的时间,它同样用来对抗阻力,使物体发生形变和改变物体的运动状态等。爆发力与力在本质上并无什么两样,爆发力应属于力的范畴。

(2) 爆发力的定义　人体肌肉收缩引起各运动环节相互作用产生的内力用来对抗阻力,它是内力。我们应根据力的特性并结合人体的生理特点进行定义。"在完成某动作过程里,经过自身最大的努力所产生的内力去对抗阻力的能力。"需要说明的是这个内力为极限力量,但时刻都在发生着变化。我们所说的爆发力,不是某一点上的瞬时力,而是在完整的作用过程中的爆发力。在体育运动中,肌肉的收缩形式有:超等长收缩、等长收缩和等张收缩三种形式。不同的肌肉收缩形式,表现出来的力是不同的。物体的外部运动状态表现各异。例如,在超等长收缩时,负超重杠铃下蹲过程中,爆发力大,加速度小,下降速度慢,时间长;在等张收缩时爆发力大,加速度大,速度快,时间短。爆发力是反映物体相互作用时所处的一种状况,即大小、方向和作用点。时间的长短只是反映以这样的状况作用的持续程度。从以上分析可知,不同的收缩形式,尽管物体运动表现出加速度有大有小,速度有快有慢,时间有长有短,但以上所有这些都是爆发力作用效果的具体外在表现,并不改变和决定爆发力的性质与大小。因此,凡是经过自身最大努力与外界发生作用时的极限力,都应称为爆发力。

3. *爆发力的获取途径* 体育运动是以肌肉收缩来引起器械或人体的运动。竞技体育追求的是更快、更高、更强。从能量角度看,短跑是为获得更大的动能,投掷和跳远是为获得更大的动能和必要势能,跳高是为了获得更大的势能和必要的动能。这些能量是人体经过自身最大努力所产生的内在与外界物体持续作用的输出冲量转化而来的。显而易见,仅有很大的爆发力是不够的,还必须在符合人体的解剖用力特点的条件下,尽可能地加大它们之间的作用距离,以延长作用时间,来争取肌肉输出最大的冲量转化为更大的机械能,以取得最好的成绩。

4. *发展爆发力的方法* 尽管在爆发力认识存在着较大的分歧,但还是有些专家和学者,摆脱了传统观念的束缚,经过长期研究和实践,寻找出了更为有效发展爆发力的方法,并提出了独特见解。前联邦德国学者施密特等人对大负荷和小负荷两种训练方法进行了比较研究。A 组最大力量的 80% ~90% +1 kg 的大负荷,每组完成 1~4 次共 4 组;B 组采用最大力量 30% 的小负荷,共 5 组,每组 7 次。4 周训练后,两组运动员的力量都得到了不同程度增长,而只有 A 组运动员获得了更为明显的增加。这说明为了激活更多的运动单位参与活动,采用最大重量的 30% 的负荷是不够的。前民主德国研究人员认为,“如果由于相对力量没有提高,专项爆发力的提高受到了阻碍,那么就应在训练中安排最大力量训练”。前苏联的科研人员和教练认为,“最大力量对于发展爆发力是极其重要的”。我国学者万德光在《现代力量训练法》一书中提出,“爆发力的发展有赖于最大力量的发展水平,任何发展最大力量方法也适用于发展爆发力”。爆发力很大程度上取决于最大力量,在发展爆发力的各因素中起主导作用。最大力量的产生也是在人的最大努力下所克服的不能再大的极值负荷。实际上在完成不同动作过程中,都有不同的极值力量的存在。只是由于所对抗阻力的不同,所表现出大小不同的力而已。最大力量是爆发力,它是在人的最大努力下对抗最大负荷来完成动作的一个特殊形式。鉴于此,人们又采用超大负荷来发展爆发力。超等长收缩被公认为是发展爆发力的最好方法。训练方法多种多样,其中跳深是超等长收缩最典型的训练手段。综上所述,上述体育研究工作者都在追求用大负荷以及超大负荷来发展爆发力素质,而摒弃了传统中小负荷发展爆发力的做法。

5. *爆发力素质的分类*　爆发力素质从不同肢体部位来分类一般可分为上肢爆发力和下肢爆发力。一般根据运动项目不同的特点对爆发力素质的种类要求也有不同。如投掷类项目,铅球、铁饼、链球、标枪等项目对上肢爆发力有很高的要求;又如跑跳类项目,跳高、跳远、三级跳远、短跑等项目对下肢爆发力有很高的要求。

(1) 上肢爆发力　上肢爆发力顾名思义就是人上部肢体的爆发力素质。运动员拥有好的上肢爆发力素质就可以掷得远、扔得高。需要上肢爆发力的项目有田径的铅球、铁饼、标枪、链球、棒球的投手、手球、水球等。一般反映上肢爆发力素质的指标有抛实心球、前抛铅球、后抛铅球等指标。

(2) 下肢爆发力　下肢爆发力就是下部肢体拥有的爆发力素质。运动员拥有良好的下肢爆发力素质就可以跳得高、跳得远、跑得快。需要下肢爆发力的项目有田径的跳高、跳远、短距离跑等。一般反映下肢爆发力素质的指标有立定跳远、原地纵跳、原地起跳摸高等指标。

更多的项目需要综合爆发力素质,日常的运动训练和比赛不仅涉及上肢爆发力、下肢爆发力,还与腰腹爆发力相关,譬如举重、摔跤、柔道、球类等项目。

二、爆发力素质的敏感窗口期

敏感期(sensitive period),是指特定能力和行为发展的最佳时期。各种身体素质都有自己发展的敏感期,在这段时期所对应的身体素质能力发展相对迅速。美国人 Greg Ross 创设了13个身体素质敏感期,主要局限在高尔夫运动项目。事实上,我国学生体质研究早年也提出了身体素质敏感期概念。身体素质发展的敏感期大多集中在儿童少年时期,如果错过了相应的敏感期,则所对应的身体素质发展将很难达到理想水平。对普通儿童少年而言,在其敏感期发展相应的身体素质对日后的身体技能学习都将打下坚实的基础。敏感期都是某一段或多段时间,身体素质发展的敏感期用图来表示时,就像打开的窗户,所以又称为敏感窗口期。

爆发力素质的敏感窗口期就是在这段时期内,爆发力素质发展相对迅速。对于青少年运动员来说,如果能够善于利用爆发力素质敏感窗口期,在这段时期内,通过一些好的训练手段,大力发展运动员的爆发力素质,将会得到事半功倍的效果。

第二节　不同人群的爆发力素质敏感窗口期的比较

一、上肢爆发力

上肢爆发力是很多运动项目首选选材指标,不同项目所选取的指标各异,一般基层学校体育课教学练习就采用抛扔实心球,有前抛、后抛、侧抛等教学方式,但基层体校主要选取的比较指标为后抛铅球。

1. 后抛铅球　铅球项目的技术复杂多变,需要较好的力量素质作为基础。后抛铅球所要求的技术量动作更为突出。后抛铅球技术、成绩的稳定和提高是依赖于身体力量素质尤其是上肢爆发力素质的。

（1）上海地区青少年运动员后抛铅球的敏感窗口期 图7-1是青少年男运动员后抛铅球的百分位数曲线。从图7-1中可以看到男运动员的后抛铅球能力从11岁开始到18岁都是向上增长的趋势。成绩最好的3%的男运动员从16岁开始后抛铅球的水平基本就处于一个平台期,增长不明显。

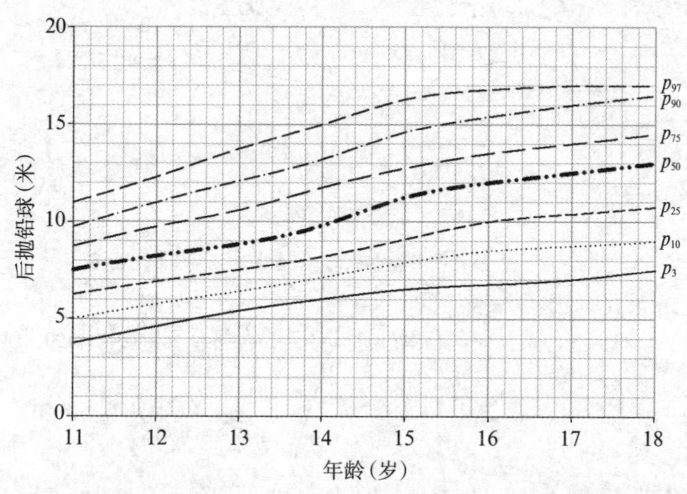

图7-1 青少年男运动员后抛铅球的百分位数曲线

图7-2是青少年女运动员后抛铅球的百分位数曲线,从图上可以看到女运动员的后抛铅球的变化趋势和男运动员的有一定差异。不同水平的女运动员后抛铅球成绩的变化趋势存在明显的差异。成绩最差的3%的女运动员的后抛铅球成绩11~13岁基本维持同一水平,13~15岁开始缓慢增长。后10%的运动员基本从11~15岁成一条直线的缓慢增长。25%到90%的运动员呈现先增长后下降的趋势。最后3%的女运动员的变化趋势和男运动员一致,呈现先增长后平稳的趋势。女运动员的后抛铅球百分位数曲线的变化差异较大,可能与样本量较小存在一定的关系。

图7-3是青少年男运动员后抛铅球的离差率变化。从图上可以看到11~13岁离差率是逐渐变小的,说明此阶段男运动员后

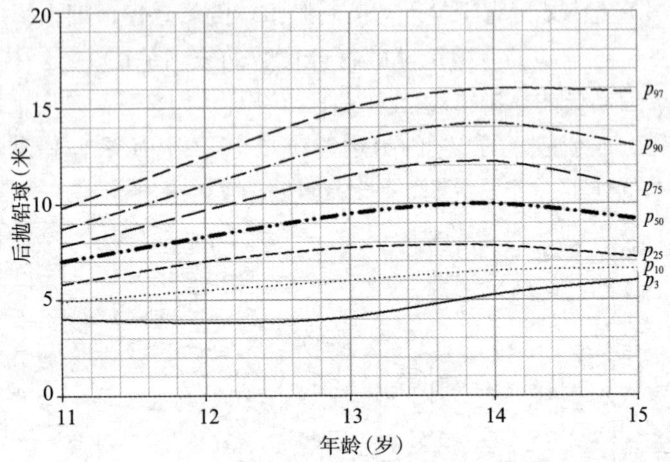

图 7－2　青少年女运动员后抛铅球的百分位数曲线

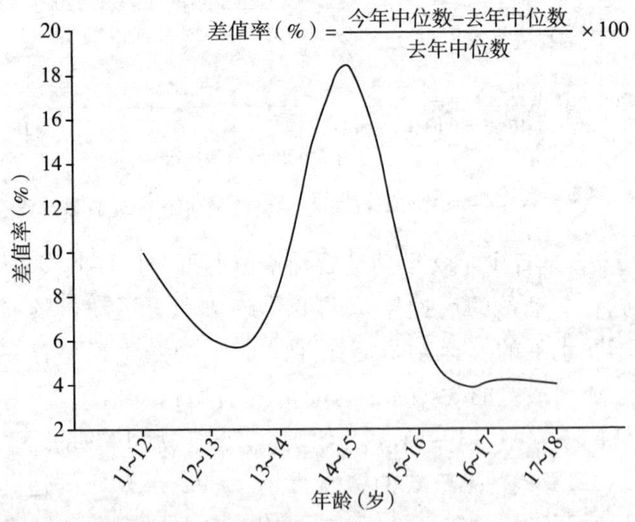

图 7－3　青少年男运动员后抛铅球离差率变化

抛铅球的变化是幅度变小，且变化的幅度处于低位。从 13 岁开始离差率有一个突增，到 15 岁开始下降。这一年龄段内离差率处于一个较高的水平，说明此阶段男运动员后抛铅球的成绩增加幅度是比较大的。如果以离差率为10%为变化幅度高低分界的话，那么男运动员大致在14岁~16岁范围内后抛铅球的增长幅度较大，说明此阶段青少年男运动员对于后抛铅球项目比较敏感。

图7－4是青少年女运动员后抛铅球的离差率变化。从图上可以看到青少年女运动员后抛铅球成绩的离差率从12岁开始一直到15岁，都是一个快速增长的趋势，15岁以后开始回落。14岁到16岁年龄阶段，女运动员离差率处于一个较高的状态，说明此阶段后抛铅球成绩的增长是比较快的。

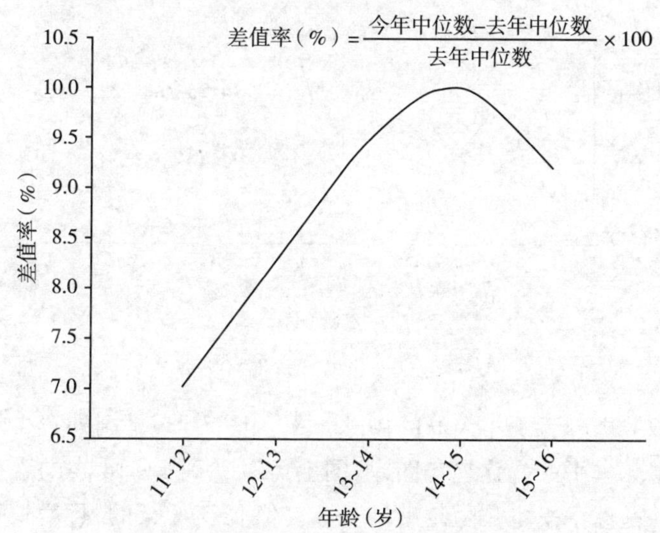

图7－4　青少年女运动员后抛铅球离差率变化

图7－5是将青少年男、女运动员后抛铅球成绩的离差率放在了同一坐标内。从图上可以看到，男运动员的后抛铅球的离差率明显要比女运动员的高的多，说明男运动员后抛铅球成绩的变化要比女运动员来的大，对于后抛铅球项目来说较为敏感。从图上可以看到，男、女两条曲线相交的上部都是各自曲线数值较大的部分，说明这一部分对应的14~16岁年龄段内，后抛铅球的变化较大。从图上得到的结果，可以看出青少年男、女运动员后抛铅

球的敏感期为14~16岁。如果用后抛铅球指标代表上肢爆发力素质的话,那么青少年运动员上肢爆发力素质发展的敏感窗口期为14~16岁。

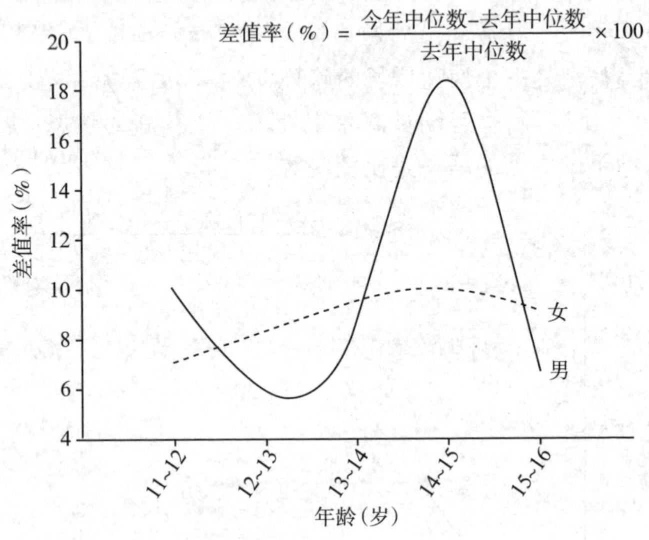

图7-5　青少年男、女运动员后抛铅球离差率变化

(2)国外青少年人群的抛球水平　图7-6是国外青少年人群的抛球水平的变化趋势图,从图上可以看到6~18岁的青少年群体的抛球水平也是随年龄增长而持续稳定增长的,且增长率基本保持一致。由于并没有国外青少年运动员相应的后抛铅球水平变化的相关数据,只能选取类似的抛球项目来进行比较。数值上可能存在一定差异,但主要还是在变化趋势上进行比较。国外男青少年群体的抛球水平的变化与我国青少年男运动员的后抛铅球水平的变化基本一致。女青少年群体的抛球水平的变化和我国青少年女运动员的后抛铅球水平变化不完全一致,10~13岁时基本一致,而13~16岁则存在差异了,可能和人种差异、样本量大小有关。

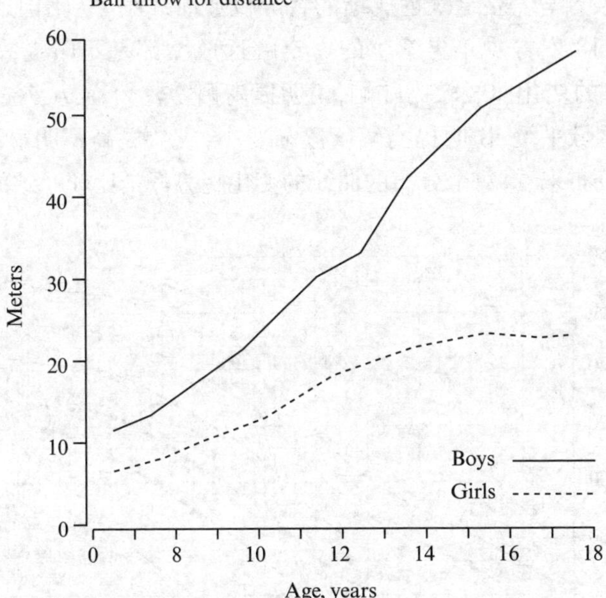

图 7-6　国外 6~18 岁青少年人群抛球水平的变化趋势

二、下肢爆发力

下肢爆发力又是一项重要的选材指标，基层体校对青少年儿童下肢爆发力选取的比较多的指标为立定跳远和原地纵跳，球类项目还有助跑摸高，田径项目还有立定三级跳以及沙坑跳。一般认为下肢爆发力素质发展的最佳时期为男子 7~15 岁，女子 7~13 岁。

1. 立定跳远　立定跳远是反映下肢爆发力和弹跳力的项目，它要求下肢与髋部肌肉协调快速用力，并与上肢的摆动相配合，所以它也需要一定的灵巧性。立定跳远是公认的能够较为准确地反映人下肢爆发力素质水平的一个指标。

（1）我国青少年学生立定跳远成绩的变化　图 7 - 7 是 7 ~ 18 岁青少年男学生立定跳远成绩的百分位数曲线图。从图上可以看到从 7 ~ 18 岁青少年男学生的立定跳远成绩都是不断提高的，从 7 ~ 16 岁的变化曲线较为陡峭，说明提高幅度较大，而从 16 岁 ~ 18 岁曲线区域平缓，说明提高幅度逐渐变小，成绩提高不明显了。从百分位分布来看，每个分布的曲线的变化趋势都是比较一致的。

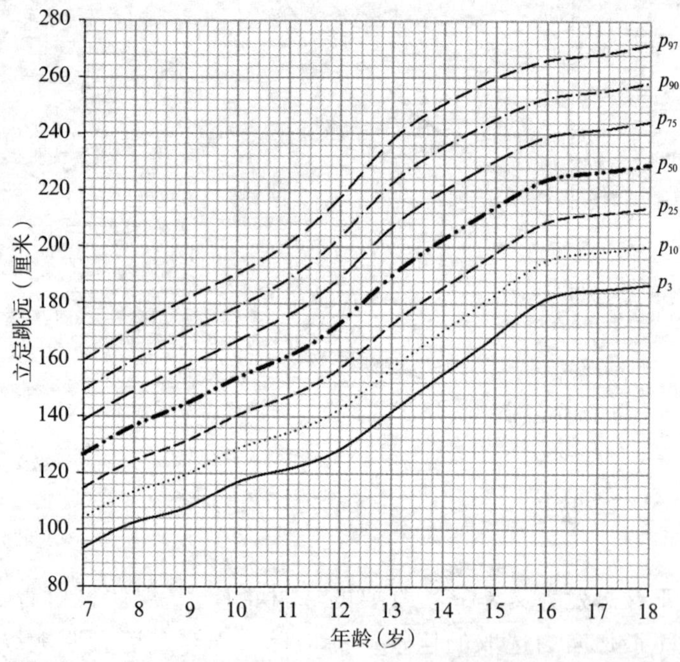

图 7 - 7　青少年男学生立定跳远成绩的百分位数曲线

数据来源：2010 年中国学生体质与健康调研报告

图 7 - 8 是 7 ~ 18 岁青少年女学生立定跳远成绩的百分位数曲线图。从图上可以看到从 7 ~ 18 岁青少年女学生的立定跳远成绩也都是随着年龄的增加而不断提高的，但是变化趋势与男学生存在一定的差别。女学生的立定跳远成绩的增长趋势线较缓，增长幅度不大。男、女学生的增长趋势的差别可能与青春期生长发育的差别有关。

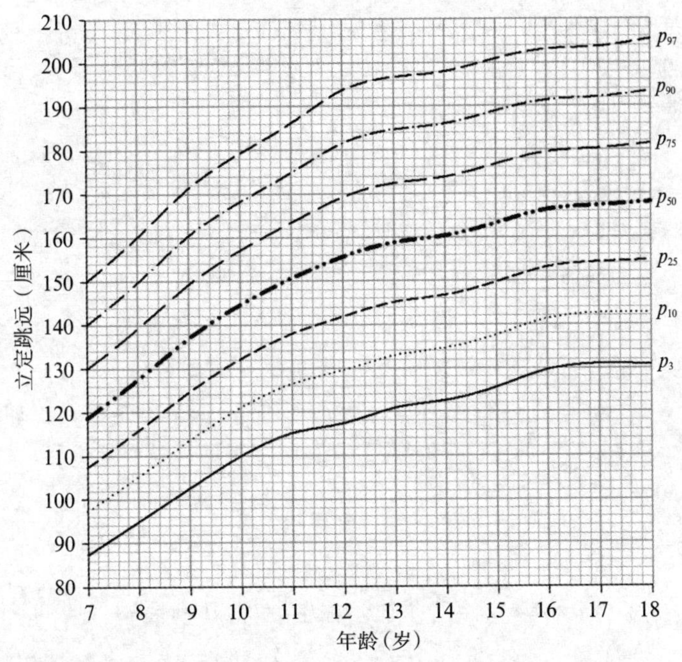

图 7－8　青少年女学生立定跳远成绩的百分位数曲线

数据来源：2010 年中国学生体质与健康调研报告

图 7－9 是青少年男学生立定跳远成绩的离差率变化图。从图上可以看到男学生从 8 岁到 15 岁离差率是处于一个比较高的水平的，而从 15 岁以后开始，离差率逐步降低，到 17 岁、18 岁是基本处于很低的位置了。这种情况说明男学生在 8 岁到 15 岁年龄段时，立定跳远成绩的变化是比较大的，在结合图 6 不断增长的曲线来看，说明男学生立定跳远的提高幅度是很大的。也就是说，在这个年龄段青少年男学生对于立定跳远的成绩是比较敏感。

图 7－10 是青少年女学生立定跳远成绩的离差率变化图。女学生立定跳远的离差率与男学生离差率的变化存在较大差异，有随着年龄的增长而逐渐下降的趋势。如果规定女学生立定跳远离差率以 3% 为界限，女学生在 8 岁到 12 岁年龄范围内的离差率

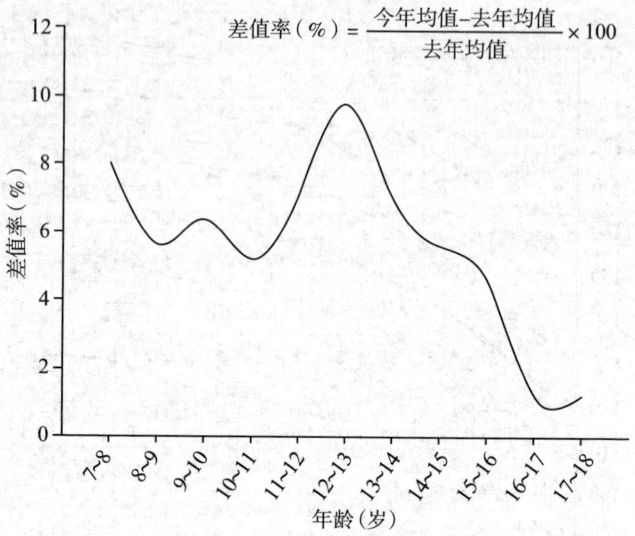

图 7－9　青少年男学生立定跳远成绩的离差率变化

数据来源：2010 年中国学生体质与健康调研报告

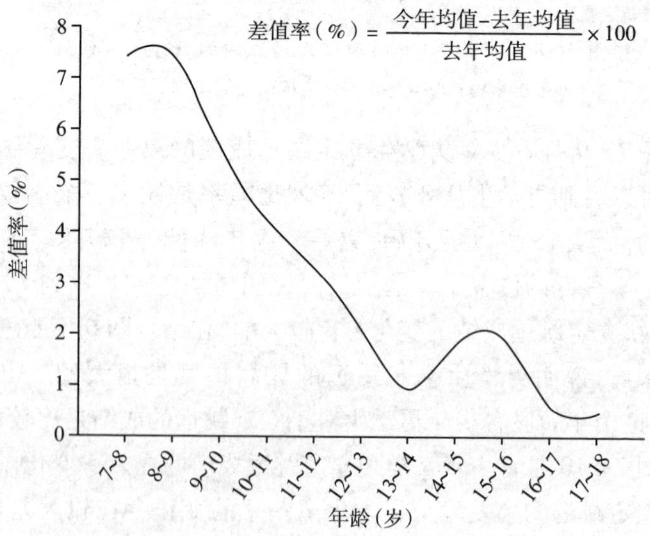

图 7－10　青少年女学生立定跳远成绩的离差率变化

数据来源：2010 年中国学生体质与健康调研报告

在3%以上，立定跳远变化幅度较大。12岁以后的离差率小于3%，变化幅度逐渐变小。结合图7－7的变化趋势，说明8～12岁年龄段内女学生的立定跳远增加幅度较大，说明在这个年龄段青少年女学生对于立定跳远的成绩是比较敏感的。

图7－11是将男、女青少年学生立定跳远成绩的离差率放在了同一坐标内，从图上可以看到，男学生立定跳远成绩的离差率除了8～10岁年龄段，其余都要明显高于女学生，变化趋势也存在明显差异。男学生在8～15岁年龄段内离差率存在较高水平，立定跳远成绩提高幅度较大。从这样的结果可以得出，男学生立定跳远成绩提高的敏感期大致在8～15岁。因为女学生立定跳远成绩的离差率是逐步下降的趋势，比较难划分出女学生立定跳远成绩增长的敏感期。这时就得取一个离差值作为界限，来区分较大离差率的范围区间，从而找出敏感期。这里取得离差值是3%，那么从图上看女生敏感期为8～12岁。

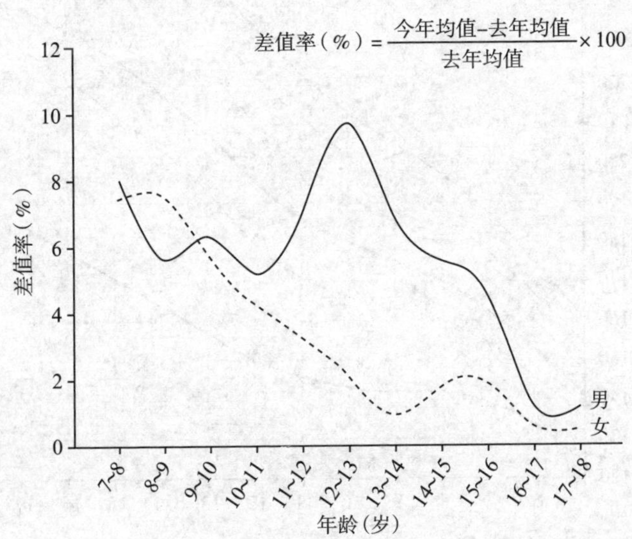

图7－11　青少年男、女学生立定跳远成绩的离差率变化

数据来源：2010年中国学生体质与健康调研报告

从上述青少年学生立定跳远相关图得出青少年男学生立定跳远成绩提高的敏感期为 8 ~ 15 岁，青少年女学生立定跳远成绩提高的敏感期为 8 ~ 12 岁。

（2）上海地区青少年运动员立定跳远成绩的敏感窗口期　图 7 -12 到图 7 - 16 是上海市 5 ~ 17 岁的儿童青少年男、女运动员的立定跳远的相关数据图。从图 7 - 12 上可以看到男运动员从 5 岁到 14 岁立定跳远的成绩都是在增长的，且曲线的斜率较为一致，说明 5 ~ 14 岁立定跳远的成绩的增长速度是比较一致的。成绩越好的上升斜率越大，成绩增长越快。75% 以上的曲线近似于直线上升。

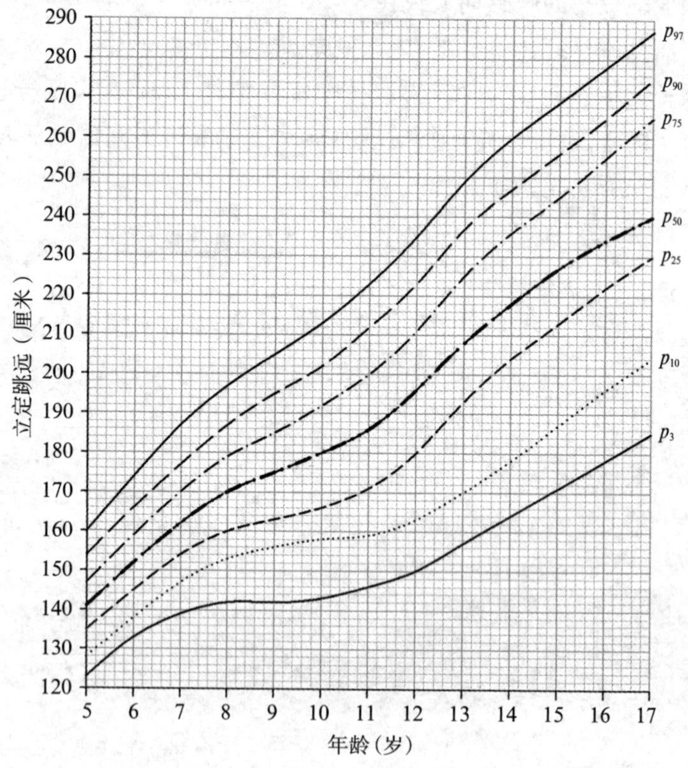

图 7 - 12　青少年男运动员立定跳远成绩的百分位数曲线

图 7－13 是女运动员立定跳远成绩百分位数曲线的变化，从图中可以看到女运动员立定跳远的变化趋势基本与男运动员一致。从 5 岁到 17 岁的年龄范围内，立定跳远成绩都是快速提高的，上升趋势近似于直线上升。

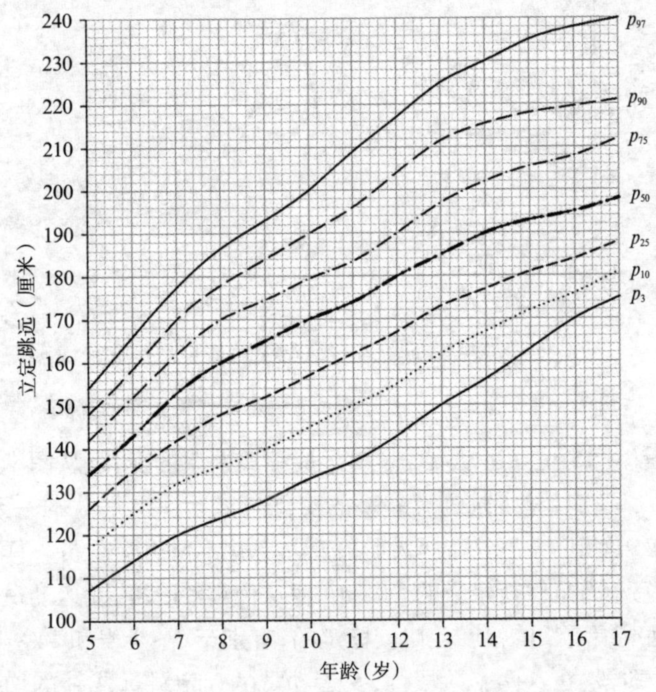

图 7－13　青少年女运动员立定跳远成绩的百分位数曲线

图 7－14 是男运动员立定跳远的离差率变化。从图上可以看到 5～9 岁阶段离差率是不断下降的，9～12 岁是波浪形状上升的，12 岁时离差率到达最好水平，而后又开始明显下降，14 岁后下降趋势变缓。从图上可以看出男运动员立定跳远离差率处于上升趋势阶段的是 9～12 岁，说明这个阶段立定跳远成绩的增长幅度是不断提高的，可以说在这个阶段男运动员对于立定跳远来说是比较敏感的。

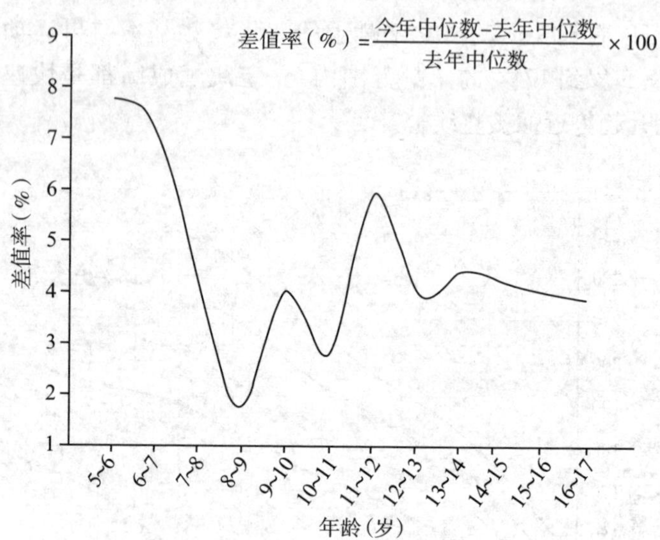

图 7－14　青少年男运动员立定跳远成绩离差率的变化

图 7－15 是女运动员立定跳远成绩离差率的变化,从图中可以看到,女运动员立定跳远离差率的变化与男运动员是基本一致的。但是在 9 岁到 12 岁这个年龄阶段离差率并不像男运动员一样是向上的趋势,而是保持水平的。9 ~14 岁这个年龄阶段,女运动员的立定跳远成绩增长的幅度是比较稳定的,有别于 5 ~9 岁和 14 ~17 岁这两个阶段,在这两个阶段内,女运动员的立定跳远成绩的增长幅度是逐步下降的,说明这两个阶段的变化并不稳定。上述结果说明女运动员在 9 ~14 岁阶段下肢爆发力水平的发展是比较稳定的。

图 7－16 是将男、女运动员立定跳远成绩的离差率放在了同一坐标内,从图上可以看到男、女运动员立定跳远离差率的变化趋势是比较一致的。结合图上显示的结果和男、女运动员立定跳远百分位数变化曲线,认为男、女运动员立定跳远的敏感窗口期在 9 ~14 岁。

比较青少年普通学生和运动员的立定跳远敏感窗口期,可以看到两者的窗口期在年龄点上基本一致,差别不大。

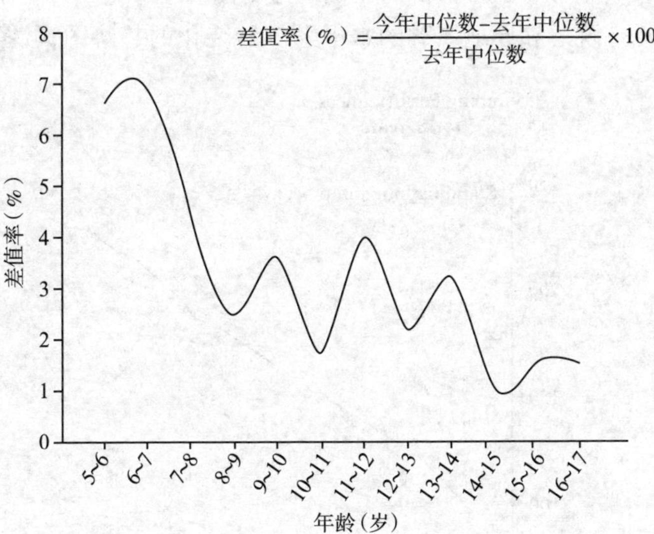

图7-15 青少年女运动员立定跳远成绩离差率的变化

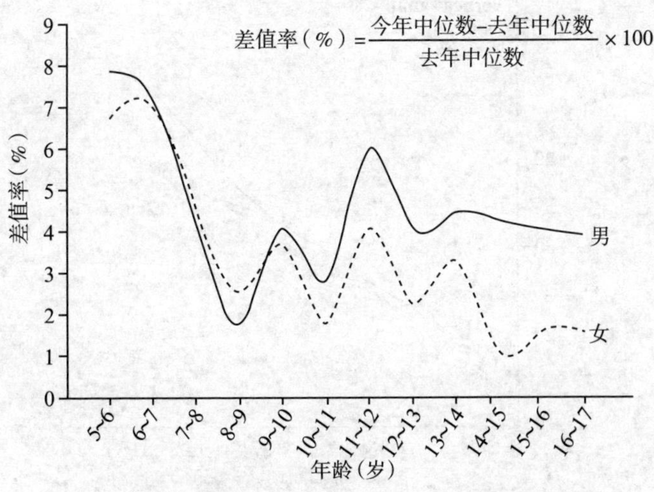

图7-16 青少年男、女运动员立定跳远成绩离差率的变化

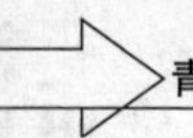

（3）国外青少年人群的立定跳远　图 7－17 是国外青少年人群的立定跳远和原地纵跳的水平随年龄变化的趋势图，从图上可

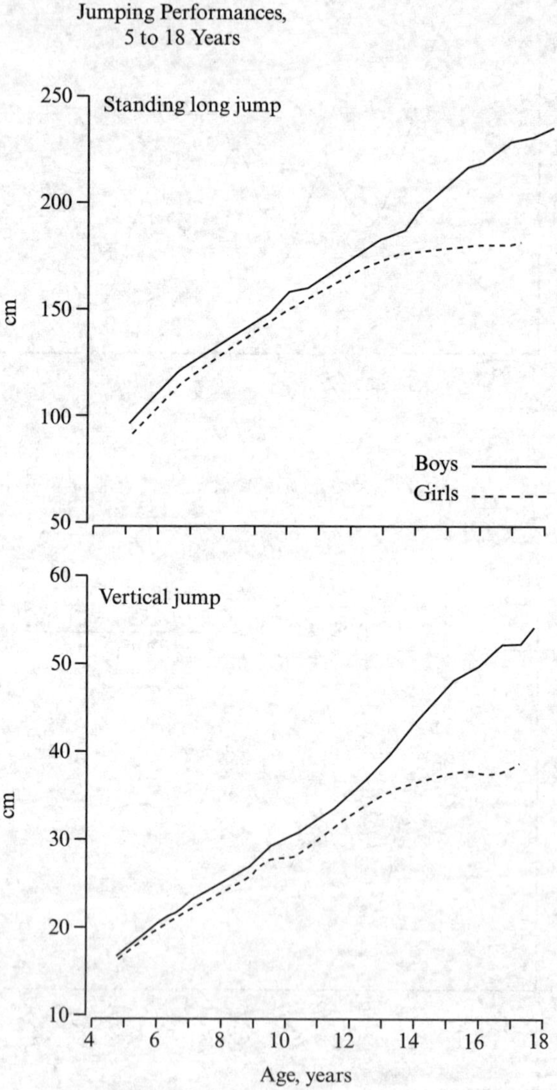

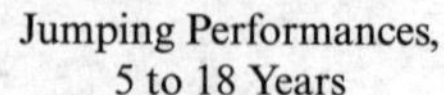

图 7－17　国外 5～18 岁青少年人群立定跳远和原地纵跳的变化趋势

以看出5～18岁的男、女青少年的立定跳远水平是随年龄的增大而不断增大的，且增长率也比较一致。和我国青少年人群及青少年运动员人群的变化趋势是一致的。

2. *原地纵跳*　原地纵跳是人体在中枢神经系统的控制下，依靠身体各环节的协调配合，发挥下肢肌群最大爆发力，以达到最佳纵向起跳效果的技术动作。一般认为下肢肌肉的爆发力水平是原地纵跳能力的决定性因素。所以原地纵跳指标是能够较好的反映人体下肢的爆发力水平的。

(1) 上海地区青少年运动员原地纵跳的敏感窗口期　由于原地纵跳并不在青少年学生体质监测测试的内容内，所以这里只对青少年运动员的原地纵跳进行分析。图7－18到图7－22是上海市5～18岁男、女青少年运动员原地纵跳的相关图。从图7－18可以看到男青少年运动员的原地纵跳成绩从5～9岁增长幅度不明显，较为缓慢。从9岁开始到14岁处于明显的上升通道，增长幅度较大，增长趋势明显。15岁以后增长趋势又放缓，特别是成绩靠前的男运动员，成绩处于平台期，有的还出现下降的趋势。从总体来看，男青少年运动员的原地纵跳水平随着年龄的增长是稳步提高的。

从图7－19可以看到女青少年运动员的原地纵跳成绩从5～14岁时是随着年龄增长而稳步提高的，14岁以后原地纵跳成绩则处于比较稳定的状态，没有明显提高的趋势，百分位在75%以上成绩较好的女运动员还出现了下降的趋势。这个变化和男青少年运动员的变化趋势还是有一些不同的。

图7－20是青少年男运动员原地纵跳成绩离差率的变化。从图上可以看到6岁到8岁离差率是下降的，9岁到11岁呈现上升的趋势，且为突增。在经过11岁到13岁的平台期后，又开始急剧下降了。从图上的结果来看，9岁到13岁这一年龄段内离差率提高明显，说明这一时期，青少年男运动员的原地纵跳水平提高幅度的变化非常明显。

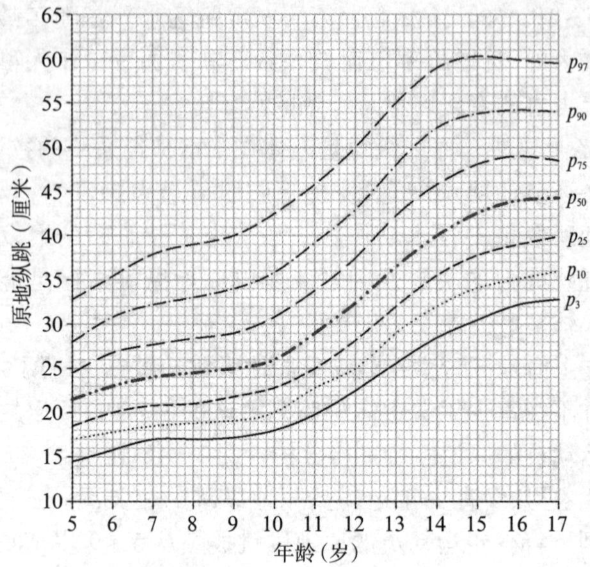

图 7－18　青少年男运动员原地纵跳成绩的百分位数曲线

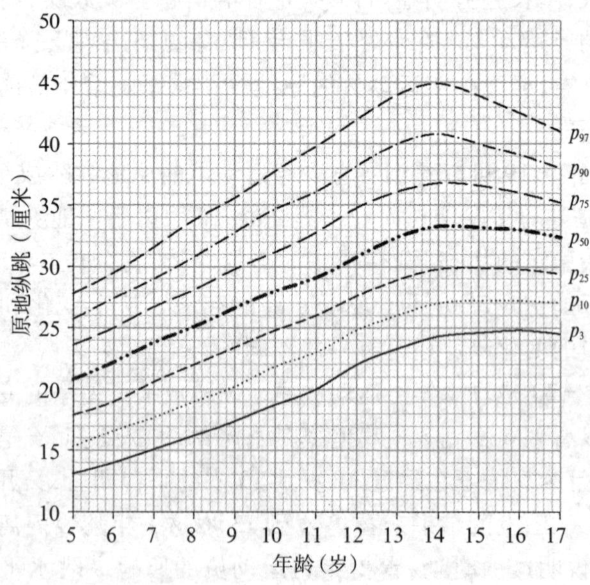

图 7－19　青少年女运动员原地纵跳成绩的百分位数曲线

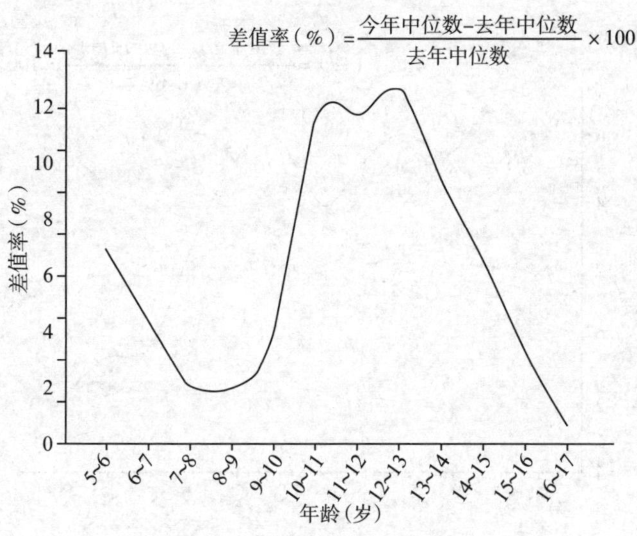

图 7－20　青少年男运动员原地纵跳离差率的变化

图 7－21 是青少年女运动员原地纵跳成绩离差率的变化。从图上可以看到离差率呈一个逐步下降的趋势，这与男运动员是完全不同的。6 岁到 12 岁虽然离差率是下降趋势，但是下降幅度并不明显，呈现缓降的趋势，12 岁以后则为明显下降趋势了。6 ~ 12 岁离差率的缓降趋势说明这一年龄时期，青少年女运动员的原地纵跳成绩增长是比较稳定的。

图 7－22 是将男、女运动员原地纵跳成绩的离差率放在了同一坐标内，从图上可以看到男、女运动员原地纵跳离差率的变化完全不同。从图上看男运动员在 9 ~ 13 岁的窗口期内增长幅度的变化较大，原地纵跳成绩的变化程度很大，具有很高的可塑性，可以认为这一时期为男运动员的原地纵跳发展的敏感窗口期。女运动员在 8 ~ 12 岁的窗口期内，原地纵跳的成绩处于稳定增长状态，也可以认为这一时期对于女运动员来说发展原地纵跳的水平是相对容易的，那么这一时期可以认为是女运动员的发展原地纵跳的敏感窗口期。

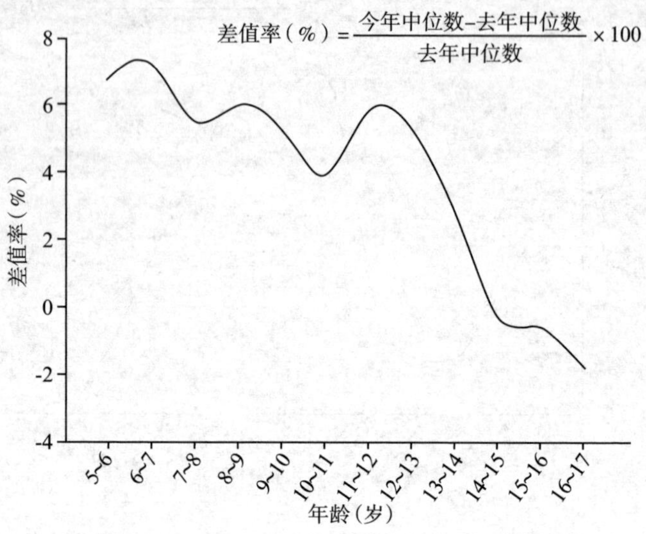

图 7－21 青少年女运动员原地纵跳离差率的变化

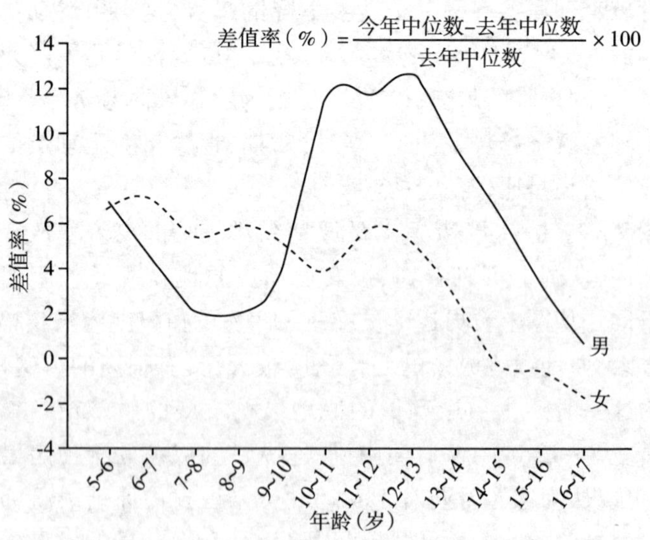

图 7－22 青少年运动员原地纵跳离差率的变化图

如果以立定跳远和原地纵跳指标来代表下肢爆发力素质的话,那么青少年的下肢爆发力的敏感窗口期大致从8~9岁开始,到13~15岁左右结束。

(2) 国外青少年人群的原地纵跳　从图7-17中还可以看到,5~18岁的男、女青少年的原地纵跳成绩也是随年龄的增大而不断增大的,且增长率也比较一致。这样的结果和上海地区青少年运动员人群的变化趋势不完全一致。上海地区运动员在14岁以后原地纵跳成绩基本保持不变或存在下降的趋势。国内外青少年人群原地纵跳变化趋势的不完全相同,可能和人种差异有关。因为爆发力素质是遗传度很高的基本身体素质,受人种差异影响很大。这样的结果提示了在不同人群间发展爆发力素质,特别是下肢爆发力素质时,应注意敏感窗口期的差异。

第三节　讨论与分析

一、研究指标与爆发力素质

从目前的国内外关于青少年爆发力素质的相关研究来看,抛铅球、立定跳远和原地纵跳是评价爆发力素质较为常用,也是较为有效的指标。其中立定跳远和原地纵跳常用来评价下肢爆发力素质,在学生体质测试和青少年运动员选材测试中也经常使用。国内有学者研究了立定跳远和原地纵跳评价下肢爆发力素质哪个更有效。研究发现,对于普通学生来说,立定跳远成绩主要取决于是否掌握了这个项目的技巧,而不是下肢力量及爆发力。正因为立定跳远需要较多的技巧,所以立定跳远成绩稳定程度较原地纵跳差,偶然性比较大。研究认为立定跳远作为测试学生身体素质项目的有效性、准确性都较差。相比较而言,原地纵跳是更好的测试方法。从其他一些研究中也发现原地纵跳与立定跳远相比较存在以下区别：①原地纵跳中的地面反作用力和下肢最大功率都比立定跳远的大，原地纵跳中可以更好地发挥下肢力量及爆发力；②原地纵跳中下肢最大功率与成绩的相关系数比立定跳远的相关系数高很多，原地纵跳能更好地评价受试者的下肢力量及爆发力；③普通学生在进行立定跳远时，起跳角度往往掌握不好，较差的成绩往往是因为起跳角度不好，而不是因为下肢力量及爆发力的不足。因此立定跳远并不是准确有效地评价受试者的下肢力量及爆发力的最佳项目。这些研究最后都建议应该用原地纵跳代替立定跳远来评价普通学生的下肢力量及爆发力。这些研究的研究对象大都为普通青少年学生，而青少年运动员中未见这样的研究与报道。

二、青少年爆发力素质敏感窗口期的分析探讨

美国人 Greg Ross 给我们带来了高尔夫项目在青少年时期的敏感窗口期研究数据。根据新近文献查新统计，有关青少年爆发力素质的敏感窗口期，国内外都缺乏比较系统的研究。

爆发力素质源于肌肉力量，与青少年时期的肌肉生长是密不可分的。在进入青春期后，肌肉生长受到睾酮激素的影响，肌肉的重量从占体重的 27% 增加到 40% 。因此，青春期前训练对肌肉的影响是很小的，训练引起的力量增加主要是神经的协调性改善所得。当身高增长加速时，肌肉主要向纵向发展，长度增加较快，但仍落后于骨骼生长，所以肌肉收缩力量和耐力都较差。生长加速期结束后，身高增长缓慢，肌肉横向发展较快，这时期，肌纤维明显增粗，肌力显著增加。所以发展肌肉力量在这一时期是效果最好的。

爆发力素质又称为速度力量素质，是指肌肉在最短时间收缩时所能产生的最大张力。在自然增长的状况下，男、女孩在 7 ~ 13

岁时,速度力量增长都很快,13 岁后男、女间的差别越来越大,男孩的增长速度大于女孩,到 16 岁、17 岁时增长速度开始下降。

国内有学者认为,男孩的爆发力素质敏感窗口期在 11～14 岁,女孩的爆发力素质敏感窗口期在 10～13 岁。在儿童青少年时期,爆发力素质的发展与最大力量的发展相比,爆发力素质的发展应该要快些、早些。所以在儿童青少年时期发展爆发力素质可以收到较好的效果。

三、利用青少年爆发力素质敏感窗口期合理发展爆发力素质

那么在青少年运动员的爆发力素质敏感窗口期内应该怎么来发展爆发力素质会比较有效呢?

1. *发展爆发力素质的方法*　希尔等研究指出,在最大用力的情况下,负荷小则速度大;而负荷增加,则速度降低,直到运动完全终止(负荷超过人体的最大力量)。即在一定的范围内,肌肉收缩产生的张力和速度大致成反比关系;当后负荷增加到某一数值时,张力可达到最大,但收缩速度为零,肌肉只能作等长收缩;当后负荷为零时,张力在理论上为零,肌肉收缩速度达到最大。训练可改变肌肉收缩的张力速度曲线。训练有素的运动员,其张力速度曲线向右上方偏移,即在相同的力量下,可发挥更快的速度;或在相同的速度下,可表现出更大的力量。在训练时可采用定负荷、改善收缩速度;定速度、改善训练负荷或两头交替训练法,期待张力与速度曲线整体水平右上移,以达到力量、速度的最佳改善。所以在制定发展爆发力训练方法和手段时,一定要从发展运动员的爆发功率这个角度来考虑,既要注重力量成分的发展,也要注重速度成分的发展,即二者合理匹配均衡发展,只有这样才能达到最佳的训练效果。在力量训练时用运动员的最大爆发功率负荷进行训练的一种方法——最大爆发功率训练法。所谓最

大爆发功率就是在人体爆发功率达到最大时,力量和速度并未同时达到最大值,但如果二者匹配最佳,达到了最佳的结合点,则可以使爆发功率达到一个极佳匹配值,这个极佳匹配值所对应的力量与速度负荷,就是最大爆发功率负荷。运动实践也证明,递增爆发力的力量和速度成分是发展爆发力的有效方法。这就要求发展爆发力时,注重提高力量素质和速度素质,即最快速度训练和力量训练要并重。同时也应明白在发展爆发力的训练方法中,最大力量训练法和快速完成中小等负荷力量训练方法对爆发力的发展虽有弊端(单纯地发展最大力量而忽略速度提高或片面地注重速度提高而忽略力量的发展),但作为爆发力的辅助训练手段还是具有一定的积极作用。特别要清楚单一的训练方法和手段不能使二者同步得到改善,即对于同一块肌肉而言,不能用一种训练方法和手段使收缩速度与力量同步提高。由于爆发力发展,是最快速度和力量的发展,所以,发展爆发力既要发展速度,也要发展力量。因此,要使肌肉收缩力和收缩速度达到整体提高,最好采用交替提高力量、速度的不同训练方法和手段,以求达到期望值。通过确定运动员现有最佳爆发力的力量负荷,循序渐进地增加肌肉的收缩速度,使其收缩速度在同一发力水平上得到提高;以这种方式训练一个阶段后,再通过确定运动员现有最佳肌肉收缩速度,逐步提高力量负荷,以尽可能大的收缩张力完成固定快速度收缩,使其收缩力在同一收缩速度状态下得到进一步提高。或采用两头交替的训练方法以使运动员在自己的力量、速度可塑性空间内,得到交替、协调改善,曾取得过良好的训练效果。

超等长练习是肌肉在离心收缩之后紧接着进行向心收缩。肌肉离心收缩后紧接着进行向心收缩能产生更大的力量,其原因是由于肌肉弹性体产生的张力变化和牵张反射使肌力加强。其优点是,在作离心收缩时,肌肉被迅速拉长,它受的牵张是突然而短促的,肌肉各个牵张感受器同步受到刺激,产生的兴奋高度同步,强度大而集中,能动员更多的运动单位同时参与工作,使肌肉产生短促而有力的收缩。在运动实践中,拉长收缩又往往与缩短收缩联系在一起,形成所谓的牵张-缩短环,即肌肉在缩短前先进行拉长收缩,使肌肉被牵拉伸长,在紧接着的缩短收缩时,便可产生更大的力量或输出功率。例如:跑步时,支撑腿后蹬前的屈髋、屈膝等,使臀大肌、股四头肌等被预先拉长,为后蹬时的伸髋、伸膝发挥更大的肌肉力量创造了条件。在训练中经常采用不负重的练习方法,如各种单、双脚跳,台阶跳、蛙跳、跳深等下肢练习。这些超等长练习,由于动作速度快,其实际负荷强度是相当大的,对于发展弹跳力和爆发力等有显著效果。

在进行跳深练习时,教练员应根据运动员的训练水平和所从事的运动项目的特点安排训练,并确定适合运动员本人的合理跳深高度。要求跳下后立即跳起,尽量高跳或远跳。选择跳得最高或最远的下落高度进行练习,可有效地发展运动员的爆发力。如采用较低高度,有利于发展弹跳速度;如采用较高高度,有利于发展最大力量。跑、跳运动员可多安排直线型跳深练习,而投掷运动员则要多安排一些跳深加转体或侧跳等练习。发展上肢爆发力的练习方法与手段,应采用与专项技术相类似的动作形式,如用摆动器械的方法(或结合滑轮、绳、球等练习手段)进行超等长性肌肉收缩的训练。

肌肉生理横断面是肌肉所有肌纤维横断面积的总和,增大肌肉的生理横断面积主要依靠增加肌纤维直径。速度训练可使慢肌和快肌纤维面积都增加,但快肌纤维增加得更多,耐力训练可使慢肌纤维出现选择性肥大。在其他条件相同下,肌肉生理横断面愈大肌力愈大,它所产生的张力也愈大,愈能克服肌肉内部及外部阻力。这是由于大强度训练可以增加氨基酸向肌纤维内部的转运,使肌组织中收缩蛋白质的合成增加,为力量素质的发展提供了物质基础。如果要提高爆发力,应该进行适度的大强度力量训练。只有这样运动员才能获得预期的训练效果。

肌肉工作力量的大小与神经系统发射冲动的强度有着密切

的关系。神经冲动的强度越大,肌纤维参与工作的数量越多,冲动越集中,运动单位工作的同步化程度也就越高,表现出的力量也就越大。中枢神经系统能对参与运动的主动肌、协同肌和对抗肌协调支配。爆发力训练时,既要发展主动肌力量,又要注意发展其对抗肌群和协同肌的力量。加强专项技术训练,提高肌肉的控制能力和发力前的伸展放松能力。我们可以通过一些刺激反应、动作速度和动作协调性等练习方法来提高运动员中枢神经系统控制的灵活性,以提高肌肉工作的实效性。并在训练中有意识地提高运动员练习的兴趣与积极性,以求提高力量训练的效果。注意激发练习的兴趣进行爆发力训练对神经系统兴奋性要求更高。

2. *发展爆发力素质应遵循的负荷量* 青少年运动员爆发力素质训练的负荷量度如何确定比较好呢?

发展爆发力训练的负荷强度以需要而定。有时以30%～80%的强度负重练习,也有时不负重,仅克服自身体重练习。

在安排重复次数与组数时,注意应以不降低速度为原则,同时要求中枢神经系统保持良好的兴奋状态。应注意并不是练习重复的次数与组数越多越好。重复的次数与负荷强度关系密切。负荷重量大,强度高,重复次数就要少;负荷重量小,强度低,重复次数就相对多些,一般以1～5次为好。组数不宜过多,以不减少每组重复次数、不降低每次练习速度为原则,不宜过多。发展爆发力训练,应以极限或接近极限的速度来完成每一次的重复练习。

间歇时间应以保证运动员工作能力完全恢复为原则,但也不宜过长,否则会使中枢神经系统的兴奋性明显下降,不利于下一组的训练。具体的间歇时间与工作量大小、运动员恢复能力有关,一般可安排1～3分钟或3～5分钟。间歇时可做一些放松的小强度练习,以有利于强化恢复过程,使必要的休息时间缩短。

3. *在发展青少年爆发力素质时应遵循的原则及注意事项* 从竞技运动训练学的角度来看,爆发力训练的一个重要目的是提高专项力量,即直接为提高运动成绩服务。在发展爆发力的训练中必须遵循“专项性原则”,即练习的动作幅度、动作方向、肌群的工作性质、爆发力的发挥速率,必须与完成专项技术动作相符合。

爆发力训练时,既要发展主动肌力量,又要注意发展其对抗肌群和协同肌的力量。以减小主动收缩的阻力,增大收缩速度。

训练时应该避免疲劳,练习的组间恢复时间要相对较长,一般是3~4分钟。组间恢复或练习后做一些徒手伸展放松性练习,以保持中枢神经系统兴奋性和运动单位发放高频率的冲动支配肌肉快速收缩能力。

必须并重递增力量与速度成分,使二者均衡发展,并依据项目的不同使速度和力量达到最佳匹配。

训练中应以发展最大爆发功率训练法为主,合理组合搭配适宜负荷超等长训练法、最大力量训练法、快速中小等负荷训练法等多种训练方法。

四、评议与小结

儿童青少年爆发力素质存在敏感窗口期,爆发力素质分为上肢爆发力和下肢爆发力项目。上肢爆发力素质评价指标为后抛铅球,下肢爆发力评价指标为立定跳远和原地纵跳,详见儿童青少年爆发力素质评价图7－5、图7－11、图7－12和图7－22。上海体育科学研究所选材研究中心根据相关数据绘制了爆发力百分位图(图7－1、图7－2、图7－7、图7－8、图7－12、图13、图7－18和图7－19)。

(一) 国内外青少年爆发力素质敏感窗口期的比较

敏感窗口期理论是近年来在青少年运动训练领域提出的一个比较新的概念,从敏感期,到窗口期,上海体育科学研究所选材研究中心沈勋章研究员形象地把它归纳为敏感窗口期(Sensitive

Windows Period)：在青少年生长发育的年龄阶段，不仅仅是身体素质，包括各项发育指标都在遗传基因的作用下，或多或少，或快或慢地表现出来，教育、营养、睡眠、运动等适宜的外界刺激诱导着各项指标的发育发展，把青少年时期的不同阶段比喻成一个个的窗口，诱导期越长敏感窗口期开启越大，诱导越良性发育发展越充分，运动训练就是诱导，它有效地促进了生长发育和敏感窗口期的启合，当然对身体形态、机能、素质指标发展起到了不同的效果。当在某个窗口开启的时期内，青少年的某项身体素质通过一定的训练和诱导，相较于其他窗口期内进行的训练和诱导，能够获得更好的发展和提高，那么我们就称这段时期为某项身体素质的敏感窗口期。

国外研究人员对青少年身体素质的发展时期和阶段进行了大量研究，并提出了一些理论和模型。Istvan Balyi 等提出了一种称为“运动能力长期发展”的模型，他们将青少年身体素质和运动能力的发展分为了六个阶段：

1. 基础阶段　该阶段为男 9～12 岁，女 8～11 岁。在这个时期，青少年主要是开始接触一些运动技能，并打下一些身体素质的基础。

2. 学习训练阶段　该阶段为男 6～9 岁，女 6～8 岁。在这一时期，青少年主要开始学习所有的相关运动技能。

3. 专项训练阶段　该阶段为男 12～16 岁，女 11～15 岁。在这一时期，青少年主要目的是建立良好的无氧能力基础，发展力量素质，并进行相关的专项运动技能训练。

4. 训练比赛阶段　该阶段为男 16～18 岁，女 15～17 岁。该阶段，运动员已经具备最佳的身体素质和专项运动技能，可以参加较高能级的比赛。

5. 赢取比赛阶段　该阶段为男 18^{+} 岁，女 17^{+} 岁。这个阶段运动员已经成为专业优秀运动员，已经可以在一些重大比赛中取得优异的成绩并赢取比赛。

6. 退役阶段　运动员年龄偏大，竞技状态下滑，选择退役。

从这6个阶段来看,我们比较关心的是1~4的阶段,因为这4个阶段设计的是青少年阶段,也是青少年发展身体素质和专项技术,从而能够成为优秀运动员的重要阶段。在这4个阶段中,就存在了身体素质发展的敏感窗口期。可以看到第4阶段是比较适宜发展力量素质或爆发力素质的,也就是男:12~16岁,女:11~15岁。

Rhodri S. Lloyd等也提出了一种青少年身体素质长期发展的模型。他们认为在整个儿童青少年时期存在两个比较理想的发展身体素质的窗口期,如发展爆发力素质,男青少年在12~16岁阶段是最佳发展时期,5~11岁是比较好的发展时期;女青少年在10~15岁是最佳的发展时期,5~9岁是比较好的发展时期。像这样的年龄跨度就比较大了。

上述这两种理论模型是比较接近的,第二种的最佳发展时期与第一种是吻合的,可以理解为就是爆发力素质的敏感窗口期。

我国普通青少年学生和运动员的爆发力素质敏感窗口期与上述国外理论模型阐述的窗口期并不完全吻合,存在一定的差异。以上海地区青少年运动员下肢爆发力素质敏感窗口期为例,敏感窗口期大致从8~9岁开始,到13~15岁左右结束,放在Rhodri S. Lloyd的理论模型内来看的话,这个年龄段是被他们认为的两个比较理想的发展时期所包含在内的,既男5~11岁和12~16岁,女5~9岁和10~15岁。说明该理论对于中国青少年运动员群体也是同样适用的。但是中国青少年运动员爆发力素质敏感窗口期与Rhodri S. Lloyd理论模型的最佳发展时期不是完全一样的,说明国内、外的青少年运动员爆发力素质的发展规律还是存在一些差异的,这可能和人种差异有关。

(二)爆发力素质敏感窗口期小结

1. 选取能够较好反应青少年爆发力素质的指标尤为重要,教练员在选取指标时应该充分考虑项目特点及青少年运动员的个性特点,合理选取指标,准确评价爆发力素质,才能更好地利用敏感窗口期来发展青少年运动员的爆发力素质。

2. 教练员和科研人员应合理利用爆发力素质发展的敏感窗口期,在窗口期内,合理安排训练计划,并处理好爆发力素质和其他身体素质共同发展的关系,以达到共同提高身体素质的目的,为运动专项训练打下坚实的基础。

3. 对于运动员个体来说,爆发力素质的敏感窗口期并非恒定不变,而是动态变化的,亦存在着个体差异和指标差异。这就需要教练员和科研人员根据运动员自身的实际情况和科研跟踪测试的数据来综合分析,结合项目特点及培养目标,同时善加利用敏感窗口期的理论模型,合理安排爆发力素质发展的训练计划,以达到最佳训练效果。

建议阅读文献

1. 苟波,陈佩杰,段子才,等. 9~19 岁男性青少年身体形态和下肢爆发力的发育特征研究[J]. 西安体育学院学报,2005,22(1): 68-73.
2. 毛丹丹. 大学生下肢爆发力的影响因素及训练方法[J]. 长春师范学院学报: 自然科学版,2013,32(4): 91-93.
3. 周莉,赵峰,马永涛,等. 对立定跳远训练方法的研究[J]. 南京体育学院学报: 自然科学版,2003,2(3): 84-86.
4. 张洋,赵金戈,阮棉芳. 关于纵跳比立定跳远更能准确评定下肢爆发力的研究[J]. 浙江体育科学,2015,37(2): 100-102.
5. 苟波,张斌,陈佩杰,等. 男大学生部分身体形态指标和原地纵跳能力的相关性[J]. 上海体育学院学报,2005. 29(4): 53-58.
6. 李阳. 跳深和原地跳跃对 12~13 岁艺体运动员下肢爆发力影响对比研究[D]. 北京: 北京体育大学,2013: 23-43.
7. 石松源. 影响爆发力的主导因素及训练对策[J]. 体育科技文献通报,2007,15(12): 68-70.
8. 李崇华. 纵跳、立定跳远与等速测试评价下肢爆发力的相关性研究[D]. 西安: 西安体育学院,2011: 7-25.
9. 张春燕. 青少年身体素质敏感期及锻炼方法[J]. 中国青年政治学院学报,

2014(5)：68－70.

10. 陈孺，汪磊，宋勤. 青少年素质训练敏感期的训练原则[J]. 少年体育训练，2010(1)：82－83.

11. 屈春华，黄晓灿. 青少年运动敏感期选材初探[J]. 教师，2012(16)：125－126.

12. 崔迪. 上海市某中学学生柔韧性及力量素质情况调查分析[J]. 当代体育科技，2012，2(32)：15－18.

13. 梁美富. 我国青少年力量敏感期训练特征的理论研究[J]. 青少年体育，2014(12)：61－62.

14. 林寿宽. 业余训练中青少年运动员发育敏感期专门化训练的探讨[J]. 南京体育学院学报：自然科学版，2010，9(3)：153－154.

15. Rhodri S. Lloyd, Jon L. Oliver. The Youth Physical Development Model：A New Approach to Long-Term Athletic Development [J]. Strength and Conditioning Journal, 2012，34(3)：61－72.

16. BALYI, I. and HAMILTON, A. Long-term athlete development：trainability in childhood and adolescence Windows of opportunity, optimal trainability [J]. Performance conditioning soccer, 2005，12(1)：8－10.

17. LLOYD, R. S., MEYERS, R. W., and OLIVER, J. L. The natural development and trainability of plyometric ability during childhood [J]. Strength & conditioning journal, 2011，33(2)：23－32.

18. LLOYD, R. S., Jon L, Oliver, et al. The influence of chronological age on periods of accelerated adaptation of stretch-shortening cycle performance in pre and postpubescent boys[J]. Journal of strength & conditional research, 2011，25(7)：1889－1897.

19. PAUL, F., Mark De Ste., Croix., et al. The long-term athlete development model：physiological evidence and Application[J]. Journal of Sports Sciences, 2011，29(4)：389－402.

20. Robert Malina, Claude Bouchard, Oded Bar-Or. Growth, Maturation, and Physical Activity-2nd Edition [M]. Lllinois：Human Kinetics Pabli Shing House, 2004：85－86，218－223.

21. 沈勋章. 奥运项目教学训练大纲青少年选材育才研究[M]. 上海：上海浦江教育出版社，2015：1041－1045.

第八章　青少年柔韧素质敏感窗口期的研究

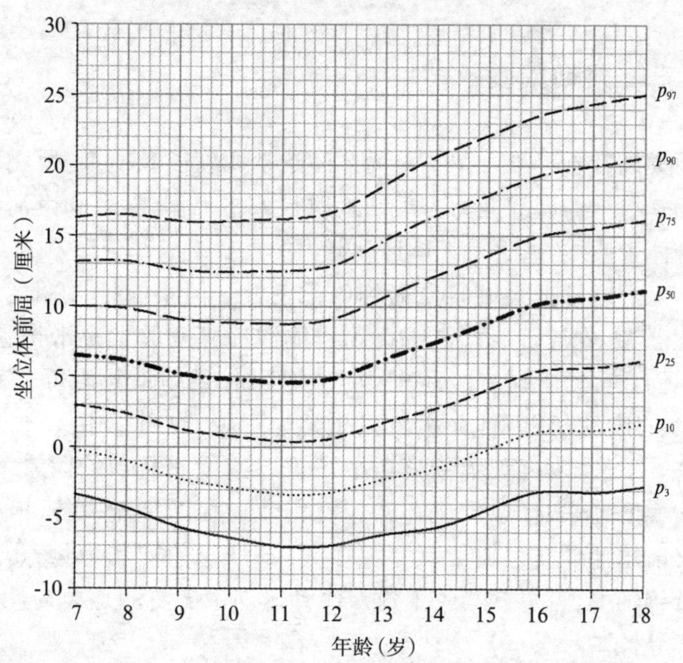

提要:

本章讨论了人体柔韧素质的定义和柔韧素质敏感窗口期。由于身体柔韧素质发展较早、影响因素较多、运动员项目选材年龄偏小,因此较早被关注。坐位体前屈成为柔韧素质代表性测量与评价指标。本章以国内外研究文献、学生数据资料为参考佐证,总结了上海体育科学研究所选材研究中心对优秀体育后备人才的追踪数据,绘制坐位体前屈百分位数曲线图,对照比较出柔韧素质的敏感窗口期。研究表明,柔韧素质在身体素质和运动训练中的独特作用,给出了柔韧素质的训练方法和注意事项。

第一节　柔韧素质及柔韧素质敏感窗口期的定义

一、柔韧素质

柔韧素质是指人体各个关节的活动幅度以及肌肉、肌腱和韧带等软组织伸展的能力。柔韧素质是人体工作、学习和生活的重要身体素质之一，更是人体运动能力的重要组成部分。

人们通常把柔韧素质简称为柔韧性。但不能把柔韧性和柔软性混为一谈，虽然两者都可用身体活动幅度的大小来衡量，可是它们在实质上是有区别的：从字义上讲，柔韧是既柔和又韧，即柔中有刚，刚柔并济；而柔软只是柔与不硬，或曰柔中无刚，刚柔不济。从性能方面，柔韧素质中还含有速度和力量的因素，即在做大幅度动作时，肌肉仍能快速有力收缩如同钢丝一样，既能变曲又能迅速伸直。而柔软是幅度大，却缺乏速度和力量，做动作时软绵绵的，打得开却收不拢。体育运动中需要的是柔韧性而不是柔软性。

柔韧素质从其与专项的关系看，可分为一般柔韧性与专项柔韧性。一般柔韧性是指为适应一般技能发展所需要的柔韧素质，专项柔韧性是指专项运动特殊需要的柔韧性，由于专项柔韧性是具有较强选择性的，因此，同一身体部位具有的柔韧性由于项目的需求不同，在幅度、方向等表现上也有差异。

柔韧素质从其外部运动状态的表现看可分为动力性柔韧性和静力性柔韧性。动力性柔韧性是指肌肉、肌腱、韧带根据动力性技术动作需要，拉伸到解剖学允许的最大限度能力，随即利用强有力的弹性回缩力来完成所要完成的动作。所有爆发力前的拉伸均属于动力性柔韧性。静力性柔韧性是指肌肉、肌腱、韧带根据静力性技术动作的需要，拉伸到动作所需要的位置角度，控制其停留一定时间所表现出来的能力。如体操中的控腿、俯平衡动作、“桥”、劈叉，体育舞蹈中的各种造型；跳水运动员保持体前屈的姿势等就是这种能力的体现。动力性柔韧性建立在静力性柔韧性的基础上，但必须要有力量素质的表现。静力性柔韧性好，动力性柔韧性并不一定好。

二、柔韧素质的敏感窗口期

陈明达、于道中等(1993)在《实用体质学》中就有身体素质敏感期(sensitive period)论述。敏感期是指特定能力和行为发展的最佳时期。研究表明，身体素质都有各自发展的敏感期，在这段时期人体所对应的素质能力发展相对迅速，增长幅度相对较大。材料显示身体素质发展的敏感期大多集中在儿童少年时期，如果错过了相应的敏感期年龄，则所对应的身体素质发展将很难再达到理想水平。新近的学术研究出现了窗口期词汇替代概念。美国人 Greg Ross 介绍了身体素质敏感期十三个窗口期(2013)，无论是敏感期或是窗口期均指人的某种能力发展得较快，而外界良性刺激效果更好的专门时间窗口。沈勋章等人通过对上海优秀体育苗子库的追踪研究，结合敏感期理论将其归纳为敏感窗口期(Sensitive Windows Period)，进一步清晰地描绘出敏感窗口期的结构和功能。对广大儿童青少年而言，不仅仅各项身体素质存在着敏感窗口期，各项生长发育指标也存在着敏感窗口期，心理心智也存在着敏感窗口期等，各项指标在其敏感窗口期发展对日后的身体技能学习都将打下坚实的基础。敏感期都是某一段或多段时间，身体素质发展的敏感期用图来表示时，就像打开的窗户，所以又称为敏感窗口期。

柔韧素质的敏感窗口期早早出现在少儿年龄阶段，据文献所述是人体最早出现的身体素质敏感期之一，就是在这段时期内，柔韧素质的发展和提高相对其他时期更为容易。正因为如此，体操、艺术体操、技巧、蹦床、跳水、花样游泳等对身体柔韧素质要求高的一些竞技类项目就较早地开展功能选拔和专业训练，包括类似舞蹈、芭蕾等专业表演类项目亦早早地招生，进行系统性训练。对于青少年运动员来说，如果能够善于利用柔韧素质敏感窗口期，在这段时期内，通过一些好的训练手段，大力发展运动员的柔韧素质，将会得到事半功倍的效果。

第二节　影响柔韧素质提高的因素

一、肌肉与韧带

一般认为跨关节的韧带、肌腱、肌肉和皮肤的伸展性是影响柔韧素质的重要因素之一。秦念阳（2003）认为拉伸跨过关节的肌肉、肌腔、韧带等组织，使伸展性和弹性得到提高，是发展柔韧素质的关键，其可塑性最大。美国 K·曼尼（2003）认为，关节囊、肌腱、韧带等软组织，它们大多是没有弹性的结缔组织，伸展之后不会出现大的变化。显然以上两种观点有不同的地方，美国的 K·曼尼研究得更为深入，但两者的共同点是：跨关节的肌肉及其筋膜具有良好的弹性。因此，对通过拉伸跨关节的肌肉及筋膜能有效地发展柔韧素质。朱家新（2001）认为，肌肉、肌腱、韧带等软组织不仅取决于性别和年龄特征（由于男女肌肉组成成分不同，所以肌肉弹性也不同，一般女子的弹性比男子好，少年儿童的弹性比成年人好），而且和中枢神经的兴奋性有关。在中枢神经系统的影响下，肌肉的弹性会起明显的变化，如在比赛中情绪高涨时会使肌肉的弹性大大提高。此外，肌肉、肌腱、韧带等软组织的伸展性还与温度有关。例如当外部环境温度升高时，人体体温也随之升高，适量增加体温有利于酶的活性，加速新陈代谢。余利斌（2001）研究指出，被动增加体温（如利用热水浴、日晒、按摩等方式）对柔韧性的影响不大，以运动方式主动增加体温可降低肌肉、韧带的黏滞性，提高其伸展性，发展柔韧素质。美国 K·曼尼（2003）进一步研究表明，关节区的温度升高可使柔韧性提高约20%。这一结论为进行柔韧练习前通过做准备活动提高肌肉的温度发展柔韧素质提供了理论依据。

二、骨骼与关节

关节的骨结构是柔韧性最不易改变的因素。如先天骨盆形态偏平，其胯关节开度就好。关节周围组织体积大小对关节活动幅度有限制作用，它受先天和后天训练的影响。如有些肌肉体积增大后，就会影响其周围关节的活动幅度。

关节面的结构是决定柔韧素质的重要因素之一。关节活动幅度的大小决定于关节本身的构造。人体关节面的结构由遗传因素决定，是先天的。构成关节的两个关节面弧度差即关节头与关节窝的弧度越大，柔韧性就越好，反之就越差。通过训练最不容易改变，但训练可以使关节软骨增厚，使软骨的压缩性发生改变。因此，只能在骨结构许可的范围内，增加其活动范围。秦念阳（2003）认为，通过训练可以充分挖掘其运动潜力，使各个关节达到最大的活动范围。

三、中枢神经系统

神经系统兴奋与抑制过程转换的灵活性与运动中肌肉的基本张力有关。特别是中枢神经系统调节对于肌肉之间的协调性改善以及肌肉紧张和放松的调节能力的提高是至关重要的。就是我们通常说的要求舞者做动作要放得开，别紧张。研究证明，训练水平高的人,肌肉的随意放松能力很高,这与中枢神经系统支配骨骼肌的神经细胞的抑制深度有关。

中枢神经系统包括脑和脊髓,是个体的"司令部",它通过脑神经及脊神经与肢体组织相连,指挥着个体的运动。肌肉是人体运动的动力器官,是受中枢神经指挥的,肌肉的"运动质量"与中枢神经的兴奋程度有关,兴奋程度越高,"质量"越好,反之越差。所以,在体育运动中,应注重提高中枢神经的兴奋程度。

运动前,个体触、持运动器械和看到的场地、器材、比赛实况及听到的激励语言、音乐等感官信息,通过分布在体内各部分的感受器和感觉神经,传人到中枢神经系统,引起中枢神经的兴奋,经中枢整合后,发出传出信号,对内脏活动及躯体运动进行精微调节,使人产生运动冲动。这种冲动,驱使人从事运动,加之先前就有的参加运动的心绪指向,致使运动时情绪高涨,代谢加速,血液循环加快,血流量增多,脑和脊髓的神经细胞得到充足的氧和养料,使中枢神经的传导速度加快、兴奋程度加强,大大地改善了中枢神经系统对骨骼肌的调节能力,使主动肌收缩对抗肌则充分地放松,降低了动作阻力,促进运动幅度的加大,从而有效地提高柔韧素质。

四、其他制约因素

除上述这些影响因素外,还有一些因素对柔韧素质的提高产生影响。如关节周围组织的体积。关节周围组织的大小对关节活动起限制作用。它一方面受先天性遗传的影响,另一方面也受后天训练的影响。如肌肉块的大小、脂肪的堆积也影响柔韧性的发展。美国 K·曼尼(2003)认为,一个脂肪含量高的人想快速、大幅度地提高柔韧性是很困难的,因为过量的脂肪会对关节的灵活性产生负面影响。训练中某些组织的体积增大后,也会影响柔韧素质的发展。此外身体的炎症和病痛也会造成柔韧性降低。

因此，我们在训练中要重视对关节周围肌肉群体进行拉伸训练，增强其弹性能力，控制脂肪的堆积，保持理想体重也是发展柔韧素质的关键。

第三节　不同群体的柔韧素质敏感窗口期

柔韧素质敏感窗口期选取的代表指标为坐位体前屈。

坐位体前屈是测量人体在静止状态下的躯干、腰、髋等关节可能达到的活动幅度，主要反映其关节、韧带和肌肉的伸展性和弹性。长期以来，坐位体前屈都被作为衡量大、中、小学学生柔韧素质的重要指标，2007 年开始在我国实施的《国家学生体质健康标准》，以及欧美国家的体质健康测试也普遍用其评价学生的柔韧素质。

图 8－1 是 7～18 岁青少年男学生的坐位体前屈成绩的百分位数曲线图。从图上可以看到男学生的坐位体前屈成绩的变化是随着百分位数分布差异而出现不同的。从百分位数曲线可以看出，男学生坐位体前屈成绩越差，随着年龄增长，成绩增长趋势越不明显。最差的百分之 0.5 的学生从 7 岁开始坐位体前屈成绩显示有一个下降的趋势，到 12 岁后再缓慢上升，但是 18 岁时的水平基本和 6 岁时持平。而最优的百分之 0.5 的学生的体前屈成绩从 6 岁到 12 岁基本保持统一水平，而 12 岁以后则随着年龄的增长而不断提高的，到 18 岁时达到最大值。从这样的结果来看，说明普通男学生的坐位体前屈水平的变化与基础身体素质是存在相关的。

图 8－2 是 7～18 岁青少年女学生的坐位体前屈成绩的百分位数曲线图。女学生的坐位体前屈的变化趋势基本与男学生相同。从图上可以看出，最后 10% 的女学生 18 岁的成绩还要低于

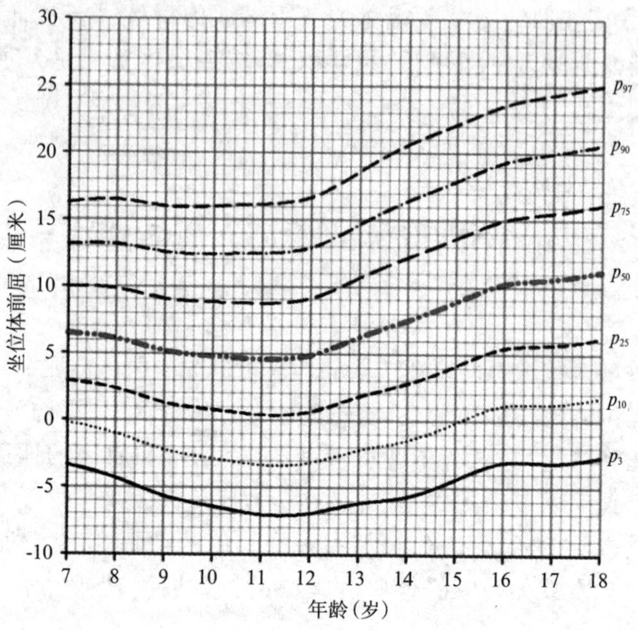

图 8－1　青少年男学生坐位体前屈成绩的百分位数曲线

数据来源：2010 年中国学生体质与健康调研报告。

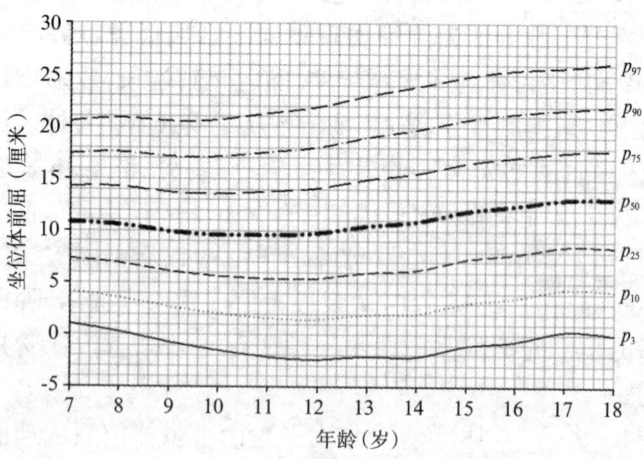

图 8－2　青少年女学生坐位体前屈成绩的百分位数曲线

数据来源：2010 年中国学生体质与健康调研报告。

7 岁时的水平，和男生相比，坐位体前屈成绩的变化随着百分位数分布差异而出现不同的程度更加明显。

从 7～18 岁男、女学生的坐位体前屈成绩的百分位数曲线图来看，坐位体前屈成绩越好的学生增长趋势越明显，成绩越差的学生增长趋势越不明显。

图 8－3 是 8～18 岁男青少年坐位体前屈成绩的离差率变化图。从图上可以看到男青少年在 11 岁前坐位体前屈的平均水平都是负增长的，从 12 岁以后坐位体前屈成绩开始呈现增长的状态，并且从 12 岁以后增长幅度是快速提高的，到 13 岁时增长幅度达到 30% 左右，而后增长幅度开始逐渐减小。从图 8－3 男学生坐位体前屈离差率变化趋势可以看出，变化幅度最大的年龄范围大约是在 12～16 岁年龄区间内，说明男学生在这一年龄段内坐位体前屈成绩的变化幅度相交于其他年龄段是比较大的，也就是说青少年男学生在 12～16 岁这一时期内，对于立位体前屈来说是一个敏感期。

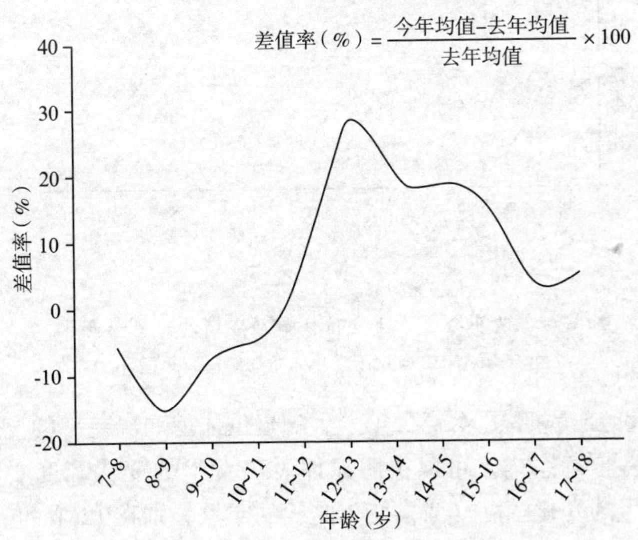

图 8－3　青少年男学生坐位体前屈成绩的离差率变化

数据来源：2010 年中国学生体质与健康调研报告。

图 8－4 是 8～18 岁女青少年坐位体前屈成绩的离差率变化图。从图上可以看到女青少年坐位体前屈离差率的变化基本和男青少年是相同的。但是女青少年的最高增长幅度出现在 15 岁，增长幅度只有 10% 左右。从图 8－4 女学生坐位体前屈离差率变化趋势可以看出，变化幅度最大的年龄范围大约是在 12～17 岁年龄区间，说明女学生在这一年龄段内坐位体前屈成绩的变化幅度相交于其他年龄段是比较大的，也就是说青少年女学生在 12～17 岁这一时期内，对于立位体前屈来说是一个敏感期。

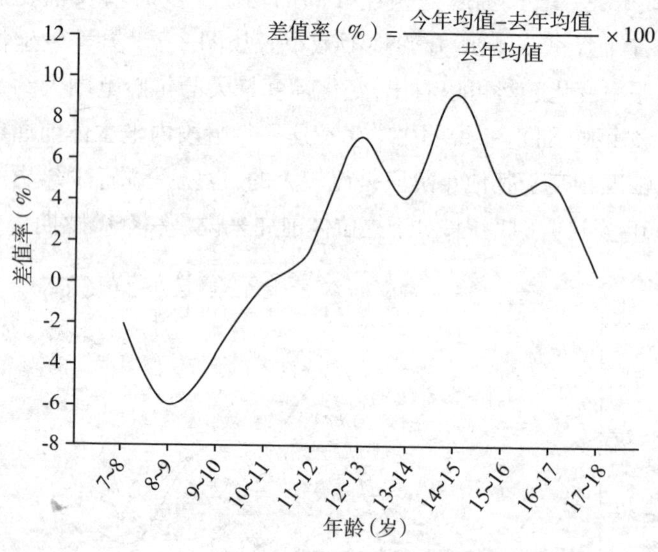

图 8－4　青少年女学生坐位体前屈成绩的离差率变化

数据来源：2010 年中国学生体质与健康调研报告。

图 8－5 是把男、女青少年学生的坐位体前屈离差率的变化放在了同一坐标系内。可以很明显地看出女生的变化幅度要明显小于男生的变化幅度。两条变化曲线的交点分别在 12 岁和 17 岁上，从图上就能很清晰地看出两条曲线都在这一区间内具有较大的变化。只是由于男学生 16～17 岁区间内曲线下降幅度较大，说

明在这年龄段，坐位体前屈的水平的增长已经放缓了，那么最后认为男学生变化幅度最大的区间是 12～16 岁。

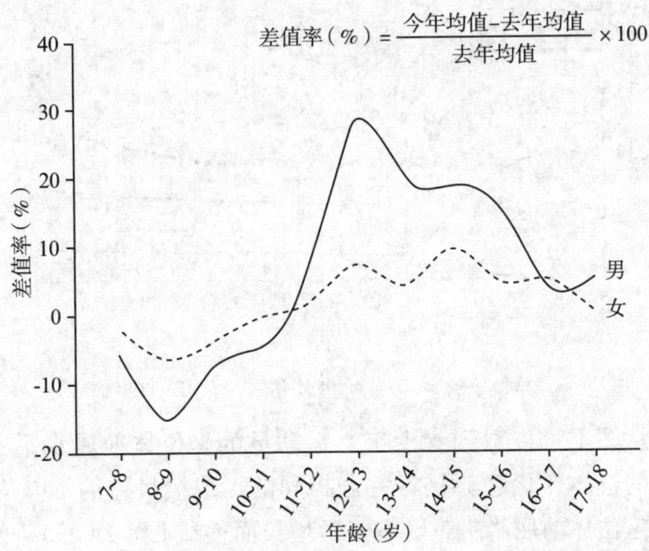

图 8－5　青少年男、女学生坐位体前屈成绩的离差率变化

数据来源：2010 年中国学生体质与健康调研报告。

从图 8－1 到图 8－5 来看，青少年学生坐位体前屈的敏感期为：男生 12～16 岁，女生 12～17 岁。也就是说青少年学生在这个年龄段柔韧素质的变化是最敏感的，发展柔韧专项素质，提高训练效果也相对容易些。

图 8－6 是青少年男运动员坐位体前屈百分位数曲线的变化趋势。从图上可以看到男运动员的坐位体前屈是随着年龄的增长先有一个平台期，而后逐步下降，最后再处于平台期或缓慢增长的趋势。到 9 岁为止坐位体前屈水平都是在不断的下降的，9 岁到 12 处于一个平台期，数值并无明显变化，从 12 岁开始坐位体前屈水平开始增长。

图 8－7 是青少年女运动员坐位体前屈百分位数曲线的变化

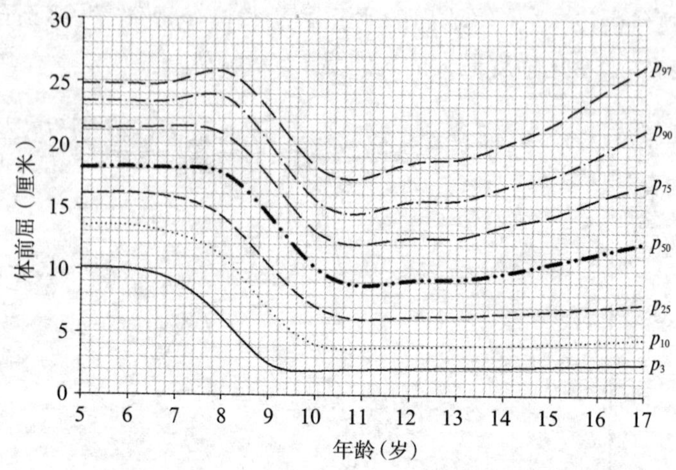

图 8-6　青少年男运动员的坐位体前屈均值的变化趋势

趋势。从图上可以看到青少年女运动员的坐位体前屈水平不同百分数的群体变化趋势是不完全相同的。成绩最差的 10% 的女运动员坐位体前屈水平是随着年龄增长而逐渐下降的。25% 的群体从 12 岁时下降趋势停止，而后则进入平台期，保持水平不变。成绩前 50% 的女运动员则在 12 岁以后出现了增长趋势，成绩越好的增长越明显。

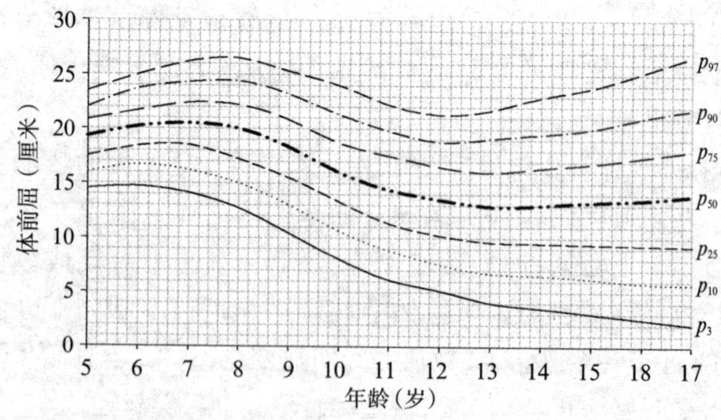

图 8-7　青少年女运动员的坐位体前屈均值的变化趋势

图 8 - 8 是青少年男运动员坐位体前屈离差率的变化。从图上看,男运动员坐位体前屈离差率是先下降后上升的趋势。只有从 12 岁开始,离差率是大于 0 的,说明 12 岁以后男运动员的坐位体前屈水平是增长的,这与百分位数曲线显示的结果也是一致的。从这个结果来看,敏感期应该是 12 岁到 17 岁。

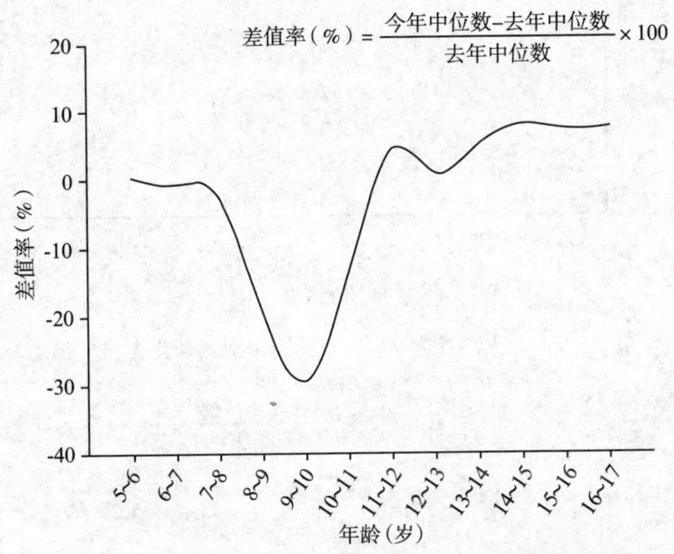

图 8 - 8　青少年男运动员坐位体前屈成绩的离差率变化

图 8 - 9 是青少年女运动员坐位体前屈离差率的变化。从图上看,女运动员的坐位体前屈离差率的变化与男运动员的基本一致,女运动员坐位体前屈离差率在 14 岁到 17 岁阶段处于正值,说明在这一阶段女运动员的坐位体前屈水平是缓慢增长的。从这个结果来看,敏感期应该是 14 岁到 17 岁。

图 8 - 10 把男、女青少年运动员的坐位体前屈离差率的变化放在了同一坐标系内。从图上可以看到男、女运动员坐位体前屈的离差率虽然变化幅度大小不同,但是变化趋势基本一致,特别是在离差率大于 0 的部分,变化趋势是完全一样的。如果以坐位

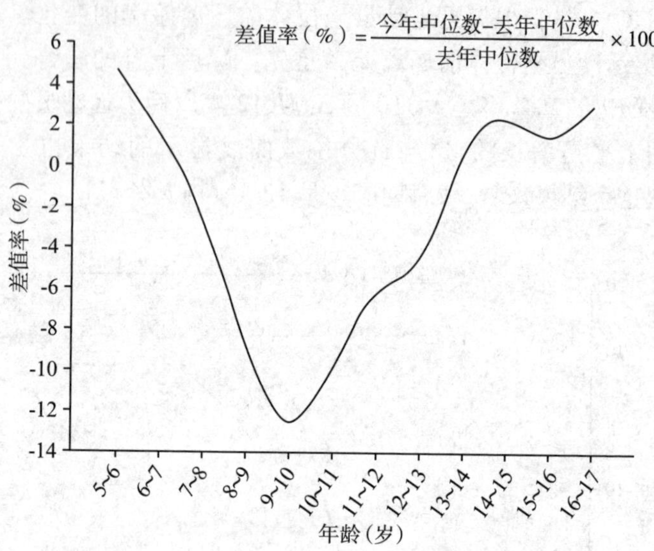

图 8-9　青少年男运动员坐位体前屈成绩的离差率变化

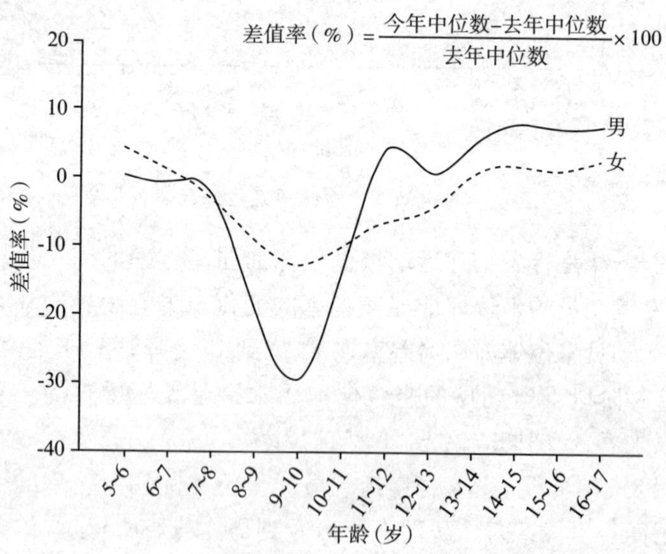

图 8-10　青少年运动员坐位体前屈成绩的离差率变化

体前屈指标代表柔韧素质的话,那么青少年男运动员的柔韧素质的主要敏感窗口期在12~17岁,青少年女运动员的柔韧素质的主要敏感窗口期在14~17岁。

第四节　柔韧素质在体育运动中的作用

柔韧素质在运动训练中具有很重要的作用,只是不同的运动项目对其有不同的要求。进行柔韧性的身体练习会增强关节的灵活性和韧带的功能,提高肌肉的弹性和肌肉的伸展能力。这些能力的提高是预防运动训练中出现肌肉受伤的重要因素。在青少年时期经常进行体育活动,对柔韧性的改善有较大的帮助。例如,在做屈身练习过程中,关节的灵活性也可以得到提高;球类运动在速度练习时,加大必要的步幅需要腿部的柔韧性;田径运动员用杠铃进行深蹲练习时,需要大腿后群肌肉表现出来的柔韧性。在运动训练实践中,主要培养的是专项柔韧素质,因为其对专项运动技术的提高具有较大的影响。例如,女子体操运动员为完成各种器械练习时需要肩、髋、腰、腿等部位表现出大幅度的活动范围。

柔韧素质对速度、耐力、灵敏、协调等素质的提高有着重要的影响。近年来,各国专家对柔韧素质与其他素质的关系进行了深入研究。在竞技领域里运动员要取得良好的运动成绩,必须重视柔韧素质的发展。但任何事物都可能出现正反两个方面的结果,发展柔韧素质也是如此。主要表现在力量与柔韧的相互发展关系问题上,在一定程度上力量的发展制约着柔韧素质的提高或改善。

一、柔韧素质有助于提高运动能力

在体育运动中,柔韧素质有助于提高人的运动能力。人体的动力系统除了控制简单的肌肉收缩与放松之外，还要完成肌肉群内部的协作、技术的发展和技能的获得等任务。位于肌肉、肌腱和关节内的本体感受器能够感受肌肉的长度、压力以及关节角度等的变化。这些本体感受器是向动力系统提供信息的重要环节。而柔韧性不仅能够促进肌群内部的协作和运动技术的提高，还能够改进本体感受器接受刺激的能力。在运动界，柔韧素质的训练越来越受到重视，训练的方法也不断地得到改进和提高。

二、柔韧素质能促进其他身体素质的发展

人体在运动中是一个有机的整体，按照木桶理论，任何一项身体素质的缺陷，都会限制人体整体运动能力的提高。从参与人体运动的整体来看，柔韧素质不直接为体育运动提供力量、速度、耐力、灵敏等运动能力，但柔韧素质能为这些运动能力提供帮助，是这些运动能力能够有效发挥的基础。力量是肌肉收缩的结果，根据肌肉收缩的原理，相同肌肉在一定范围内肌肉初长度长的肌肉收缩力量更大，肌肉本身又是一个弹性体，存在弹性力量。所以柔韧素质好的肌肉，收缩的力量更大，收缩的速度也更快，在力量素质为主的体育运动中更容易发挥最大力量和速度力量。速度是神经支配肌肉快速收缩的结果，良好的柔韧素质，有利于神经冲动的快速发放和肌肉快速收缩，有利于快速收缩过程中对抗肌肉的放松。能够最大化地发挥人体的动作速度和反应速度。而耐力运动中，体力的节约来自于柔韧性对肌肉的放松能力，在运动中，完成动作更经济、更实惠。

三、柔韧素质可以有效降低运动损伤的机率

绷紧的肌肉和肌腱之所以极其容易受伤，原因在于大运动量训练后，肌肉会变得更大、更强壮，但与此同时，也会变得更紧、更

短,运动负荷集中在肌肉很小的范围内,而不是最适宜的范围内。这就意味着你会失去柔韧性,在下次进行训练时,会感到僵硬和不够放松、舒适。在运动中,或试图改变技术的时候,很容易受伤。如果肌肉、肌腱和四肢具有良好的柔韧性,那么就可以减少在运动过程中因超过它们的承受极限而产生损伤的可能性。例如,在篮球、排球运动中,肌肉的柔韧性不好,运动中绷紧、缩短的肌肉不能够很好地吸收冲撞力。在频繁的起跳、落地过程中冲撞力传递到关节和骨骼上,能够造成关节的衰退,甚至骨折。而柔韧性好的肌肉就能够很好地吸收冲撞力,从而减少对关节和骨骼造成的压力。而且,良好的四肢柔韧性还可以减少对脊椎产生的张力。许多运动专家和运动医学专业的医生都指出,提高柔韧性练习能降低运动损伤的几率,减少肌腱和关节损伤的严重程度。可以从两个方面来解释肌肉柔韧性与其易损伤性之间的密切联系。首先,是以柔韧性对关节动作幅度的作用为依据;其次,是以柔韧性与肌腱单元的弹性之间的关系为依据。而且,肌肉柔韧性还可以减轻肌肉酸痛和放松肌肉。肌肉酸痛发生在运动之后,并持续几个小时或24 小时,在某些情况下还会持续更长时间。柔韧性练习作为训练后放松活动中的一项常规练习,可以防止肌肉变紧,同时保持柔韧性,防止运动损伤。

四、良好的柔韧素质能够促进运动后的身体快速恢复

人体运动后,人体内环境会产生很大的变化,产生身体疲劳。良好的柔韧素质有利于身体的快速恢复。一次大的运动负荷容易产生"延时性肌肉疼痛"。"延时性肌肉疼痛"一般出现在力量训练或者其他比较激烈的肌肉运动后24~48小时之内。"延时性肌肉疼痛"是在没有适应训练之前的一种正常的生理反应。总觉得肌肉在绷紧,动作受到了限制,这会影响到运动质量。如果

利用正确的柔韧性练习，在两三天后，疼痛会消失，肌肉变得更加强壮，并且下次再做类似的练习时，疼痛会减轻。例如：超等长跳跃练习的离心收缩；肌肉在长度缩短的情况下，进行强有力的收缩。要避免肌肉酸痛是不可能的，但在运动之后进行 10 分钟的静力伸展练习，在较小的强度下，练习静力性拉伸和"微型拉伸"可以发展柔韧性的"储备"，能极大程度地预防超等长练习引起的肌肉酸痛。俗称"伸懒腰"效果。

五、柔韧素质有助于运动损伤的恢复

经常参与体育运动就不可避免运动损伤的出现，而柔韧性练习还是受伤后恢复过程中很重要的部分。运动医学指出，人体肌肉或韧带受伤总会导致肌肉和肌腱逐渐紧绷，或者变得僵硬，使动作范围受到限制。柔韧性练习能够解除这种僵硬状态，同时加速损伤肌肉的恢复。合理的柔韧性练习训练能保持连接处组织和肌肉间的整体性，发展柔韧性素质的"储备"能力。在修复肌肉组织的过程中，小心地进行柔韧性练习能够促使肌肉改变其状态，使肌肉慢慢地恢复到原来的长度，并因此减少交叉粘连。与此同时，在这一过程中，肌肉张力和本体感受也得到了恢复。

六、柔韧性素质能够增大动作范围

在日常生活、工作或竞技运动中，我们经常需要四肢和躯干进行弯曲、延伸、扭转、投掷、推拉等动作。这些动作的完成取决于能否改变身体动作的范围，即从较小的动作范围改变到处于"全部拉伸"的、较大动作的范围。瑜伽的柔韧性练习可以说达到了近似完满的程度。柔韧性练习可以使四肢具备更好的杠杆作用，从而增加身体动作的幅度。这样我们就可以延伸、投掷或者将球踢得更远，跳得更高，跑得更快。另外，增加身体各种动作的幅度能够使运动员在几乎所有运动项目中的动作更具有审美性。在许多情况下,这些姿势不但伴有高难度技巧性表演,而且赏心悦目。如果运动员没有较好的柔韧素质,就不可能同柔韧性素质好的对手进行抗衡。

七、柔韧素质的练习能够集中精力和放松情绪

运动之前花时间进行拉伸可以帮助运动员集中精力去完成任务。日本棒球运动员每次训练前或赛前都会花费较多时间来进行身体柔韧性练习,让周身的骨骼、肌肉、关节、韧带“热”起来。运动员在柔韧性练习中,可以忘记当天在工作中或者学校里发生的一切,把精力集中到运动中来。在柔韧性练习的这段时间里,运动员可以忘记这些事情,并且把注意力集中到运动中去。柔韧性练习能够放松紧张情绪,柔韧性练习会使运动参与者觉得自己已经全身心的投入,产生自己已经准备好了的心理暗示,认为自己在运动中能够发挥自己的水平,控制着整个形势,会把心中无法控制的杂念抛开,从而消除了紧张的情绪。为了达到柔韧性练习的最大心理效果,在运动之前和运动之后,都应该坚持做柔韧性练习。

总之,柔韧性素质在体育教学运动中有着重要的作用,在平时的运动训练中,好的教练员会特别重视运动员柔韧素质的发展。

第五节　柔韧素质训练的主要方法

柔韧素质训练主要有以下几种基本方法,分别为:静态柔韧素质训练法、动态柔韧素质训练法和 PNF 训练法等。

一、静态柔韧素质训练法

静态柔韧素质训练法是指当练习者练习部位拉伸到最大限度时,依靠自我控制或外力保持静止姿势。即练习者在拉伸韧带、肌肉、肌腱时,迫使被拉伸的部位达到最大限度,有酸、胀等感觉时,停留一段时间。王慧丽(2003)研究认为,较长时间的大运动负荷会产生肌肉延迟酸痛,这主要是由于肌纤维的损伤和痉挛造成的。对这些部位进行静力拉伸,可以使骨骼肌结构功能得以恢复,使肌原纤维的排列得以恢复,从而使延时肌肉酸痛以及肌肉的僵硬现象得以减轻和消除。同时,在肌肉拉伸过程中还可以相应提高柔韧素质。关于拉伸保持时间长短,说法不一,众说纷纭。如 Anderon(1980)指出:在轻度拉伸 10~30 s 后再进行强度较大拉伸 10~30 s(总时间 20~60 s);而 Snellenbers 和 Kuipers(1981)认为应是 10~30 s;Grosser 和 Herhert(1982)认为采用静力性方法效果最好,拉伸时间范围应从开始的 30 s,逐渐增加到 7 周训练后的 60 s;Tipton(1976)指出:拉伸的最佳时间为 45~60 s;Reilly (1981)等学者对拉伸时间没有给确切的范围,只是说“一定时间”;还有的学者认为拉伸时间没有限制。张志胜(1997)研究结果表明,50 s、1 min 20 s、2 min 三种不同时间的静力拉伸对提高踝关节柔韧性的影响基本相同。为使训练时间更为经济,最佳的拉伸时间可控制在 50~60 s。英国的 Bandy(1994)在《静态牵伸时间的长短对绳肌柔韧性的影响》中指出,牵伸时间从 30 s 增加到 60 s 后关节的活动范围仅稍有增加,牵伸 15 s 与不牵伸相比较几乎无大差别。因此,作者的结论是为增加绳肌的柔韧性,牵伸最有效的持续时间是 30 s。我国学者王安利教授(2002 年)认为,摆动的方式牵拉韧带,其实并不是效率高的好方法,用牵拉韧带和关节囊来提高柔韧性采用静态牵拉效果好。其方法是:在关节活动的最大角度处于持续静态牵拉半分钟到一分钟,然后活动一下关节，再重复做 2～3 次。用这种方法可以很快地提高关节的柔韧性。

综合以上国内外的一些实证研究结果，静力性拉伸法发展柔韧性、减轻延时肌肉酸痛和缓解肌肉僵硬效果好。但 15 s 的静态拉伸时间过短，效果不显著，而 30 s 的静态拉伸有显著效果，从 30 s～60 s 的拉伸仍有一定程度的提高。表明进行静力性拉伸最佳时间应控制在 30 s～1 min。因为时间过短效果不明显，时间过长不但对柔韧性的影响不大，还会导致肌张力下降，肌肉弹性下降，从而引起肌肉力量下降。

二、动态柔韧素质训练法

动态柔韧素质训练法就是一种有节奏地多次重复同一动作的拉伸练习。拉伸练习部位，每次拉到有疼痛感时放松，并逐渐加大震动的力度和幅度来拉长肌腱、韧带、肌肉等组织。此方法的强度较大，对练习部位的刺激较大，运用动力性练习最重要的是要贯彻循序渐进的原则，练习者不要用力过猛，切忌爆发力。朱家新(2001)认为，动力性拉伸法不利于柔韧素质的提高，动力性拉伸所产生的牵张反射，使得被牵拉的肌肉群产生较强的保护性收缩，相应的被动肌也产生相应的紧张，在练习时如果用力不当还会造成肌肉拉伤。动力性拉伸练习由于所练习的关节周围的肌肉得不到放松，牵拉时肌肉得不到最大限度的伸展，所以练习效果不理想。但是本方法能增加肌肉的弹性、灵活性、协调性，改善肌肉的黏滞性。很多项目运动中(如武术、健美操)，需要的柔韧素质既要能大幅度的伸展，又要能快速有力的收缩，这不仅取决于韧带组织的弹性，而且也取决于各肌肉群之间的协调性。因此，我们要看清以上两种方法的利与弊，在实际运用中，往往不是孤立地去运用。单纯静力性拉伸和单纯动力性拉伸方法不利于柔韧素质的发展。动静结合的方法是发展柔韧性的有效方法。

例如在发展下肢和髋关节柔韧性的时候,常采用压、搬、控、踢。其中"压"可以是静力性也可以是动力性的,"搬""控"是静力性的,而"踢"是动力性的。只有动静结合,才能既发展学生的柔韧性,又不使其弹性下降。

三、PNF 训练法

PNF 来自英文"Proprioceptive Neuromuscular Facilitation",译为本体感觉神经肌肉促进法,在康复方面的文献也译为促通疗法。PNF 法是 20 世纪 40 年代由 Hermankabat 医生发明的。PNF 法对正常人的作用及在运动方面该方法最初是用在医疗康复中对具有神经功能障碍的肌肉的治疗,由于通过这种方法的练习能改善肌肉的功能和提高关节的柔韧性,已被国外体育界所重视和采用。PNF 伸展比传统的静力性伸展和弹性伸展对促进柔韧性的提高更有效。劳伦斯·豪乐特就 PNF 方法做了研究,他比较了静态训练法、动态训练法和 PNF 训练法对坐位体前屈效果的影响。经过三个月的运动,慢速静态方法使运动范围平均增加了 1.7 cm,动态训练法降低了 1.7 cm,而 PNF 法则几乎增加 5 cm,大约是前两种运动效果的 3 倍。黄彩华等(2004)研究了一次急性和慢性的静态伸展和 PNF 伸展计划对改善大学女生身体柔韧素质的作用,结果显示,一次性 PNF 伸展就可以提高柔韧性,静态伸展没有观察到显著的急性差异。实验还观察到 10 周的 PNF 伸展和静态伸展都可以提高柔韧性,但是 PNF 伸展的效果比静态伸展明显。研究提示,PNF 能对柔韧性产生急性的和慢性的影响。刘洁(2006)研究结果表明,PNF 牵拉法是高校健美操运动中发展柔韧素质的最佳方法,其次是动静结合拉伸的方法。以上研究结果共同表明:PNF 法对于发展人体的柔韧性确实有其独到的功效。只是还没有被国内大多数教练和体育科研人员所重视。PNF 牵拉法不仅是发展柔韧素质最有效的方法,也是及时放松肌肉、消除疲劳的有效手段；其牵拉的幅度缓慢增加，能避免运动损伤；通过对抗练习，可使肌肉变得更强壮，既改善肌肉的伸展能力，又能增加肌肉力量。通过两人的互助练习，也能克服由于长期单调枯燥的柔韧性练习带来的心理疲劳，提高练习者的兴趣，因而这种发展柔韧素质的方法应该被广泛采用。

第六节　评议与小结

儿童青少年柔韧素质存在敏感窗口期，柔韧素质评价指标为坐位体前屈，详见儿童青少年柔韧素质评价图8－5、图8－10。上海体育科学研究所选材研究中心根据相关数据绘制了坐位体前屈百分位图（图8－1、图8－2）。

一、评议与分析

普通青少年学生坐位体前屈成绩和离差率的变化与青少年运动员的成绩和离差率变化完全不同。这种差异可能和两个群体的基本身体素质有关。运动员群体，特别是体操运动员，从小就进行了身体素质的专门练习，身体素质的基础值一般较普通青少年高，特别是柔韧性素质。青少年身体发育要遵循一般的规律，运动员在随着年龄增长，在特定年龄段内，柔韧素质就会出现下降的趋势。而普通学生基础值本来就低，随着年龄增长则是按照一般的规律进行变化发展的。在考虑青少年人群柔韧素质发展的敏感窗口期时，一定要考虑到这个因素，根据基础身体素质来制定相应的发展计划。

Rhodri S. Lloyd 的青少年身体素质长期发展模型中提到国外青少年运动员柔韧素质发展的最佳时期是男：12～16岁，女：10～

15岁,和我国青少年运动员柔韧素质敏感窗口期比较还是存在一定差异的。我国男运动员为12～17岁,与Rhodri S. Lloyd理论的窗口基本一致。女运动员则存在较大差异。由于本次使用到的青少年运动员数据涉及的样本量较小,可能存在采样上的误差,今后应该扩大样本量,进一步进行此类研究,深入观察和比较国内、外青少年运动员柔韧素质发展敏感窗口期的异同,找出一些规律性的东西,为更好的利用敏感窗口期理论来培养和发展青少年运动员的柔韧素质提供坚实的基础。

二、柔韧素质发展过程中应注意的问题

在发展儿童青少年柔韧性素质时,教学训练过程要善于利用敏感窗口期,这样可能会达到事半功倍的效果。因此,在柔韧素质发展过程中应注意以下内容。

1. 注意发展柔韧素质与其他身体素质相结合　柔韧素质的发展应与力量、速度素质协调发展。柔韧素质的发展应在肌肉力量增长下发展,而肌肉的增长不能因体积的增长而影响关节活动的幅度,力量、速度的练习是发展肌肉的收缩能力和速度,而柔韧练习能发展肌肉的伸展能力。因此,力量、速度、柔韧三者有机结合的练习是提高肌肉质量最为有效的途径。

由于柔韧素质与力量素质具有相互限制的影响作用,因此,在运动训练中应注意这两种素质的协调发展。柔韧素质训练后要十分注意放松练习,以使肌肉柔而不软,韧而不僵。

2. 控制好柔韧素质的发展水平　在运动训练中,各专项对柔韧素质有不同的要求,一般来说,没有必要使柔韧素质的发展水平得到最大限度,只要基本能满足专项的需要即可,使"柔韧性储备"受到保护。反对那种过度发展柔韧素质,而不考虑其他运动素质发展的错误观点。

3. 全面发展机体各个部位的柔韧素质　在运动训练中,柔韧

性的表现不仅仅是在一个关节或一个身体部位，往往牵涉到几个相互有关联的部位。例如，体操中的“桥”，涉及到肩、脊柱、髋等部位的关节。因此，就应对这几个部位进行发展。这是由于各个部位具有补偿作用，对整个运动技术具有重要影响。

4. 注意柔韧素质训练的经常性　柔韧性发展快，易见效，可是消退也快，停止训练后，肌肉、肌腱、韧带已获得的伸展能力消退得也快。因此，柔韧性的训练要经常进行。一周可安排 2～3 次，在全年训练的任何一个时期，都应安排发展或保持柔韧性的训练。应根据不同训练时期、阶段、年龄、性别、个体差异、专项来安排一般柔韧素质和专项柔韧素质的训练比重。

5. 注意柔韧性练习前的准备活动　由于肌肉伸展性与肌肉的温度、外界温度有关，在运动训练前做好准备活动，可降低肌肉内部的黏滞性，有利于柔韧性的发展。在冬季进行柔韧素质训练时，要特别注意外界温度的变化，延长准备活动的时间，以免造成肌肉拉伤，影响柔韧性的发展。

柔韧素质的发展要充分考虑准备活动和整理运动。进行柔韧练习前，先进行一定的动力性练习，使机体组织的温度略微升高，肌肉的黏滞性降低，使结缔组织的机械性能改善后，再进行柔韧性练习。较高温度能使结缔组织的伸展性最大而损伤的危险最小。整理运动能使紧张的肌肉得以伸展放松，提高肌肉放松能力，主动放松肌肉的能力越好，关节活动时所受肌肉牵拉的阻力越小，关节活动幅度越大。

6. 少儿柔韧性训练的注意要点　掌握少儿柔韧性发展的趋势，根据运动素质发展敏感期科学地安排柔韧性训练。一般地说，要抓紧 7 岁以前的柔韧性练习，力争在 12 岁以前使柔韧性得到较好的发展。在少儿训练时期，要重视一般柔韧素质的发展。随着训练年限、生长发育、专项化程度的不断深入，逐渐增加专项柔韧素质的训练比重。

少年儿童阶段是发展柔韧素质的最佳时期，因为此时体内软组织中的水分较多，弹性和伸展性较好，适合柔软性动作练习。此时若能在把握身体素质发展敏感期的前提下，进行柔韧性训练效果会更好，从而有效地促使各项素质的同步提高，为以后进一步的训练打下良好基础。

少儿进行柔韧性练习，应考虑“力和时间”两个因素。也就是说，要想提高柔韧性练习的效果，必须在超负荷的原则下进行，给软组织足够大的外加负荷，从而使应当得到锻炼的组织达到“酸、胀、痛”的感觉，并要在这种难以忍受的情况下持续一段时间，以期在顽强抵抗挛缩的情况下，达到“充分拉伸”的效果。

运动训练学认为：“全幅度训练法”最适合柔韧性练习，其意义在于“拉伸软组织必须超过其原有长度”，此时关节的运动都必须达到极限幅度，只有这样才能实现对软组织的有效刺激，达到“拉伸”的目的，才能真正提高软组织的柔韧性。

少儿关节牢固性差，骨骼易弯曲变形，长时间用力扳、绷、劈、压等，易造成关节、韧带的损伤和骨骼的变形，对儿童身心造成伤害。在运动素质的发展过程中，因为柔韧素质与力量素质之间存在着相互制约的关系，柔韧素质的过度发展对力量的增长会造成不良影响，所以，柔韧素质的发展程度只要基本满足专项的需求即可，不必过度发展。

在运动训练中，各种运动素质的发展都必须遵循运动素质发展的敏感期的规律。反对不顾少儿生长发育的客观规律，过早进行专项化训练。不要过早强调与专项运动技术相结合，应着重身体全面发展的柔韧训练，与各种其他素质协调发展，以免造成运动员“早衰”现象的产生。16 岁以后，可逐渐加大柔韧性练习的运动负荷和难度。

三、本章小结

总之，柔韧素质对于从事各个项目的运动员来说，是必不可少的重要基础素质之一。柔韧素质在范围和手段上应该是相对的,在某些方面也是因人而异的。在柔韧训练过程中,应充分利用青少年柔韧素质的敏感窗口期,合理制定发展和训练方案。尽可能结合专项功能特点,注意柔韧素质发展中的影响因素,改变过去柔韧训练中随意成分过多、无严格要求的状况。随着运动训练及竞赛的发展,对柔韧素质的要求会越来越高,各项目运动员的训练都应重视柔韧素质训练,进一步研究影响柔韧素质发展的因素。要正确理解运动员柔韧素质与体能、智能及心理能力的关系、与外部环境(如场地、器材等)的关系、与机体能量利用节省化的关系,尽可能减少柔韧素质训练中肌肉的损伤,提高柔韧素质水平,以提高专项运动成绩。

建议阅读文献

1. 王伟杰. 儿童青少年身体素质敏感期的变化特点[D]. 北京: 北京体育大学,2015: 13-56.
2. 张春燕. 青少年身体素质敏感期及锻炼方法[J]. 中国青年政治学院学报,2014(5): 68-70.
3. 洪俊雄. 发展少儿游泳运动员柔韧素质的研究[J]. 体育科技文献通报,2010,18(10): 63-65.
4. 陈孺,汪磊,宋勤. 青少年素质训练敏感期的训练原则[J]. 少年体育训练,2010,(1): 82-83.
5. 屈春华,黄晓灿. 青少年运动敏感期选材初探[J]. 教师,2012,(16): 125-126.
6. 张兰荣. 柔韧素质的解剖生理基础和训练[J]. 体育师友,1991,(6): 31-32.
7. 秦念阳. 发展柔韧素质[J]. 涪陵师范学院学报,2003,10(增刊): 122.
8. 陈明达,于道中. 实用体质学[M]. 北京: 北京医科大学、中国协和医科大学联合出版社,1993: 11-13.
9. 沈勋章. 奥运项目教学训练大纲青少年选材育才研究[M]. 上海: 上海浦江教育出版社,2015: 1052-1054.
10. 余利斌. 浅析体温及中枢神经兴奋性对柔韧素质的影响[J]. 郧阳师范高

等专科学校学报,2001,(6):79－80.

11. 王慧丽.采用静力拉伸法提高学生柔韧素质的实验研究[J].武汉体育学院学报,2003,(7):63.

12. 张志胜.静力拉伸法发展柔韧性的最佳拉伸时间——发展少儿游泳运动员踝关节柔韧性的研究[J].体育学刊,1997,(2):119.

13. 刘洁.高校健美操运动中发展学生柔韧素质的研究[J].柳州师专学报,2006,(2):102.

14. 黄彩华,黄咏梅.PNF法对改善柔韧性的作用[J].泉州师范学院学报:自然科学,2004,(7):98.

15. Rhodri S. Lloyd, Jon L. Oliver. The Youth Physical Development Model: A New Approach to Long-Term Athletic Development [J]. Strength and Conditioning Journal, 2012,34(3):61－72.

16. BALYI, I. and HAMILTON, A. Long-term athlete development: trainability in childhood and adolescence Windows of opportunity, optimal trainability [J]. Performance conditioning soccer, 2005,12(1):8－10.

17. LLOYD, R. S., MEYERS, R. W., and OLIVER, J. L. The natural development and trainability of plyometric ability during childhood [J]. Strength & conditioning journal, 2011,33(2):23－32.

18. LLOYD, R. S. The influence of chronological age on periods of accelerated adaptation of stretch-shortening cycle performance in pre and postpubescent boys [J]. Journal of strength & conditional research, 2011,25(7):1889－1897.

19. PAUL, F. The long-term athlete development model: physiological evidence and application[J]. Journal of Sports Sciences, 2011,29(4):389－402.

20. Robert Malina, Claude Bouchard, Oded Bar-Or. Growth, Maturation, and Physical Activity-2nd Edition [M]. Lllinois: Human Kinetics Pabli Shing House, 2004:222－223.

21. 朱家新.慢速拉伸法在发展柔韧性中的效用研究[J].海南大学学报:自然科学报,2001,(2):383.

22. (美)K·曼尼.通过伸展练习改善柔韧性的前景[J].国外体育动态,2003,(12):53.

第九章　青少年智力发育与发展敏感窗口期的研究

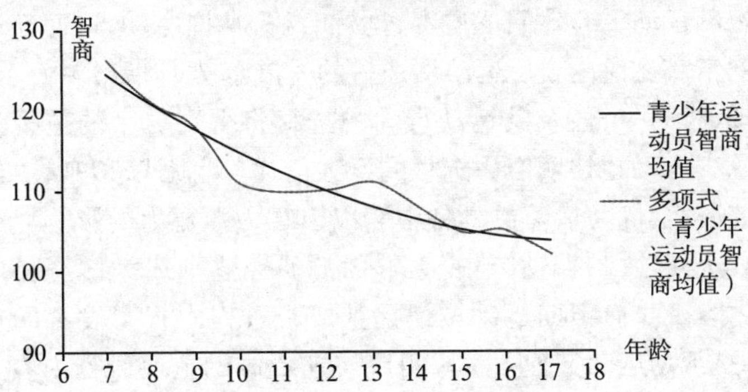

提要：

本章讨论了智力的定义、智力发育发展的规律性以及智力敏感窗口期。由于智力遗传度较高，加上人体中枢神经系统最早发育、智力构成要素及影响因素又较多，故其倍受需求方关注，优秀运动员智商格外重要。智力测量与评价可以通过图表、量表和软件。本章以国内外研究文献、运动员数据资料为参考佐证，总结了上海体育科学研究所选材研究中心对优秀体育后备人才的追踪数据，绘制CRT智商百分位数曲线图，寻找出智商的敏感窗口期。研究结果表明，智力早期开发，智能训练和肢体训练存在互补性，正确应用智力发育敏感窗口期可以促进青少年训练效果。

随着时代的进步,科技的发展与训练的日益科学化,智力因素在竞技运动中的作用得到了广泛的重视。在青少年训练阶段,智力因素可以帮助运动员快速理解教练员讲解的技战术动作,使技能的学习事半功倍;在专业竞技和职业化体育竞技阶段,智力因素帮助运动员有效阅读比赛,把握时机,掌握主动,进而获取胜利。刘献武在讨论今后运动员选材的发展趋势时指出"……尤其是心理、智力、个性及其运动行为的选材将得到更大的重视和发展",这一方面也说明智力选材的巨大前途(刘献武,1991)。前瞻性研究证实,优秀运动员具备中等以上智力。智力的影响对运动员有其全面性、长期性,对智力方面的研究逐渐成为体育科研的重要内容。如何帮助运动员把握其成长过程中智力发育的重要节点,是帮助运动员智力水平得到飞速提高的重要研究内容。本节内容将探讨青少年智力发育的关键时期,勾勒出青少年选材智力敏感窗口期。

第一节　智力的概念与意义

一、智力定义

自从心理学诞生以来,智力一直是心理学研究的重点领域,也是心理学为人类社会实践服务的突破口。但是,百年之后,当我们重新审视心理学中的智力概念和智力研究时,看到的是概念模糊不清,问题重重的局面。

1. 智力的定义众说纷纭,莫衷一是　在心理学中,智力是最具有歧义性的概念。智力的定义有很多。中国心理学家对智力的定义就可以归纳为四种:①智力即能力;②智力是一种先天素质,是脑神经活动的结果;③智力是认识能力;④智力是一种适应能力。西方心理学对智力的定义就更复杂。1921年，美国《教育心理学》杂志邀请著名智力专家对智力进行定义，14位专家给出了各自的看法，众说纷纭，莫衷一是。

对智力概念界定不一，古已有之。例如，孔子常谈到“智”，并从多方面解释：①认识上的不惑状态，如“知者不惑”；②实事求是的认识态度，如“知之为知之，不知为不知，是知”；③对人的识别能力，如樊迟问智，子曰：知人；④思维的敏捷性和灵活性，如“智者乐水”；⑤学习和接受知识的能力，孟子认为，“智”是人对外界事物及规律的认识与掌握，人如能认识事物的规律并按规律行事，就是智的表现。荀子将人生来具有的认知能力叫做“知”，“知”与客观事物相符合就转化为智力。墨子认为，智力是人生来就有的感知能力。老子认为“智”是对“道”的直觉把握，有时也指对人的正确认识。如“知人者智”等。

2. 智力的外延极不确定，结构也各不相同　由于缺乏统一的智力定义，智力外延也极不确定，对智力结构的看法也各不相同。

(1) 中国心理学家对智力内容和结构的看法　多数学者认为智力主要指认知能力，包括观察力、记忆力、注意力、想象力和思维力，其中思维力是核心。但另外一些人则提出了不同看法。如吴福元认为，智力包括素质、认知和动力三个亚结构：素质结构指遗传素质，认知结构指认知能力，动力结构主要指人的非智力因素，如需要、动机、情感、意志等。

(2) 外国心理学家对智力内容和智力结构的看法　在前苏联的心理学中，智力就是一般能力。在西方，则存在因素说和结构说之争。因素说是阐明智力构成要素的学说。结构说强调智力是一种结构。

20世纪80年代以后，加德纳提出了多重智力理论。他认为智力包括语言、音乐、逻辑—数学、视觉—空间、身体—动觉、人际交往和自我意识七种智力。各种智力相对独立，而且有价值的智力成分在不同社会和文化中是不同的。在这一时期，用认知观点研究智力是时代精神的重要方面。认知心理学家把智力理解为为达一定目的在一定心理结构中进行信息加工的过程，包括模式识别、注意、记忆、表象、言语和问题解决等心理技能。如戴斯等人提出了智力的PASS理论，认为智力由计划、注意、同时性加工和继时性加工四种过程组成。计划为个体提供分析认知、解决问题、评价答案有效性的方法，注意为认识事物提供合适的唤醒状态和选择性注意，同时性加工负责刺激整合，继时性加工负责将刺激整合成特定系列。斯腾伯格提出了智力的三元理论，包括情境、经验和成分三个子理论。情境子理论说明智力与环境的关系。智力具有目的性、适应性，是对环境的适应和塑造。经验子理论主张用处理新任务和新情境的要求和信息加工自动化的能力来衡量智力。成分子理论揭示智力操作的心理机制，包括元成分、执行成分和知识获得成分。PASS理论具有坚实的神经心理学和认知心理学基础，三元理论全面考虑了智力同环境、经验和心理机制的关系，考虑了结构与过程的统一，具有较大的合理性。

3. *智力与其他心理过程、心理特性的界限变得模糊不清，处于混乱状态*　由于缺乏公认的智力定义，也由于智力的外延和结构不确定，所以，在心理学领域，智力与其他心理过程、心理特性的关系正变得模糊不清，处于混乱状态。

首先是智力与能力的关系模糊不清。在智能关系上，目前主要有三种观点：西方心理学主张智力包含能力，前苏联心理学主张能力包含智力，中国的智能相对独立论主张智力与能力既相互区别又相互联系，它们都是成功解决问题所必需的心理特征。它们的区别是，智力偏于认知，能力偏于活动，二者互相制约、互相交叉。

智力与情感的关系，由于情绪智力的提出，也变得模糊不清。情绪智力是智力的一种，还是与智力平行？还是包含了智力？沙洛维和梅耶1993年认为情绪智力包括认知自己和他人情绪的能力，调节自己和他人情绪的能力，运用情绪信息引导思维的能力。

不难看出，在情绪智力的创始人看来，情绪智力中包含了智力。

智力与创造力的关系也如此。1988年，斯腾伯格提出了创造力的三维模型，认为创造力由创造性地应用智力、认知方式和人格特质三个维度组成。智力成为创造力的维度。而我国心理学家朱智贤则认为，智力包含创造力，创造力是智力的最高表现。

进一步，智力与心理、个性的关系也变得模糊起来。如皮亚杰就将认知、智力、思维和心理视为同义语。与之类似，王垒等人1999年提出，"凡是个体为了应付环境、解决问题和适应性生存所应具有的基本的、关键的东西都应包含在智力的概念中"。为此他们提出了"综合智力"的概念。综合智力包含传统智力的认知因素，还包括动机因素、情绪性因素以及个性因素。这样一来，智力就可以与心理、意识、个性划等号了。

一些心理学家以公众对智力的理解为依据说明智力的约定性质，这种做法不科学。科学的智力概念有确定内涵。《牛津当代高级学习者英语词典》对智力的释义是："知觉、学习、理解、认识的能力。"《现代汉语词典》对智力的释义是："指人认识、理解客观事物并运用知识经验等解决问题的能力，包括记忆、观察、想像、思考、判断等。"阿瑟·S·雷伯著《心理学词典》指出：智力归根到底是从经验中受益的能力。古代哲人虽然对智力看法不同，但大多是从认知角度谈的。心理学产生以来，智力定义尽管有多种，但主要还是指人的认知能力。目前的智力测验也主要针对人的认知能力。因此，作为科学的智力概念，主要应指人的认知能力，是多数思想家和心理学家的共识(张积家，2001)。

综上所述，目前较为广泛认可的智力概念如下：智力是指生物一般性的精神能力。指人认识、理解客观事物并运用知识、经验等解决问题的能力，包括记忆、观察、想象、思考、判断等。这个能力包括以下几点：理解、判断、解决问题，抽象思维，表达意念以及语言和学习的能力。当考虑到动物智力时，"智力"的定义也可以概括为：通过改变自身、改变环境或找到一个新的环境去有效地适应环境的能力。智力的高低通常用智力商数来表示，是用以标示智力发展水平。

二、智力发育规律

1. 智力的遗传度　所谓遗传度，是指遗传在某一特征上所起作用的大小。到目前为止，遗传影响与运动成绩的研究主要集中在形态学、生理学和运动技能等方面，涉及与运动成绩相关的心理因素如动机、个性的遗传研究相对较少（Malina & Bouchard，1986）。另外，一些学者在不同的文献中也提供了不同心理指标的遗传度（见表9－1）。

表9－1　一些心理指标的遗传度

心理指标	遗传度	资料来源
判断的果断性	96	刘献武等，1987
意志坚韧性	93	刘献武等，1987
神经系统功能（强度、灵活性、平衡性）	90	曾凡辉等，1992
好奇心	87	刘献武等，1987
反应速度	75	曾凡辉等，1992
思考能力	72	刘献武等，1987
智力	66	张述祖等，1987
心理状态	60	刘献武等，1987

资料来源：郭蓓、沈勋章等，2005。

2. 脑发育规律　智力是指生物一般性的精神能力。指人认识、理解客观事物并运用知识、经验等解决问题的能力，包括记忆、观察、想象、思考、判断等。想要了解智力发育的规律，首先，必须了解神经系统发育的规律，也就是重点了解脑的发育。只有脑的发育完整完善，智力的发育才有基础可言，反过来，如果离开脑的发育谈智力的发育，也是无从谈起。

脑是人体中最为神秘而复杂的器官，它由100亿以上的高度专门化的神经元（或称神经细胞）和1 000亿以上的神经胶质细胞组成，每个神经元又可能与其他神经元发生1万个以上的联系，形成极复杂的神经网络。每个神经元的发育都要经过细胞产生、细胞移行和细胞分化三个过程。大脑和神经系统由数以亿计的神经细胞在大脑中相互连接组成，调节和指挥机体中不同的系统执行着有意识和无意识功能。其最重要的组成成分是中枢神经系统，由大脑、脊髓和周围神经系统组成。周围神经系统进一步分为躯体神经系统和自主神经系统。躯体神经系统包括感觉和运动系统；自主神经系统支配机体的自主功能如心跳、呼吸等。神经系统每个部分都支配着某些行为并影响着我们与周围环境间的相互作用。神经系统的任一部分受损都会使我们不能适应环境，导致功能障碍如精神发育迟滞、学习障碍、脑瘫、癫痫等疾病。大脑发育经过神经胚形成、前脑发育、神经元增殖、神经元移行、组织、髓鞘形成等六个阶段（见表9－2）。

表9－2　大脑的发育阶段

孕龄	阶段	正常情况
3～7周	神经胚形成	神经管形成和闭合
2～3个月	前脑发育	面部形成、大脑半球和侧脑室的分裂
3～4个月	神经元增殖	移行前胚胎的神经元分裂
3～5个月	神经元移行	放射状移行至皮质和小脑
5个月～儿童期	神经组织全面发展，功能完善	轴突、树突、突触、神经胶质的生长，神经元突出的选择性消除
出生～生后18个月	髓鞘形成	中枢神经系统的髓鞘化

脑的平均重量为1 300～1 450 g，女性略轻于男性。从绝对质量看，大象的脑重是人脑的3倍，但从脑体比值看，人脑比大象脑重得多。

出生时大脑结构已接近成人，脑重350～400 g，约为成人脑重的25%（而此时体重只占成人5%）。第一年内脑重增长最快，6个月时已达700～800 g，12个月时达800～900 g。这段时间内神经细胞迅速发展，层次扩展，神经元密度下降且加速分化；突触装置日趋复杂化，轴突变长，向皮质深入。这种脑形态的发展，为其功能发展提供物质基础，并促进整个心理发展。儿童脑重量的增加并非是神经细胞增殖的结果，而是取决于神经细胞结构的复杂化和神经轴突的增长延伸。

生后24个月时脑重增加到1 050～1 150 g，脑及其各部分的相对大小和比例已基本类似于成人大脑。白质基本髓鞘化，与灰质明显分开。大脑的髓鞘化程度是婴儿脑细胞成熟状态的重要指标，整个皮质广度的变化与髓鞘化程度密切相关。大脑皮质约占整个大脑的85%，也是最后停止发育的脑结构。大脑两半球不仅在解剖上而且在功能上也存在差异。所谓大脑功能不对称性就是指大脑功能趋向单侧化，即某些功能分别偏向左脑半球或右脑半球。大脑的发育意味着新的行为能力。20周胎儿能感受到声音刺激，并会因噪声而感到不适。对多数右利手婴幼儿而言，其语言功能逐渐定位于左脑半球的过程就是一种单侧化过程，而且该单侧化在发展中恒定不变，即自出生起儿童大脑左、右半球就分别控制着不同的功能。一般而言，右脑半球的主要功能是对空间信息的加工，如辨别方向、距离判断、确认地形、查阅地图时人更多依赖右脑半球功能。左脑半球对语言信息的加工、积极情绪（如愉悦）的获得方面有更多能力。新生儿大脑半球还未实现明显单侧化，1岁前利手习惯并不会牢固建立；人类的利手分化有生物学基础，用手习惯主要受遗传影响，也受后天练习的影响。例如，左利手的比例就存在很大的文化差异。那些限制儿童使用左手的国家,左利手的比例较低,而宽容儿童利手倾向的国家,左利者的比例就较高。研究发现,儿童一出生就有大脑功能的不对称性;以后随着发展,该功能的侧化现象更明显,且出现两性在大脑两半球功能和反应部位上的差异。如女性在语言技能测试(包括语音速度、流畅性、语法、词汇创造)成绩通常高于男性,其阅读障碍、孤独症发生率也远低于男性;男性则往往在空间能力(如数学、机械、图形分析、构造设计)方面优于女性。

幼儿期脑继续迅速发展,6 岁时脑重接近成人脑重范围。神经纤维分支显著增多、增长,利于神经突触联系的形成和加强。同时,神经纤维的髓鞘化从脑干、小脑开始,逐步遍及大脑皮质。神经髓鞘化的意义是:使神经兴奋的传导更迅速而准确;神经中枢内的联系加强,分化作用提高;条件反射更加巩固而稳定。额叶表面积的增长率继 2 岁左右出现增长高峰后,5 ~ 7 岁时明显加快,此后维持在较稳定的水平。婴幼儿的大脑及其功能有较大可塑性。早期经验的剥夺将导致中枢神经系统发育停滞甚至萎缩,并构成永久性损害。另一方面,儿童早期大脑有良好的修复性,如某侧脑半球受损时,另一侧半球会出现代偿性功能。如 5 岁前儿童任何一侧脑半球的损伤都不会导致永久性语言功能损害,因为语言中枢可移向另一侧脑半球。说明,早期诊断和干预对儿童中枢神经系统受损功能的修复有重要而积极的意义。

7 ~8 岁儿童脑的质变加速进行,神经突触分支变得更多更密,大量神经环路形成。这一阶段大脑额叶迅速增长,皮质内抑制和分析综合能力提高,为学习和记忆发展创造条件,儿童运动的准确性与协调性得到发展,行为变得更有意识和主动。此时儿童对第二信号系统——语言和文字的反应尚未完善,对直观形象事物模仿能力强,而对抽象观念的思维能力差。

9 ~ 16 岁期间是脑皮质内部结构和功能的复杂化过程,突出表现为联络神经元功能的加强和联络纤维的数量增加。该过程进行得越完善,脑皮质越趋成熟,联想、推理、概括、判断能力也越强。儿童脑电图研究表明,大脑随年龄的增长而发展,而且不可逆。大脑各区成熟的程序是枕叶—颞叶—顶叶—额叶。此后发育速度变慢,15 岁时才达到成人水平。小脑 1 岁内发育很快,3 岁时基本与成人相同,能维持身体的平衡性和准确性(现代儿童少年卫生学,2010,78-81)。

3. *智力发育与身体发育相互关系* 婴幼儿的发展是一个整体,各种因素的发育成长是互相影响,相辅相成的。智力有多种组成因素,如抽象思维,自我感知,交流,推理,情绪认知,学习能力,记忆,解决问题的能力等,我们无法把这些智力的因素们的发展和身体的发育割裂开,身体的发育和这些要素的发展是相辅相成的,重视孩子身体的发育,其实同时也促进了孩子的智力发育。

(1) 运动感知觉促进幼儿的认知 0~18 个月的幼儿,孩子用自己的感官和动作,与外界互动来学习,在这个阶段,孩子身体上的发育,比如,视觉的发育,触觉的发育,手眼协调等,这些身体上的发育,同时促进了孩子对外界事物的认知(认知即是智力的一个因素)。在这个阶段,我们鼓励孩子触摸不同材料的物品,一方面,促进了孩子的触觉发育;另一方面,促进了孩子对物品的认知。身体通过各种感知觉得到锻炼,发育,成长;与此同时获得了对外界事物的直接经验,这些直接经验促进了孩子认知的发展,也就是智力的发展。

(2) 爬行对认知,情绪发展,社会性发展的促进 从 6~12 个月,婴儿各方面的发展纷纷开始冒头,共同注意、社会参照和对手段——目的的理解等,这些因素对学习,理解他人意图、推理、交流都有着重要的作用。而这些都是组成智力的要素。

举例来说,爬行改变了关系。大部分婴儿在 7、8 月大的时候开始学爬。这在人类发展的过程中,是个里程碑。首先,会爬了之后,婴儿和外界环境的关系就从消极转为积极。他们可以自由地活动,不断认识自己和物体的距离和关系,物体之间的距离和关系。他们学会了协调自己的动作和距离,知道怎样通过协调,可以够到目标。所以,婴儿爬行的发展,既是动作本身的发展,也对认知起到了深刻的影响。“手段—目标”概念就是在这个阶段形成的。

第二,爬行发展对情感发展也起到了深刻的作用。首先,婴儿的情感在分化,体验积极情感的次数和强烈程度都在增加。婴儿能爬过去,得到以前看得见,却够不到的东西,通过这种行为,他们可以经常体验内心的喜悦和自豪感。另一方面,婴儿体验消极情感的次数和程度也在增强。如果通过努力却得不到目标,他们体验了沮丧。同时,母亲有时候为了他们的安全,阻止了他们的某些行为,这让有能力的婴儿非常恼火。这种挫折感比他们自己够不到目标时的失落感更为强烈,他们会把怒气转移到母亲身上,因为是她们导致了这种不愉快的后果。

第三,认知发展和情感发展的互相交织。因为婴儿理解了“手段—目标”的关系,通过多次的实践,他们学会了评估这个目标的重要性和得到这个目标的可能性。当他们得到了他们想要的玩具或其他东西,他们体验了快乐;快乐的深浅程度取决于他们对目标的重要性和可得性的评估。当他们得不到他们想要的东西时,他们体验了沮丧和挫折感;同样,挫折感的程度还是取决于他们对目标的重要性和可得性的评估。所以他们的认知发展和情感发展互相交织在一起,而爬行使他们更有行动力,使得认知,对情感的认知,情感的表达,和母亲的交流等等各方面发生了重大的改变。

当我们促进他们的身体发育的时候,爬行、行走不仅使身体上得到锻炼,而且在很多方面其实也不知不觉在促使婴儿的智力发展。所以,孩子在早期,身体和智力是同时发展的。重视孩子身体的发育,其实同时也促进了孩子的智力发育。

三、智力发育敏感窗口期概念

许多器官、组织都存在与结构相适应的功能,重要脏器都有“关键生长期(critical growth period)”,也就是我们说的“敏感窗口期”。在敏感窗口期来临时,组织器官发展、发育较快,功能水平显著提高,对有效刺激反应迅捷有效,如若提供相应的良性干预,会产生较大的收效。反过来,此时生长发育过程受到干扰,又不能获得有效的干预,常导致永久性缺陷或功能障碍。例如,脑细胞的生长经历三个阶段,胎儿早期,细胞数量大量增加;胎儿中后期至出生后6个月,既有数量增殖(但速度较慢)又有细胞体积增大;其后到2岁左右,仅有细胞增大,数量不再增加。正因为脑细胞数量增加的"一过性"特性,故在前两个关键期一旦出现重度营养不良、缺氧、产伤等,对患儿智力发展产生的影响将是不可逆的。青春早期是长骨生长的"敏感窗口期",一旦出现各种阻碍生长的因素,使骨细胞数量减少,骨发育受阻,则随着骨骺的愈合,长骨将丧失生长机会,使身高生长无法实现遗传潜力。同样的,智力的发育也有敏感窗口期,可以观察到很多的表现。如,2~3岁是口头语言发展的敏感窗口期,4~5岁是辨识字、词的敏感窗口期。印度"狼孩"的故事大家想必也都知道,在他8岁时被发现,已经没有语言和行走能力,尽管后来为其提供了丰富的环境条件,但到17岁临死前,其语言和智力发育水平也仅仅相当于2岁幼儿的水平。这也提示我们,人类的语言、运动、社会行为的发育有其敏感窗口期,早期训练非常重要(现代儿童少年卫生学,26~27)。因此,智力的发育发展确实存在敏感窗口期,它的存在与发展为人体形态、生理功能、运动素质,包括心理健康奠定了基础。

第二节 智力的分类

一、构成因素

1. 观察力　是指大脑对事物的观察能力,如通过观察发现新奇的事物等,在观察过程中对声音、气味、温度等有一个新的认识。我们也可以把这叫做明察秋毫的能力。著名的生物学家达尔文,在他随海航行的过程中,在经过不同的地区时,他总是特别注意观察各地各种动物之间有哪些相同和不同之处,并注意随时记录下他的观察结果,同时采集标本,终于找到了生物进化的规律。当别人问他自己与别人有何不同时,他归纳了一句话,就是有仔细的观察力。我们可以在学习训练中增加一些训练内容如观察和想象项目,通过训练来提高学员的观察力和想象力。

2. *注意力* 是指人的心理活动指向和集中于某种事物的能力。如我们优秀的运动员能全神贯注地长时间地听教练讲解技术等,而对其他无关活动的兴趣大大降低,这就是注意力强的体现。注意力是观察力的前提,只有良好的注意力,才能观察得深入,从而发现问题。注意力是可以培养的因素,婴幼儿时期做动手的活动可以使注意力时间延长。

3. *思维力* 是人脑对客观事物间接的、概括的反映能力。当人们在学会观察事物之后,他逐渐会把各种不同的物品、事件、经验分类归纳,不同的类型他都能通过思维进行概括。当孩子观察到许多事物的时候,就会渐渐地学会将它们归纳起来。比如:饼干、苹果、巧克力是吃的东西;毛衣、短裤是穿的东西等。孩子还会慢慢通过比较找出事物的对立面,如快和慢、大和小、好和坏等。大概在三岁前后通过对事物的分析比较,渐渐的从具体的区别上升到抽象的区别,并形成了总结和概括的能力,这就是思维。思维能力与孩子的先天因素有关,也和家长的引导方法、时机有关。通常我们说的“举一反三”就是思维能力的体现,教练员在与运动员交流时可以引导他们对相似技术动作比较学习记忆,锻炼他们的思维能力。

4. *记忆力* 是识记、保持、再认识和重现客观事物所反映的内容和经验的能力。人的记忆产生和发展要经历较长时间。新生儿何时开始有记忆,还是一个有争论的问题。出生几天的婴儿,被抱成喂奶的姿势,会寻找奶头的位置和做出吸吮的动作,就是有了记忆。半岁左右的儿童会认出熟人和生人。周岁的儿童会去寻找玩过的不在面前的玩具。2、3 岁的儿童可以教会他念儿歌,或识字,有些 3 岁儿童已能背诵很长的诗句和认识很多字,4 ~ 6 岁儿童记忆力在数量和质量上都有提高,记忆的范围扩大了,记忆保持的时间也延长了,6、7 岁的儿童进入小学后,由于学习任务向他们提出新的记忆要求,促使他们记忆力的发展也达到新的水平。记忆力分为短时记忆与长久记忆。短时记忆在短期内能记住,不温习就会淡忘。只有留下深刻印象的才能形成长久记忆甚至终生难忘。记忆力在训练上有多种运用方式,优秀运动员在完成技术动作前通常会进行一次较长时间的意象训练,通过在脑海中回忆成功完成该技术的画面,找回当时成功完成的一整套体验,包括动作的完成、身体的反应、心理的活动等,反复巩固成功的经验和体会,再次面临完成动作时就能犹如千万次重复之后的信手拈来,举重若轻。

5. 想象力　是人在已有形象的基础上,在头脑中创造出新形象的能力。比如当你说起汽车,我马上就想象出各种各样的汽车形象来就是这个道理。因此,想象一般是在掌握一定的知识面的基础上完成的。2 ~ 4 岁是孩子想象力最丰富的年龄段。家长讲的故事最能启发孩子的想象力的发展,我们应尊重孩子的想象力,并鼓励孩子去想象。尽量拓展孩子的知识面,可以给孩子更广阔的想象空间。想象力是驱使运动员探索、追求更好运动表现的内驱力,充满想象力的运动员能快速接受新的知识,学习巩固技术动作,在比赛中常有充满神奇色彩的最佳运动表现。

二、智力测试

智力测试又称智能测试,它们主要用来对人类大脑功能测量。智力测量的方法很多,通常有观察法、实验法、谈话法、个案调查法、作品分析法、智力测验法等。

现代心理学最早使用智力测验的是法国心理学家比奈。1904年法国教育部长邀请科学家与教育家组成了一个委员会，专门研究学校判断低能儿童的方法问题。比奈就是该委员会的成员。他与西蒙合作，于1905年发明了世界上第一个测量智力的具有成效的量表，叫做可量的智力表。

1908年，比奈与西蒙对这个智力量表做过一次订正与补充，1919年又做了第二次订正。这个量表叫作比奈—西蒙智力测量量表。比奈—西蒙智力测量量表很快被翻译成各国文字。在中国，上世纪20年代初期有陆志韦订正的比奈—西蒙智力测验，谬世承、陈鹤琴合作的《智力测验法》。上世纪30年代有陆志韦、吴天敏再次订正的比奈—西蒙智力测验。

智商是一种表示人的智力高低的数量指标。它是德国心理学家施特恩(William Stern)在1912年提出的。智商是智力商数的简称，智商用英文IQ(intelligence quotient)表示。智商是智力年龄被生理年龄被生理年龄相除而得出的商数。智商的计算公式如下：

$$IQ = MA \div CA \times 100$$

(智力年龄 mental age，MA；生理年龄 chronological age，CA)

智商表示人的聪明程度。智商越高，表示越聪明。生理年龄指的是儿童出生后的实际年龄、智力年龄或心理年龄是根据智力测量测出的年龄。

智力年龄只能表示智力的绝对高低，不能表示不同生理年龄不同儿童的智力高低。例如：甲儿童生理年龄5岁，智力年龄6岁，而乙儿童年龄10岁，其智力年龄11岁，两个儿童的智力年龄都比自己的生理年龄大了1岁，这就很难比较他们两个人的智力的高低。采用智商就能相对比较出他们智力水平的高低。甲儿童的智商力 $5/6 \times 100 = 120$，乙儿童的智商等于 $11/10 \times 100 = 110$。从甲乙儿童的智商我们可以认为，甲儿童智力比乙儿童的智力水平高。

通常我们对智力水平高低进行下列分类：智商≥130者为极优，智商120~129为优秀，110~119为中上（聪明），90~109为中等（一般），80~89为中下（迟钝），70~79为边缘，55~69为轻度智力低下，40~54为中度智力低下，25~39为重度智力低下，25以下为极度智力低下。

表9-3　IQ智力分类表

类　别		IQ	理论分布
极优		≥130	2.2
优秀		120~129	6.7
中上（聪明）		110~119	16.1
中等（一般）		90~109	50
中下（迟钝）		80~89	16.1
边缘		70~79	6.7
弱智	轻度	55~69	2.2
	中度	40~54	
	重度	25~39	
	极重	<25	

三、常用的测试方法

智力测试的方法很多，每一种方法都在一定程度上考察被测试者的观察力、注意力、思维力等能力，综合反映其智力水平。医学上，进行智力筛查时，0~5岁小儿用DDST标准，6~12岁用绘人试验。诊断时，0~3岁可用Gesell量表，4~6.5岁用中国韦氏幼儿智力量表，6~16岁用中国韦氏儿童智力量表（现代儿童少年卫生学,720~721)。

在体育领域,上世纪80~90年代多采用绘人试验法和韦氏量表进行测试,随着时间推移,到21世纪后,全国多地,特别是上海,逐渐改变测试方法,采用联合型瑞文测验进行测试。

联合型瑞文测验是由中国心理学家张厚粲等专家,修订编制的由彩色性和标准型组成的合并本,简称CRT,并于1986年由张厚粲及全国17个单位组成的协作组完成了对瑞文标准型测验的修订,出版了瑞文标准型测验中国城市修订版;1989年,李丹、王栋等完成了彩色型和标准型合并本联合型瑞文测验(CRT)中国修订版的成人、城市和农村儿童三个常模的制定工作。

四、智力与运动

运动能力的高低与许多因素有关,其中就包括智力因素。运动员的平均智力就超过常人,哪怕是举重、摔跤、柔道等重竞技项目优秀运动员也具备中等以上智商。分解智力结构,智力由于其五大构成因素涵盖了人类行为的诸多方面,无疑对运动能力有着综合的影响。例如,注意力,它们与射击、射箭等需要高度专注能力的项目有着密切联系;观察力,它们对于分析比赛情况,观察对手动态,寻找机遇等综合的球类项目、击剑等密不可分;思维力、记忆力、想象力,它们又在棋类项目、电子竞技等项目中占据重要位置。由此可知,智力与运动、运动项目有着天然的、必然的密切联系。从基础上讲,智力提供了一个交流的平台,使运动员理解项目,学习项目规律,掌握专业技能,听从教练员教导,没有智力,就不能完成运动项目训练和比赛。从目前所进行的调查研究来看,我国优秀运动员也大多达到中等及以上智商。祝蓓里、唐征宇、林平等对我国健将级运动员的智力状况进行分析,结果表明,我国健将级运动员的平均智商处于中等水平(祝蓓里等,1991)。金浩敏、沈勋章的研究中也可以得出,射击射箭项目优秀后备人才的平均智商处于中上水平(金浩敏、沈勋章,2004)。

由于项目特点的不同,对运动员各方面素质的要求也不尽相同。心智和技能项目对智力要求最高,其中对运动员智力水平有较高要求的项目主要有棋牌类项目、球类项目、电子竞技项目、射击、射箭、击剑、帆船帆板等;田径、游泳、自行车、赛艇、皮划艇等项目需要中等及以上智力,重竞技的拳击、举重、跆拳道、摔跤、柔道亦需要中等以上智力。总之,优秀运动员的成长必须需要中等以上智力。

第三节　反映智力的代表性指标

一、智商

智商有两种,一种是比率智商,智力年龄 ÷ 实足年龄 = 智力商数。如果某人智龄与实龄相等,他的智商即为100,标示其智力中等。另一种是离差智商,把一个人的测验分数与同龄组正常人的智力平均数之比作为智商。现在大多数智力测验都采用离差智商。

1. 为了准确表达一个人的智力水平,智力测量专家提出了离差智商的概念,即用一个人在同龄人中所处的位置,即通过计算受试者偏离平均值多少个标准差来衡量,这就是离差智商,也称为智商(IQ)。

2. 比如说,两个年龄不同的成年人,一个人的智力测量得分高于同龄组分数的平均值,另一个的测验分数低于同龄组的平均值,那么我们就作出这样的结论:前者的IQ比后者高。

3. 目前绝大多数智力测量都用离差智商来表示一个人的智力水平。

4. 人群的智商分布：在现代典型的智力测验中，设定主体人口的平均智商为100，则根据一定的统计原理，一半人口的智商，介于90~110之间，其中智商在90~100和100~110的人各占25%。智商在110~120的占14.5%，智商在120~130的人占7%，130~140的人占3%，其余0.5%的人智商在140分以上，另有25%的人IQ在100分以下。

二、选材中的智商与情商因素

智商与情商是两个要素，智商是指一种与生俱来，并受环境影响而变化着，随年龄增长而发展或变化的观察力、记忆力、想象力、思维能力、注意力的综合能力。情商是指个体的重要生存能力，是一种发掘情感潜能、运用情感能力影响生活各个层面的人生未来的关键的品质因素(丹尼尔·戈尔曼，1995)。智商与情商相比，前者历史较久远，研究成果较丰富，而后者是近一二十年才引起心理学家的重视。但是有一点是共同的，心理学家认为，在人成功的要素中，智力因素是重要的，但更为重要的是情感因素(陈辉等，2000)。

1995年，美国哈弗大学心理学家丹尼尔·戈尔曼教授提出了“情商”的概念，他认为“情商”大致可以概括为5个方面的内容：①情绪控制力；②自我认识能力，即对自己的感知力；③自我激励(自我发展)；④认知他人的能力；⑤人际交往的能力。美国耶鲁大学心理学家彼得·萨洛维也将情商概括为5个主要方面，与戈尔曼的观点有些相似，但比戈尔曼更详细：①了解自我　这是一种自我知觉的能力，即当某种情绪刚一出现时便能察觉的能力。这种能力是发表意见的核心。临近情绪变化的能力是自我理解与心理领悟力的基础，没有能力认识自我的真实情绪就只好听凭这些情绪的摆布。②管理自我　这是一种调控自我的情绪，使之适时适地适度的能力。这种能力建立在自我知觉的基础上，这一能力低下的人总是容易陷入痛苦情绪中，反之，这一能力高的人可以从挫折和失败中迅速摆脱出来。③自我激励　这是一种服从某种目标而调动、指挥情绪的能力。④识别他人情绪　这是一种在情感的自我知觉基础上发展起来的又可称之谓“移情”的能力。⑤处理人际关系　这是一种调控与他人的情绪反应的技巧和能力。人际关系能力可强化一个人在社会，在团体中的受欢迎程度、领导权威、人际互动等效能。

在所有这几方面，人与人当然有很大差异。但在运动员中，通过测试，则应尽可能选择那些有能力有天分的人。优秀运动员需要中等以上智商，射击、射箭、击剑、棋类、球类等项目需要高智商的运动人才。当然，随着训练化水平提高，比赛经验的积累，运动员天赋的智商权重会下降，而后天磨练所获得的情商权重会有效提高，IQ 和 EQ 权重之间交叉越早，出运动成绩，出优异运动成绩的可能性越大，反之出成绩越拖后（郭蓓、沈勋章等，2005）。

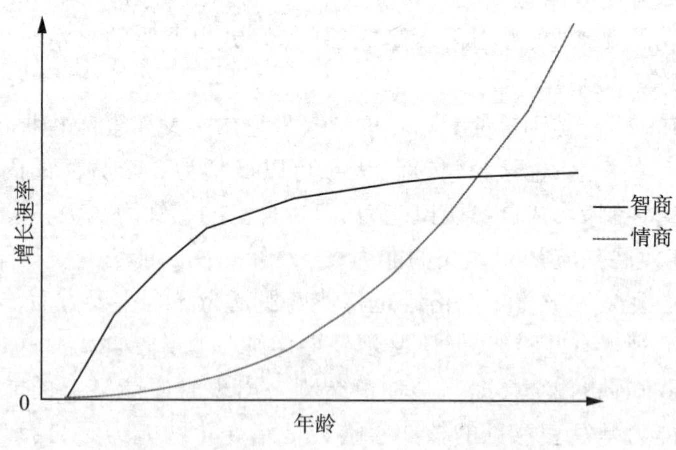

图 9－1　智商情商随年龄增长变化示意区线

三、测试方法

智商测试多通过量表的方式进行,目前国内使用的量表种类繁多,这里着重介绍其中使用较多的3种:绘人法、韦克斯勒测试量表和联合型瑞文测验。此外,也介绍1种情商测试的量表供大家参考。

1. 绘人法(智力测验)

测试方法:

(1) 填表　在绘人法智商测试表上,登记受测儿童的基本情况(见表9-4),特别注意不得漏填“出生年月日”和“测试日期”两栏,而且这两栏均须准确地填至“日”。

表9-4　儿童绘人测试表　　　编号

项目			单位				性别				
姓名			出生年月日				测试日期				
年龄	头	眼	躯干	下肢	口	上肢	头发	鼻	连结	总计	IQ
	衣着	颈	手	耳	足	脸	绘线	侧位			

(2) 绘人　指导语　请在表的空白处画一个站立的全身的人。男孩、女孩、爸爸、妈妈、解放军叔叔都可以,不能画小动物和机器人。请再注意一下,一要画人,二要画站着的全身的人。

测试人员除了上述指导语外,不得加任何其他指示。如不得说要画眼睛、鼻子等。然后,由受试儿童独立绘人。

不限时间。但大部分在10分钟左右，快者2～3分钟即可完成。画时可用橡皮擦或在纸的背面重画一张。

(3) 实足年龄计算方法　用测试日期减去出生年月日，可得出受测儿童的实足年龄。借位时，借1个月为30日，借1岁为12个月。

举例一　　　　　　举例二

测试日期：1991.3.14　　测试日期：1991.3.14

出生日期：1985.2.10　　出生日期：1985.5.25

实足年龄：　6.1.4　　实足年龄：　5.9.19

(4) 绘人测试年龄的分组方法　学龄前儿童每半岁为一年龄组。

4岁组　3岁10个月(第10个月的第1天算起)——满4岁3个月(第3个月最后一天止)

4岁半组　4岁4个月—满4岁9个月

5岁组　4岁10个月—满5岁3个月

5岁半组　5岁4个月—满5岁9个月

6岁组　5岁10个月—满6岁3个月

6岁半组　6岁4个月—满6岁9个月

7岁组　6岁10个月—满7岁3个月

学龄儿童每岁为一年龄组，其余类推。

(5) 绘人评分方法　根据受测所绘的人物画像，对照绘人评分表(见表9－5)。

表9－5　绘人评分表

分 项目	1	2	3	4	5
1.头	轮廓清楚，什么形状均可	形状基本正确	头 < 躯干长的1/2，头 > 身长的1/10		

（续表）

分 项目	1	2	3	4	5
2. 眼	形状不论	有眉毛或睫毛	眼长度 > 眼裂开阔度，双眼一致	有瞳孔	双眼视线一致
3. 躯干	形状不论	长度 > 宽度	有肩，角或弧形均可	躯干轮廓正确	
4. 下肢	形状不论	长度 > 宽度，长度 > 躯干的2倍	有膝关节或膝盖		
5. 口	形状不论，须在面的下半部				
6. 上肢	形状不论	长 > 宽，长于躯干短于膝关节	表示有肘关节		
7. 头发	形状不论，一根亦可	在头轮廓上面有头发，要好些			
8. 鼻	形状不论	有鼻孔			
9. 上下肢与躯干连接	上下肢均从躯干出来	上肢从肩出，下肢从躯干下边出来	上下肢有轮廓，与躯干连接处不变细		
10. 衣着	1件，用纽扣、口袋、衣领表示亦可	2件，衣裤、鞋、袜、书包、帽、领巾等	有衣与裤，均为不透明	4件	服装齐全，符合身份
11. 颈	有，能将头与躯干分开	必须有轮廓			

（续表）

项目＼分	1	2	3	4	5
12. 手	有，形状不论	有手掌	有5个手指(单侧)	手指轮廓>宽	有拇指，短于其他手指，位置正确
13. 耳	有双耳，形状不论	位置正确，小于面部横径的1/2			
14. 足	有脚后跟，鞋后跟或正面有鞋	足长度>厚度，足<1/3下肢长，足>1/10下肢长			
15. 脸	清楚地表示出下颌	上额与下颚各占面部的1/3	口/鼻须有轮廓	耳、眼、鼻、口均有轮廓，左右对称	
16. 画线	清楚，无重复或交叉	画面干净，有素描风度			
17. 侧位	头、躯干、下肢都是正确侧位	要更好一些			

表9-6 绘人智商表

（根据北京市6062名4~12岁儿童测查结果）

分值	4岁	4.5岁	5岁	5.5岁	6岁	6.5岁	7岁	8岁	9岁	10岁	11岁	12岁
1	94	81	70	64	58	53	48	41	35	30	25	21
2	97	84	74	67	61	55	51	44	38	32	28	24
3	100	86	77	69	63	58	54	46	40	35	31	27

（续表）

分值	4 岁	4.5 岁	5 岁	5.5 岁	6 岁	6.5 岁	7 岁	8 岁	9 岁	10 岁	11 岁	12 岁
4	102	89	79	72	66	61	56	49	43	38	33	29
5	105	91	82	74	68	63	59	51	45	40	36	32
6	108	94	84	77	71	66	61	54	48	43	38	35
7	110	97	87	80	74	69	64	57	51	46	41	37
8	113	99	90	82	76	71	67	59	53	48	44	40
9	115	102	92	85	79	74	69	62	56	51	46	42
10	118	105	95	88	82	76	72	65	58	53	49	45
11	121	107	98	90	84	79	75	67	61	56	52	48
12	123	110	100	93	87	82	77	70	64	59	54	50
13	126	112	103	95	89	84	80	72	66	61	57	53
14	128	115	105	98	92	87	82	75	69	64	59	56
15	131	118	108	101	95	89	85	78	72	66	62	58
16	133	120	111	103	97	92	88	80	74	69	65	61
17	136	123	113	106	100	95	90	83	77	72	67	63
18	139	125	116	109	102	97	93	86	79	74	70	66
19	142	128	119	111	105	100	96	88	82	77	73	69
20	144	131	121	114	108	103	98	91	85	80	75	71
21	146	133	124	116	110	105	101	93	87	82	78	74
22	149	136	126	119	113	108	103	96	90	85	80	76
23	150	139	129	122	116	110	106	99	93	87	83	79
24		141	132	124	118	113	109	101	95	90	86	82
25		144	134	127	121	116	111	104	98	93	88	84
26		146	137	129	123	118	114	106	100	95	91	87
27		149	140	132	126	121	116	109	103	98	93	90

（续表）

分值	4 岁	4.5 岁	5 岁	5.5 岁	6 岁	6.5 岁	7 岁	8 岁	9 岁	10 岁	11 岁	12 岁
28		150	142	135	129	124	119	111	106	101	96	92
29			145	137	131	126	122	114	108	103	99	95
30			147	140	134	129	124	117	111	106	101	97
31			150	143	137	131	127	120	114	108	104	100
32				145	139	134	130	122	116	111	107	103
33				148	142	137	132	125	119	114	109	105
34				150	144	139	135	127	121	116	112	108
35					147	142	138	130	125	119	114	111
36					150	145	140	133	127	121	117	113
37						147	143	135	129	124	120	116
38						150	145	138	132	127	122	118
39							148	141	134	129	125	121
40							150	143	137	132	128	124
41								146	140	135	130	126
42								148	142	137	133	129
43								150	145	140	135	131
44									148	142	138	134
45									150	145	141	137
46										148	143	139
47										150	146	142
48											148	145
49											150	147
50												150

17 个项目给予评分,并将各项得分填入测试表中的相应栏目。

每项得分比例不等,最多的为 5 分。总得分最高为 50 分。

(6) 绘人法智商评价　按受测儿童的实足年龄和绘人得分,查对绘人智商表,即可得出相对的智商值。

常规智商评价分为 5 级,即:

高智能	总分	130 分以上
中上智能	总分	115 ~ 129
中等智能	总分	85 ~ 114
中下智能	总分	17 ~ 84
低智能	总分	70 分以下

(郭蓓、沈勋章等,2005)

2. 韦克斯勒测试量表　1981 年对 WAIS 进行修订,即为 WAIS - R。这个量表的 11 个分测验的内容如下:

(1) 常识。包括 33 个一般性知识的测题,测题的内容很广,例如“谁发现了美洲?”“某个国家的首都在什么地方?”韦克斯勒认为,人们在日常社会生活中接触到常识的机会应基本相同,但由于智力水平不同,每人所掌握的知识就有所不同。智力越高,兴趣越广泛,好奇心越强,所获得的知识就越多。常识也可以反映长时记忆的状况。常识还与早期疾病有关,自幼患病,会减少人们同外界接触的机会,获得的常识就较少。有情绪问题的被试,常表现出对常识分量的夸大和贻误,因而常识分测验具有临床的意义。常识测验能够测量智力的一般因素,容易与被试建立合作关系,不易引起被试的紧张和厌恶,通常将此测验安排为第一分测验。常识测验的缺点是容易受文化背景和被试熟悉程度的影响。

(2) 图画补缺。包括 27 张图片,每张图上都有意缺少一个主要的部分,要求被试在规定的 20 秒钟内,指出每张图上缺少了什么。该测验用来测量视觉敏锐性、记忆和细节注意能力。韦克斯勒认为,人们在心理发展过程中对所接触的日常事物形成完整的印象,这对于人们适应外界环境是十分重要的。图画补缺测验比较容易完成,被试感到有趣。该测验能够测量智力的一般因素,在临床上也有意义。具有病态观念的患者往往将自己的思想投射到测验中去;智力落后患者做图画补缺的成绩很差。该测验的缺点是易受个人经验、生长环境的影响。

(3) 数字广度。包括 14 个测题,主试读出一个 2 ~ 9 位的随机数字,要求被试顺背或倒背,两者分别进行。顺背从 3 位数字至 9 位数字,倒背从 2 位数字到 8 位数字。总分为顺背和倒背两者的加和。该测验主要测量瞬时记忆能力,但分数也受到注意广度和理解能力的影响。韦克斯勒认为,数字广度测验对智力较低者可以测其智力,而对智力较高者实际测量的是注意力,智力高者在该测验上得分不一定会高。数字广度测验能够较快地测验记忆力和注意力,不会引起被试较强的情绪反应,也不大受文化教育程度的影响,且简便易行。但其可靠性较低,测验受偶然因素的影响较大,对智力的一般因素负荷不是很高。

(4) 图片排列。包括 10 套图片,每套由 3 ~ 5 张图片组成。在每道题中,主试呈示一套次序打乱了的图片,要求被试按照图片内容的事件顺序,把图片重新排列起来,使它们成为一个有意义的故事,该测验用来测量被试的广泛的分析综合能力、观察因果关系的能力、社会计划性、预期力和幽默感等等。它测量智力一般因素的程度属中等。被试对测验有兴趣,可用于各种文化背景的人士,在临床上还具有投射测验的作用,但易受视觉敏锐性的影响。

(5) 词汇。包括 37 个词汇,每个词汇写在一张词汇卡片上。通过视觉或听觉逐一呈现词汇,要求被试解释每个词汇的一般意义。例如,“美丽”是什么意思?“公主”是什么意思?词汇测验用来测量被试的词汇知识和其他与一般智力有关的能力。在临床上也有很大作用。韦克斯勒认为,生活在同一文化环境中的人基本上共同地接受这种文化。年龄大的人所接受的文化相对多一些;同年龄者中,智力较高者相对接受的较多;经历丰富,受教育程度高的人,接受的也多些。该测验与抽象概括能力也有关。研究表明,该测验是测量一般智力因素的最佳测验,可靠性也较高。缺点是评分较难,测试时间较长,受文化背景及教育程度影响较大,有些人仅凭记忆力好也能得到高分。

(6) 积木图案。包括 10 个测题,要求被试用 4 块或 9 块积木,按照图案卡片来照样排列积木。每块积木两面为红色,两面为白色,另两面为红白各半。积木图案测验用来测量视知觉和分析能力、空间定向能力及视觉-运动综合协调能力,它与操作量表的总分和整个测验的总分的相关均很高,因此被认为是最好的操作测验。该测验效度很高,在临床上能帮助诊断知觉障碍、分心、老年衰退等症状,比较而言,该测验受文化影响较少。缺点是手指技巧有时可能会提高分数。

(7) 算术。包括 15 个测题,被试在解答测题时,不能使用笔和纸,而只能用心算来解答。算术测验主要测量最基本的数理知识以及数学思维能力。该测验能够较快地测量被试运用数字的技巧,缺点是容易产生焦虑和紧张,且易受性别影响。

(8) 物体拼配。包括 4 个测题,把每套零散的图形拼板呈现给被试,要求他拼配成一个完整的物件。物体拼配测验主要测量思维能力、工作习惯、注意力、持久力和视觉综合能力。该测验与其他分测验的相关相对较低,但在临床上可以测出被试的知觉类型及其对尝试错误方法的依赖程度。该测验任务单纯,但可靠性较低,施测时间较长。

(9) 理解。包括 18 个测题,主试把每个问题呈现给被试,要求他说明每种情境。例如,“如果你在路上拾到一封贴上邮票、写有地址但尚未寄出的信,你应该怎么办?”理解测验主要测量实际知识、社会适应能力和组织信息的能力,能反映被试对于社会价值观念、风俗、伦理道德是否理解和适应,在临床上能够鉴别脑器质性障碍的患者。该测验对智力的一般因素的负荷较大,与常识测验相比,受文化教育的影响较小。缺点是评分标准难以统一掌握。

(10) 数字符号。共有93对数字符号,要求被试在规定时限内,依据规定的数字符号关系,在数字下部填入相应的符号。该测验主要测量注意力、简单感觉运动的持久力、建立新联系的能力和速度。该测验评分快速,不大受文化背景的影响。缺点是不能很好地测量智力的一般因素。

(11) 类同。包括14组成对的词汇,要求被试概括每一对词义相似的地方在哪里。例如,“桌子和椅子在什么地方相似?”“树和狗在什么地方相似?”该测验主要测量逻辑思维能力、抽象思维能力、分析能力和概括能力。类同测验简便易行,评分不太困难。在临床上具有鉴别脑器质性损害和精神分裂病方面的意义。

韦克斯勒智力量表是心理测验的常用方法,韦克斯勒先后编制了三个相互衔接的智力量表,分别是韦氏成人智力量表(WAIS),适用于16~74岁;韦氏儿童智力量表,(WISC)适用于6~16岁;韦氏学龄前及小学生儿童智力量表(WPPSI),适用于4~6岁半。

韦氏智力量表的得分分布是以100为平均值、15为标准差的正态分布,得分在70~130分为正常,得分高于130分为智力超常,低于70分为智力缺陷。

3. 联合型瑞文测验　联合型瑞文测验,联合型瑞文测验是中国心理学家张厚粲等修订编制的由瑞文渐进测验中的彩色型和标准型组成的合并本,简称CRT。瑞文测验共包括标准型、彩色型和高级渐进方阵三套测验。(1)标准型(SPM)、(2)彩色型(CPM)、(3)高级型(APM)。

(1) 标准型(SPM)是瑞文测验的基本型,于1938年问世,适用于6岁到成人被试,有5个黑白系列,共计60个项目组成;

(2) 彩色型(CPM)编制于1947年,适用于5.5岁到11.5岁的儿童及智力落后的成人，分为三个系列，共计36个测验项目组成。

(3) 高级型(APM)包括渐进矩阵Ⅰ型(12题)及Ⅱ型(36题)，类似于瑞文标准渐进测验，但难度更大，可对在标准型测验上得分高于55分的被试进行更精细的区分评价。

注意：本测验限在40分钟内交卷，能做多少即做多少，一般正常三年级以上的儿童与65岁以下成人均可用团体施测，幼儿、智力低下者和不能自行书写的老年人则可个别施测。幼儿及弱智者在个别施测中当进行到C、D、E三单元时，每单元如连续3题不通过，则该单元不再往下测，未测项目都按不通过计，但A、AB、B三单元不管做对多少都必须做完。

适用年龄范围：

(1) 5至75岁以内的幼儿、儿童、成年、老年皆可借此测验粗评智力等级。幼儿以及智力低下者和不能自行书写的老年人宜个别施测，一般可团体进行。此测验可用于有言语障碍的智力测量，亦可为不同民族、不同语种间的跨文化研究工具。

(2) 一般正常三年级以上的儿童与65岁以下成人均可用团体施测，幼儿、智力低下者和不能自行书写的老年人则可个别施测。

适用人员的范围：

不同的职业，国家、文化背景的人都可以用，甚至聋哑人及丧失某种语言机能的病人，具有心理障碍的人也可以用。

评分：

本测试题一律为二级评分，即答对给1分，答错为0分。被试在这个测试上的总得分就是他通过的题数，即测试的原始分数。

本测试的量表分数是先将被试的原始分数换算为相应的百分等级，再将百分等级转化为智商分数。例如一个16岁城市儿童测得原始总分为55分，先查百分等级常模表得55分相应的百分等级为70，再查智商常模表得70百分等级的智商为108。

4. 情商测验　情商测验项目包括竞争素质,心理适应性、责任感、自信心、克制能力,处理风格、焦虑水平、情绪稳定性、思维方式等几个方面。

情商测验问卷一

答题前请完整填写以下信息:

性别:　　　　　　院系:　　　　　　年级:

家庭所在地为:A. 大中城市　B. 小城市或县城　C. 农村

是否为独生子女:A. 是　B. 不是

正式调查

指导语:请根据你的实际情况认真完成下列题目,其中每道题有A、B、C三个选项,你只需选择与你的实际情况最相符的一项,在相应字母前划√即可。答案无对错之分,不需过多思考。试卷正反面均印有题目,注意不要漏答。

1. 我的亲属或朋友之间闹矛盾时,我能平息他们的怒火。

A. 是的　　B. 不确定　　C. 不能

2. 我知道自己为什么高兴。

A. 经常如此　　B. 有时如此　　C. 偶尔如此

3. 我能想办法让好心理持续久一点。

A. 是的　　B. 不确定　　C. 不能

4. 假如我的亲朋好友遇到不顺心的事,情绪非常低落。

A. 我能通过劝说使他(她)精神振作起来

B. 我的劝说常常不起作用

C. 我不知所措

5. 我善于控制自己的面部表情。

A. 比较符合　　B. 基本符合　　C. 不符合

6. 当我努力学习或工作时,我能预想出自己取得好成绩时的情绪表现。

A. 是的　　B. 不确定　　C. 不能

7. 别人消沉时

A. 不能深切体会到这种感受

B. 我内心有点沉重

C. 无关自己痛痒

8. 我能看懂别人的表情。

A. 经常如此　　B. 有时如此　　C. 偶尔如此

9. 我知道怎样才能使自己心情愉快。

A. 是的　　B. 不确定　　C. 不是

10. 亲人或朋友表现很高兴时,我能知道这是为什么。

A. 经常如此　　B. 有时如此　　C. 偶尔如此

11. 我是个不善表达情感的人。

A. 是的　　B. 不确定　　C. 不是

12. 参加集体娱乐活动时,我会很快调整自己的状态融入其中。

A. 比较符合　　B. 基本符合　　C. 不符合

13. 我能清楚地认识到自己的情绪。

A. 经常如此　　B. 有时如此　　C. 偶尔如此

14. 我知道是什么缘故引起我烦躁不安。

A. 经常如此　　B. 有时如此　　C. 偶尔如此

15. 当看到别人倒霉、失意时,我:

A. 很同情他(她)

B. 内心有一丝触动

C. 没什么感觉

16. 我善于察言观色辨别他人情绪。

A. 经常如此　　B. 有时如此　　C. 偶尔如此

17. 向别人准确表达我的感受是件很容易的事。

A. 比较符合　　B. 基本符合　　C. 不符合

18. 我善于观察别人的表情。

A. 是的　　B. 不确定　　C. 不是

19. 当别人向我讲述他(她)的人生经历时,我:

A. 几乎能完全体会到他(她)当时的感受

B. 能部分体会到他(她)当时的感受

C. 很难体会到他(她)当时的感受

20. 假如我的朋友因为误会与别人争吵起来:

A. 我有办法让朋友平静下来

B. 我的阻止与劝说作用不大

C. 我通常无能为力

21. 人际交往中,我能通过对方的言谈举止评价他(她)表情的真实程度。

A. 经常如此　　B. 有时如此　　C. 偶尔如此

22. 好朋友高兴时,我能很容易体会到其高兴的事。

A. 很符合　　B. 比较符合　　C. 基本符合

23. 观看体育比赛时,我能想象出运动员获胜时的心情。

A. 比较符合　　B. 基本符合　　C. 不符合

24. 我很清楚我传递给别人的情绪信息。

A. 比较符合　　B. 基本符合　　C. 不符合

25. 当我回想起自己遭受的挫折时,我:

A. 能形象地描述出当时的心情

B. 能简单地描述出当时的心情

C. 难以描述当时的心情

26. 我能根据情景不同,调整表达情感的方式。

A. 比较符合　　B. 基本符合　　C. 不符合

27. 我常因身边的小事而感动。

A. 比较符合　　B. 基本符合　　C. 不符合

28. 我知道自己的情绪表现是否真实。

A. 经常如此　　B. 有时如此　　C. 偶尔如此

29. 当室友遇到麻烦时,我能表达出他(她)内心的烦躁。

A. 很符合　　B. 比较符合　　C. 基本符合

30. 假如即将见到一位久违的朋友,我能预想出自己见面时的情绪反应。

A. 是的　　B. 不确定　　C. 不是

31. 我周围有人不高兴时,即使他们什么也不说我也会察觉到其不高兴的事。

A. 比较符合　　B. 基本符合　　C. 不符合

32. 周围同学有高兴事时,我能描述出他(她)当时的喜悦心情。

A. 很符合　　B. 比较符合　　C. 基本符合

33. 我能估计到自己的表现能否让家人高兴。

A. 是的　　B. 不确定　　C. 不是

34. 我易于理解别人的体态语。

A. 经常如此　　B. 有时如此　　C. 偶尔如此

35. 我善于理解别人的感受。

A. 比较符合　　B. 基本符合　　C. 不符合

36. 在表达自己情感方面,我:

A. 多数时候能注意到表达的准确性

B. 偶尔注意到表达的准确性

C. 不在意自己表达的准确性

37. 我能很快察觉到自己生气了。

A. 很符合　　B. 比较符合　　C. 基本符合

38. 我能通过别人讲话的语调得知他(她)当时的情绪。

A. 很符合　　B. 比较符合　　C. 基本符合

39. 假如失恋了,我知道自己有何情绪反应。

A. 是的　　B. 不确定　　C. 不能

40. 朋友们认为我情感丰富。

A. 是的　　B. 不确定　　C. 不能

41. 我善于评价自己在学习时的情绪状态是否利于学习。

A. 经常如此　　B. 有时如此　　C. 偶尔如此

42. 我能找到自己感到失落的原因。

A. 经常如此　　B. 有时如此　　C. 偶尔如此

43. 观看别人比赛时,我能表达出参赛者内心的紧张。

A. 很符合　　B. 比较符合　　C. 基本符合

44. 我能通过他人的表情判断他(她)是否在说谎。

A. 经常如此　　B. 有时如此　　C. 偶尔如此

45. 自己没考好,我能想象出父母知道后的表情。

A. 比较符合　　B. 基本符合　　C. 不符合

46. 我善于评估他人的情感表达能力。

A. 比较符合　　B. 基本符合　　C. 不符合

47. 我在看小说、电视、电影时,常常随作品里的悲欢离合而不断变换心情

A. 比较如此　　B. 基本如此　　C. 偶尔如此

答题完毕谢谢合作!

情商测试问卷二

EIS 中文版(王才康,2002)

亲爱的同学,请你仔细阅读每一个句子,然后根据你的实际情况,在句子后面相应的数字上打“×”。数字代表对你来说,这个句子是否符合的程度,具体如下:

①——很不符合;②——较不符合;③——不清楚;④——较符合;⑤——很符合

谢谢你的合作!

1.	我知道与别人谈了问题的恰当时机	①	②	③	④	⑤
2.	我遇到困难时,会想起以前遇到解决同样困难的时候	①	②	③	④	⑤
3.	我希望我能做好我想做的大多数的事情	①	②	③	④	⑤
4.	别人觉得我很容易信赖	①	②	③	④	⑤
5.	我发觉我很难理解别人的身体语言	①	②	③	④	⑤

(续表)

6.	人生中一些变故改变了我的世界观	①	②	③	④	⑤
7.	心境好的时候我就会看到新的希望	①	②	③	④	⑤
8.	情绪是决定我们生活有意义的重要因素	①	②	③	④	⑤
9.	我能清楚意识到自己每一刻的情绪	①	②	③	④	⑤
10.	我盼望能事事如意	①	②	③	④	⑤
11.	我喜欢与别人分享自己的情感	①	②	③	④	⑤
12.	情绪好的时候,我会想法设法使它延长一些	①	②	③	④	⑤
13.	安排有关事情,我尽量使别人感到满意	①	②	③	④	⑤
14.	我喜欢能使自己感到高兴的事情	①	②	③	④	⑤
15.	我很清楚我传递给别人的非语言信息	①	②	③	④	⑤
16.	我尽量做得好一些,使别人对我的印象好一点	①	②	③	④	⑤
17.	我能察颜观色辨别别人的情绪	①	②	③	④	⑤
18.	心境好的时候解决有关问题容易一些	①	②	③	④	⑤
19.	我知道我为什么情绪不好	①	②	③	④	⑤
20.	心境好的时候新异的想法就会多一些	①	②	③	④	⑤
21.	我能控制自己的情绪	①	②	③	④	⑤
22.	我很清楚自己某一刻的情绪	①	②	③	④	⑤
23.	工作时我会想象自己即将取得好成绩,来激励自己	①	②	③	④	⑤
24.	发现别人在某一方面做得很好,我会称赞他	①	②	③	④	⑤
25.	我能理解别人传递给我的非语言信息	①	②	③	④	⑤
26.	当别人告诉我他人生中经历的某件重大事件时,我感觉上好像发生在自己的身上	①	②	③	④	⑤
27.	心境变好时新颖的思想会大量涌现	①	②	③	④	⑤
28.	遇到困难时一旦想到会失败,我就会退却	①	②	③	④	⑤
29.	只要瞟一眼,我就能知道别人的情绪好坏	①	②	③	④	⑤
30.	当别人消沉时我能帮助他,使他感觉好一些	①	②	③	④	⑤

（续表）

31.	良好的心境有助于面对困难的挑战	①	②	③	④	⑤
32.	我能通过别人讲话的语调判断他当时的情绪	①	②	③	④	⑤
33.	我很难理解别人的想法和感受	①	②	③	④	⑤

声明：本量表由华南师大王才康老师修订，如需使用请征得王老师的同意，谢谢合作！（郭蓓、沈勋章等，2005）

四、上海体育科学研究所智商测评

智商测试的筛查常见于医院，但是大规模和长期的针对一个人群的测试并不多见。上海体育科学研究所选材研究中心在多年的优秀运动员选拔过程中，将智力测评工作与身体形态、生理机能、运动素质、心理特征和教练员评定相结合，常年开展对上海优秀青少年体育苗子进行的筛查测试与评价，积累了大量翔实的数据。

因为参与体育运动除体力外对智力也有要求，为了学会如何正确使用运动技能，参加运动的孩子需要了解动作的组成、完成动作的技巧，分析和评价动作的结果并根据具体情况调整动作。在对抗性竞技运动中，运动员还必须了解自己的动作和感觉，并具备解决问题和迅速做出决定的能力，这些能力即与智力水平相关。因此，在运动员选材工作中为运动员进行智力测试筛查非常有必要。针对运动员的智商筛查，上海采用的测试方法为 CRT 测验，即联合型瑞文测验。

第四节　智力发育规律

一、智商测试反映出的智力发育规律

智力的构成因素有五种，观察力、注意力、思维力、记忆力、想

象力。心理学家对这些构成因素做了多年细致的研究。

首先,注意力的发展特点。

注意的发展起始于无意注意。经研究,在初二以前,无意注意的发展随年龄增长而递增,至初二达到峰值,之后出现缓慢下降的趋势(黄煜峰、雷雳,1993)。在无意注意逐渐深化的同时,有意注意也得到了发展,并且逐渐取代了无意注意的优势地位。虽然注意稳定性随着年龄增长在不断发展,但发展的速度不尽相同,其中小学阶段发展速度较快,幼儿阶段和中学阶段发展速度相对较慢(沈德立、阴国恩,1990)。林静秋等人(1988)研究发现,中学生无干扰注意稳定性是随年龄增长而上升的,且女生优于男生,但到了高中,女生与男生相比,优势不再显著,与初中女生的差异也不大,说明女生注意稳定性从初中到高中发展缓慢。李洪曾等人(1987)采用听录音对测试纸的方法,也发现从小学到初中三年级,学生的注意稳定性随年龄增长而升高,个别差异逐渐缩小,且女生的注意稳定性始终高于男生,二者之间无交叉现象。

第二,观察力发展的特点。

体现在观察更具目的性、持久性、精确性、系统性。一项对飞机模型故障的观察研究表明,初二学生观察飞机故障时平均坚持时间为 1 小时 35 分钟,而高一学生平均能坚持 3 个小时(郑和钧、邓京华,1993)。同时研究表明,初中生的视觉感受性比小学生提高了 60% 以上,青少年的某些感知觉的精确性甚至超过了成人(许政援,1994)。青少年的观察力随着年龄的增长在不断提高,当然,其观察力发展水平既具有明显的年龄特征,也存在较大的个别差异。

第三,记忆力发展的特点。

如果说感知觉发展的敏感窗口期在儿童期,思维进入成人期后日臻成熟,那么记忆的全盛时期则在青少年。据台湾心理学家研究,在不同年龄阶段对不同类型的记忆状况的分析、测查中,青少年记忆表现出最佳水平。以记忆成绩最高为 10 分,9 - 18 岁各年龄阶段在各项测试中的平均成绩如表9-7所示。

表9-7　不同年龄对各种不同材料记忆的成绩

年龄(岁)	9	10	11	12	13	14	15	16	17	18
物理刺激	6.4	6.6	7.2	8.6	8.6	9	9.1	9.5	9.8	9.7
声音	4.9	4.9	5.3	5.6	5.8	6.5	6.8	7	7.5	7.1
数字与数学	4.4	4.7	5.2	4.8	5.2	5.7	5.3	5.9	5.2	5.3
语言(视觉)	6.2	6.8	6.9	6.9	7	7.5	8.1	8.1	8.1	7.6
语言(听觉)	5.2	4.7	5.5	6.2	6.3	6.8	6.7	7.2	7	7
语言(触觉)	4.1	4.6	5.5	5.9	6.1	6.6	6.9	7.2	7.6	6.9
语言(情感的)	3	3.1	4.1	4.8	5.6	5.6	6.2	6.6	6.7	6.3
语言(抽象的)	4.2	4.6	5	5.1	5.2	5.2	5.7	5.7	5.9	5.5

资料来源：卢家楣等,2011。

青少年不仅本身记忆处于人生的最佳时期,而且对记忆训练所产生的效果,也在人生各时期中为最佳。在一项对少年、青年和老年进行记忆训练的研究中(吴振云等,1992),让被试学会运用“位置法”这一高效记忆法,结果发现所有各组的被试平均再认分数都有了明显提高。这说明记忆能力是可以通过训练来促进的,但是各组提高的幅度是不一样的,其中少年组和青年组差异不大,而与老年组相比有显著提高,从而使青少年组与老年组的记忆差距进一步拉大。

第四,思维发展的特点。

思维发展表现在①抽象逻辑思维占优势,并由经验型向理论型过渡;②辩证逻辑思维发展迅速,但仍明显滞后形式逻辑思维;③对问题情境的思维比儿童有质的飞跃;④出现思维中的元认知现象。

心理学家对智力构成因素的分解研究从不同的侧面反映了智力发展的一些特点和内容。同时对发展的敏感窗口期做了深入的探讨。其中特别需要注意的有几点，一是注意力发展的敏感窗口期在 14～15 岁前，女生注意力比男生高；二是整个青少年时期都是记忆力、思维力、观察力发展的敏感窗口期，需要全面的、系统的学习提高。

智力的发展也有着鲜明的特点。

根据美国心理学家贝利（Bayley，1970）的研究，智力整体发展趋势呈现一种负加速状态：从出生到 10 岁左右是智力发展的敏感窗口期，之后逐渐缓慢，20 岁后进入高峰，并一直延续到 30 岁左右，40 岁开始下降，60 岁后下降更快（见图 9－2）。

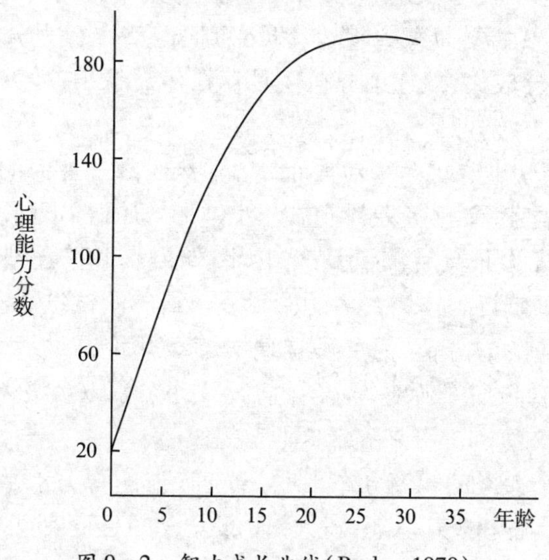

图 9－2　智力成长曲线（Bayley，1970）

韦氏智力量表的创始人韦克斯勒（Wechsler，1955）就智力量表的标准化问题对 16～64 岁的被试进行了研究，结果发现智力发展的顶峰是 22 岁，智力发展的高峰期在 20～34 岁之间，以后缓慢下降，60 岁以后则迅速下降。一般说来，青少年的智力随着年龄的增长而发展。初中二年级即 14～15 岁是智力发展的一个敏感窗口期，智力水平加速上升（见图 9－2 上表现为斜线上扑，斜率较大),高中二年级即17~18岁是智力发展的成熟期,之后智力发展趋于负加速上升。青少年时期既是长身体的时候,也是智力发展的关键时期(卢家楣等,2011)。图9-1和图9-2均能较好地表明智力的发育和发展,同时,进一步阐明了青少年智力敏感窗口期的存在。

二、青少年运动员智力发育规律

许汪宇等人对收集的2004年至2015年间1 309名7~17岁上海青少年运动员瑞文联合型智力测验的数据进行分析,结果显示,研究对象主要为青少年运动员,但他们整体智力分布与普通人一致,差异较小,但仔细分析还是存在年龄越小,智力均值越高这一现象。

1. 1 309名青少年运动员的智力等级特点 智力的量表测量往往因为语言、文化等差异存在不公平性,而瑞文图形推理测验是较为公认的非文字测量量表,因此本文采用联合型瑞文测验(CRT)中国修订版作为智力测验量表。最终测试结果有两种,一种是相对年龄的分值,另一种是瑞文等级评价,即极优、优秀、中上、中等、中下、边缘和缺陷七个等级,文中分别以7级、6级、5级、4级、3级、2级和1级来表示这七个等级。

从整个人类的智商分布来看,普通人群的智力水平是呈现正态分布的,就是两头小,中间大,大部分人的智商都集中在80~120之间,即呈现倒U型。在对1 309名研究对象从分年龄段及整体水平的智商等级分布百分比图(图9-3)中可观察到,普通人群智商等级呈现标准的倒U型,我们的研究对象,从10~17岁以及整体水平也呈现近倒U型,只是整体向右偏移,而7~9岁三个年龄段向右偏移得较多,左右不够对称,整体右侧抬高。结合表9-8统计结果表明,研究对象的整体智商等级较普通人群高,且年龄越小,这种倾向性越明显。但从总体水平来说,尽管分布有偏

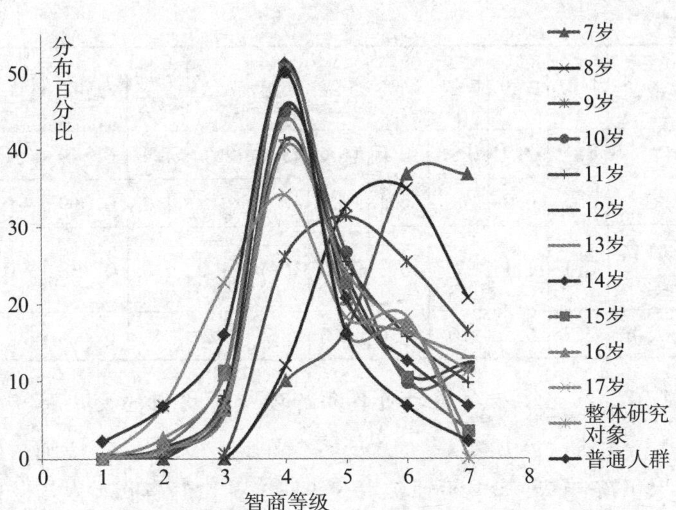

图 9－3　研究对象与普通人群等级百分比对比

移，但无论是整个研究对象还是分年龄组，智力等级的分布还是接近普通人群符合正态分布的。

表 9－8　1 309 名青少年运动员智力等级百分比（%）

年龄	1 级	2 级	3 级	4 级	5 级	6 级	7 级	平均等级	偏度	峰度
7 岁	0	0	0	10	16.7	36.7	36.7	6	－0.701	－0.425
8 岁	0	0	0	12.0	32.6	34.8	20.7	5.6	－0.099	－0.885
9 岁	0	0	0.7	26.1	31.3	25.4	16.4	5.3	－0.174	－1.052
10 岁	0	0.6	6.5	44.8	26.6	9.7	11.7	4.7	0.653	－0.188
11 岁	0	0	8.1	41.1	25.4	15.7	9.7	4.8	0.515	－0.585
12 岁	0.5	1.1	5.9	45.7	23.7	10.8	12.4	4.7	0.419	－0.177
13 岁	0	1.3	5.6	43.8	20.0	16.3	13.1	4.8	0.406	0.381
14 岁	0	1.5	7.4	51.1	20.7	12.6	6.7	4.6	0.633	0.191
15 岁	0	1.7	11.3	50.4	22.6	10.4	3.5	4.4	0.549	0.514

（续表）

年龄	1级	2级	3级	4级	5级	6级	7级	平均等级	偏度	峰度
16岁	0	2.7	10.8	50.0	16.2	17.6	2.7	4.4	0.549	0.514
17岁	0	6.8	22.7	34.1	18.2	18.2	0	4.2	0.069	-0.813
整体研究对象	0.1	1.1	7	40.3	24.1	16.7	11.2	4.8	0.338	-0.504
普通人群	2.2	6.7	16	50.0	16.1	6.7	2.2	4	—	—

2. 1 309名青少年运动员各年龄段智商均值的变化特点　如表9-9和图9-4所示，7~17岁青少年运动员智商均值随年龄的增长呈下降趋势，其中8到9岁、9到10岁和13到14岁年龄段间下降程度具有统计学意义。根据智商的分布规律来说，通过原始分转化为智商得分后，理论上各个年龄段的智商分布形态是一致的，且均值也应保持一致水平。但本文的研究结果不仅未呈现各年龄段的一致，且随年龄的增长呈现较为一致的下降趋势。

表9-9　7~17岁青少年运动员智商均值变化

年龄	样本数	均值	标准差	P值
7	30	126	11.9	—
8	92	121	11.1	0.07
9	134	118	12.9	0.025*
10	154	111	14.1	0.000**
11	185	110	14.2	0.812
12	186	110	14.5	0.999
13	160	111	15.2	0.501
14	135	108	14.3	0.035*
15	115	105	13.8	0.213

（续表）

年龄 age	样本数 N	均值 mean	标准差 SD	P 值
16	74	105	15.2	0.989
17	44	102	16.1	0.264
总计	1309	111	14.9	—

注：相邻两年龄段比较，* 表示 $P<0.05$，* * 表示 $P<0.01$。

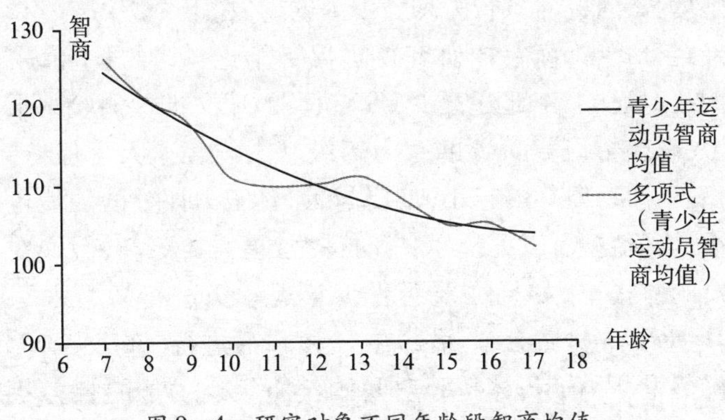

图 9－4　研究对象不同年龄段智商均值

资料来源：许汪宇，2015。

第五节　分析与讨论

许汪宇的研究认为，引起上述结果的原因可能有：①现代社会重视早教，对儿童的智力开发提前，且现代孩子生长发育提前，儿童较上世纪儿童较早地接触各类智力测试，因此造成测试的原始分提高，智商评分升高，而进入青少年以后，智力的早期开发优势变得不明显，智力评分逐步回归正常水平；②研究对象是青少年运动员，其参与运动训练的年限与年龄相关，即年龄越大，相应参加业余训练的时间越长，训练所占的时间比例就越高，文化学习时间就相对越少，因此可能对智力发育有一定的不利影响，从而产生智力均值呈下降的趋势；③从现代青少年参加业余训练的动机来说，起初可能以锻炼身体、增强体质为主，家长较为支持孩子参加体育项目，随着年龄增长，学业压力增加，成绩好的一部分孩子则容易放弃训练主攻学习成绩，而成绩相对差的孩子则可能想通过体育特长来拓宽升学的途径，如此筛选下来，则会造成随着年龄增长，研究对象智力均值下降的现象。

经过分析，许汪宇的研究得出以下结论，即通过上海市选材工作网络对近11年部分青少年运动员的瑞文推理测验结果进行分析，发现整个研究对象的智力等级基本与普通人群保持一致，符合正态分布，但年龄越小，偏度越大，且智力评分的均值也是年龄越小，均值越大，以此提示：评价的常模需要更新，假如在不更新常模的前提下，如果需要对青少年运动员进行智力水平的评定，为运动员选材做参考，最好在10岁以后进行（许汪宇，2015）。

祝蓓里、唐征宇、林平等对我国健将级运动员的智力状况进行分析，结果表明，我国健将级运动员的平均智商处于中等水平，测试采用韦氏量表测验，其操作智商明显高于言语智商。大多数优秀运动员具有高智商和智力结构更为完好和全面的特点，因此，智力测验可以作为选拔参加重大比赛的运动员的指标之一。但是，某些项目（如竞走）中个别优秀运动员的智商处于中下（80 ~89）和临界（70 ~79）的水平这一事实告诉我们在选拔优秀运动员的时候必须根据项目的要求，综合众多的心理指标来进行（祝蓓里等，1991）。

金浩敏、沈勋章对上海射击射箭优秀后备人才二线运动员60人的智商、神经类型、反应时等心理指标的特征与评价进行了研究（见表9－10），结果显示，从项目共同特征来看，射击、射箭项目都需要较高的智商、优秀的神经类型以及良好的反应能力，其重要性与教练员达成了共识（金浩敏、沈勋章，2004）。

表 9－10　上海射击项目体育后备苗子智能测量结果统计表

小项	男子 n = 29 / 女子 n = 16	训练年限（年）	IQ（分值）		808 神经类型			联手反应（毫秒）		时空反应（毫秒）	
			mean	SD	优秀	良好	差	mean	SD	左	右
步枪	男子 n = 5	4.2 ±0.8	112.80	8.44	3	2	—	165.40	22.89	—	—
	女子 n = 4	3.0 ±0.0	114.50	8.89	4	0	—	178.00	15.49	—	—
慢射	男子 n = 9	4.2 ±1.8	112.89	16.96	6	2	1	173.44	11.52	—	—
	女子 n = 5	3.4 ±0.5	108.80	4.32	5	—	—	178.8	18.79	—	—
速射	男子 n = 5	3.3 ±1.2	114.20	14.29	4	1	—	171.80	6.50	—	—
移动靶	男子 n = 4	3.3 ±0.8	105.40	16.95	2	2	—	176.40	8.88	8.97	7.99
	女子 n = 1	2.0	131.00	—	1	—	—	176.00	—	9.98	8.69
飞碟	男子 n = 6	2.2 ±0.3	110.00	11.15	3	1	2	166.60	15.87	10.56	9.08
	女子 n = 6	2.1 ±0.6	108.17	12.68	5	1	—	168.33	14.94	10.70	9.00
总计	n = 45	3.1 ±0.84	113.08	7.38	33	9	3	172.75	5.00	10.05	8.69

从上表也可以看出，优秀后备人才的智商水平普遍处于中上水平，部分优秀或极优。

上述的研究从不同的方面反映了上海和我国运动员智力水平的现状。从结果中不难看出，首先，所谓的“四肢发达，头脑简单”是没有根据的，科学的训练不仅可以锻炼运动员的体魄，也能促进他们的智力发展；其次，运动员的智力水平分布基本与常人一致，但是年龄越小的运动员，其智力水平反而越高，其中不仅可能存在常模需要修订的系统问题，还不能排除早期的运动训练对智力发展起到了良好的促进作用，比如提高孩子专注力、观察力等，进而提高其智力水平。世界范围内，众多的研究者多年研究表明，婴儿、幼儿、少儿、青少年时期，智力的发展存在早期进展迅速，随着时间推移而减缓的趋势。这和人本身的神经系统发育逐渐成熟，基本技能习得逐渐完成有关。所以，抓住早期发展迅速的敏感窗口期，对于提高智力水平尤为重要。

对青少年运动员来讲，由于训练的逐渐专业化、专项化，运动技能得到高度的分化与发展，不同项目的运动员需要牢固掌握的运动技能有较大区别，导致在不同的发展维度上有突出的加强，而在其他维度上就相对减弱。再加上晋级淘汰的因素，使运动员的群体数量受到较大限制，对其智力的研究不同于对普通青少年的研究。通过专家的研究，显示运动员的智力水平与同龄一般青少年相比没有显著性差异，个别运动项目的运动员智力水平甚至普遍高于同龄青少年。这说明运动项目对智力发育具有积极的促进作用，长期专项的运动训练对智力的发展也有促进和提高作用，例如击剑运动需要极强的反应速度，长期的锻炼对青少年反应能力的提高不仅体现在运动技能的进步，更体现在思维能力、判断能力等的综合提高。智力本身就是个体综合智能的体现，具有多维度、综合性、复杂性等特点。单一强调加强一个维度的锻炼并不能对整体智力的提高起到巨大的帮助作用，只有多维度共同进步才能提高个体的智力水平。教练员在运动员训练计划的制定，特别是青少年运动员训练计划的制定过程中，应充分考虑其综合发展，协同提高的可行性，对运动员的运动能力、思维能力、判断能力、心理承受能力等进行训练，这样才能全面健康发展，帮助运动员在未来取得更好的运动成绩。

第六节　评议与小结

儿童青少年智力发育存在敏感窗口期，智力智能的评价为智商测验及相关评价量表，详见儿童青少年智商评价图 9－2、图 9－4。在众多的 IQ 测量与评价量表中，上海体育科学研究所推荐使用 CRT 智商测评表，上海体育科学研究所选材研究中心根据相关数据绘制了儿童青少年智商百分位图（见图 9－3）。

一、智力开发的最好时机

研究发现，一个人的才智是遗传、环境和教育三方面相互作用的结果。而儿童智力发展速度最快的时期是 3 岁以前。在这个时期不失时机地进行早期教育，对开发儿童智力有重要的意义。美国的心理学家发现，婴儿出生 8 小时后，就会模仿母亲吐舌头；喜欢看人脸和黑白分明的图片或汉字；目光能追随距离眼前 20 厘米的物体。如果让他趴在床上，用手抵住两只小脚，他就会向前“爬行”。母亲若在水下分娩，婴儿会在水中游来游去。而像“爬行”、“游泳”等先天就有的能力，如果不加以及时的训练，几个月后就会自然消失。婴儿能够分辨他们正看着的其他婴儿的性别，而且更喜欢那些和自己性别相同的婴儿。关于这个秘密，有些学者认为，婴儿早在子宫内已经开始了行为模式的学习，这说明婴儿的智力发育丌始得相当早。把开发孩子智力完全寄托于托儿所或幼儿园时再开始,看来就太晚了。

婴儿具有巨大的智力潜能,与脑细胞的发育有关。在人脑140亿个神经细胞中,70%~80%是在3岁以前形成的。婴儿出生后,脑神经细胞急剧地生长出许多突触,彼此间发生联系。这时,大脑的各种主要机能已基本完善。科学家们认为,脑细胞具有潜能,一般人只利用了它的1/4,也就是说,还有3/4的潜能未被开发。可见,人的智力潜能之大,足以令有志于智力开发的人纵横驰骋。婴儿具有无限发展的可能性,从胎教就开始进行早期教育,有助于最大限度地开发智力潜能,将孩子培养成身心健康而又品学兼优的佼佼者。这是天下父母的共同心愿。

胎儿期是智力发展的第一关键期;3岁以前是智力发展的第二关键期;7岁前是智力发展的第三关键期。关于儿童智力发展水平问题,美国著名心理学家布卢姆曾对近千名婴幼儿进行跟踪,一直到他们成年,他的基本结论是,5岁以前是儿童智力发展最迅速的时期。若以17岁时的智力为100,8岁时进行开发,只能开发20%,4岁时进行开发却能达到50%,而更大的潜能开发在3岁以前。许多研究机构也得出了与布卢姆基本相同的结论,有人进一步指出:2到3岁是儿童学习口头语言的最佳年龄;4至5岁是开始学习书面语言的最佳年龄;学习外语应从10岁以前就开始;而弹钢琴、拉小提琴必须从3岁开始。如果错过了言语、听觉和运动区域的大脑神经细胞发育的关键时期,再来开发其智力就没有什么指望了。如果错过智力发展的关键期,家庭将会增加更多的智力投资,甚至是“高投入,低产出”。由此可以看出对孩子的智力开发越早越好。所以,美、日等发达国家已开始把出生最初3年儿童的发展,作为本国21世纪争雄世界的第一战略。

正如学者所指出的,幼稚教育从3岁开始已经太晚。没有什么工作比抚育出生三年的婴儿更重要。人类的聪明才智是靠科学和实践得来的,并非大脑自发产生的。“狼孩”从小由狼养大,其外貌虽然与人无异,但却不具备人的知识和才能。由此可见学习和实践的重要性。

二、少儿智力发育的九大敏感窗口期

语言敏感期(0~6岁)婴儿开始注视大人说话的嘴形,并发出咿咿学语声时,就开始了他的语言敏感期。语言能力影响孩子的表达能力,因此,父母经常和孩子说话、讲故事,或多用"反问"的方式,加强孩子的表达能力,为日后的人际关系奠定良好基础。

秩序敏感期(2~4岁)孩子需要一个有秩序的环境来帮助他认识事物,熟悉环境。一旦他所熟悉的环境消失,就会令他无所适从。幼儿的秩序敏感力常表现在对顺序性、生活习惯、所有物的要求上,如果成人没能提供一个有序的环境,孩子便"没有一个基础以建立起对各种关系的知觉"。当孩子从环境里逐步建立起内在秩序时,智能也因而逐步建构。

感官敏感期(0~6岁)孩子从出生起,就会用听觉、视觉、味觉、触觉等感官来熟悉环境、了解事物。3岁前,孩子透过潜意识的"吸收性心智"吸收周围事物;3~6岁则更能具体地透过感官分析、判断环境里的事物。您可以在生活中随机引导孩子运用五官,感受周围事物。尤其当孩子充满探索欲望时,只要是不具有危险性或不侵犯他人他物时,应尽可能满足孩子的需求。

对细微事物感兴趣的敏感期(1.5~4岁)忙碌的大人常会忽略周围环境的微小事物,但是孩子却常能捕捉到个中的奥秘。因此,如果孩子对泥土里的小昆虫或衣服上的细小图案产生兴趣,正是培养孩子具有巨细无遗习惯的好时机。

动作敏感期(0~6岁)两岁的孩子已经会走路,最是活泼好动的时期,父母应充分让孩子运动,使其肢体动作正确、熟练,并帮助左、右脑均衡开发。除了大肌肉的训练外,小肌肉的练习,亦即手眼协调的细微动作的训练,不仅能养成良好的生活习惯,也能帮助智力的发展。

社会规范敏感期(2.5~6岁)两岁半的孩子逐渐脱离以自我为中心,而对结交朋友、群体活动有兴趣。这时,父母应与孩子建立明确的生活规范,日常礼仪,使其日后能遵守社会规范,拥有自律的生活。

书写敏感期(3.5~4.5岁)、阅读敏感期(4.5~5.5岁)孩子的书写能力与阅读能力虽然较迟,但如果孩子在语言、感官、肢体动作等敏感期内得到了充分的学习,其书写、阅读能力就会自然产生。此时,父母可多选择读物,布置一个充满书香的居家环境,即能使孩子养成爱读书的好习惯。

文化敏感期(6~9岁)幼儿对文化学习的兴趣,起于3岁,而到了6~9岁则出现想探究事物奥秘的强烈需求。因此,这时期"孩子的心智就像一块肥沃的土地,准备接受大量的文化播种"。成人可在此时提供丰富的文化资讯,以本土文化为基础,延展至关怀世界的胸怀。

儿童智力发展的关键期　儿童智力发展的关键期主要有以下几个方面:①出生后四五个月是婴儿辨别生人和熟人的关键期。②2岁至3岁是口头语言发展的关键期,在正常语言环境中,这时儿童学习口语最快、最巩固,容易获得口头语言能力。如果儿童在这个时期完全脱离人类的语言环境,其后很难再学会说话。③4岁至5岁是儿童学习书面言语的最佳期。④儿童掌握词汇能力在5、6岁时发展最快。⑤儿童掌握数字概念的最佳年龄是5岁至5岁半。⑥出生到4岁是儿童视觉发展的关键期,4岁是儿童对图像视觉辨认的最佳期。有斜视的婴儿,在3岁以前矫正了斜视,其立体感就能恢复,如果错过这个时机,就会成为永久性的立体盲。⑦耳聋儿童如果在1岁前被发现而给他使用助听器,就能正常地学会语言发音。

在智力发展中遗传是儿童智力发展的自然前提,环境和教育是儿童智力发展的决定条件,抓住儿童各种能力发展的关键期,

施行早期教育,儿童的智力潜力就会得到更大的发挥。(王会,武变瑛等,2010)

三、青少年智力发育的敏感窗口期

根据美国心理学家贝利(Bayley,1970)的研究,智力整体发展趋势呈现一种负加速状态:从出生到10岁左右是智力发展的敏感窗口期,之后逐渐缓慢,20岁后进入高峰,并一直延续到30岁左右,40岁开始下降,60岁后下降更快。

一般说来,青少年的智力随着年龄的增长而发展。初中二年级即14~15岁是智力发展的一个敏感窗口期,智力水平加速上升(见图9-2上表现为斜线上升,斜率较大),高中二年级即17~18岁是智力发展的成熟期,之后智力发展趋于负加速上升。青少年时期既是长身体的时候,也是智力发展的关键时期。

教练员对运动员的训练不仅包含专业技能、专项能力的训练,还应肩负起督导作用,对运动员的文化学习、心理适应能力等多方面关心、关怀,引导运动员积极面对挫折,加强心理适应能力锻炼,提高抗压能力,保证能以积极的心态面对困难和失败。只有心理健全的运动员才能在高水平竞技赛场确保有稳定水平的发挥,才能在逆境不低头、不回避、不服输。只有在日常的训练中注意全面发展,才能在提高运动能力的同时,提高运动员智力水平,使其发展与同龄青少年持平,甚至超出。

文化的学习是保证智力发展的基础,也是提高训练水平的有力保障。文化水平高,智力发展好的运动员能快速理解教练员的专项技术讲解,能高度模仿学习专项技术动作,能发挥创造力,在赛场就会有超水平发挥和表现。而文化水平不高的运动员在理解、学习、创新等各方面都会不足,进而落后于其他青少年的发展,难以在运动赛场取得最佳表现。心理素质过硬的运动员往往在逆境中有惊人表现,能充分调动自己的能力,甚至发挥百分之二百的能力，在相持阶段往往能够克敌制胜，取得冠军。

青少年运动员的智力发展与其他能力的发展相辅相成，不可分割。智力的发展集合了身体发展和心理发展的综合成果，在考虑智力发展的同时，应综合考虑运动员的全面发展。11～14岁是青少年身体发育的关键阶段，女少年和男少年先后进入青春发育的关键时期，身体激素水平高速发展，心理方面也相应地进入剧烈的变化阶段。这个时期对青少年的引导尤为关键。教练员在开展专项训练的同时应关注其文化的学习，兴趣的培养，情感的进步，世界观、人生观、价值观的养成。不仅加强专项的锻炼，还可以采用多种方式，例如观看高雅艺术、学习世界名著等对青少年的心智发展给予正确引导，使其各方面素质综合全面协调发展。

四、如何应用智力发育敏感窗口期促进训练

婴幼儿时期(0～6岁)是少儿智力发育的敏感窗口期，而如何利用这个敏感窗口期促进训练，为运动员成才奠定良好基础呢？笔者建议应进行早期专项动作练习，促进少儿发展，提高运动成绩。

首先解释一下“早期专项动作练习”，即利用神经肌肉刺激的原理，进行某专项需要动作的早期分解学习和练习，亦即基础运动能力学习。如棒球运动，需要基础动作有奔跑、投掷、接取、击打等，这些动作的习得应在幼儿和少儿时期就完成。如果一个人从小没有接触过击打练习，那他在青少年时期接受训练时，首先要完成神经支配肌肉的动作模式习得，这对训练来说，无疑花费了宝贵的时间在做大量基础的工作，大大降低了训练的效率。如果在孩子小的时候就进行了相应基础动作的学习，那么在接触到项目的专项动作练习时就能很快找到训练的重点和要点，快速理解教练员训练目的，掌握正确的专项技术动作。这样也能大大提高训练效率，帮助运动员尽快进入高效的训练中。

美国高尔夫训练专家 Greg Rose 博士，在 2013 年来上海授课

时就提出“13 个窗口期”的概念。所谓窗口期正是某些素质发展最快的年龄阶段，恰如其分的教学训练能够获得较好、较快的训练效果。Greg Ross 比较系统地研究了高尔夫项目的运动素质窗口期，遗憾的是他尚未涉及儿童青少年运动员的智力发育发展敏感窗口期。在他的报告中提到，功能稳定性力量的窗口期为男孩 5～8 岁，女孩 4～7 岁。而这一时间段正是长期运动员发展模式（Long-Term Athlete Development，LTAD）所认为一名运动员成长需要经历的体育启蒙阶段和基础发展阶段。体育启蒙阶段是 1～6 岁，此阶段对孩子基本运动能力进行培养；基础发展阶段男孩是 6～9 岁，女孩是 6～8 岁，此阶段注意养成孩子运动习惯，培养运动兴趣及反应能力。国外的运动员发展模型将一个运动员幼儿时期和少儿时期纳入到培养过程中，这里面体现出来的重要内容就是利用智力发育敏感窗口期促进训练的理念（沈勋章，2015）。

相比于国外对运动员训练培养阶段的划分，国内将力量素质分为一般力量和专项力量。对于少年儿童来讲，负荷过大的力量训练会阻碍其身体的成长发育，但并不意味着在少年儿童时期就不能进行力量训练。适当的力量训练对少年儿童的肌肉发育、肌肉力量、用力姿势都能形成良好的影响。而基础的功能稳定性力量的练习正是利用神经肌肉刺激的原理，在神经系统发育成型的阶段，即进行各种基础运动能力的练习，包括身体移动技能（爬行、步行、跑步、跳跃、蹦跳、跳绳、滑行、滚动等）、身体控制技能（平衡、协调、知道身体部位在哪里等）、发送和接收技能（拉和推、抛和接、踢、接球、打击挥棒挥拍等）。

对于青少年阶段的训练来讲，需要注重在 14～15 岁前提早着手，加强对运动员注意力稳定性、注意力广度、思维力、记忆力等因素的培养，加强运动员举一反三的思维能力和应用能力，对关键技术动作的讲解采用启发式、诱导式的方式，强化与运动员的互动，抓住其兴趣浓厚的点做突破，抓紧敏感窗口期的训练，强化正确的技战术知识，使运动员尽早掌握正确的专业技术动作。

建议阅读文献

1. 郭蓓,沈勋章,李之俊.上海市运动员科学选材工作指导手册[M].上海科学技术文献出版社,2005.

2. 张积家.评现代心理学中的智力概念和智力研究[J].教育研究,2001,5:27-32.

3. 季成叶,王芳芳,陶芳标.现代儿童少年卫生学[M].北京:人民卫生出版社,2010:26-27,78-81,720-721.

4. 祝蓓里,唐征宇,林平,等.我国健将级运动员的智力状况分析[J].贵州体育科技,1991,4(27):4-11.

5. 卢家楣.青少年心理与辅导——理论和实践[M].上海:上海教育出版社,2011:45-58.

6. 许汪宇.对1309名7~17岁青少年运动员联合型瑞文智力测验结果的分析.2015.上海市体育局区县选材科研人员优秀论文.

7. 王会,武变瑛.天才就在你身边——开发少儿智力系列丛书[M].北京:中国医药科技出版社,2010.

8. Bartels, M., Rietveld, M. J. H., Van Baal, G. C. M., & Boomsma, D. I.. Genetic and environmental influences on the development of intelligence [J]. Behavior Genetics, 2002,32: 237-249.

9. Bayley, N.. Manual for the Bayley Scales of Infant Development[M]. New York, NY: Psychological Corp, 1969.

10. Brant, A. M., Munakata Yuko, Boomsma D. I., et al. The Nature and Nurture of High IQ: An Extended Sensitive Period for Intellectual Development[J]. Psychological Science, 2013,24(8): 1487-1495.

11. Brant, A. M., Haberstick, B. C., Corley, R. P., Wadsworth, S. J., DeFries, J. C., & Hewitt, J. K. The developmental etiology of high IQ [J]. Behavior Genetics, 2009,39: 393-405.

12. 沈勋章.奥运项目教学训练大纲青少年选材育才研究[M].上海:上海浦江教育出版社,2015:4-5,128-130.

第十章　青少年反应时敏感窗口期的研究

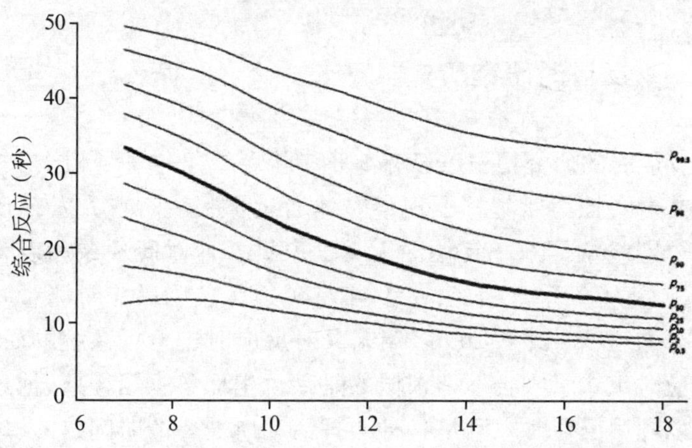

提要：

本章讨论了人体反应时的概念和过程。反应时分为简单反应时、选择反应时和综合反应时，它们都是竞技运动所需要的选材测评指标，俗语说“眼快才能手快，脑子灵活才能占先”。本章以国内外研究文献、运动员数据资料为参考佐证，总结了上海体育科学研究所选材研究中心对优秀体育后备人才的追踪数据，绘制各种反应时的百分位数曲线图，寻找出相关指标的敏感窗口期。研究结果表明，尽管反应时遗传度较高，但对照研究发现还是存在可训性。此外，抓住反应时敏感窗口期的选材测量和训练评价对选材育才关系重大。

第一节 人体反应时

一、反应时研究历史

反应时的研究历史已经有 200 多年了。1796 年,英国格林威治天文台台长马斯基林在观察星体通过子午线时首先发现反应时的个别差异。1822 年德国天文学家贝塞耳对此现象加以认真研究,确定了人差方程式,1850 年赫尔姆霍茨用反应时测量了神经传导的速度。此后 100 多年来又对反应时进行了系统的研究。将反应时正式引入心理学领域的是荷兰生理学家唐德斯,他意识到可以利用反应时来测量各种心理活动所需要的时间,并发展了三种反应时任务,后人将之称为唐德斯反应 ABC。在现代心理学研究中,常把反应时作为一种指标来分析人的个性、注意、记忆、动机、学习以及知觉等各种心理活动。反应时在一定程度上能灵敏地反映人的工作能力、工作潜力、应变能力和注意特征等心理特点,是构成运动员整个心理素质的重要因素。

在体育运动领域,随着现代运动技术的发展,时间因素在竞技比赛中起着越来越重要的作用,因此反应时是教练员、运动员及体育科研工作者共同关注的重要问题。像球类、拳击、跆拳道等对抗性开放性运动项目对运动员的基本要求之一就是对各种刺激的迅速而灵活的反应;对于非对抗性、封闭性的运动项目,反应时也具有重要性,如短跑项目,跨栏项目,一般情况下起跑速度会明显影响全程跑的成绩,因此反应时在竞技体育中占有重要地位。

二、反应时的概念

反应时与反应过程明显不同，它不是反应延续的时间，而是引起表露于外的反应开始动作所需要的时间，即从刺激到反应之间的时距。反应不能恰在给予刺激的同时便从机体发出。刺激引起了一种过程的开始，但这种过程在机体内部进行时却是隐藏着的或潜伏着的，直到这一过程达到肌肉，产生一种外部可见的对环境的效应为止。刺激引起了感觉器官的活动，经由神经传递给大脑经过加工，再从大脑传递给肌肉，肌肉收缩作用于外界的某种客体。上述过程的每一步骤都需要时间，而在大脑中消耗的时间最多。即使是最简单的反应，从感觉器官内导的神经冲动也必须积累起来，并且形成足够的兴奋才能引起大脑运动区对肌肉发出一种神经冲动。当必须把反应调整得适合于刺激的特点时，要进行的加工和所消耗的时间都同分辨刺激的有关性质，以及发出与之相适应的运动指令有关。因此，反应时也称为反应潜伏期，即反应过程的第二阶段，它包括了感觉器官感受刺激所需要的时间、大脑加工消耗的时间，神经传导的时间以及肌肉产生反应的时间。

反应时可以反映反应速度的快慢。从生理机制上看，反应时的长短取决于感受器接受刺激产生兴奋，兴奋沿反射弧传导，直至引起效应器（或反应器）开始兴奋所需的时间。反射弧五个环节中，传入神经及传出神经的传导速度基本上变化不大。所以反应速度主要决定于：①感受器的敏感程度（兴奋阈值高低）；②中枢延迟；③效应器（肌纤维）的兴奋性。其中，中枢延迟又是最重要的。反射活动愈复杂，历经的突触愈多，反应也就愈慢。这是复杂反应时间长于简单反应时的根本原因。借用电生理学的方法，可以把整个的反应时间分为几个连续的部分。例如用声音刺激猫耳，听神经动作电流的反应潜伏期是 1 ~ 2 毫秒，表明这一感受器几乎没有消耗什么时间。溯听神经通路而上至脑干,也只耗费很少的时间。而听神经冲动到达大脑皮质时,就比声音到达耳时晚 8~9 毫秒了。因此可以说,听觉反应时间中只有很小的一部分花费在耳中或通往大脑皮质的通路上。当一束光线射入眼睛时,需要 20~24 毫秒视觉冲动才能到达视觉皮质区;而当不通过视网膜,直接用电流刺激视激视神经时,到达皮质所需的潜伏期只有 2~5 毫秒。这些是用兔和猫取得的实验结果。与耳相比,眼睛需要经过较长的时间才能开始沿着神经通路把它的信息传送给大脑,这其中当然要包括前面所提到的光化学中介时间。据此,我们可以解释视觉与听觉反应时间之间的大部分或全部的差别。在外导方面,从大脑到手指肌肉的神经传导所需的时间不超过 10~15 毫秒,但在肌肉本身之内和使反应键产生动作的那种机械过程可能消耗更多的时间;肌肉电流比反应键的反应时间短 30~40 毫秒;像大腿那样的笨重肢体的时滞显然更大。如果我们从 140 毫秒的总听觉反应时中减去感觉和运动神经通路所需时间,以及肌肉和手指运动所需时间还剩 70~90 毫秒,这是中枢的反应时间。

三、反应发生过程

反应发生过程首先由刺激引起感觉器官的注意,经由神经系统传递给大脑,经过加工,再从大脑传递给效应器,效应器做出反应,包括三个阶段过程:感觉神经传递、大脑加工、效应器反应。反应过程的一个显著特点就是其持续时间短暂,而反应常常限于在相当短的时间内就要完成一定的动作系统,如起跑这种反应过程,它同其他意志行动的明显不同就在于意志行动常常要持续很长时间,而反应过程只需几秒甚至更短的时间。

反应过程在时间上虽然是一个短暂的过程,但在心理结构上仍可分为预备期、中心期(潜伏期)和效应期三个时期(见

图 10－1)。以短跑的起跑为例,预备期是从预备信号(口令:预备)到执行信号(口令:跑)之间的一段时间,包括等待信号和准备应答动作。

中心期亦称潜伏期,是从执行信号到应答动作开始的一段时间。这段时间的间隔不论多短,但它在反应过程心理结构中起着重大的作用。此时运动员虽然处于不动状态,但在他的大脑中却进行着强烈的神经活动过程,并准备完成起动动作。这期间包括有感知信号阶段、联想阶段和运动反应阶段。

效应期是从应答动作开始到应答动作结束为止。这时期所实现的应答动作,是由前两个时期的心理活动所准备出来的,它的全部特点,受前两个时期中大脑皮质所进行的神经过程的性质和强度所制约,也受到肌肉运动状态的影响。

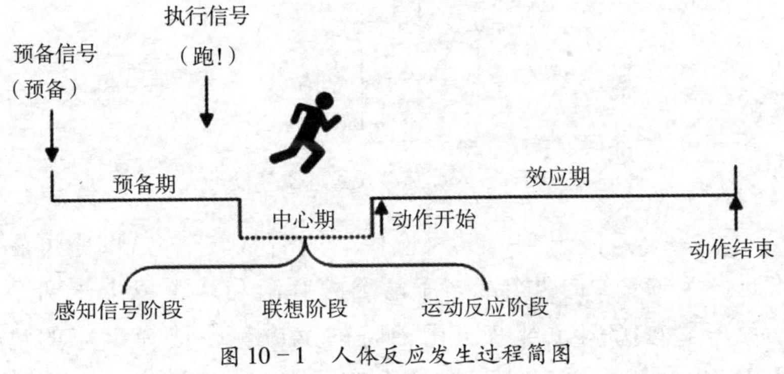

图 10－1　人体反应发生过程简图

四、反应时的种类

1. 简单反应时　其反应时模式如图 10－2,简单反应时间是指一个单一刺激(例如:光、声音)与被试做出单一反应(按下电键或放开电键)之间的最短的延迟时间。田径运动中的发令枪响后的起跑动作,体操、花样滑冰运动中的提示音后的起动反应都是典型的简单反应。如短跑运动员在“各就各位,预备”的指令后听到发令枪响时立刻起跑,一个单一的发令枪声引起了一个单一的起跑反应。我们可以在一个较暗的实验室内,测量人对单一光点的简单反应时间。程序是让被试坐在一张桌子前面,桌子上有一个电键,指示被试说“预备状态时”将手放在电键上,当看到对面屏幕上一出现光点就马上按下电键,那么,从光点的出现到按下电键这段时间就是简单反应时间。重复测量多次,求其平均反应时间。简单反应时间是复杂反应时间的基础线,同时也是它们的组成成分之一。

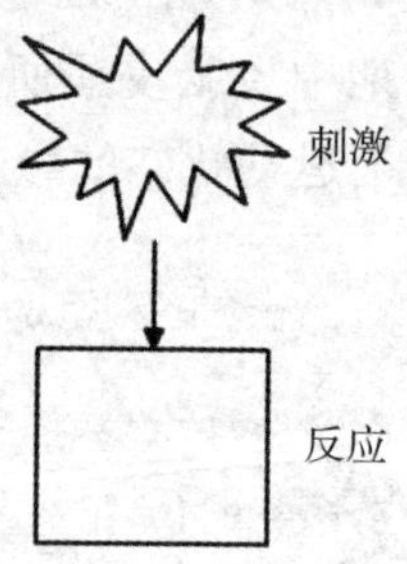

图 10-2　人体简单反应时应答模式

2. 选择反应时间　其反应模式如图 10-3。从图中可看到选择反应时,有两个或多于两个的刺激和两个或多于两个的反应。每个刺激都有自己独特的反应。在选择反应的过程中,几个甚至更多的刺激物都有可能出现,相应的应答动作也有多个,应答者事先并不知道实际要出现的是什么刺激物,也不知道要以什么样的动作去应答。应答者只知道刺激物的范围和性质以及应答动作的范围和性质。球类、击剑、拳击、摔跤等对抗性运动项目都是选择反应的实例,这类反应过程要求运动员事先做好技术上和心理上的准备,以便在比赛时能迅速感知、辨别任何一个可能产生的并早已熟悉的刺激物,并以相应的动作去应答刺激。足球运动员在准备起脚射门的反应也是典型的选择反应：如果对方后卫没有挡住球路，就拔脚怒射；如果对方后卫挡住球路，就将球传给同伴。对于这样的选择反应，所需要的心理操作是：首先要辨认是否有对方后卫挡住球路，然后再选择是射门还是传球。因此，选择反应时间包括了辨认刺激和选择反应这两种心理操作过程。

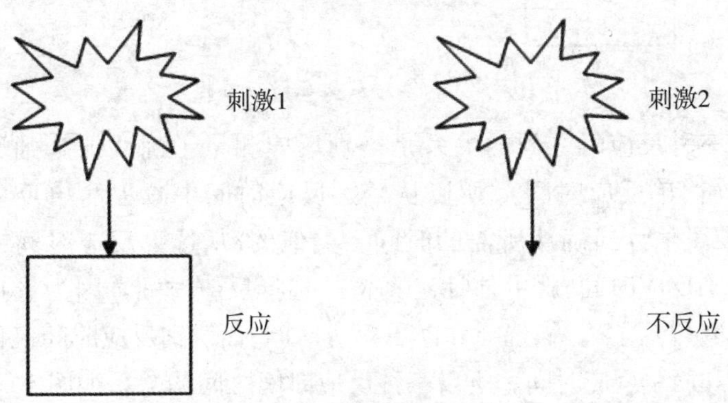

图 10－3　人体选择反应时应答模式

3. 辨别反应时间　其反应模式如图 10－4 所示。在辨别反应中，有两个相互有差别的刺激，要求被试只对其中一个反应，而禁止对另一个刺激反应。当然，也可像在选择反应中一样，可有两个以上的刺激，而不同于选择反应的是仅有一个刺激与反应相联系。任何其他刺激出现都不需要做反应。辨别反应的例子就好比我们排号理发，你如果排号是 15，那么直到理发师喊 15 号以前你可不做任何反应，只是当喊 15 号时，再进行反应。此时执行的辨别反应所涉及的心理操作，像选择反应一样，当喊号时你必须确认号码，但不需要像选择反应过程那样去选择反应。因为 15 号只代表你一个人，不会代表两个人，所以不需要考虑是否可能喊另外的人，这例子说明，辨别反应只要求确认刺激，而不需要选择反应。

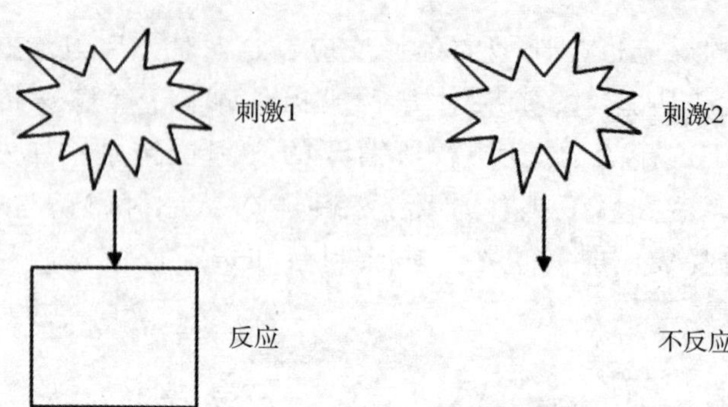

图 10－4　人体辨别反应时应答模式

三种反应时之间的关系是辨别反应测量了确认加基础反应时间(简单反应时间),所以从辨别反应时间中减去简单反应时间,便可估计出确认所需的时间。类似的,从选择反应时间中减去辨别反应时间,就可估计出真正的选择反应时间。因为选择反应时间包括了确认、选择和简单反应时间;而辨别反应时间仅包括确认和简单反应时间。所以三种反应时间之间的关系如图 10－5。从图中可看出三种反应时间之间的减法关系,通过减法反应时间的测量方法,可使估计出不同心理操作过程所需要的时间,这对研究人的认识过程提供了有利的手段。

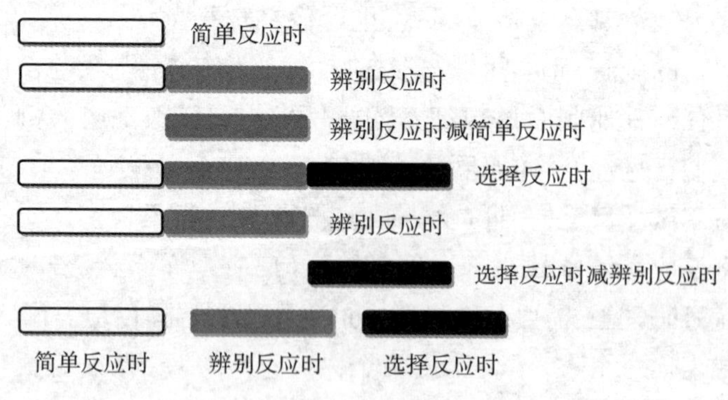

图 10－5　人体三种反应时之间的关系图

第二节　不同竞技项目反应时研究现状

在竞技体育中,由于反应时的重要性,很多研究者从不同角度对各个项目以及技术水平的运动员反应时进行了研究与分析,这些研究由于运动项目的不同,运动员水平不同,训练时间的不同,运动员年龄的不同,最后关于反应时结论各有不同。

付全对高水平击剑运动员视觉反应时特征进行了研究,被试对象为国家击剑队、江苏击剑队和江苏体校击剑队员共 115 名,该研究分析了不同运动等级,不同剑种对视觉反应时的影响。结果为:不同等级运动员的简单反应时和复杂刺激反应时差异不明显,辨别反应时、复杂 3 刺激反应时和翻转反应时差异非常显著,且表现出运动水平越高,反应时间越短的特征,除简单反应外,其他所有类型反应的错误次数均表现出健将以上运动员少于健将以下运动员的显著特征,结果提示高水平运动员在复杂反应任务中的优异表现更可能是源于心理上的优势,即更强的复杂信息识别和选择决策能力,以及快速适应环境变化的能力。随着反应难度的增加,佩剑运动员的错误反应次数明显高于重剑和花剑,重剑运动员在辨别反应和复杂刺激反应任务中错误次数最少,花剑运动员在复杂刺激和翻转反应任务中错误次数最少,充分反映项目特征对运动员心理特征的影响。

张毓芬等人用自己设计的计算机电子计时器对 1 支男女青年篮球队、11 支男女少年篮球队以及湖南省 6 个地区的业余体校篮球队的 384 名不同水平的篮球运动员进行了反应时测试,指标是手和脚的视、听反应时。结果表明,训练水平高的队,反应速度快,但是由于作者没有控制年龄因素对反应时的影响,这一结论的可靠性值得怀疑。有证据表明,在作者所测的年龄范围内,所有人的反应时随年龄增长而加快,运动员的训练水平和反应时间的关系,必须注意控制年龄因素。该研究还发现,各队的主力队员的平均反应时优于各队平均值,各队反应速度突出的队员中,大部分队的组织后卫的反应速度更快,高于主力队员的平均值。作者特别指出,在测定反应能力过程中,记录每人 10 次反应时以计算平均数的同时,可计算标准差,标准差越小,稳定性越好,标准差是客观反映运动员自我控制能力的评定指标,那些头脑清晰,情绪稳定、控制能力强的后卫队员标准差也小,作者以此证实反应时标准差的评价有效性,但作者在文中没有提供数字的量化证据。

胡麒法对四川省散打运动员的反应时状况进行了全面的分析比较。研究结果显示:从事散打运动的运动员训练时间、比赛数量以及经验积累不同,导致运动员反应时间不同;在简单反应时和选择以及辨别反应时的测试中,前者没有明显的差异性,而后两者的差异性较大,说明高水平运动员在复杂的反应任务中能够更好地发挥其真实的水平,这可能是源于其心理上的优势以及较快适应环境变化的能力;不同运动等级的特殊限制使得运动员间的反应时也存在一定差异。因此,关注散打运动员反应时情况,找出影响散打运动员反应时的因素,对四川省散打运动员心理选材和提高散打队伍整体散打水平具有重要的意义。

邱宜均等人采用自制的视反应时测试仪对 64 名优秀短跑运动员和 75 名普通大学生进行了简单反应时的测定,结果发现,男女优秀短跑运动员的视简单反应时优于普通大学生,男子短跑运动员的视简单反应时优于女子短跑运动员,男子大学生和女大学生的视简单反应时则无差异。同时还发现,反应时与运动成绩呈正相关关系,这种明确描述运动成绩与反应时关系的研究不多见,主要是短跑成绩和反应时成绩均为连续型变量,计算相关系数比较简便。柳起图等人对 232 名射击运动员和普通中学生进行了一项反应时研究,仪器采用 E－P202 型简单反应时测定装置,结果表明,优秀运动员的简单反应时优于业余体校运动员,业余体校运动员优于普通中学生。“跑猪”射击组的视简单反应时成绩优于步枪和手枪慢射组,但与手枪速射组无可靠差异;“跑猪”组的听简单反应时成绩优于步枪组,其他各组之间无可靠差异,说明项目和任务的性质与反应时有关。不同运动等级、不同训练年限的射击运动员视、听简单反应时无可靠差异,说明运动水平与简单反应时可能无关。该研究还发现,经过半个月的短期集训,业余体校学生的视简单反应速度得到提高,但听简单反应时没有提高。关于性别差异,该研究发现,成年运动员和普通中学生男女被试之间有可靠差异,但业余体校男女运动员之间无可靠差异。另外,作者还用斯皮尔曼等级相关统计法计算了 8 名业余体校男女运动员反应时与射击成绩的相关,发现视简单反应时和听简单反应时与射击成绩的相关系数分别为 0. 89 和 0. 86,并认为这一结果对于心理选材工作具有至关重要的意义,但作者没有说明为何仅计算这 8 人的成绩而不计算其他 38 名业余体校运动员和 29 名成人运动员的成绩。

陈舒永等人以巧妙实验构思自制了一台反应时测试仪,将主要标志神经过程的反应时间和主要标志肌肉运动过程的运动时间区分开,并对 80 名业余运动员和 20 名普通人以声音为信号测定了他们手和脚的简单反应时间和运动时间。实验结果表明,反应时间手比脚快,运动时间脚比手快。反应时间、运动时间以及两者之和均可在手和脚之间相互预测,三种反应指标在手和脚之间的相关系数分别为 0. 72,0. 68 和 0. 79。反应时间在运动员和普通人之间无显著差别,说明专项运动训练对手和脚的反应时间没有显著影响。运动时间以及反应时间与运动时间之和在两类被试之间有无差别因运动项目不同而异,篮球和足球运动员比普通人和游泳运动员要快,篮球和足球运动员之间以及游泳运动员和普通人之间均无显著差异,说明专项运动训练不同,对这四种反应指标的影响也不同。另外,他们还发现,简单反应时间和运动时间虽然有可靠的正相关,但因相关系数很小,故不能在两者之间进行有效的预测。这一研究提示我们,反应过程和运动过程涉及完全不同的神经生理机制,在运动领域的意义也有所不同,因而有必要将两者区分开来分别加以研究。自此以后,新型的能够区分反应时间和运动时间的测试仪器被研制出来,相应研究也不断涌现,说明这种区分的重要实际意义。

刘往新等人用动作神经过程测试对 125 名划艇运动员和 60 名普通大学生的综合反应时进行了测试,结果表明,划艇运动员综合反应和大学生对照组相比,总的来说较差,但差异未达到 0.05 的可靠性水平,和受过一定训练的大学生业余队相比明显差,作者由此认为,文化程度和训练因素都能影响综合反应时,其中文化程度的影响可能更大。作者还发现,男子划艇运动员综合反应明显比皮艇运动员差,后两个项目之间无可靠差异。另外,按照不同性别、不同训练年限、不同运动等级进行组间检验,各组之间均未发现综合反应时的可靠差异。如果对所有被试的综合反应时进行等级评,则发现划艇运动员的成绩比大学生对照组差。实际上,这一研究结果否定了应用综合反应时对划艇运动员进行心理选材的必要性。

墙壮用 CT－3A 型反应时测定仪对 8 个项目 146 名少年运动员进行了反应时测定,这一研究是相同条件下同时对不同项目运动员进行的反应时测定。在性别差异方面,男子对光、声的反应速度比女子快,女子对数字刺激的反应速度比男子快。在项目差异方面,乒乓球、足球、击剑三项目运动员的光反应速度比田径、羽毛球、排球、体操、篮球 5 项目运动员快,田径、乒乓球、击剑三项目运动员的反应速度比足球、羽毛球、排球、体操、篮球 5 项目运动员快,乒乓球运动员对数字刺激的反应速度比田径、击剑、足球、羽毛球、排球、体操、篮球 7 项目运动员快,其他项目之间的比较无可靠差异。这一研究结果提示,反应时与运动项目和运动任务有关,但这种差异既不是表现在对抗性项目和非对抗性项目之间,其实际意义和分布规律还很难做出合理而准确的判断。

张聚武采用光电反应仪和 SSM - SC 电子计时仪对我国青年女排运动员肢体各部位(腕部、肘部、肩部、宽部、膝部和踝部)操作反应时和运动成绩的关系进行了探讨,测试对象为 187 名青年女排运动员和 65 名普通人,结果表明,运动员的操作反应时比普通人快,而且仅进行半年至一年的运动员其操作反应时就已显著快于普通人,说明操作反应时经短期训练后即可迅速提高。但是对不同训练年限的运动员进行比较时,其操作反应则无显著差异。该研究还发现,在 16 ~ 17 岁、18 ~ 19 岁和 20 ~ 21 岁这三个年龄组之间比较,操作反应时与年龄呈反比关系;二传手的操作反应时优于主攻手和副攻手,主攻手和副攻手之间则无显著差异,由此可见,排球运动员的操作反应时与比赛位置即比赛中的专项技术分工有一定关系。

和前述各项研究的思路全然不同,翟群等人采用微机控制的单侧视野速示技术对左右利手者的视简单反应时和空间方向识别能力进行了研究,结果表明:左利组在两项实验中的左、中、右视野上的反应时均快于右利组,左利组在左视野上的优势最为显著。作者认为,左利者在操作速度上的优势主要因其大脑右半球具有较高的分析处理形象信息的能力,这种功能优势与大脑神经传导过程的特点有很大关系,可能是在诸如击剑、网球、乒乓球、羽毛球等项目中左利者更易出成绩的一个主要内在因素。他们的这一研究结果以及对研究结果的较深入的理论分析使我们对于反应过程的神经机制有了更多的了解,为运动员反应时方面的心理选材提供了一个新的方向。

曾振毫等就不同训练方法乒乓球运动员选择反应时的影响进行了研究,实验对象为业余体校乒乓球运动员 24 人,测试仪器采用 LASER - 310 心理测试专用计算机,结果表明,经过 12 ~ 24 次的“无序训练’或“有序-无序训练’,运动员的简单反应时无可靠的变化,但选择反应时得到了明显的提高。这一研究结果提示,由简单反应时反标志的反应潜伏期难以通过训练缩短,但由选择反应时标志的认识、分析、判断、选择等信息加工能力则有可能通过短期训练得到提高。李志林用 RS - B 型反应时动作测定仪对 341 名乒乓球和 466 名普通中小学生进行了反应时测定。结果发现,乒乓球运动员的简单反应时、简单动作时、选择反应时、选择动作时、简单应答时和选择应答时 6 项指标从 6 岁至 18 岁随着年龄增长和训练水平的提高而逐渐缩短,普通学生的这 6 项指标从 6 岁至 21 岁随着年龄的增长而逐渐缩短,说明反应时与年龄因素关系密切。乒乓球运动员的上述 6 项指标比普通学生快,但选择反应错误次数的成绩比普通学生差,说明反应时与训练因素有关。将这些乒乓球运动员分为不同训练水平的健将级(18 岁以上)、一级(13 ~17 岁)、二级(9 ~12 岁)和三级(6 ~8)共四个等级进行分析,结果发现,除男子一级外,其余各项指标在各个等级之间均有可靠差异,作者由此认为以上各项指标随着乒乓球运动员年龄的增长和训练水平的提高而变化发展,可以作为不同等级乒乓球运动员的反应速度和动作速度的评价指示和选材指标。但是和张毓芬等人的研究一样,由于作者没有采用必要的统计学手段隔离年龄因素的影响,无法排除控制年龄因素之后运动等级差异将不复存在的可能性,因此如果不提供进一步的证据,上述结论是难以成立的。

程勇民对羽毛球运动员的反应时与竞技能力关系进行了研究。实验对象为全国各省市青少年羽毛球运动员共 107 名,男 46 名,女 61 名,并将实验对象分成两组,全国青少年赛前八名归入优秀组,男 17 名,平均年龄 16. 19 岁;女 14 名,平均年龄 15. 57 岁;第八名以后的为一般组,男 29 名,平均年龄 16. 45 岁;女 47 名,平均年龄 15. 37 岁。反应时测试有简单反应时、复杂反应时二刺激、辨别反应时二刺激、复杂反应时四刺激和翻转反应时四刺激。结果发现：简单反应时复杂反应四刺激和翻转反应四刺激指标在不同水平男女运动员中均表现出显著性差异，而简单反应时不显著。翻转反应时在不同水平羽毛球运动员之间差异效果量为最大。结果提示：羽毛球运动员的竞技能力不仅与信息加工速度有关，还与信息复杂程度有关，优秀羽毛球运动员加工复杂信息更具优势，灵活的神经转换机制可能是影响羽毛球运动员竞技能力的中央机制之一。

从以上不同项目反应时的研究中，可以获得以下启示：首先是运动项目对反应时的影响。运动项目不同，对运动员反应时的要求也不同，短距离速度项目的反应时优于长距离速度项目，球类运动员的反应时优于田径、游泳运动员的反应时；即使是在同一运动项目中，运动员的反应时也有较大差异，这可能同运动员比赛分工不同有关。因此运动员能否表现出优于一般人的反应时的可能性也不同。游泳运动的起跳反应速度很重要，但相对于短跑运动的起跑速度来说，就要逊色得多。以男子百米为例，短跑的起跑时间约占总时间的 2.00%（0.2 秒/10 秒），而蛙泳的起跳时间约占总时间的 0.33%（0.2 秒/60 秒），其差异是显而易见的。划艇运动对反应时的要求就更低了。因此在周期性运动项目中，持续时间越长的项目，对反应时的要求则越低，运动员的反应时可能就越趋于同普通人一致。非周期性项目中，主要是那些对抗性项目中，对反应时的要求则较高，运动员的反应时可能趋向优于普通人。

第二是年龄对反应时的影响，普通学生的简单反应时、简单动作时、选择反应时、选择动作时、简单应答时和选择应答时从 6 岁至 21 岁随着年龄的增长而逐渐缩短，说明反应时与年龄因素关系密切。在 25 岁之前，随年龄增加反应速度加快的趋势尤为明显。因此，在评定不同运动项目、不同运动水平的运动员的反应速度时，如果被试的年龄不同，则应当将年龄作为协变量（与因变量具有线性相关关系的连续型或非连续型变量）做协方差分析。因为一般来说，运动技术水平是随运动训练年限的增加而提高，反应速度也随生物年龄的增长而提高(25 岁前)。在分析运动技术水平与反应速度的关系时不控制年龄因素,显然是缺乏解释的唯一性的,即无法排除控制年龄因素之后反应时中运动水平的差异将不复存在的可能性。

第三是运动水平对反应时的影响,研究发现同项目运动水平差距越大时,与反应时间的关系的可能性也随之加大。运动水平差距越小,这种关系的可能性就越小。例如第二十二届莫斯科奥运会上,男子 100 米决赛的 8 名运动员中,获得金牌的艾伦危尔斯的起跑时,蹬离起跑器的反应时间是 0.193 秒,是 8 名运动员中最慢的一个,因此对于运动水平相近的团体要发现比赛成绩与反应时间的相关,是很不容易的。总的来说,是将根本未经训练的普通人、一般水平运动员和优秀运动员均纳入比较范围,还是仅在优秀运动员小群体范围内进行比较,意义大不相同,可能会产生完全不同的结果。此外是否能发现运动水平与反应时间的相关关系,还受到反应时的类别影响。在简单反应时上发现了这种关系(邱宜均、贝恩渤,1984),不等于在复杂反应时上也一定可以发现这种关系(张力为、毛志雄,1994),因为这两种反应过程在信息加工方面有巨大差异,运动员在利用已有经验方面也有明显不同。

第三节　反应时敏感期窗口特征研究

儿童生理学、儿童心理学和儿童教育学均表明,在人体的九大系统中,脏器和感官之间的发育也不平衡。神经系统先发育,大脑和神经的发育早于其他器官,功能方面的发育也领先于其他器官,这为儿童少年反应时的测量与评价找到依据,也为反应时敏感窗口期的研究奠定了基础。目前幼儿早教盛行不衰与此有关。

儿童青年少年由于各个器官系统发展的程度有所不同，性别和发育阶段差异，以及遗传和环境的作用，其各项身体素质，在某一生长发育期中，生长发育速度较快，机体对外界环境因素的影响最敏感，此时是选材和训练的大好时机，常称为运动素质最佳敏感期和最佳发展期。在最佳敏感期的适宜训练刺激将会对此项运动素质的快速提高起到事半功倍的作用，早于或晚于敏感期的训练，其效果会大大降低，且某些运动素质早于敏感期的训练，还可能会给儿童身体带来伤害，从而缩短运动员运动寿命。本节将对国内外反应时敏感期研究进行总结与分析。

一、简单反应时的敏感窗口期特征

简单反应时间是指一个单一刺激（例如：光、声音）与被试做出单一反应（按下电键或放开电键）之间的最短的延迟时间。蔡广等对上海市青少年运动员简单反应时进行了研究，研究对象为上海市各区、县三线运动员和上海市二线运动员，年龄为 7～17 岁，总体测试样本为 11 254 人，其中男子 6 152 人，女子 5 102 人。测试仪器为上海体育科学研究所选材研究中心研制的 psytech 心理实验系统，包含控制电脑一台、心理软件一套、脚踏板一对、手控面板一个。眼手光反应：受试者呈坐位，用优势手拇指轻按在手控面板按键上，注意力集中，注视屏幕上的小灯或图形，当出现亮点（红灯）后，立刻用手按键，反应越快越好，单位为毫秒（ms）。耳脚声反应：受试者呈坐位，脚轻放在踏板上，戴上耳机，注意力集中，当听见声响时，立刻用脚踩踏板，反应越快越好，取平均值，单位为毫秒（ms）。眼手光反应和耳脚声反应都属于简单反应时，眼手反应反映的是视觉反应，耳脚声反应反映的是听觉反应，它们都主要受先天遗传的影响，后天改变小。图 10－6、图 10－7 分别是男女眼手光反应变化趋势情况：从图 10－6 中可见，男子光反应数值大趋势是随着年龄增长呈现下降趋势，但在年龄最后阶段,即 15 ~ 17 岁呈现上升趋势。从图 10 - 7 中可见,女子整个年龄段,光反应数值均呈现下降趋势。从拟合趋势线看,男女在 15 岁以前光反应时数值都是下降趋势,15 岁以后拟合趋势线变平坦,也就是反应时数值基本稳定不变。另外通过拟合曲线变化可见,男女光反应数值在 10 岁之前变化幅度最快,在 10 ~ 15 岁之间变化趋缓,15 ~ 17 岁趋于稳定。以上眼手光反应的变化趋势反应了青少年视觉反应年龄规律,随着年龄的增大,视觉反应变化呈现加快的趋势,在 10 岁之前变化幅度最快,10 ~ 15 岁变化幅度逐渐趋缓,15 ~ 17 岁变化趋于稳定,也就是视觉反应速度不再发生变化。

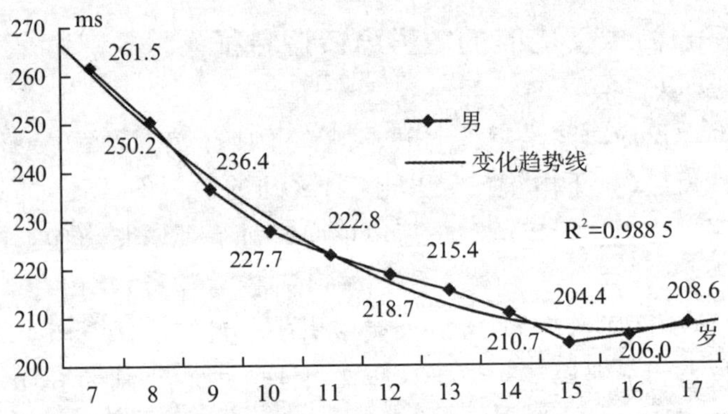

图 10 - 6　不同年龄组青少年运动员眼手光反应变化曲线图

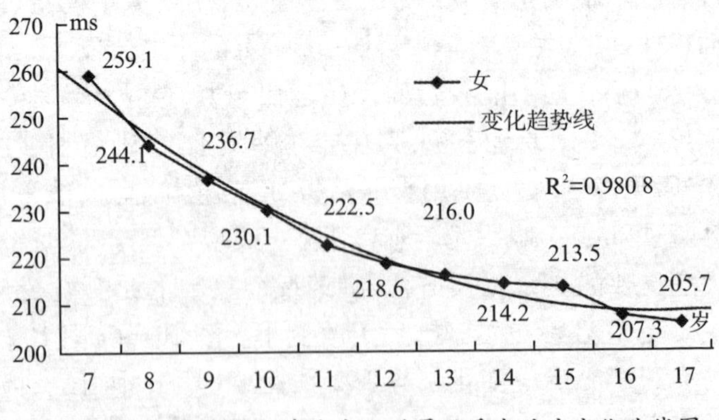

图 10 - 7　不同年龄组青少年运动员眼手光反应变化曲线图

图 10－8、图 10－9 分别是男女耳脚声反应变化趋势情况。从图 10－8、图 10－9 中可见，男女在 9 岁之前，声反应数值都呈现快速下降趋势，但是在 9～10 岁之间男女均出现平台现象，声反应变化趋缓，10 岁以后又开始呈现下降趋势。从拟合趋势线看，男女声反应数值在 15 岁之前变化幅度最快，而 15 岁以后变化趋缓，但是相对于光反应 15～17 岁趋于稳定，声反应在 15～17 岁之间并未出现稳定现象，还是呈现下降趋势。耳脚声反应以上的变化趋势反应了青少年运动员听觉反应年龄规律，随着年龄的增大，听觉反应也是呈现加快的趋势，在 9 岁之前变化幅度较快，9～10 岁

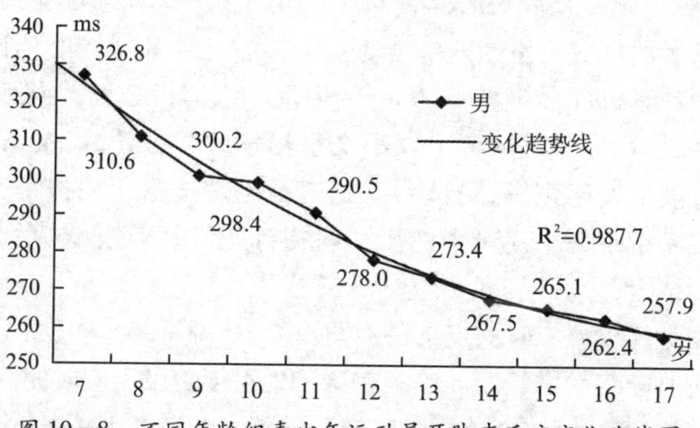

图 10－8 不同年龄组青少年运动员耳脚声反应变化曲线图

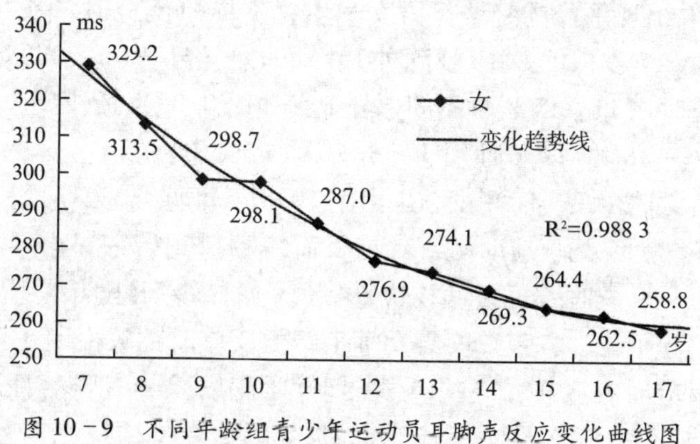

图 10－9 不同年龄组青少年运动员耳脚声反应变化曲线图

之间变化趋缓,10～15岁以后变化幅度又开始加快,15～17岁以后变化趋缓,但是并未表现出稳定。

陈容等对沈阳市3所学校的大、中、小学学生共1 200人也进行了视觉和听觉简单反应时的测定,年龄为7～21岁,其中男生592人,女生574人,测试仪器为用自编反应时测试软件系统,本软件用Delphi语言编写,在Win98操作系统下运动。软件带有专用多路测试接口和无声按键,可供8人同时测试,也可用鼠标单人测试。光反应测试方法:8人同时测试,受试者距计算机屏幕0.8～1.0 m,使用优势手拇指按键。当计算机屏幕上出现阳性信号时(红色圆圈),受试者立即按下手中按键,计算机自动记录每个受试者的反应时指标ms。声反应测试方法:8人同时测试,受试者距计算机屏幕0.8～1.0 m,使用优势手拇指按键。当测试进入准备过程,计算机屏幕上显小文字提示的静音图片,准备结束后系统随机发出声音,受试者听到声音迅速按下手中按键,由计算机自动记录每个受试者的反应时指标,经过实验测试后,开始正式测试,反应时记录单位为ms。

视觉简单反应时测定结果由图10－10可见,大、中、小学生平均反应时随年龄增长而加快。在7～12岁年龄段反应时曲线下降速度较快,13岁开始减慢,以后随年龄增长反应时曲线变化逐渐减小,并出现平稳的趋势。男女学生视觉简单反应时,平均反应时在8～17岁(10岁、16岁除外)性别间差异显著($P<0.05$),最慢反应时在11～15岁性别间差异显著($P<0.05$),最快反应时在8～11岁、16岁、17岁性别间差异显著($P<0.05$)。

听觉简单反应时测试结果由图10－11可见,7～21岁学生听觉反应时的平均反应时随年龄增长而缩短,其中7～13岁年龄段各项听觉反应时缩短速度较快,14岁开始减慢、并随年龄增长而逐渐趋于平稳。各年龄段男女学生听觉反应时比较由图5可见,平均反应时在8,11,13～16岁男、女学生间差异有显著性($P<0.05$或$P<0.01$);最慢反应时在13～16岁,20岁男、女学生间差

异有显著性（P＜0.05 或 P＜0.01），最快反应时在 8 岁、10 岁、14～16岁时，男、女学生间差异有显著性（P＜0.05）。

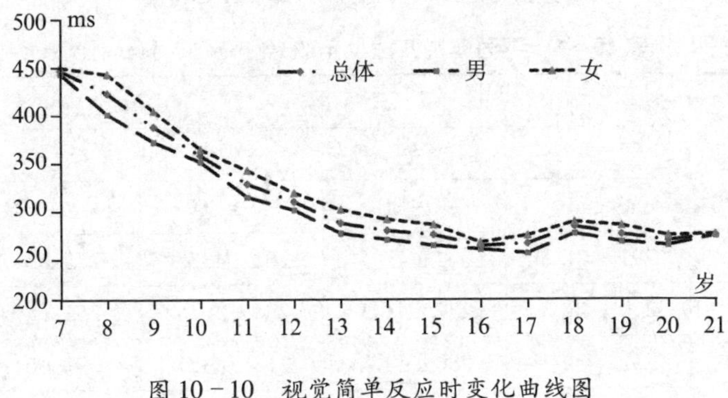

图 10－10　视觉简单反应时变化曲线图

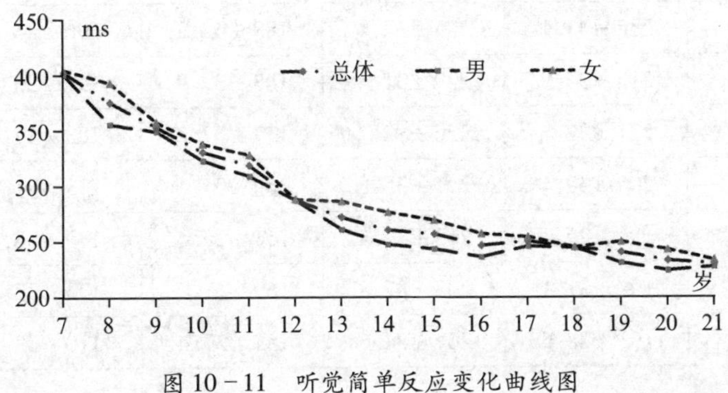

图 10－11　听觉简单反应变化曲线图

在上世纪末，我国体育科学工作者也对简单反应时的敏感期进行了研究。赫葆源研究发现：在人的整个发展过程中，25 岁之前反应速度随着年龄增加而逐渐加快。学前期幼儿反应时不稳定，7～8 岁学龄期儿童反应时缩短的趋势比较明显，并开始稳定起来，25～60 岁反应时逐渐加长。曾凡辉、王路德、邢文华的研究（1992），我国儿童少年的光、声简单反应时在 7～17 岁年龄阶段随年龄增长成绩不断提高（见表 10－1），男女均在 14 岁以前成绩提高最快，各年龄组间差异显著，15 岁以后显著性差异消失趋向稳定。提高幅度最大的时间是在9~10岁,这可能与神经系统的发育与神经通道髓鞘化的完善有关,这一结果提示,在9~10岁进行和反应时有关的速度训练,可望获得最大效果。

表10-1　不同年龄儿童少年的光/声反应时(ms)

年龄(岁)	光反应		声反应	
	男	女	男	女
	M±SD	M±SD	M±SD	M±SD
7	291±44.3	304±47.5	262±43.5	275±58.5
8	270±48.0	277±41.1	234±50.8	252±40.3
9	252±44.7	280±54.8	214±43.7	231±61.9
10	231±41.4	245±41.9	193±37.1	210±53.4
11	230±41.1	235±37.4	188±42.2	196±44.3
12	215±34.9	229±31.4	183±32.9	191±33.9
13	211±32.2	226±32.7	177±37.2	183±37.2
14	205±30.1	211±35.8	169±31.4	179±41.7
15	196±29.1	213±34.4	161±25.4	175±38.6
16	197±31.1	203±37.8	169±31.9	173±33.1
17	193±28.5	204±34.6	158±27.4	170±33.3

以上对简单反应时发育特征研究现状进行了综述,从中可以总结出以下几点规律。

第一,是所有的研究都发现的一致性的规律是:反应时是随年龄增长而逐渐加快,在成年某个年龄又逐渐延长。陈蓉研究结果表明,儿童青少年视觉简单反应时和听觉简单反应时随年龄增长逐渐加快,在大、中、小学生间差异非常显著(P<0.01)。曾凡辉、王路德、刑文华(1992)研究发现,我国儿童少年的光、声简单反应时在7~17岁年龄阶段随年龄增长而不断提高。在蔡广的研究中也出现同样的声反应和光反应随年龄变化的规律。出现这

样的规律是因为随着年龄的增长大脑功能逐渐完善，心理功能加强，反应时逐渐加快。儿童脑电图的研究也表明儿童大脑是随年龄的增长而发展，15 岁时达到成人水平。

第二，关于简单反应时性别差异，以上研究结果显示同年龄段男性简单反应时快于女性。根据曾凡辉的研究，在 7 ~ 17 岁年龄段，除了在反应时的个别项目和个别年龄组以外，绝大部分数据显示男子的简单反应时、声反应时均优于女性。陈蓉研究结果表明，7 ~ 21 岁大、中、小学生视觉简单反应时男性快于女性，平均反应时在 8 ~ 17 岁（10 岁、16 岁除外）性别间差异显著（$P < 0.05$），最慢反应时在 11 ~ 15 岁性别间差异显著（$P < 0.05$），最快反应时在 8 ~ 11 岁、16 岁、17 岁性别间差异显著（$P < 0.05$）。该研究认为视觉简单反应时性别差异，是由于儿童青少年在生长发育过程中发育速度、发育水平不同所导致，还是由于其他原因尚有待于进一步探讨。但也有研究认为简单反应时性别差异是由于大脑功能发育具有不对称性。一般认为，右脑半球对空间信息加工具有更多功能，左脑半球对语言信息加工具有更多功能。随着年龄增长，这种功能不对称的现象更加明显，并且出现男、女性在大脑两半球功能和反应部位上的差异。国外有报道，在各年龄组中，男性反应速度快于女性，差异有显著性。

第三，简单反应时的发育敏感期。在曾凡辉、王路德等《运动员科学选材》中光反应时明显快于声反应时，但他们年龄变化规律上基本一致，男女均在 14 岁以前增长明显，各年龄组之间存在明显差异（$P < 0.05$），14 岁以后，各年龄组之间无显著性差异，趋向稳定。蔡广研究中眼手光反应和耳脚声反应总体趋势也是基本相同，但是具体各年龄段，两者之间还是有一定的差异，声反应时在 9 ~ 10 岁之间有平台现象，而光反应没有，另外光反应在 12 岁以前变化比较快，而声反应在 15 岁以前变化比较快，15 岁以后光反应时趋于稳定，而声反应并未表现出稳定趋势，声反应快速增长阶段也比曾凡辉等报道要推后一年。上世纪 90 年代，谢燕群

运动员选材学中引用了法尔费利《运动生理学》中反应速度与年龄关系材料，该研究表明：在2～3岁时反应的潜伏时间为0.5～0.90秒，而在5～7岁时反应的潜伏时间就缩短到0.30～0.40秒，到13～14岁，运动反应潜伏时间已到达0.15～0.20秒，基本上接近成人水平；此外在不同的年龄阶段，运动反应潜伏时间的缩短速度也是不同：9～11岁以前，运动反应潜伏时间的缩短速度很快，在这以后，缩短速度逐渐放缓，特别是在13～14岁之后，缩短速度就更慢。蔡广研究中视觉反应发育趋势与谢燕群报道基本一致，但是加速期和稳定期时间点均往后推迟一岁，研究中认为可能是视觉反应发育长期变化结果。

二、选择反应时的敏感窗口期特征

选择反应时是指有两个或多于两个的刺激和两个或多于两个的反应。每个刺激都有自己独特的反应。在选择反应的过程中，几个甚至更多的刺激物都有可能出现，相应的应答动作也有多个，应答者事先并不知道实际要出现的是什么刺激物，也不知道要以什么样的动作去应答。运动学中方位反应测试就是选择反应时的一种，其测试方法是：受试者坐在显示器屏幕前，手和脚按、踏在同侧上下的开关键上。当屏幕右(左)上(下)角出现随机的圆形信号(或图形)时，同侧的手(脚)即按(踏)开关键，以迅速消除圆形或图形，出现24次信号为一组，测两组，取时间最短的一组，并记录出错率，如图10－12所示，单位为秒。

近十多年来，上海市各区、县每年定期开展大规模三线青少年运动员选材测试工作，上海体育科学研究所选材研究中心每年都定期开展二线优秀运动员的年度追踪测评工作。在这些测试中，部分项目的运动员都进行了方位反应测试，本研究对此进行了统计分析，结果如下图10－13、图10－14。从图中可见男女方位反应时间数值是随着年龄增长而减小，从拟

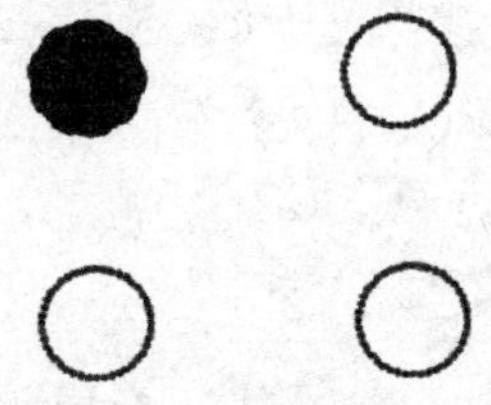

图 10－12　选择反应测试

合趋势线看男女方位反应时间数值在 15 岁以前均呈现下降趋势，15 岁以后趋势线变平坦，方位反应时间数值保持稳定。反应时间数值变化速度在 12 岁以前变化较快，12～15 岁之间变化趋缓，15 岁以后基本保持不变。方位反应时间数值变化趋势反应了辨别反应时年龄规律，辨别反应时随着年龄增长而加快，在 12 岁以前发展速度最快，12 岁到 15 岁发展速度减缓，15 岁以后基本趋于稳定。

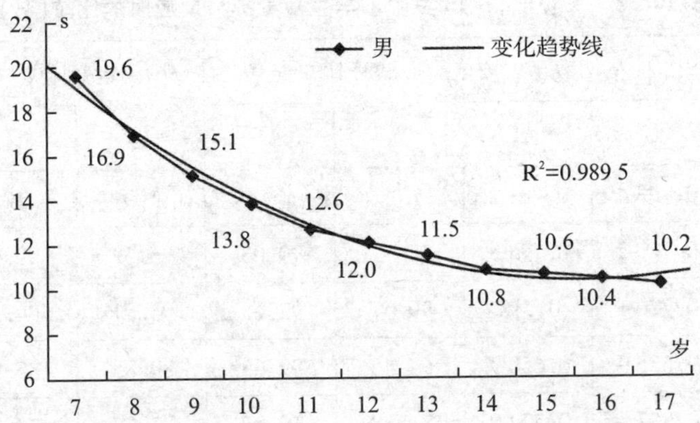

图 10－13　不同年龄组青少年运动员方位反应最优组时间变化曲线图

支二林对长春市中小学生视觉选择反应时的动态分析比较研究，研究对象是长春市在籍中小学生 900 人，采取随机抽样方法，抽取 7～15 岁 9 个年龄段的学生，每个年龄段男女生各 50 人。视觉选择反应时测试仪器是北京大学生产的 13D－Ⅱ－510A 型反

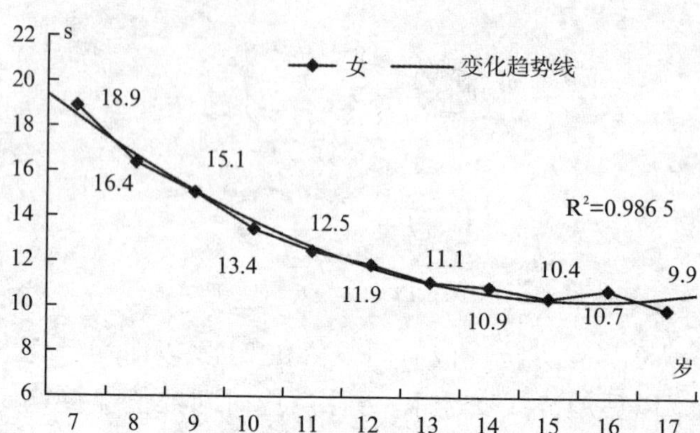

图 10－14　不同年龄组青少年运动员方位反应最优组时间变化曲线图

应时测试仪，方法是按视觉选择反应时的实验操作过程让研究对象连续接受10次不同颜色的信号刺激，对其反应时间进行记录。其研究结果见表10－2。

表10－2　长春市7～15岁中小学生视觉选择反应时的比较(秒)

年龄	平均数		环比%		定基比%	
	男	女	男	女	男	女
7	0.763 4	0.761 2			100	100
8	0.729 2	0.753 8	95.52	99.03	95.52	99.03
9	0.726 1	0.718	99.57	92.25	95.11	94.32
10	0.685 9	0.650 9	94.46	89.65	89.85	85.51
11	0.557 5	0.572 9	81.28	88.00	73.03	75.26
12	0.532 5	0.561 3	95.52	97.98	69.75	73.74
13	0.518 9	0.546 5	97.45	97.36	67.97	71.79
14	0.507 3	0.507 4	97.76	92.85	65.98	66.66
15	0.524 8	0.510 2	103.45	100.55	68.75	67.03

从表10－2可以看出10～11岁男生视觉选择反应速度变化明显。10岁男生视觉选择反应时平均为0.6859秒，而11岁男生为0.5575秒，二者相差0.1284秒。10～11岁男生视觉选择反应时的环比为81.28%，根据环比值小于90%为学生视觉选择反应速度快速变化期，可以认定10～11岁期间是男生视觉选择反应速度的发展敏感期。从表可知，9～11岁期间女生视觉选择反应速度变化明显，视觉选择反应时分别为0.7180秒、0.6509秒、0.5729秒，9～10岁的环比为89.65%，10～11岁的环比为88.00%，其数值都小于90%。因而可以认定9～11岁是女生视觉选择反应速度的快速变化期。由以上分析可知，长春市中小学男生的视觉选择反应速度的快速变化年龄段比女生短，女生9岁就进入快速变化期，而男生10岁才开始进入快速变化期。

从表10－2还可以看出，无论是男生还是女生，在14～15岁期间出现了视觉选择反应速度的负增长现象，且男生的视觉选择反应时的负增长幅度大于女生。男生视觉选择反应时的负增长幅度为0.0175秒，女生为0.0028秒，二者相差男女生负增长幅度变化的0.0147秒，说明男生选择反应速度负增长幅度大于女学生。14～15岁男女生视觉选择反应速度负增长变化原因还需进一步研究。

曾凡辉等也对普通青少年学生的方位反应时进行了研究，方位反应时男女总体趋势随着年龄增长，数值都呈下降趋势。男子在14岁以前年变化幅度较大，14岁以后变化幅度减小。女子12岁以前变化幅度较大，12～13岁变化幅度减小，随后又增大，女子在12～13岁年龄段出现这样的结果可能与抽样误差有关。男女在15岁以后变化趋势均变缓。

表 10－3　不同年龄儿童少年方位反应时变化(秒)

年龄(岁)	男	女	增长幅度	
	M ± SD	M ± SD	男	女
7	25.92 ±5.39	25.3 ±5.90		
8	22.54 ±4.83	22.8 ±4.90	−3.38	−2.5
9	20.24 ±4.18	21.3 ±6.10	−2.3	−1.5
10	18.04 ±4.56	18 ±4.40	−2.2	−3.3
11	16.44 ±4.34	16.9 ±4.30	−1.6	−1.1
12	15.37 ±2.7	16.5 ±3.70	−1.07	−0.4
13	14.1 ±2.49	15.4 ±3.20	−1.27	−1.1
14	13.81 ±2.63	14.7 ±3.90	−0.29	−0.7
15	12.97 ±2.17	13.9 ±2.50	−0.84	−0.8
16	12.75 ±2.22	13.7 ±2.60	−0.22	−0.2
17	12.39 ±2.26	13.5 ±2.60	−0.36	−0.2

从以上三者研究可见,选择反应时发育均随着年龄增长而呈现加快趋势,而且都存在快速增长期。在蔡广和曾凡辉等研究中,可能由于两者选择反应时测试方法基本一致,因此最终选择反应时年龄变化特征也基本一致,选材反应时发育无性别差异,但是由于两者的研究对象时代差异,其选择反应时快速增长期时间节点有一定的差异。蔡广的研究中选择反应时快速增长期比曾凡辉结果要提早 1 年左右。在支二林等在长春市中小学生视觉选择反应时的动态分析比较研究中,男女视觉反应速度快速增长期存在性别差异,选择反应时快速增长期也只在某个年龄段,与前两者研究结果有差异,导致差异原因可能有两个方面,一个是由于选择反应时测试方法的差异,第二个方面可能是由于样本量的差异,在蔡广研究中总体样本量和每个年龄段样本量远远大于支二林研究。

三、辨别反应时的敏感窗口期特征

辨别反应时是指有两个相互有差别的刺激，要求被试只对其中一个反应，而禁止对另一个刺激反应。运动学中综合反应时就是辨别反应时，其测试方法如下：受试者呈坐位，双眼注视屏幕上的图形，注意力集中，双手分别按在手控面板同侧按键上，双脚踏在同侧的踏板上。屏幕有 6 幅图形（见图 10－15），每个图的四个角上各有一个圆圈，左上角对应左手键，右上角对应右手键，左下角对应左脚键，右下角对应右脚键。当受试者准备好时，按任意键即开始记时，每副图形从实心圆圈开始，顺着线条标记方向往下做，要求在做对的前提下，完成速度越快越好，测试时，先试做一组，然后正式测试后 7 组，最终记录 7 组中最快的一组，为最优组成绩，同时记录同组的错误次数，单位为秒（s）。

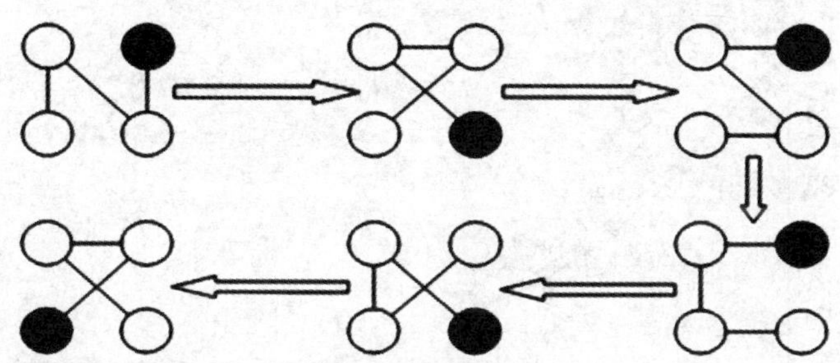

图 10－15　综合反应测试示意图

蔡广在上海市青少年运动员反应时研究中探讨了综合反应时发育特征。其测试对象前文已有介绍。图 10－16、图 10－17 即是男女青少年运动员完成综合反应时间的变化曲线图。从图中可见男女综合反应时间数值也是随着年龄增长而减小，从拟合趋势线看男女综合反应时间数值在 15 岁以前均呈现下降趋势，15 岁以后趋势线变平坦，综合反应时间数值保持稳定。综合反应时间数值变化速度在11岁以前变化较快，11~15岁之间变化趋缓，15岁以后基本保持不变。综合反应时间数值变化趋势反应了辨别反应时年龄规律，辨别反应时随着年龄增长而加快，在11岁以前发展速度最快，11岁到15岁发展速度减缓，15岁以后基本趋于稳定。

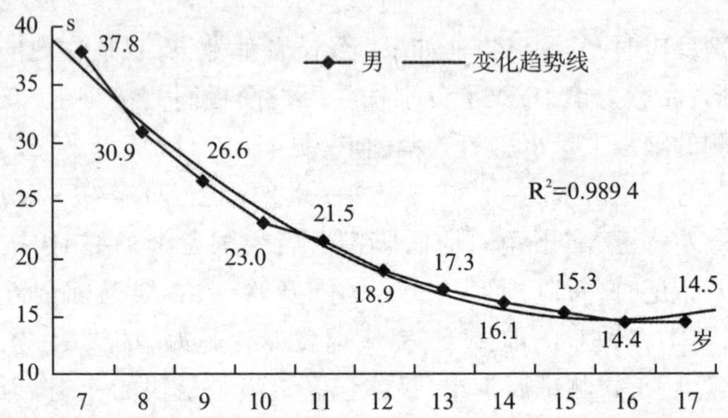

图 10-16　不同年龄组青少年运动员综合反应最优组时间变化曲线图

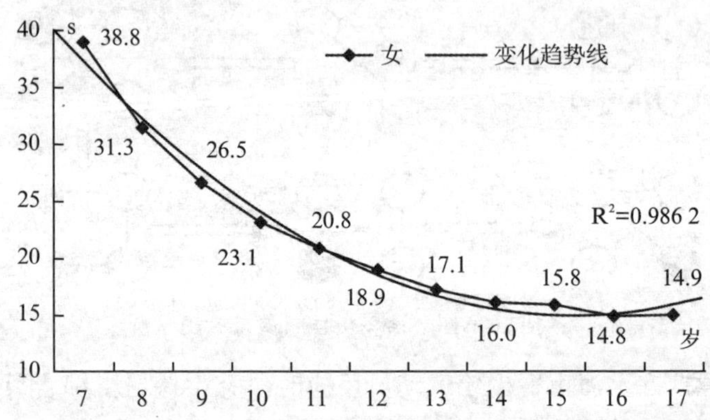

图 10-17　不同年龄组青少年运动员综合反应最优组时间变化曲线图

曾繁辉、王璐德、邢文华等所著的《运动员科学选材》中也用同样的测试方法对运动员综合反应时进行了研究，从研究结果中可见（见表10-4），综合反应时也是随着年龄成加快趋势，且随着年龄的增长，其变化幅度有明显缩小的趋势。无论男女在14岁之前变化较快,14 岁以后变化减缓,15 岁后变化趋于稳定,且差异显著性消失,趋向稳定。在蔡广研究中,综合反应数值随年的变化趋势基本与曾凡辉研究结果一致。

表 10－4　不同年龄儿童少年综合反应时变化(秒)

年龄(岁)	男	女	增长幅度	
	M ± SD	M ± SD	男	女
7	43.1 ±12.5	47.3 ±10.8		
8	37.3 ±8.7	38.9 ±10.8	－5.8	－8.4
9	34.2 ±7.9	35.5 ±9.1	－3.1	－3.4
10	29.2 ±7.5	29.8 ±7.9	－5	－5.7
11	27.1 ±5.2	27.9 ±7.4	－2.1	－1.9
12	25.3 ±5.2	25.8 ±5.9	－1.8	－2.1
13	22.1 ±5.4	24.8 ±5.2	－3.2	－1
14	20.7 ±4.8	22.7 ±5.5	－1.4	－2.1
15	19.8 ±4.8	22 ±5.0	－0.9	－0.7
16	19.2 ±4.5	21.2 ±4.8	－0.6	－0.8
17	18.3 ±4	21.2 ±5.9	－0.9	0

四、反应时敏感窗口期及百分位数曲线图

反应时在青少年运动员选材过程中,也是教练员或者科研人员特别注重选材指标,体育科研工作者在此方面也产生了大量的成果,上文也对反应时在竞技体育中的研究现状进行综述,影响反应时主要因素有运动项目、年龄因素、运动水平等等。作为青少年运动员选材更关注是反应时发展一个敏感期过程,只有研究清楚反应时的发展敏感期,才能在选材和育才过程中抓住敏感期

进行选拔和训练，从而使青少年运动员反应能力得到充分发挥，最终为运动水平的提升打下坚实基础。

本节已对简单反应时、辨别反应时、选择反应时敏感期特征研究进行了全面的总结回顾，从这些研究中可见，虽然都是同样的反应时研究，由于研究对象、测试方法、实验仪器、实验的时间等方面的差异其最终的结果均有一定的差异。为了更好使反应时敏感期服务于教练员的实践训练，本节以体育领域最新的研究为资料为基础，运用曲线图的方式总结以上三种反应时敏感期变化窗口及百分位数曲线图，为教练员提供训练提供参考。以下曲线作图均为上海体育科学研究所选材研究中心采集的最新数据，绘制各类反应时的百分位数图。

1. 简单反应时敏感窗口期及百分位数曲线图　从前面三种反应时的变化特征看，反应时随着年龄增长呈加快的趋势，为了能得到正值的变化差值率，其差值率均为去年的均值减去今年的均值。图 10－18 为简单反应时差值率变化曲线图。从图中可见，男女均在 10 岁前表现出简单反应时差值率成较快的下降趋势，10～15 岁变化趋缓。男女在 15 岁左右虽然都有所上升，但是很快又开始下降，因此认为 10 岁以前为男女简单反应时的敏感期窗口期，也是简单反应时训练最佳时期。图 10－19 和图 10－20 为男女简单反应时百分位数曲线图，对应的曲线分别为 P0.5、P2、P10、P25、P50、P75、P90、P98、P99.5 百分位数。男子 9 个位置百分数曲线图变化较为一致，女子在 P98 和 P99.5 整年龄段下降趋势不是很明显，可能与数据变异有关，根据此图可以大致评定儿童青少年简单反应时所处的位置及水平。

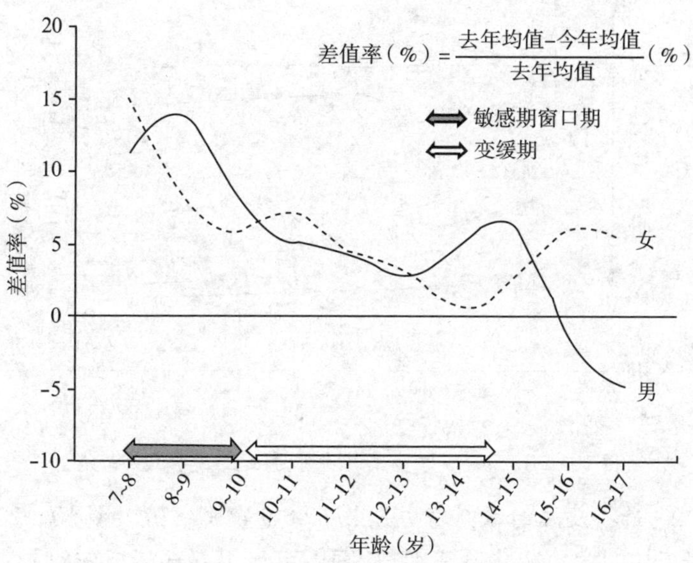

图 10－18　简单反应时年变化速率曲线

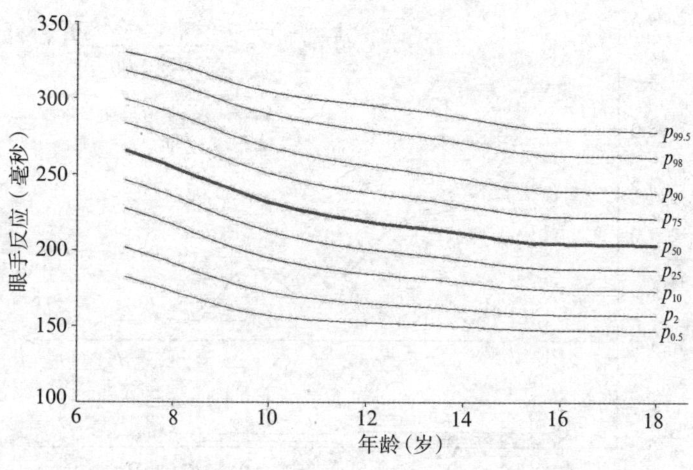

图 10－19　7～17 岁男青少年眼手反应百分位数曲线

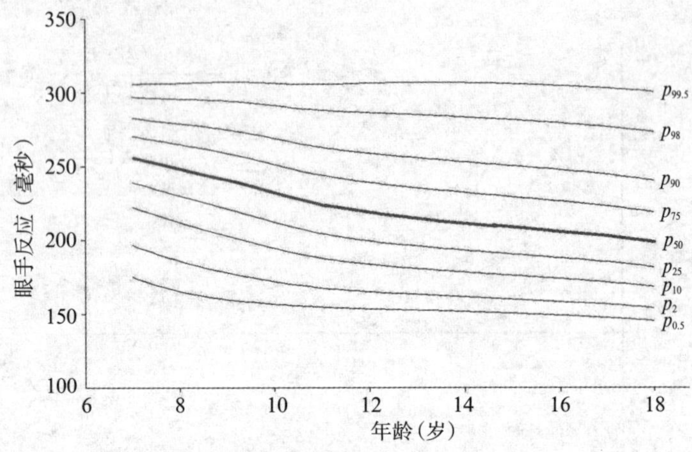

图 10－20　7～17 岁女青少年眼手反应百分位数曲线

2. 选择反应时敏感窗口期及百分位数曲线图　图 10－21 为选择反应时窗口变化曲线图，从图中可见男女选择反应时趋势基本一致，随着年龄增加其差值率减小，也就是其变化趋势减缓。

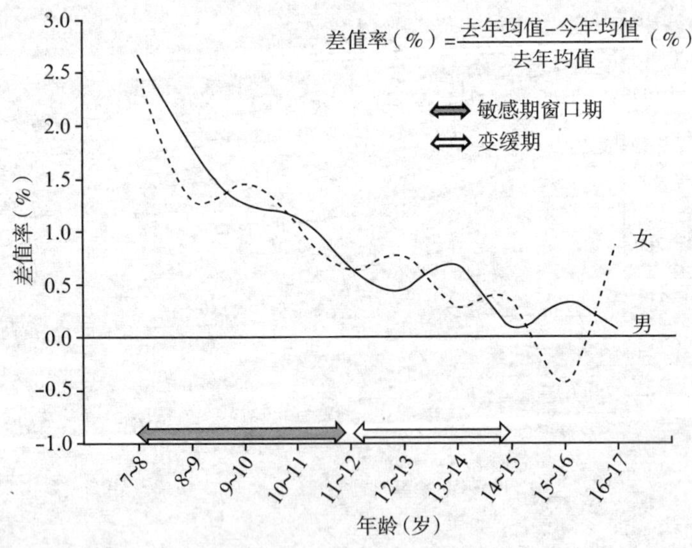

图 10－21　选择反应时年变化速率曲线

在12岁以前每年变化率都在0.5 s以上,特别是在青春发育前期,差值率变化最大,都在1 s以上,12～15岁趋缓。这些趋势说明男女选择反应敏感期窗口都是在12岁以前,无性别差异。这些提示教练员对于选材反应时训练应该在12岁以前。图10－22、图10－23为选择反应时百分位数变化曲线图,从图中可见男子9个百分位置曲线变化规律基本一致,女子P0.5在小年龄段呈现上升趋势,10岁以后趋势与其他位置基本一致,造成这样的原因可能也是与样本数据变异有关。教练与可以根据百分位数变化曲线图来评估青少年运动员选择反应时水平。

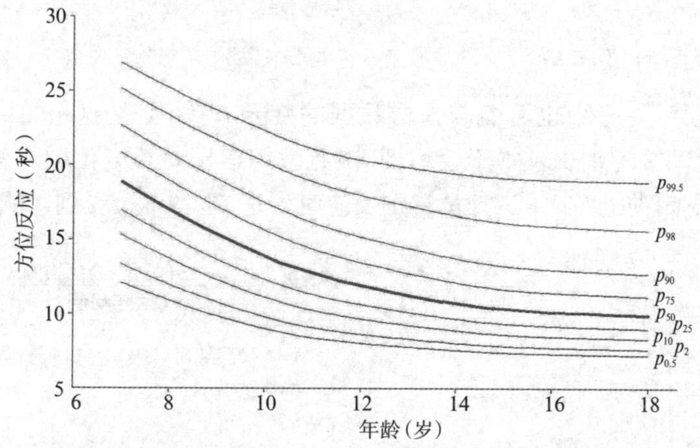

图10－22　7～17岁男青少年选择反应时百分位数曲线

3. 辨别反应时敏感窗口期及百分位数曲线图　图10－24为辨别反应时年变化速率曲线图。从图中可见7～8岁间变化速率最大,随后年变化值逐渐减小,男女都在10～11岁左右呈现明显的拐点,随后变化率的趋势变缓直到14～15岁,此后基本不变。辨别反应时年变化率的趋势反应了其敏感期窗口在11岁以前,男女也无性别差异,教练员应抓住此敏感期进行针对性的训练。图10－25、图10－26为辨别反应时百分位数变化曲线图,男女变化规律基本一致,在P0.5百分位数在9岁以前呈现上升趋势,与整

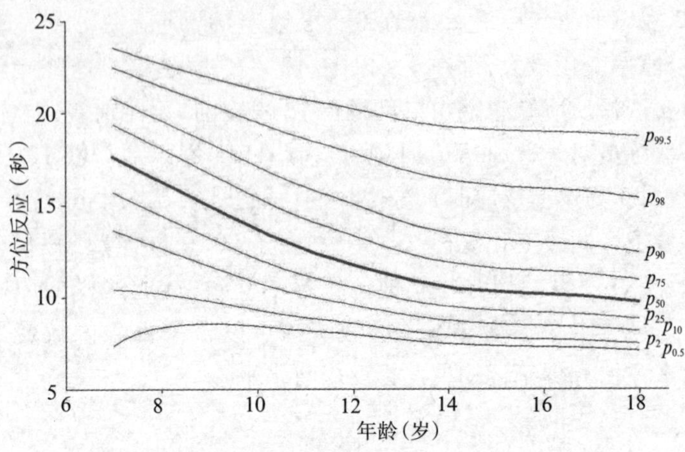

图 10－23　7～17 岁女青少年选择反应时百分位数曲线

体规律不一致,也可能与采样数据的变异有关,但是这个百分位数运动员评估中基本不会用到,因此教练运用此百分位数变化曲线图来评估青少年运动员辨别反应时水平,基本不会受到影响。

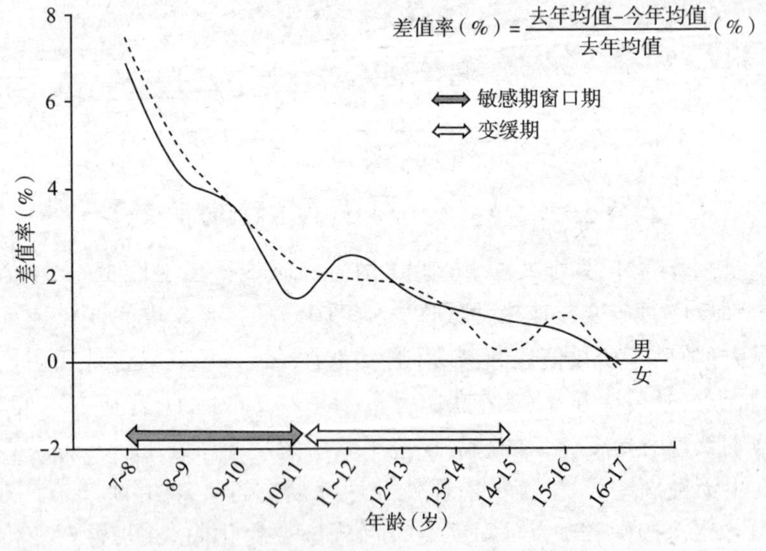

图 10－24　辨别反应时年变化速率曲线

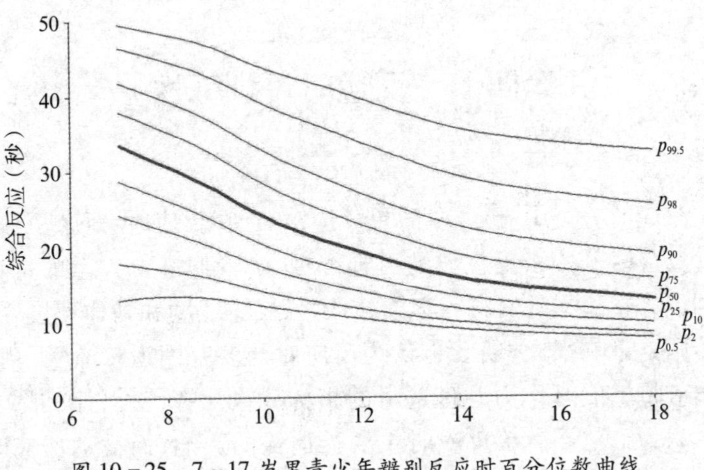

图 10－25　7～17 岁男青少年辨别反应时百分位数曲线

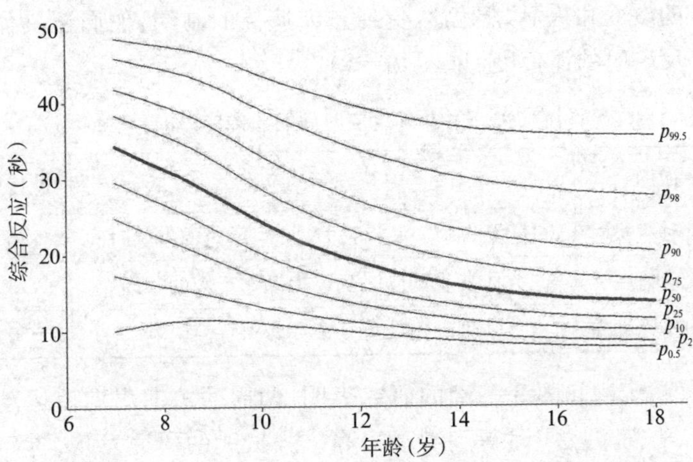

图 10－26　7～17 岁女青少年辨别反应时百分位数曲线

第四节　反应时可训练性

反应时分类中,包含了简单反应时、选择反应时、复杂反应时三种反应时。关于反应时的可训练性,学者们进行大量的探讨,亦阅读大量的文献资料。李志林认为,反应速度和动作速度受到遗传因素影响很大,墙壮也认为反应时与多基因遗传有关,由此提出应将反应时作为心理选材的指标。曾凡辉、王路德、邢文华等人认为,声、光简单反应时主要受遗传的影响,而被动反应时、综合反应时受技术与熟练程度的影响,经过后天的训练能有一定程度的改变和提高,但仍然受到先天遗传的制约,他们还具体报道了反应时的遗传度(见表10-5)。

表10-5　几种反应时间的遗传度(%)

指标	曾凡辉等的定义	遗传度
反应时潜伏时	人体受到刺激后神经过程产生反应的潜伏时间	86
反应速度	人体从受到刺激到产生动作反应的时间	75
动作速度	受到动作技巧复杂性和熟练性影响	50

但是,柳起图和韩潮的研究表明,两周的短期集训使运动员的视、听简单反应时得到明显提高。张聚武的研究发现,青年女排运动员的上下肢定位操作反应时受短期训练影响较大。曾振毫的研究也提示,短期乒乓球训练可显著提高运动员的复杂反应时(但不能提高简单反应时)。因此如果反应时极易受环境(训练)影响,将它作为重要心理选材的指标的意义就会降低。

以上学者关于反应时的可训练性似乎得出了不同的结论,但是这些结论如果从反应时产生的结构上分析,这些结论也许看上去又会统一。上世纪50年代,日本学者猪饲道夫应用肌电图的方法,把反应时分为两部分:第一部分是从刺激开始到肌肉同步放电的一段时间;第二部分是从同步放电开始到肌肉机械运动开始的一段时间。1965年,AlfredWeiss又提出将反应时划分成前反应时(PMT)和动作时(MT),前者为从刺激开始到肌肉产生动作电位的这段时间,后者又称电机械延迟(EMD),即肌肉兴奋产生动作电位到开始产生收缩变化的这段时间。前反应时主要与感受器的和中枢延搁有关,而动作时主要条件反射的巩固程度有关。在简单反应时中,由于不涉及到复杂动作,所以更多前反应时,也就是主要与感受器有关。而复杂反应中,由于涉及辨别思考等因素,所以如果是固定测试,那么通过一定的时间训练,条件反射巩固加强,中枢延搁缩短,那么动作反应时必然会加快。因此可以认为受神经系统功能影响较大的简单反应时间受遗传影响较大一些,而受肌肉运动功能影响较大的动作反应时受训练影响较大一些,而集简单反应时间、分析判断选择时间和肌肉运动时间为一体的动作反应时间受遗传影响的程度应介于简单反应时间和动作时之间。因此在一些学者研究中认为动作复杂程度较高的反应时,其可训练性就会较大,而动作简单,辨别也简单的反应时可训练性就会较小。

第五节　反应时敏感窗口期的选育结合实践应用

不同项目选择各自的反应时指标,譬如田径径赛项目、游泳、场地自行车等项目等选择简单的声反应时,拳击、球类、射击等项目选择简单的光反应时,守门员、飞碟、格斗等项目选择视动反应、选择反应时,不管大球类足篮排项目还是小球类乒羽项目均选择复杂反应时,主要有综合反应,选择反应,甚至记忆等指标。

研究表明,少年儿童反应时存在敏感窗口期,详见儿童少年反应时评价图 10－18、图 10－21 和图 10－24。上海体育科学研究所选材研究中心根据相关数据绘制了反应时百分位图(见图 10－19、图 10－20、图 10－22、图 10－23、图 10－25 和图 10－26)。

简单反应时,选择反应时,辨别反应时是运动能力中三种最基本,也是非常重要的运动心理指标,几乎所有运动项目都需要,教练员和科研人员都非常重视,以上诸多研究显示简单反应时,选材反应时,辨别反应时均表现出不同的年龄特征,有加速期、变缓期、平台期、稳定期、下降期,与早期的研究结果相比,三种反应时发育加速期、稳定期均有一定的差异,这三种反应时的发展都离不开神经系统的发育。

神经系统是生长发育最早的系统之一,这是神经系统的最大特点。如果没有强大的神经系统支持,人体就无法适应环境,无法生存下去。人体大脑正常重量是 1 400 ~1 500 g,而小孩长到 6 岁时,脑就长到 1 200 g,已经接近成人脑的总重量的 90%,剩下的 10% 的量在以后十年内逐渐完善,更主要的是质的变化了。神经系统的髓鞘膜到 9 岁时基本发育完善,以保证神经传导的精确性,没有髓鞘膜,神经传导就不完善。测定的反应能力与神经传导速度有密切的关系。在以上诸多研究中,蔡广等人的研究样本量最接近当代的儿童青少年,且总体样本量和每个年龄段样本量都是最大。其研究显示视觉反应在 10 岁之前变化幅度最大,为加速期,10 ~15 岁变化幅度逐渐趋缓,为变缓期,15 ~17 岁变化趋于稳定,为稳定期,视觉发育规律提示对于视觉反应的训练在 12 岁之前训练效果最佳,视觉反应缩短速度要比未接受体育训练的快得多,如果在这一年龄段不加以训练,那么所造成的差距,后阶段训练可能难以弥补。听觉反应同样与神经系统发育关系密切,蔡广研究发现男女发育规律一致,无性别差异,在 9 岁之前变化幅度最大,为加速期,9 ~10 岁之间变化趋缓,为平台期,10 ~15 岁以后变化幅度又开始加快,为加速期,15 ~17 岁变化趋缓,但是并未表现出稳定。因此对于听觉反应的训练应从儿童时期就开始，特别是在 9 岁以前和 10～15 岁年龄段是听觉发育的敏感窗口期，需要进行强诱导刺激。

选择反应时和辨别反应时与神经系统有密切联系，人体动作控制从婴儿时期粗放到儿童少年时期的精细，这些都是与大脑以及神经系统发育逐渐完善有关，随着神经发育的完善，动作控制更加精细灵活，这些都是选择反应时和辨别反应时提高的表现。辨别反应时和选择反应时发育男女无性别差异，男女均在 12 岁以前为快速发展期。这规律提示辨别反应时和选择反应时都要在少年早期，特别是各自的敏感窗口期，予以塑造和选择，给予充分的改善，运动实践和早期研究结果也都说明，凡是不需要特殊力量和特殊耐力的技术项目，12 岁以前的少年儿童是完全可以胜任的，如体操运动员，12～13 岁就能进入体坛，女孩在 14～15 岁就能夺得世界冠军。因为体操运动是以灵敏、协调、反应为主的项目，而选择反应时和辨别反应时其本质与运动中的灵敏性和协调性相关，这与女子神经系统的发育有着密切关系，所以对协调、灵敏素质，无论选材还是训练都要抓住敏感窗口期，进行挑选、培养，过时训练，发展提高就很困难。

建议阅读文献

1. 马启伟，张力为. 体育运动心理学[M]. 杭州：浙江教育出版社，1995：287－387.
2. 坎特威茨，罗迪格. 埃尔姆斯. 实验心理学[M]. 上海：华东师范大学出版社，2010：230－233.
3. 伍德沃斯，施洛斯贝格. 实验心理学[M]. 北京：北京大学出版社. 2014：1－85.
4. 蔡广，沈勋章，许汪宇，等. 上海市青少年运动员反应时、协调性、灵敏度年龄特征的研究[J]. 中国运动医学杂志，2013，32(8)：723－727.
5. 刘献武，林文弢，胡亦海，等. 运动选材学[M]. 北京：人民体育出版社，

1991：19－21.

6. 曾凡辉，王路德. 运动员科学选材[M]. 北京：人民体育出版社，1992：126－129.
7. 谢燕群. 运动员选材学[M]. 成都：四川教育出版社，1990：46－48.
8. 何方生. 运动人才学[M]. 福州：福建人民出版社，1992：83－90.
9. 张绍岩，花纪青，刘丽娟，等. 中国人手腕骨发育标准—中华05. Ⅲ. 中国儿童骨发育的长期趋势[J]. 中国运动医学杂志，2007，26(2)：149－153.
10. 中国学生体质与健康研究组. 改革开放20年中国汉族学生体质状况的动态分析//中国学生体质与健康调研报告[M]. 北京：高等教育出版社，2002：54－93.
11. 潘泰陶. 7～12岁儿童动作协调能力性别差异的研究[J]. 中国体育科技，2002，38(11)：15－17.
12. 毛浓选. 7～10岁男子少年武术运动员动作协调能力发展特征研究[J]. 搏击武术科学，2008，5(6)：38－40.
13. 支二林，王永波，王大鹏，等. 长春市中小学生视觉选择反应时的动态分析比较研究[J]. 沈阳体育学院学报，2004，23(3)：392－393.
14. 沈勋章. 奥运项目教学训练大纲青少年选材育才研究[M]. 上海：上海浦江教育出版社，2015.
15. Dave Couins. Examming anxiety associated changes in movement patterns [J]. International Journal of sport psychology, 2001, 32(3): 223－242.
16. Kavanagh D, Hausfeld S. Physical performance and elf-efficacy under happy and sad moods[J]. Journal of sportpsychology, 1986, 8(2): 112－123.
17. Privette, G. Factors analysis of peak performance: The full use of potential [J]. Journal of personality and social psychology, 1983, 44: 195－200.
18. Meyer. D. E. The dynamics of cognition and action: mental processes inferred from speed-accuracy decomposition [J]. Psychological review, 1988, 95: 183－237.

第十一章　青少年有氧能力敏感窗口期的研究

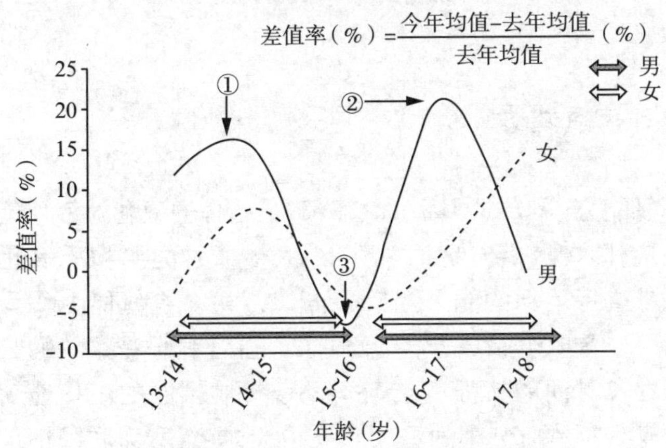

提要:

本章讨论了人体有氧能力的定义、介绍了有氧能力不同的测量方法与评价指标。通过分析中长跑、游泳、自行车项目运动能力的能力代谢方式，分析青少年有氧能力的敏感窗口期，分析有氧能力选材以及可训练性。最大摄氧量是评定有氧能力的代表性指标，本章着重阐述了最大摄氧量相对值评定标准。研究表明，了解有氧能力的先天遗传度，了解有氧能力发展敏感窗口期的可训性，可以期帮助青少年在合适的年龄阶段进行有氧能力训练，并避免在达到青春期年龄之前进行早期专项化耐力训练，提高项目所需的有氧训练效果。

第一节　有氧能力、最大摄氧量和敏感窗口期的定义

一、有氧能力

有氧能力(Aerobic Capacity, AC)是指体内氧化过程所能产生的总能量,即在氧供充足的条件下,人体通过能源物质氧化分解提供能量进行运动的能力(Shephard,1978)。有氧能力作为身体健康的一个重要组成部分,它反映了心血管和呼吸系统的整体能力以及在长时间的大强度负荷下进行有氧供能的工作能力。作为评价青少年体质健康的一项重要指标,有氧能力和慢性疾病风险及身体健康有显著相关性(Orgeta, Ruiz, Castillo, & Sjostrom, 2008)。青少年生长发育过程中有氧能力的决定因素取决于心肺系统和骨骼肌及能量利用,有氧能力通常也用其他术语如:心肺耐力、有氧耐力等进行相关的表述。心肺耐力的好坏是身体主要机能健康的保证(王安利,2008)。在人的一生中,心肺耐力的变化有其独特的规律,从功能角度看左心室质量是决定心脏供能的重要因素。有训练的少年儿童和成年耐力运动员都具有优越的心力储备能力,耐力训练中可表现出心率增加、每博输出量减少和心输出量的少量增加。

二、最大摄氧量

评价心肺耐力的一项指标为最大摄氧量(Maximal Oxygen Uptake 或 Maximal Oxygen Intake, $VO_{2\,max}$),$VO_{2\,max}$ 概念是 1920 年由生理学家 Hill 和 Herbst 提出并逐渐完善的。该指标用来评价

机体从外周摄取氧气并转运至肌肉的能力（Shephard，1994）。VO_{2max}不仅与循环、呼吸功能有关，而且与肌肉量及其活动状况、血液携带、输送氧的能力以及组织吸收和利用氧的能力有关，因而它能综合反映儿童体格及机能发育状况，是判断儿童体质状况及外环境对儿童体质影响比较理想的动态机能指标。VO_{2max}指标在青少年的有氧能力评价中受各种因素影响，它同机体其它机能指标一样，除与儿童少年的年龄、性别、体格发育、功能发育等生物体本身的因素有着密切关系外，还受遗传因素、环境因素（包括气候、季节、地理位置、社会状况以及营养、生活习惯、体育锻炼等）的影响。

三、青少年有氧能力的敏感窗口期

青少年有氧能力的敏感窗口期是指有氧能力增长速度最快时期，而不是绝对值最大时期。青少年在生长发育过程中直到9～12岁，左心室质量在男孩和女孩中并无差异，但随后男孩随着体重的增长而增长迅速（De Simone et al. 1995）。有研究认为有氧能力敏感期男生为12～13岁，同年龄女生未达到敏感期临界值（谢敏豪，2011）。另有研究把男生耐力素质发展敏感期定为13～15岁（支二林，1992），认为这一时期学生的心肺功能有所提高，如心肌收缩力量和心室容积、血液中血红蛋白含量均有增加；另一方面大脑神经细胞持续工作能力，各中枢活动的协调关系以及通过神经体液调节促进体内物质代谢的能力都有所提高，这些观点也和关于青少年时期左心室发育情况的研究理论相吻合。

耐力素质是人体保持持续工作或活动的保障，青少年耐力素质的好坏直接关系到他们的学习和生活。本文通过有氧能力的指标全面综合地评价分析有氧耐力素质发展趋势和敏感窗口期，使青少年能够在耐力素质发展的关键阶段用现代科学的手段和方法得到有效的训练和指导,不仅可以提高青少年身体素质,也对把具有良好运动天赋及竞技潜力适合从事各项目运动的青少年及后备力量选拔出来进行系统的培养提供科学依据。

第二节　国内外青少年有氧能力敏感窗口期测试评价指标分类

世界各国在青少年体质健康评价标准中对划分评价领域和选用评价指标方面,经过了长期的研究与论证,逐渐地形成了对青少年健康素质评价的共识。各国早期的青少年体质健康评价指标中较为普遍地采用了大量的运动技术类的测试指标,如铅球、急行跳远、投掷实心球、100 m 跑等,这也与当时竞技体育的主导思想存在一定的关系。现在,在青少年体质健康测试中逐渐开始向健康相关领域中进行研究,认为在身体成分、有氧能力、肌肉力量和肌肉耐力、关节柔韧性这四个方面保持良好状态,为青少年的学习、工作、生活提供了保障,体现出良好的体质水平。在青少年有氧耐力的敏感窗口期进行有氧能力的测试评价不仅有助于选材还对育才有重要作用,定期的测试可以了解青少年是否能适应训练,掌握周期性的训练后的有氧能力指标变化程度,从而为下一周期的科学训练打下良好基础。

1960 年到 1970 年期间,美国体育界对身体素质测定内容经过长期的争论后认为:身体素质应分为提高运动成绩相关的运动素质和增进健康相关的健康素质。即与健康相关的体质(Health-Related Physical Fitness)和与运动相关的体质(Sport-Related Physical Fitness),并且提出:高水平的速度素质以及专业训练中的爆发力和上肢力量对人体健康没有特别的直接关系。因此 1975 年的美国国民体质普查中取消了铅球掷远等项目;1985 年立定跳远和 50 m 也被删除，增加了 1 或 1.5 英里跑等反映心血管有氧能力的指标。

虽然美国各州有各自体质测试项目，但主要以总统体能挑战项目（President's Challenge）与 FITNESSGRAM 测试系统为主，并且这两项测试标准在美国青少年学生体质测试中长期执行。2012 年 9 月美国政府通过实施新的 FITNESSGRAM 测试标准体系替代了之前的总统体能挑战项目，成为目前在全美统一实施的青少年学生体质健康测试标准。其中有氧能力测试主要测试心肺功能方面的 20 m 折返跑（Progressive Aerobic Cardiovascular Endurance Run, PACER）、1 英里跑。

欧洲联盟成员国中采用较为统一的测试标准来测定青少年的体质健康状况，这样有利于各国之间青少年体质健康水平的相互比较，以及对各国身体教育开展情况的对比，以此来更好地开展各国国民的体质健康工作。各国于 1978 年签订了相关的青少年体质健康测试协议，经过多年的研究与探索，在 1986 年出版了测试标准指南以及体质测定内容。其中耐力素质分为一般耐力和力量耐力（见表 11－1），有氧能力评价主要采用逐步加快速度的穿梭跑 PWC170 测试（戈季克，1995）。

表 11－1　欧洲各国有氧能力测试内容

测试的素质	测试内容	测试方法
一般耐力	心肺呼吸耐力	逐步加快速度的穿梭跑 PWC170 测试
力量耐力	两臂的力量耐力	单杠悬垂
	躯干的力量耐力	仰卧起坐

前苏联解体后，俄罗斯政府对于青少年体质健康的发展也十分关注。进入 21 世纪，俄罗斯政府对当前的青少年学生体质健康发展有了新的要求，政府加大对体育的投入和建设，为国民创造良好的群众健身活动资源。注重青少年的身体素质发展，2009 年

《俄罗斯联邦2020年前体育发展战略》中重点指出：为学生创造良好的体育场地设施，激励学生体育锻炼养成健康的生活方式。俄罗斯现行的青少年有氧能力评价指标主要有6分钟跑等测试项目。

20世纪50年代，新西兰针对青少年开展体质监测工作，当时采用的是6项腰背肌力量和柔韧性测试的Kraus Weber指标体系，主要进行的是一种最低能力水平的基本身体检测，限于当时的社会环境与教育条件的制约，并没有在全国范围内进行推广和实施青少年体质测试。进入20世纪90年代，颁布了The New Zealand Fitness Test (6～15岁)青少年体质健康测试方案，检测和评价青少年学生的体质健康发展状况，主要划分为身体成分、心肺功能、肌肉力量和肌肉耐力以及关节柔初性四个方面进行测试与评价。其中有氧能力采用9分钟跑、12分钟跑和台阶试验进行测试评定。

日本从1964年开始为10～29岁的小学生高年级、初中、高中、中等专业学校、短期大学、大学和劳动青年颁布了运动测试实施要案。规定：10～29岁的青少年必须进行“体力诊断测试”和“运动能力测试”。其中“体力诊断测试”包括跑、跳、投、悬垂等基本运动能力”。而“运动能力测试”的内容与国际体力研究委员会和国际生物学发展规划理事会选测的内容大致相同。在1998年，制定了新的体力测定指标取消了台阶实验、引体向上等有氧能力和肌肉耐力测试指标，增设了与健康素质有关的评价内容，在2000年正式开始推行实施。新的有氧能力测试指标体系简化了测试指标的数量，提高测试工作的效率，并且设置了青少年不同年龄组(小学组、中学组)的必测指标和选测指标，其中6～11岁的有氧能力测试项目：20 m折返跑；12～19岁的有氧能力测试项目为：20 m折返跑或1 500 m(男生)及1 000 m(女生)跑(柯遵渝，2003；刘新华，2005)。

目前韩国现行的青少年体质健康测试标准中有氧能力的主

要评价指标有：1 600 m(男)/1 200 m(女)。

新加坡于20世纪80年代实施《全民健康体质测试计划》，要求：青少年儿童每年进行一次健康体能测试，由相关体育部门监管执行。新加坡青少年学生体质测试主要执行国家体质奖章(National Physical Fitness Award)测试，1982年在新加坡中等学校与大学前教育阶段中执行，1992年在初级阶段(小学)中执行，2002年新加坡教育部与新加坡体育理事会共同合作将国家体质奖章再次进行修改和完善，成为现在执行的正式国家体质奖章测试，于2006年在全国范围内全面实施。其评价有氧能力的指标为：2 400 m(中学以上)或1 600 m(小学组)。

我国在不同的发展时期为了推动国民体质的健康发展，增强青少年学生的身体健康制订了一系列的制度与标准。在改革开放后自1985年开始由教育部、国家体育总局、卫生部、国家民族事务委员、科学技术部等五部委(局)共同组织展开了全国性的青少年学生体质健康调研，截止于2010年已实施了6次全国范围内的学生体质健康调查工作，全面了解和掌握了我国青少年学生体质与健康状况及其变化趋势，建立了完善的中国学生体质健康调研制度。现行的青少年体质健康测试标准于2007年由教育部、国家体育总局依据当时的青少年体质健康发展形势制定的《国家学生体质健康标准》，其中身体机能方面可以划分为身体机能评价和心肺耐力的评价，测评有氧能力的指标仍采用的是传统的评价指标，即中跑项目(男生1 000 m/女生800 m)或选测台阶试验来测试青少年学生的有氧能力。

综上所述，世界各国都非常注重国民体质的研究，尤其是关注青少年群体的体质健康发展。在不同的历史时期，世界各国制定了不同内容与形式的青少年体质健康评价标准，这些标准反映出世界各国不同发展时期的社会政治、经济发展以及文化教育等，也体现出特定的历史时期各国政府对青少年体质健康发展水平的具体要求。从近年来世界各国体质健康评价指标的设置中可以看出,世界各国政府和研究者们对青少年学生体质健康评价都注重增加了有氧能力的测试评价内容,从而更有利于衡量本国青少年学生的体质健康状况,也有助于评价在青少年有氧耐力敏感期,少年儿童对于耐力训练的反应,特别是预防长跑、自行车和游泳等耐力项目中早期参与运动训练可能造成的潜在危害。

第三节　有氧能力测试代表性指标

目前,国内、外常用的心肺功能运动负荷试验除了最大摄氧量直接测定法外针对青少年主要包括定时跑(如 12 min 跑)、定距跑(如 1 600 m 跑)和耐力穿梭跑(如 20 m 穿梭往返跑)。美国青少年有氧能力测试指标主要有 1 英里跑或走、12 min 跑和 20 m 往返跑。日本、加拿大和欧洲等一些国家在青少年体质健康有氧能力的测试中,已广泛采用 20 m 往返跑。我国对青少年有氧能力的测试指标采用的是男生 1 000 米跑或女生 800 米跑和台阶试验,男女成绩随着年龄增长而提高。运动负荷实验因其操作简便,且实验结果与心肺功能之间存在良好的评价效度,通过推广测试估算 $VO_{2\,max}$($ml \cdot kg^{-1} \cdot min^{-1}$)的估计误差在 10%~15%。1 600~2 400 米或 9~12 min 长距离跑测试估算 $VO_{2\,max}$的有效性相关系数在 0.6~0.8(Curton K J et al, 1991),因而成为大范围人群普查研究的基本检测手段。

一、最大摄氧量直接测定法

最大摄氧量直接测定法($VO_{2\,max}$)是成年人有氧能力评价的“金标准”,直接测定法是指在场地或者在实验室采用气体分析仪,利用自行车测功仪、运动平台(跑台)等进行极限运动使测试者心肺功能达到最高水平时测定的摄氧量。通过受试者呼出的气体经呼吸口嘴进入气体分析仪,再经传感器变电信号,并由计算机与标准气体对比分析而得出受试者的最大摄氧量。测定时受试者在一定的运动器械上进行,递增负荷的运动实验"递增负荷"的方法有三种:①直接增加到最大负荷,记录运动的时间;②分段增加负荷,即开始轻度负荷3~5分钟,而转入中度负荷,最后增加到最大负荷;③逐级增加负荷,以每分钟或每两至三分钟增加25 W或50 W负荷,做到受试者力竭为止。在逐级递增运动负荷的过程中,不断测定氧耗量,当负荷继续增大时,VO_2:逐级增加并与心率呈线性并系,当强度达到一定以后,VO_2不再随心率增加而出现平台,此时所获得的VO_2数据就是受试者的VO_{2max},心率仍在继续上升,而乳酸则大量积聚,"最大摄氧量与持续时间反映了受试者的最大有氧做功能力"。该方法测试精确可靠,可获得多项参数,能综合评定心肺功能。但在逐级递增负荷运动实验中,由于生理因素的影响只有很少的儿童青少年能达到摄氧量平台。

一般认为,当以每千克体重的耗氧量来表示最大摄氧量时,男性在儿童期和青少年期的最大摄氧量可保持相对稳定,而女性在同一时期的最大摄氧量却随着年龄的增加而下降,尤其在青少年时期下降很明显(见图11-1)。

表11-2、表11-3根据Neumann(1988)、马永红(2003)列出的中长跑、游泳和自行车不同项目最大摄氧量相对值水平。表11-4是根据上海体育科学研究所选材研究中心测试的青少年中长跑、游泳和自行车项目的运动员最大摄氧量相对值水平。可见青少年各项目运动员的最大摄氧量水平要低于成年运动员,而女子青少年游泳运动员(12~17岁)的最大摄氧量水平要高于男子青少年游泳运动员(13~18岁)。

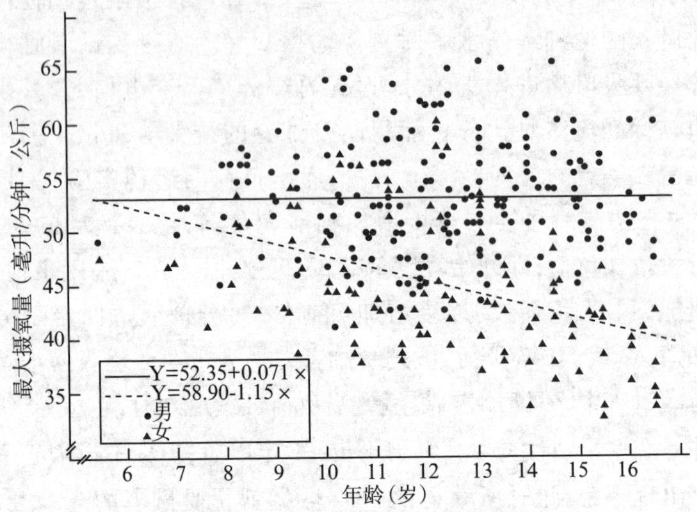

图 11－1　儿童、青少年时期最大摄氧量和年龄的关系

摘自：R. J Shephard. 运动耐力。

表 11－2　中长跑、游泳和自行车项目运动员的最大摄氧量

项目	性别	最大摄氧量相对值 $VO_{2\,max}$ $(ml \cdot kg^{-1} \cdot min^{-1})$
长跑	男	75～80
	女	65～70
游泳	男	60～70
	女	55～60
公路自行车	男	70～75
	女	60～65

摘自：Neumann，1988。

表 11－3　我国中长跑、游泳和自行车项目运动员的最大摄氧量对比

项目	最大摄氧量相对值 VO_{2max} ($ml \cdot kg^{-1} \cdot min^{-1}$)
中跑	69.20 ±7.79
长跑	72.55 ±3.47
游泳	66.54 ±5.49
公路自行车	65.80 ±5.81
场地自行车	63.24 ±5.28

摘自：马永红,2002。

表 11－4　上海市青少年中长跑、游泳和自行车项目运动员的最大摄氧量对比

组别	性别	年龄(岁)	最大摄氧量相对值 ($ml \cdot kg^{-1} \cdot min^{-1}$)
中长跑	男	14 ~ 20	56.15 ±13.66
	女	12 ~ 17	58.28 ±11.94
游泳	男	13 ~ 18	49.15 ±9.29
	女	12 ~ 17	54.07 ±8.4
自行车	男	15 ~ 20	58.96 ±9.6
	女	15 ~ 20	57.08 ±9.2

二、无氧阈

无氧阈(AT)是指人体在递增工作强度时,由有氧代谢供能开始转换成无氧代谢供能的临界点(转折点)。无氧阈通常以乳酸含量达到 4 mmol/L 时所对应的强度(% VO_{2max})或功率(瓦)、心率、通气阈、潮末呼出氧和 CO_2% 的峰值表示。无氧阈用血乳酸的开始升高来表示叫乳酸无氧阈,通常以 4 mmol/L 为 AT 的值。乳酸无氧阈测试被广泛地应用于跑步、游泳、自行车等项目的有氧能力测试的实验室或运动场评定。

三、定时跑

库伯(Cooper,1968))提出,进行有氧运动时的心率应达到150次/分,并至少维持5分钟,评价人体有氧耐力的常用指标是定时距离跑(9分钟、12分钟、15分钟)。Cooper认为12分钟跑对于10~90岁的人来说,是对心肺功能最好的测定方法,在递增跑和12分钟跑中测得的最大耗氧量的相关系数为0.897。他的研究使12分钟跑推测最大耗氧量成为可能,并有相当的准确性。MeCuteheon(1990)等人随后对12分钟跑进行了进一步分析,证明了12分钟跑推测最大摄氧量的实用性。

四、定距跑

400 m、800 m、1 000 m和3 000 m跑是定距跑中常用的方法。邹志春(2012)综述了不同研究对于不同跑动距离与最大摄氧量之间指出:400 m以下与最大摄氧量呈低相关;超过3 000 m的长跑与最大摄氧量的相关性最高;有研究认为1 000 m跑属于中距离跑,全程中的50%~60%能量由无氧系统提供,而李俊勇等(2010)在研究中也同样得出男生1 000 m成绩与最大摄氧量相对值之间呈负相关的结果。

五、台阶试验

台阶试验(Step Test)是一项在全世界范围内广为使用的运动负荷评价试验,最初由哈佛大学疲劳实验室的Brohua及其同事在第二次世界大战期间在David B. Bin跑台试验的基础上建立起来的，主要通过台阶作为负荷工具，来代替跑台和功率车，对受试者机体对强体力负荷的适应能力和身体机能的恢复能力进行测量和评价。1943 年，哈佛大学疲劳实验室的 Brohua 等根据同样的原理，通过上下台阶的方式替代跑台提供运动负荷，按照 David B. Bin 相同的公式计算台阶试验指数。关于台阶实验能不能有效评价有氧能力，目前众说纷纭。有许多学者认为台阶试验可有效评价有氧能力。李莉婕(2012)研究发现：台阶试验虽然不能有效反映个体差异，但其与 $VO_{2\,max}$ 相关性较好，可能作为台阶试验中评价有氧能力的指标之一。刘宏强(2005)研究发现：功率自行车直接测定和台阶实验自动测定仪间接推算 $VO_{2\,max}$ 的比较研究，发现两种方法的结果有高度相关性。以上学者认为台阶试验能够反映学生的有氧能力；但也有人认为台阶试验不能反映学生的有氧能力：Palterson (2008)等人研究提出，台阶试验分数在一定程度上可以对心血管系统的功能做出优和差的区分，但很难在此基础上进行更为精确的定量评价，有研究认为 $VO_{2\,max}$ 与台阶试验值和 800 m、1 000 m 跑成绩之间无显著相关性(周志雄，2006)。

六、20 米往返跑测试

国外研究者采用 20 m 往返跑测试(20 meter Shuttle Run Test，20-m SRT)评价有氧能力已有几十年历史，20-m SRT 是一种亚极限负荷的有氧能力推广测试方法，也称渐进性心血管有氧耐力跑(Progressive Aerobic Cardiovascular Endurance Run，PACER)，简称 PACER 测试。测试原理接近实验室递增负荷跑台心肺功能的测试，国内外多项研究均证实 20-m SRT 评价学生有氧能力的有效性和可靠性。其中有研究(Cairney，2010)对 63 名年龄在 12 岁且最大的差距也只有三个月的正常儿童进行功率自行车测试和 20-m SRT 进行 $VO_{2\,max}$ 测试，发现两者的测量结果具有高度的相关性，女生相关系数为 0.78，男生的为 0.73。

第四节　不同体能类项目青少年有氧能力选材

青少年从儿童时期开始应该多从事不同的运动项目，且是娱乐和游戏的，启蒙期的身体练习不能有太大的训练强度。除了长跑和滑雪运动员以外，其他项目的优秀运动员，如球类运动员就具有多种类型的肌纤维。因此，成功的运动员更多地取决于基因类型。

在国际上，一般将自行车运动分为山地自行车（越野赛、速降赛）、公路自行车（公路赛、场地赛）和 BMX 20（约 51 cm）小轮车（街道花式小轮车、泥地竞速、攀爬车）等 3 类。各个项目在运动特征上虽有共性，即都是由下肢沿圆周踏蹬、周期性的半机械运动项目，但也有区别。山地车越野赛和公路车公路赛一般骑行距离较长，是以有氧代谢为主、无氧代谢为辅的耐力性项目。而公路车场地赛的短距离赛，主要是以有氧代谢和无氧代谢相互交替的速度耐力性项目。山地车越野赛、公路车公路赛运动水平越高，有氧代谢能力越强。有氧代谢能力与呼吸循环系统的功能紧密相关，而呼吸循环系统发达的程度，与身体形态的大小、肌肉发达的程度关系不大。公路车场地赛（短距离项目）运动员要求无氧代谢能力强，有很好的速度耐力基础，肌肉发达，身材相对较高。山地车越野赛和公路车公路赛运动员要求呼吸循环系统比较发达，而胸宽、体轻、身高相对于公路车场地赛（短距离项目）运动员需求稍低。

一、中长跑项目

在中长跑各项目的男子世界纪录中，没有一项是中国运动员创造的，清一色都是肯尼亚选手创造。(Swardt, A. de 1997)认为“非洲的许多中长跑实力很强的国家，儿童跑步上学和放学跑步回家，有时达到40 km，训练成为他们生活中的一个自然部分。大部分肯尼亚和埃塞俄比亚中长跑运动员来自肯尼亚和乞力马扎罗附近的山地，山地训练可以使他们都得到提高”“肯尼亚运动员出色的耐力成绩可以解释为遗传、环境和文化影响的完美结合，他们在更高强度下训练，较少注重训练量、在丘陵地面上进行大量训练、训练周期划分特点是大小负荷之间的变化很大，另外，肯尼亚运动员吃大量碳水化合物食物，而不是脂肪和蛋白质丰富的食物”。

中长跑是周期性速度耐力项目。耐力是优秀中长跑运动员的专顶特点，也是优秀长跑运动员的专项基础；选拔中长跑运动员时要从这一基本特点出发，把那些心肺功能好，耐力素质突出，支撑能力强，跑的技术自然、意志品质好的少年儿童吸收进来，从事多年系统地训练，使之达到预期目的。

耐力性赛跑运动员开始选材和训练的年龄应在8～11岁，(不能大于12岁)。这是由于儿童的一般耐力素质自然增长速度最快时期是从8岁开始，而受训练负荷影响最敏感的阶段是在11～15岁。马永红认为(2002)：选拔适合从事中长跑训练的运动员，如果只经过单一训练阶段的选材，即使时间很长(长达一年半)，也不一定有效。因此，中长跑运动员的选材应该包含多年训练过程中的下列几个阶段：

第一阶段(10～12岁)：在多项训练的基础上对青少年进行一般性的耐力跑训训练，测验评价青少年们的运动能力和进一步选材。

在预测耐力性项目的成绩时，第一阶段有条件的测试生物学指标：最大摄氧量、无氧阈、有氧代谢过程的容量、缺氧的耐受能力等。无条件的可以测试与耐力素质有直接联系的最重要的项目有：心率为170次/min时的跑速，跑的临界速度及其维持时间、无氧阈出现时的跑速。在评定10～14岁运动员一般耐力水平时，可采用2~3公里跑。在选材时,中距离跑运动员跑600米~1 000米,长距离跑运动员跑2~3公里以评定专门耐力的水平。

第二阶段(13~16岁):可以在各种距离上测试青少年选手的水平。这个时期要尽量避免大负荷和过于专项化。

二、游泳项目

游泳全力50米短时间的运动中无氧供能要占到70%,1分钟的全力游(近似于100米)有氧、无氧供能各占50%。类似200米游泳的2~3分钟全力游则有氧供能占70%,而400米以上的全力游有氧供能就要占到80%以上。距离越长,有氧供能所占的比例就越大。

游泳运动员选材中了解肌纤维构成比可以帮助教练员更好地选材。有研究认为游泳运动项目与肌纤维有很大的关系,快肌纤维百分比高的运动员更适合参加短距离比赛,像50米、100米和200米比赛。而慢肌纤维百分比大的更适合参加对耐力要求高的比赛,像400~500米,800~1 000米,1 500~1 600米比赛。

有研究发现,男女游泳运动员的最大摄氧量分别为5.5和3.5升/分钟。(Astrand和Rodahl,1986)11~12岁儿童的最大摄氧量、最大心率和氧脉搏等指标可以预测个人成熟后的心肺功能,因此,对11~12岁儿童的体检普查选材中,长距离游泳项目可从最大摄氧量等心肺功能指标最好的儿童中选材。

但也有研究认为,不要主观判定最优秀的长距离运动员必定拥有最高的VO_{2max}的水平,事实上,预测游泳运动员有氧能力水平的最佳指标是体重,而不是运动成绩(Costill等,1985)。

三、自行车项目

心肺功能较强是自行车项目显著的特点。短距离自行车运动员的供能形式以无氧代谢为主，神经过程灵活而强，肌肉活动始终是以大负荷形式进行；长距离运动员则以有氧代谢为主，有氧-无氧混合代谢为辅，神经过程强而均衡，心血管系统与呼吸等系统能保证以较高强度较长时间活动，能量物质消耗很大。

随着现代自行车运动的发展和运动员选材的科学化进程，各级自行车运动员选材指标体系已基本建立。许多研究表明（Astrand，1979；陈俊民等，1992），通气无氧阈（VAT）、乳酸阈（LAT）和最大氧耗量（VO_{2max}）是评价自行车运动员有氧能力的重要指标。机体有氧代谢能力与自行车专项耐力之间存在一定的关系，有氧代谢能力是专项耐力的基础。而专项耐力是有氧能力在自行车项目上的体现，与运动成绩联系密切。将优秀青少年自行车运动员与成年自行车运动员与其他的青少年运动员的生理指标相比较结果得出：①评定优秀青少年自行车运动员的有氧能力；②确定通气无氧阈水平；③确定达到通气无氧阈水平时最大摄氧量百分比以及心率。研究认为优秀青少年自行车运动员的生理指标与经过良好训练的耐力运动员相仿，相对 VO_{2max} 平均为 75.5 ml/kg/min，无氧通气阈为最大摄氧量的 83%。

运动员在骑行过程中，屈体合胸、缩肩臂的特殊姿势，使他们呼吸时胸腹的扩张受到限制，而运动中机体又需要吸入大量的氧气来保证代谢的需要，要求运动员具有较强的肺通气能力。选材时要选拔肺活量值高的青少年来参加训练。

沈勋章认为，自行车项目选材首先要注意有氧能力大小，特别是起始水平的高低；其次要注意年龄段，男少年在 13 岁，女少年在 11 岁，这其实就是在关注有氧能力的敏感窗口期。自行车项目选材要挑选心肺功能好的孩子更有未来潜质，公路自行车对有氧能力指标的选拔标准更高。在同龄青少年中选择具有较大的肺活量，特别是比肺活量指数较大的青少年，最大摄氧量相对值较大的青少年（李之俊、沈勋章等，2008）。

表 11－5 少年自行车运动员（15～17 岁）心功能指数及肺活量选材标准

指标	安静心率（次/分）		心功能指数		肺活量（ml）	
性别	男	女	男	女	男	女
优	<54	<57	<2.69	<3.47	>5 700	>3 700
良	55～64	58～66	2.70～5.40	3.48～6.18	4 650～5 700	3 300～3 700
中	65～73	67～76	5.41～8.11	6.19～8.89	3 550～4 660	2 500～3 250
差	74～83	77～85	8.12～10.83	8.90～11.61	<3 550	<2 500

摘自：郎佳麟等. 少年自行车运动员的选材，1989。

按照表 11－5 的朗佳麟（1989）的选材标准来看，青少年运动员的平均肺活量水平基本属于良的等级，且与优秀运动员存在一定差距。而肺活量是可以在后期的训练和比赛中得到进一步地提高，因此教练员在对青少年选材时一般只要高于正常人水平即可，不必太强调肺活量数据需要很高水平。

第五节 青少年敏感窗口期的有氧能力可训练性

专项成绩是运动员技术水平、专项素质和专项能力的综合体现。经过一段时间训练后，专项成绩的好坏和提高幅度，直接反映出运动员专项的可训性和发展潜力，是选材中极为重要的指标。训练对青少年最大有氧能力的影响程度取决于训练强度、训练频率、每次训练持续的时间、训练期限以及个体初始的运动能力。

通过一段时期的耐力训练，青少年在生理上有氧能力提高的程度要小于成年人。这和 Katch（1983）的"触发"假说相吻合，即在生长发育期存在一个临界年龄时间，在此之前耐力训练的效果微乎其微,这个时间就是青春期。因此儿童对耐力运动项目的选择,要充分考虑到在青春前期进行耐力训练的生理反应和早期参加高强度运动的危险性。训练可以提高青少年一定的有氧能力,然而,合理的有氧运动训练应该在经验丰富且具有鉴别生物年龄和日历年龄科学知识的教练指导下进行(Armstrong N. & Welsman J,1997)。

少年儿童耐力素质的发展比较晚,男女出现峰值的年龄也不同。有氧耐力素质的发展与心肺功能的发育和维持人体内环境稳态能力的提高有密切关系。从生理学中的氧供能能力来讲,男性的最大摄氧量在 12 ~ 16 岁随年龄的增长而增加,18 岁可达到最高值,女子从 13 岁开始稳定。所以在小学阶段,耐力素质训练课时不易开展过多、训练负荷不宜过大,但是可以根据小学生身体素质的发展规律和其承受能力适当安排,这样便可以开始调动身体的某些器官的功能,为后期的耐力素质的发展奠定基础。

青春后期的青少年者在耐力训练过程中,和他们在青春前期的耐力相比,可以表现出更大的 $VO_{2\,max}$ 提高幅度。这可能因为青春前期儿童身体动作活跃,但本质上都是典型的很短促的阵发性活动。少年儿童的活动形式并不包括提高最大摄氧量所必需的持续练习方式。

与没有参加训练的普通青少年相比,有规律地参加耐力训练有更优越的心力储备能力。王伟杰(2015)测试对比了 12 ~ 14 岁期间普通男生和每周定期 5 到 6 次,每次 2 小时专项训练(游泳、短跑和长跑)的男生心率和心功指数,其中游泳训练平均训练年限为 5.81 年的 36 人,短跑平均训练年限为 2.51 年的 43 人,中长跑平均训练年限相对较短,平均训练年限为 1.85 年。游泳组安静心率和心功指数都非常显著($P < 0.001$)低于普通学生组,安静心率均值与普通学生组的均值差为 8.9 次/分钟。可见游泳组的心脏功能好于普通学生组。短跳组和中长跑组安静心率和心功指数均值都低于普通学生组,但是差异没有显著性。认为经过一阶

段专项训练后,心功能越好(见表11-6)。

表11-6 不同项目少年运动员组和普通学生组心率和心功指数的比较

指标	普通学生组	游泳组	短跳组	中长跑组
安静心率(次/分)	81.7±7.5	72.83±9.72***	78.69±7.57	79.5±8.9
心功指数	12.1±3.4	9.18±3.46***	11.37±2.4	11.7±3.0

另外,对于年龄大于10岁的青少年来说,最大摄氧量和耐力成绩表现出明显的可训练性。家族遗传研究数据表明,个体耐力能力的决定因素的可训练性具有高度的家族性,并主要由遗传决定(Bouchard,1999)。

一、中长跑项目

有关长跑项目青少年运动员训练的研究中,(Niekerk,O. van,2002)提出"青少年耐力运动员的培养必须基于以下几个方面:①需要考虑年龄的特点,探讨体能发展的不同最优阶段;②需要依据体能发展的按比例分配原则;③需要合理安排训练方法的顺序,建立身体基础和技术基础;④需要组织有趣的、快乐的训练过程。LarryGreen(2004)在其著作中通过"跑的研究、发育高峰期、青少年生理学、最大营养供给、冠军心理学、最佳技术、训练和比赛计划、基础训练、跑的专项训练、构建计划、安排训练、评价计划"等十个章节对年轻长跑运动员的训练进行了阐述,他提出的"青春期之前进行有限训练、考虑个体差异、重视初学者的一般身体素质训练、循序渐进的增加训练负荷、循序渐进的加长比赛距离、重视心理素质训练、重视培养正确的技术、关注自我完善、不要损害健康、增加乐趣等十个发展原则"对我们的研究有启发性的意义。

"如何安排青少年中长跑的年、周、日训练计划"(王林,2003)

中的青少年中长跑运动员的年度周期安排、13～15岁运动员4周训练负荷量计划、中长跑周训练模式、准备和比赛阶段计划等对我们进行长跑项目运动员青少年基础训练的研究具有重要的参考价值。

对于评定从事中长跑训练的青少年的潜在发展能力和可训练性,马永红(2002)认为除身体素质的原始水平以外,阶段性评价专项身体素质提高的速度有实质性的意义。在基础训练阶段之后,主项比赛成绩和专顶耐力测验成绩的提高速度即在专项训练的第一年平均应提高7%～10%,在第二年应提高5%～7%,在以后的年度应保持在4%～5%,条件好的少年运动员提高速度更快,特别是在训练的头几年。这种提高在第一年可能达到14%～15%,在第二年达9%,但是应该明确,这些指标不应是靠突击式地加大训练负荷而达到的。男子中长跑训练的不同水平阶段测试可参考表11－7。

二、游泳项目

Stone,M. H. ,M. E. Stong,and W. A. Sands(2007)对游泳始训年龄、专业化训练年龄以及达到个人成绩巅峰年龄的统计(见表11－8)显示,18岁以上(含18岁)的运动员应该开始进入个人游泳生涯颠峰阶段。因此青少年游泳训练的关键时期在于6～17岁。

不论是短距离还是长距离项目,耐力训练对高水平游泳运动员都是非常重要的。有氧能力随生长发育的变化是怎样影响青少年游泳运动员成绩的呢?在进行任何一种能耗速率相同的游泳运动时,拥有较高VO_{2max}的运动员都占有耐力优势。但这并不意味着VO_{2max}最高的运动员一定就是最优秀的长距离选手。与力量素质相似,运动员必须掌握高效的游泳技术,才能使生理上的优势转化为游泳成绩的优势。从另一方面来看,如果两名游泳运

表 11－7　男子中长跑运动员训练水平的测验指标

测验项目	3 级运动员	2 级运动员	1 级运动员	预备健将	健将级
公里跑：20 公里	1:18:20 ±3:30	1:12:0 ±3:20	1:07:50 ±2:40	1:4:50 ±2:50	—
15 公里	58:14 ±3:00	51:55 ±1:50	49:40 ±1:00.0	47:40 ±1:20	—
10 公里	40:27.0 ±3:01	36:19 ±2:13	33:42 ±1:25	33:12 ±1:37	31:30 ±0.57
心率为 170 次/分时跑速(米/秒)	4.1 ±0.2	4.7 ±0.2	4.9 ±0.1	5.1 ±0.1	5.2 ±0.1
无氧阈跑速(米/秒)	3.2 ±0.2	3.5 ±0.2	3.9 ±0.2	4.0 ±0.1	4.2 ±0.1
临界速度(米/秒)	4.6 ±0.2	5.1 ±0.2	5.5 ±0.2	5.6 ±0.1	5.6 ±0.1
保持临界速度(分)	7.26 ±38.0	8.18.0 ±23.0	11.35.0 ±23.0	12.49.0 ±19.0	13.54 ±19.0
立定十级跳远(米)	22.90 ±2.70	25.20 ±2.30	26.90 ±1.40	27.70 ±1.60	28.40 ±1.90
最大吸氧量（毫升/分、公斤体重）	54.5 ±6.0	60.0 ±4.70	72.0 ±2.8	75.4 ±1.9	77.9 ±1.8

摘自：马永红，2002。

表 11－8　游泳运动员始训、专业化及达到个人成绩巅峰的年龄

性别	始训年龄	专业化年龄	巅峰年龄
女子游泳运动员	7～9 岁	11～13 岁	18～22 岁
男子游泳运动员	7～8 岁	13～15 岁	20～24 岁

动员的技术不相上下，那么有氧能力较高的那个在持续时间超过几分钟的比赛中一定占有绝对优势。由于心血管系统的变化与身材有关，低年龄组运动员的耐力未必低于成年游泳运动员。男女之间的耐力水平也未见显著差异。有的教练员有同时训练男女运动员的经历，可能会认为女运动员的耐力水平高于男运动员，因为在训练时她们能够保持相对较高的速度。其实是因为女运动员通常比男运动员拥有更多脂肪和更大的浮力，所以她们可以只用很少的能量保持身体漂浮姿势，将更多的能量运用到产生推进力上，但这种观点是否正确有待考量。

三、自行车项目

李之俊（2008）认为自行车少年运动员的心血管功能和呼吸功能尚未发育成熟，尤其是心脏的发育较差，每搏量和每分钟心排出量均较小，氧的运输系统的能力较低；加上少年运动员的骨骼肌体积小，线粒体内氧化酶的数量与活性均比较低，因而少年运动员的最大摄氧量较小。自行车少年运动员对耐力训练虽有一定的适应能力，但不能持久。应在 8～12 岁时为少年自行车运动员进行一般耐力训练，以促使心血管的生长发育。青春期最大摄氧量的增长与身高增长最快的时期相适应，在同一段时期内，雄激素的分泌大大增多，引起心肌肥大，刺激红细胞和血红蛋白生成，并使代谢酶增加。这些成熟过程中引起的变化使耐力有可能产生大幅度增长，如果同时参加相应的耐力训练，则耐力素质的增长幅度会更大些。

所以,青少年进行自行车训练可以在18岁开始全面身体训练的内容,而专项耐力训练应安排在耐力素质发展的高峰年龄阶段。

第六节 分析与讨论

一、青少年有氧能力的评价

在青少年有氧能力的评价过程中应该将青少年生长敏感期体重变化较大的因素考虑进去,因而最大摄氧量指标不仅要考虑绝对值也要考虑相对值的为评价依据。具体的青少年有氧能力评价标准见表11-9。

表11-9 男性青少年最大摄氧量相对值的评价(单位: $ml\cdot kg^{-1}\cdot min^{-1}$)

年龄(岁)	性别	差	可	中下	中上	良	优
11	男	<25	>25~<30	>30~<35	>35~<40	>40~<45	>45
11	女	<20	>20~<25	>25~<30	>30~<35	>35~<45	>45
12	男	<25	>25~<30	>30~<37.6	>37.6~<45	>45~<55	>55
12	女	<25	>25~<30	>30~<35	>35~<40	>40~<50	>50
13	男	<26	>26~<31	>31~<41	>41~<51	>51~<55	>55
13	女	<25	>25~<35	>35~<40	>40~<45	>45~<50	>50
14	男	<26	>26~<31	>31~<42	>42~<52	>52~<57	>57
14	女	<25	>25~<35	>35~<40	>40~<45	>45~<55	>55
15	男	<27	>27~<32	>32~<42	>42~<52	>52~<57	>57
15	女	<25	>25~<35	>35~<40	>40~<45	>45~<55	>55
16	男	<27	>27~<32	>32~<42	>42~<52	>52~<57	>57

（续表）

年龄（岁）	性别	差	可	中下	中上	良	优
16	女	<25	>25～<35	>35～<40	>40～<45	>45～<55	>55
17	男	<28	>28～<33	>33～<41	>41～<49	>49～<54	>54
17	女	<25	>25～<35	>35～<40	>40～<45	>45～<55	>55
18	男	<28	>28～<33	>33～<41	>41～<49	>49～<54	>54
18	女	<25	>25～<35	>35～<40	>40～<45	>45～<55	>55

摘自：王金灿.运动选材原理和方法。

二、男女青少年最大摄氧量敏感窗口期

衡量有氧能力的最直接指标是最大摄氧量（$VO_{2\,max}$），通常采取相对值进行评定。普通男女孩 $VO_{2\,max}$ 从 5 岁或 6 岁时开始稳步增长，多数情况下与身材的增长相一致，性别差异不大。如图 11－2 所示如果考虑到体重的变化（用毫升/公斤/分钟表示 $VO_{2\,max}$），从 6～18 岁男孩的 $VO_{2\,max}$ 几乎没有变化，而女孩甚至有所下降。当然，通过耐力训练可以使 $VO_{2\,max}$ 比这些普通男女孩多 10%～30%，使青春期前的男女孩 $VO_{2\,max}$ 大致相同，同样，未发育的男女少年差异不大，但训练效果会有较大影响。当青春期来临后，男孩的 $VO_{2\,max}$ 继续增长，而女孩的有氧耐力随着训练程度的提高而减少，这与体育活动方式有关。

Welsmen 等（1996）研究中发现（见图 11－3），男性的最大摄氧量在青春前期、青春期和成人期时有明显的增长。女性在青春期前期、青春期和成人期时有明显的增长。国外诸多研究显示有氧能力窗口期始于青春前期。

Beunen 等（1997）对 11～14 岁以前的美国青少年群体进行短期纵向研究，结果显示，由于个体成熟的情况不同，喜欢从事体育

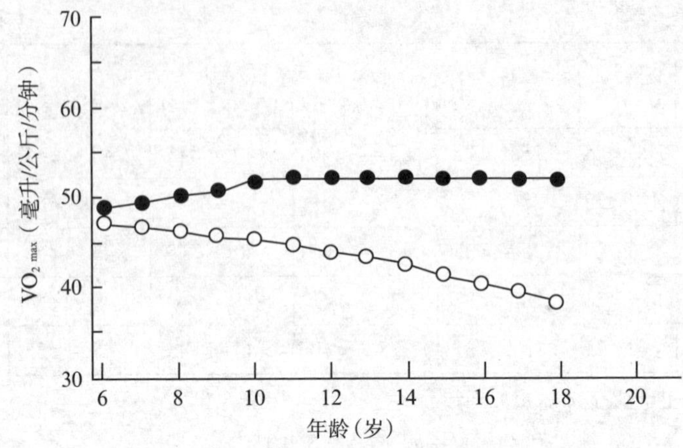

图 11－2　普通男孩（●）和女孩 1 000 米（○）（6～18 岁）的 $VO_{2\,max}$ 值

（摘自运动医学与科学手册，2002）

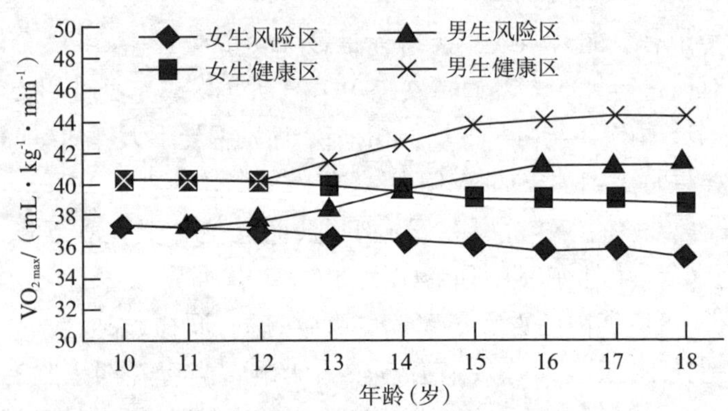

图 11－3　FITNESSGRAM 最大摄氧量（男、女生）评价

摘自：Welsmen，1996。

运动（田径、摔跤和棒球等）的男孩的最大摄氧量是有差异的。在青少年的早期和中期，评定系数存在很大的差异。早熟和正常成熟男生的最大摄氧量增长率比预测的最大摄氧量的增长率要高，而晚熟男生的最大摄氧量的增长率比预测的要低。相反，经过同样的年龄阶段，喜爱运动（田径、划艇）的女孩的最大摄氧量的增

长与身体形态的的增长无关。尽管这些结论仅限于青春期的早期和中期，但仍然提示我们，体内氧运输系统的变化和生长发育、成熟有关。

根据对沈勋章和蔡广等测试了 287 人 12～18 岁等分别从事游泳、球类、中长跑和自行车等项目青少年(其中男 132 人，女 155 人)的最大摄氧量的绝对值和相对值指标的离差率进行研究分析(见图 11－4 和图 11－5)：最大摄氧量绝对值男性青少年在 12 至 15 岁有显著增加，随后可能随着生长发育变化有着下降波动幅度，但在训练的正面影响下 16 岁开始有更进一步较高的增长；相比女性青少年到 16～17 岁才开始有明显增长，这和青少年生长发育的敏感期窗口也相吻合。因此，分析发现，男孩子最大摄氧量存在比较明显的敏感年龄阶段。在在青少年有氧能力的敏感窗口期通过系统和合理的耐力训练，有氧耐力素质可获得快速发展。因此，有氧能力敏感窗口期的耐力训练可以发展青少年最大可持续性耐力的能力，且男女青少年都有一定程度的增长。尽管青少年身体动作比成年人活跃，但实质上是以无氧能力为主的阶段性活动。普通未经训练的青少年的活动方式并不包括提高最大摄氧量所必需的持续性练习。而那些在有氧能力窗口期经历过合理的有氧能力训练的青少年，有益于他们今后在成年后养成有氧能力训练的生活习惯，从而有益于增加心肌体积、改善心肌功能。

在图 11－5 最大摄氧量相对值指标的离差率提示，最大摄氧量相对值接近或好于成年人水平，在考虑了体重因素对最大摄氧量影响的情况下，女性青少年从 12 岁开始有氧能力开始增长，随后可能随着生长发育的影响 14～16 岁开始有个向下波动，随后在训练的正面影响下，16～17 岁开始有比较明显的增长。因此可以推论采用针对青少年合适的训练量和训练负荷的耐力训练计划，可以帮助青少年在有氧能力敏感窗口期为今后从事耐力训练打下良好的身体基础。但必须要考虑这一阶段男女青少年的身体发育情况，而采取中等强度的耐力训练，否则，高训练量可能对生

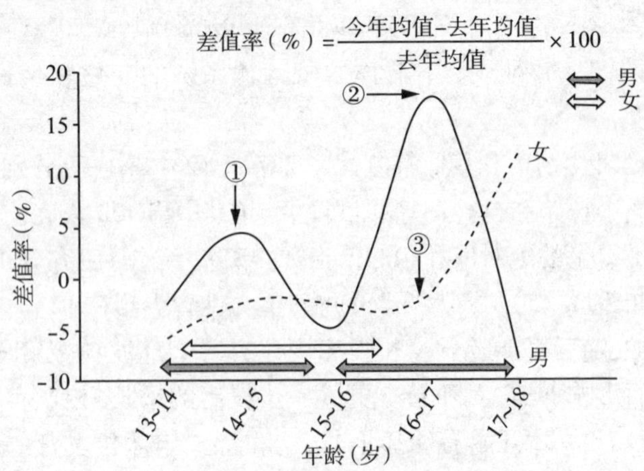

图 11－4　12～18 岁有训练青少年最大摄氧量绝对值的离差率曲线

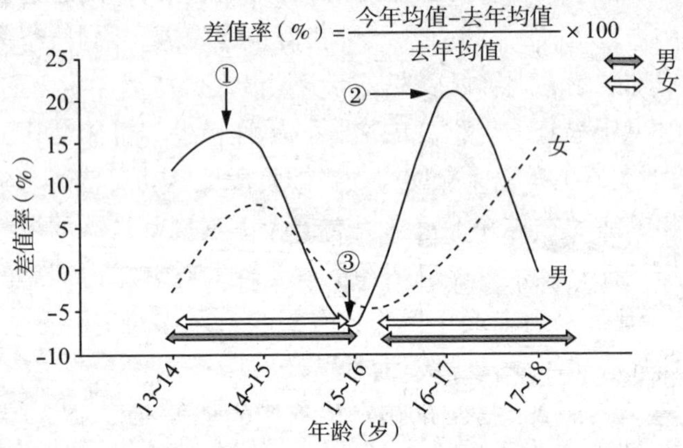

图 11－5　12～18 岁有训练青少年最大摄氧量相对值的离差率曲线

长发育或骨骼肌产生不良影响。

因此，青春期的第一阶段（女性 11～14 岁，男孩 12～15 岁）（见表 11－10）是出色地提高耐力竞技能力的最敏感窗口期，这时激素（睾酮）水平提高，保证增强组织发育的效果，还特别有助于运动心脏形成、细胞电能（线粒体）数量增加，肌肉血管（毛细血管）更发达等方面。

表 11－10　青少年生理发育的耐力发展模式

YOUTH PHYSICAL DEVELOPMENT（YPD）MODEL FOR MALES

生物年龄（CHRONOLOGICAL AGE）	性别	2	3	4	5	6	7	8	9	10	11	12	13	14	15	16	17	18	19	20	21⁺
运动性质（PHYSICAL QUALITIES）	女	Endurance & MC			Endurance & MC						Endurance & MC							Endurance & MC			
	男	Endurance & MC			Endurance & MC								Endurance & MC					Endurance & MC			

说明：表中淡色底纹区间表示青春期前的适应，深色底纹区间表示青春期的适应。Endurance = 耐力；MC = 代谢能力；YPD = 青少年生理发育

第七节 评议与小结

青少年有氧能力存在敏感窗口期,有氧能力的评价指标为最大摄氧量,采用间接测量方法获取,专业运动员采取直接测量法获取,评价指标为最大摄氧量相对值。上海体育科学研究所选材研究中心根据相关数据绘制了青少年最大摄氧量评价图和相对值离差曲线图,详见图11-2、图11-4和图11-5。

一、重视青少年有氧能力敏感窗口期开展优秀苗子选材测评

1. 对于处于敏感窗口期的青少年,尽管根据日历年龄确定个体特征在选材中有实用性,但生长发育过程中有氧能力的决定因素取决于心肺系统和骨骼肌及能量利用,有氧能力的变化有其独特的规律,从功能角度看左心室质量是决定心脏供能的重要因素,因此,根据生物年龄测量与评价青少年运动员的有氧能力更加合理。

2. 研究分析发现,在12~14岁日历年龄期间,男性的相对体重最大摄氧量可保持相对稳定,而女性在同一时期的相对体重最大摄氧量却随着年龄的增加而下降,尤其在青少年时期下降很明显,男孩和女孩的最大有氧代谢能力具有显著的差异,因此要注意这一年龄阶段选材的男女差别性。

3. 在有氧耐力的敏感窗口期,青少年耐力发展的后天可塑性很大,男运动员的发展空间要大于女运动员。

4. 青少年从儿童时期开始应该多从事不同的运动项目,且是娱乐和游戏的为主,不能有太大的训练强度。除了长跑和滑雪运

动员以外,其他项目的优秀运动员,如球类运动员就具有多种类型的肌纤维。因此,成功的运动员更多地取决于基因类型,功能基因在有氧能力选材中起到重要决定作用。

5. 对于处在敏感窗口期的青少年,国内、外常用的有氧能力评价方法主要包括最大摄氧量直接测定法、无氧阈、定时跑、定距跑、耐力穿梭跑和台阶试验。最大摄氧量直接测定法通常采用递增方式的极限运动使受试者达到最大摄氧量水平,其方法精确可靠,可获得多项参数,能综合评定敏感窗口期青少年的有氧能力,但在逐级递增负荷运动实验中,由于生理因素的影响只有很少的儿童青少年能达到摄氧量平台,因此,该方法针对敏感窗口期青少年的有氧能力测试有一定的局限性。而不同国家采用不同的间接测试法推测敏感窗口期青少年的有氧能力,如:美国青少年有氧能力测试指标主要有1英里跑或走、12 min跑和20 m往返跑,日本、加拿大和欧洲等一些国家广泛采用20 m往返跑,我国对青少年有氧能力的测试指标采用的是男生1 000米跑或女生800米跑和台阶试验,这些运动负荷实验操作简便,且实验结果与心肺功能之间存在良好的评价效度,因而成为大范围敏感窗口期青少年有氧能力的常用检测手段。

6. 有氧代谢能力与呼吸循环系统的功能紧密相关,而呼吸循环系统发达的程度与身体形态的大小、肌肉发达的程度关系不大,但不同体能类运动项目对身体形态、肌肉组织要求不同,敏感窗口期青少年的有氧能力选材要结合不同项目需求来选择。

二、利用青少年有氧运动能力敏感窗口期促进教学训练效果

1. 无论青少年训练还是专业化训练,运动训练对敏感窗口期青少年最大有氧能力的影响程度取决于训练强度、训练频率、每次训练持续的时间、训练期限以及个体初始的运动能力,与男女

性别无关。

2. 通过耐力训练提高最大摄氧量的敏感窗口期与青少年阶段的青春发育时机存在重合。

3. 敏感窗口期青少年特别是青春前期尽量不要参与剧烈的大强度有氧项目,发展长时间耐力的基础有氧训练是非常必要的。从生理学中的氧供能能力来讲,男性的最大摄氧量在 12 ~ 16 岁随年龄的增长而增加,18 岁可达到最高值,女子从 13 岁开始稳定,所以在小学阶段,耐力素质训练课时不宜开展过多、训练负荷不宜过大,但是可以根据小学生身体素质的发展规律和其承受能力适当安排,这样便可以开始调动身体的某些器官的功能,为后期耐力素质的发展奠定基础。

4. 敏感窗口期青少年在青春期之前要避免早期专项化训练。青春后期的青少年在耐力训练过程中,与他们在青春前期的耐力相比,可以表现出更大的 $VO_{2\,max}$ 提高幅度,这可能因为青春前期儿童身体动作活跃,但本质上都是典型的很短促的阵发性活动。

5. 基因类型是有氧能力可训性的一个非常重要决定因素。

6. 敏感窗口期青少年不同运动项目有氧能力发展的时间阶段、方法、体能比例不同,但在青少年有氧能力的敏感窗口期通过系统和合理的耐力训练,有氧耐力素质可获得快速发展。因此,有氧能力敏感窗口期的耐力训练可以发展青少年最大可持续性耐力的能力,且男女青少年都有一定程度的增长,有益于青少年在成年后养成有氧能力训练的生活习惯,从而有益于增加心肌体积、改善心肌功能。

建议阅读文献

1. Shephard, R. J. The fit Athlete[M]. Oxford: Oxford Unversity Press, 1978.

2. Orgeta, Ruiz, Castillo, & Sjostrom. Physical fitness in childhood and adolescence: A Powerful marker of health [J]. International Journal of Obesity, 2008,32: 1-11.

3. 王安利. 运动医学[M]. 北京：人民体育出版社，2008：56.
4. Shephard, R. J. Physical Activity, Fitness and Health[M]. Lllinois: Human Kinetics, Publishing House, 1994.
5. Giovanni de Simone, Richard B. Devereux. Effect of growth on variability of left ventricular mass: Assessment of allometric signals in adults and children and their capacity to predict cardiovascular risk[J]. J Am Coll Cardiol, 1995, 25(5): 1056－1062.
6. 谢敏豪，李红娟，王正珍，等. 心肺耐力：体质健康的核心要素——以美国有氧中心纵向研究为例[J]. 北京体育大学学报，2011(02)：1－7.
7. 支二林，郭宏伟. 7～21岁城市男学生身体素质发展敏感期的研究. 现代中小学教育，1992(3)：50－52.
8. (俄)戈季克. 刘饶译. 欧洲各国统一使用的评定人体状况的方法[J]. 国外体育科技，1995(2)：26.
9. 柯遵渝. 日本体力测量的改革[J]. 中国体育科技，2003(10)：58－60.
10. 刘新华. 日本体力监测系统的建立与实施[J]. 体育科学，2005(10)：47－52.
11. Cureton, K. J., Boileau, R. A., Lohman, T. G., & Misner, J. E. Determinants of distance running performance in children: Analysis of a path model. Research Quarterly, 1977, 48: 270－279.
12. R. J. 谢泼德，运动能力百科全书2：运动耐力[M]. 北京：人民体育出版社，2006.
13. Neumann, G. Special performance capacity. In: Drix, A., Knuttgen, H. G & Tittel, K. (eds) The Olympic Book of Sports Medicine[M]. Oxford: Blackwell Scientific Publications, 1988: 97－108.
14. 马永红. 中长跑实践与训练[M]. 西安：西北大学出版社.
15. Cooper KH. A means of assessing maximal oxygen intake[J]. JAMA, 1968, 303: 135.
16. MeCuteheon. A further analysis of the 12-minute run prediction of maximal Aerobic power[J]. Res Q Exere Sport, 1990, 61(3): 280－283.
17. 邹志春，陈佩杰，庄洁，等. 青少年有氧能力的测量、评价与应用研究[J]. 武汉体育学院学报，2012(1)：95－100.

18. 李俊勇,任晋军,曹峰锐.最大摄氧量、无氧阈和最大摄氧量平台同高校男生12 min跑和1 000 m跑的相关性分析[J].北京体育大学学报,2010(8):65-67.

19. 李莉婕.台阶试验评价大学生最大有氧能力方法的研究[D].北京体育大学,2012.

20. 刘宏强.最大摄氧量测定方法的研究与应用[D].山西大学,2005.

21. Patrerson G. Evaluation and Prediction of Physical Fitness, Untilizing Modified Apparatus of the Harward Step Test[J], Am J Cardiol, 2008,2(11):491-499.

22. 周志雄,季刚,张凡.《学生体质健康标准》中心血管功能评定指标的同质性和有效性实验研究[J].体育科学,2006,11(26):75-79.

23. Cairney J H J E A. Comparison of VO_2 maximum obtained from 20ra shuttle run and cycle ergometer in children with and without developmental coordination disorder[J]. Research in Developmental Disabilities, 2010(31):1332-1339.

24. Swardt, A, de. The Training and Performance Coach, Modern Athlete and Coach, Adelaide, 1997,35(3):23-26.

25. Astrand PO, et al. Textbook of physiology[M]. McGraw—Hill New York, 1979:289-330.

26. Costlll, D. L. K., Kovaleski, J., Poter, D. Kirwan, J., Fielding, R & King, D. Energy Expenditure during front Crawl Swimming: Predicting Success in middle-distance events. Int. J. Sports Med, 1985,6:266-270.

27. Åstrand, P. O & Rodahl, K. Textbook of Work Physiology, 3rd ed[M]. New York: McGraw-Hill, 1986.

28. 陈俊民,王步标,格日力.高原青少年最大有氧能力的研究[J].中国应用生理学杂志,1992,(4):303-305.

29. 李之俊.自行车运动的科学与实践[M].上海:上海科学技术文献出版社.2009:1-30.

30. Katch, V. L. Physical Conditioning of Children[J]. Journal of Adolescent Health Care, 1983,3:241-246.

31. Armstrong N. & Welsman J. Young People and Physical activity[M].

Oxford：Oxford University Press，1997.

32. 王伟杰.儿童青少年身体素质敏感期的变化特点[M].北京：北京体育大学出版社，2015：71.

33. Bouchard，C，An，P.，Rice T. et al. Familial aggregation of $VO_{2\,max}$ in response to exercise training：results from the HRITAGE Family Study[J]. Journal of Applied Physiology，1999，87：1003 – 1008.

34. Niekerk，0. van. Developing of Young Endurance athletes[J]. Modern Athlete and Coach，Adelaide，2002，40(3)：27 – 30.

35. Larry Green. Training Young Distance Runners，2nd ed[M]. Champaign，111：Human Kinetics，2004：226.

36. 王林.如何安排青少年中长跑的年、周、日训练计划[J].中国学校体育，2003(5)：48 – 50.

37. STONE，and M. H. M. E W. A. SANDS. Principles Practice of Resistance Training. IL：HumanKineties，2007，Champaign.

38. 王金灿.运动选材原理和方法[M].北京：人民体育出版社，2005.

39. (美)科斯蒂尔.运动医学与科学手册：游泳[M].人民体育出版社，2002.

40. Welsmen，J. R.，Armstrong，N.，Nevill，A. M.，Winter，E. M. & Kirby，B. J. Scaling peak VO_2 for differences in body size[J]. Medicine and Science in Sports and Exercise，1996，18：259 – 265.

41. Beunen，G. P.，Rogers，D. M，Woynarowska，B. & Malina，R. M Longitudinal study of ontogenetic allometry of oxygen uptake in boys and girls grouped by maturity status[J]. Annals of Human Biology，1977，24：33 – 43.

图书在版编目(CIP)数据

青少年选材十大敏感窗口期研究. 沈勋章主编. —上海: 上海浦江教育出版社有限公司, 2017.3

ISBN 978-7-81121-485-7

Ⅰ. ①青… Ⅱ. ①沈… Ⅲ. ①青少年-选拔运动员-研究 Ⅳ. ①G808.18

中国版本图书馆 CIP 数据核字(2017)第 035994 号

上海浦江教育出版社出版

社址: 上海海港大道 1550 号上海海事大学校内　邮政编码: 201306

电话: (021)38284910(12)(发行)　38284923(总编室)　38284910(传真)

E-mail: cbs@shmtu.edu.cn　URL: http://www.pujiangpress.cn

上海出版印刷有限公司印装　上海浦江教育出版社发行

幅面尺寸: 140 mm×203 mm　印张: 15.125　字数: 379 千字

2017 年 3 月第 1 版　2017 年 3 月第 1 次印刷

责任编辑: 黄　健　封面设计: 赵宏义

定价: 48.00 元